普通高等教育“十三五”规划教材

教育名著选读

主　编　高长丰　彭　娟

副主编　王权海　郑江翠　刘美辰　张辉灿

合肥工業大學出版社

前　言

我本并不是一个爱阅读之人，只是由于职业原因，必须到书中去搜寻一些有用的经验与素材。而本书中选读的这些书却是能让我一口气从头看到尾，并爱不释手的著作，我想对于诸位——也将步入教育殿堂的同志，也该有些帮助的。中国的教育无论是学校教育、家庭教育还是社会教育，都有着它本身的很多特点，有它从古至今的优势，但亦有时代背景变化之后，形式不变的固有缺陷，所以才导致现在的教育问题层出不穷，阅读这些著作可以帮我们剖析我们生活着的这个现实世界，同时也可以帮我们认识教育之路的快乐、艰辛与秘密，这样一来，等我们真正踏入了教育之途，从最开始的新鲜、有趣到中间的困惑、忧愁再到最后的反思、重建甚至创新都能坦然面对，并学会采撷众家之长，形成自我的教育风格，不断实现教育之路的成长与进步。本书所选读的著作虽然不能说篇篇都是我精心研读之后的绝佳之作，但其中不少都是旷世不朽的中外名篇，仔细读来倒也不失忆古思今的乐趣，另外有一些是写实居多，读来通俗易懂，令我阅读之后感慨颇多的奋斗在教育事业一线的教师经验累积类作品，这些是我竭力推荐的，因为这些教师的感受很多都是我们未来一定会遇到的问题情境，而他们已身先士卒，为我们开辟了很多可行动的有效思路和方法，感谢这些一线教育工作者及其他教育名家的思索和探求，使我们得以站在巨人的肩膀上眺望教育时空，并用自己的力量继续前行。不管你之前喜不喜欢阅读，希望这些篇章能真正为你们的教育之路带来启示，带来阅读的乐趣。

本书节选了教育领域理论与实践中古往今来都为众多教育人士所称道的著作中的很多经典内容，理论部分只是撷取了很少的比较通俗易懂的大家之作，更多的东西还需要大家自己在兴趣基础上慢慢去细心琢磨。而实践部分是本书的重点，书中有国外的一线优秀教育工作者的教育经验集合，亦有中国近代到当代的教育工作者宝贵的教育经验，这些内容把我们带入了真实的教育场景、课堂氛围、学生内心，甚至很多案例及解决策略都将是我们未来进入教育领域一定会遇到的困难，希望这些优秀教育工作者的宝贵经验能为你开启教育秘密，领悟到这个行业的成就法则，并在未来的教育实践工作中支持你克服困难，攀登教育行业的高峰。

同时也衷心祝愿诸位在阅读之余能对自我的教育者身份、教育事业之途有所感悟，并逐步找到适合自己的独特教育秘籍。但我们都听过“一百个人眼中有一百个哈姆雷特”，我们不可能都会在这些书的内容里找到自己想要的“哈姆雷特”，感动自己，帮助自己，因为这些内容只是每本名著的一些部分，可能有更多的能打动你的、帮助到你的内容还需要你自己在阅览了整本书之后才能体会，而且一些理论性的东西也不是阅读一次就能领悟透彻的，这都需要我们每个人带着一颗对教育的憧憬而又敬畏的心，慢慢地去品尝，因为很多时候一件事物的美好都不是一朝一夕就能参透的。

编者

2018.1

目　录

导读：读大学为了什么（节选）

让我们从周星驰的《喜剧之王》谈起。

在这部周星驰的巅峰之作中，尹天仇怀才不遇，只能在街坊福利会施展抱负——开课教授表演。舞女飘飘来他这里学习，一见面就认出他就是某部电影中“踩香蕉皮的那个倒霉鬼”，便顺口笑骂了他一句：“你怎么不去死呀，你个跑龙套的。”这时尹天仇马上正色纠正道：“其实，我是一个演员。”此后，飘飘又两次提到他是跑龙套的，他都郑重其事地予以纠正。

周星驰创造的经典台词数不胜数，而“其实，我是一个演员”却是让我感触最多的一句。看得出来，尹天仇的心里其实是十分痛苦的，但是，当所有的人都不把他放在眼里，他却在人们的嘲笑声中固执地维护着内心的自尊，一直不曾放弃做演员的梦想，并一直以优秀演员的标准来要求自己。“其实，我是一个演员。”周星驰又是否靠这句话支撑着走过早年星运黯淡的时光，并最终成为华语影坛的传奇？

想想当今大学生的处境，似乎并不比怀才不遇的尹天仇好多少。当年的“天之骄子”显然已经成为社会弱势群体之一。当随便一个阿猫阿狗都可以鄙夷不屑地说“大学生满地都是”，当毕业的时候学校勒令你于某月某日之前搬出宿舍而丝毫不去过问你的工作和前途，当用人单位一次又一次退回你的求职简历，或者给你提供的薪水还不如工地上的一个民工，你又何尝不是另一个时空背景下的尹天仇？

这是一个冷酷的社会现实，远非我一己之力能够改变。我所能做的，只不过是整理自己一路走来的感触，反思我在学习、考研、求职和创业等各方面的经验与教训，让每一个大学生都能够底气十足地说：“其实，我是一个大学生。”当所有的人都不把大学生放在眼里，你不妨用这句话来维护自己最起码的尊严，进而用一个大学生所应有的标准来要求自己，顽强进取，不懈追求，最终成为时代的主导者。我不是史坦尼斯拉夫斯基，现在呈现在你眼前的这本书也无法跟《演员的自我修养》媲美，但是，我相信它足以让懦弱者勇敢，让脆弱者坚强，让迷茫者找到出口，让徘徊者告别弯路。毕竟，不走弯路，便是捷径。

希腊哲学家赫拉克利特说：“人不能两次踏进同一条河流”。对于同一个人来说，先后两次掉进同一条河流当然是不应该的，但两个人相继掉进同一条河流却往往在所难免，除非第一个掉进河流的人爬起来以后为后来者做出显眼的警示标志。可惜的是，掉进河流的人很少会想办法让后来者不再重蹈覆辙，没有掉进河流的人也不会为后来者刻下成功的足迹。失败的人总觉得没有资格说，成功的人却又不屑于，或者是没有时间说。于是，一批又一批的人相继掉进了同一条河流，相同的迷茫和困惑在一届又一届的大学生身上重演。

为了让后来者不再跟我踏进同一条河流，为了跟师弟师妹们分享我这几年摸爬滚打积累起来的一点经验，我开始了这本书的写作。原本以为很快就可以完稿，可是，从动笔到完稿竟花掉了我将近一年的时间，此后又增删数次、几易其稿，不觉已经过去一年有余。这一方面是因为我要忙于打理公司的事务，只能在工作之余挤出一个一个的时间片段来写稿；另一方面是因为我总想谈得面面俱到，并力求结合最新的感触更新、充实书中的每一个观点。

书中的很多观点跟目前一些主流的观点完全背道而驰，对于那些信奉金科玉律的人来说，我完全就是一个颠覆传统的另类。比如说，大家都认为逃课是不思进取的表现，我却说不逃课的学生不是好学生；很多人都认为考研是大学生最好的，甚至是唯一的出路，我却把考研比喻成了痛苦的安乐死。如果你在看目录的时候对我这些观点无法接受，请不要因此而搁下这本书。我写这本书无非是以一个过来人的身份跟你平等地交流一些想法，我无法强迫你接受我的观点，但我相信，如果你在看完书稿之后会改变一些想法，这将会让你受益终生。

我在书中列举了大量的事例，而其中很大一部分取材于我身边现实的生活。或许你会觉得这些在平凡的人身上发生的平凡的事缺乏应有的权威性，但请原谅我的固执。因为对我而言，这些生活在我身边的大学毕业生比任何一个权威的案例都更为生动而真实。而且，虽然你可能梦想着成为比尔·盖茨之类的风云人物，但是，你将来更大的可能只是成为我在书中提到的这些平凡的大学毕业生中的一员：毕业时找一份满意的工作，然后挤着公交车上下班，接着盼望老板给自己升职、加薪，最后，你在某个恰当的时候选择自主创业。请原谅我无法让你摆脱这种平凡的模式，我所能做的，只是让你在这条平凡的道路上走得更快、更稳、更坚实。

《读大学，究竟读什么》 第一部分

大学不是技校

一、读大学，究竟读什么

当你揣着录取通知书走进大学校园，你便是一名大学生了。不知道你有没有考虑过这样一些问题：大学生和非大学生的区别究竟是什么？难道仅仅只是一本小小的学生证或毕业证？读大学，究竟又是读什么？难道是读大学校园里那些建筑、草木和池塘？

我思故我在

大学不是技校

一个机电专业的大学毕业生能够操作、维护一台机器，但是一个只有初中学历的熟练技工也照样可以操作，甚至比大学生操作得更好；一个外语系毕业的大学生能够说一口流利的外语，能够将长篇的外文资料翻译成中文，可是，一个跑到外国卖了几年烤红薯的人也能说外语，甚至比大学生说得更地道；一个医学院的毕业生能够拿起听诊器给病人看病，能够凭借几百万一台的医疗仪器诊断出病人的疾病，可是，很多卫校毕业的中专生在积累若干年经验以后，照样可以拿手术刀，古时候的中医甚至能够悬丝把脉，仅凭一根丝线就能为病人开药方并保证药到病除……

所以，大学生和非大学生最主要的区别绝对不在于是否掌握了一门专业技能。如果是这样的话，那大学跟技校也就没有什么两样了，顶多也只算是一所规模更大的技校。而且就专业技能而言，大学生肯定还比不过技校生的。因为技校厨师专业的学生第一节课可能就要学切菜，而假如大学开设了厨师专业，肯定要用两年来研究厨师的社会使命、职业道德、历史演变、阶级属性和学术分类。

那大学生究竟凭什么区别于技校毕业生并进而区别于一切没有读过大学的人呢？要回答这个问题，我们不妨先来看一下一位张小姐写的关于自己毕业求职经历的文章。

大学临近毕业，就业形势相当严峻，而我又属于运气最差的那类。

第一次，有家电器公司通知我面试，出门前打扮得太久，加上路上堵车，结果整整迟到了一个小时。工作人员扬起手上一堆报名表对我说："小姐，你不适合做员工，适合做老总。"

第二次，我素面朝天地提前来到一家礼仪公司，可工作人员依然摇着头对我说："注重仪表是对别人的尊重，你在学校没有学过吗?"

几天后，一家英国公司的招聘广告让我重新打起精神。这次的应聘与前两次都不一样，公司对形象也没什么要求，我也很准时地到了应聘现场。所有面试的人都集中在一个大房间里，考官给每个人发了一张试卷，上面只给了一道看起来简单的题目：英国每年买几个高尔夫球。没有其他数据，要求在 45 分钟内完成。

一看到这个无厘头似的题目，我几乎傻眼了。后来仔细一想，发现这道题不是要我答出一个确定的数字，而是需要一个思考的过程。这样的题目对我这个经济系的高才生来说并不算难，中间涉及的很多管理知识对我来说也轻而易举。

所谓的"英国买"其实就是英国进口。进口的数量与市场需求有关，市场需求与人口有关。英国有多少人口，这个我脑子里要有数。可以假设 16 岁至 70 岁之间有多少英国人，其中最有可能打高尔夫球的 30 岁至 45 岁之间有多少人。为了使数据精确，我还在答题纸上写明了如何进行抽样调查。写完步骤后，我再假设 50 万人口在打高尔夫球，这些人当中经常打的有多少人，这些人估计每年要用多少球，其他的人会多久打一次，需要用多少球。这些数字加起来就是英国总的市场需求。最后我写下一组数字，并满意地交了答卷。

一个月后，我收到这家公司的录用通知。

张小姐第一次面试因为迟到而失败，第二次又因为仪表而被拒绝。作为一个求职者，她犯了两个很不应该犯的错误，因为守时和注重仪表都是做人的基本要求，也是对别人最起码的尊重。但是，我们并不能因此而断定张小姐不是一个合格的大学生。虽然一个受过高等教育的大学生更加应该知道守时和注重仪表，但是，这种做人的常识不但大学生需要知道，而且其他每个人都应该知道。我们不应该用做人的标准来作为衡量一个大学生是否合格的标准，否则就相当于抹杀了大学生和非大学生之间的区别。一个没上过学的农民可能非常守时，而一个著名学者却可能非常邋遢，这都不影响他们继续做农民或者做学者。

张小姐第三次面试的时候证明了自己作为一个合格大学生的实力。如果面试时那个问题的答案只是一个确定的数字，那么在答题的时候一个读过大学的人和没读大学的人比较起来丝毫也不占优势，因为大学生没有理由一定会比别人的记忆力更好。很多孩子拥有过目不忘的能力，但他们并不是大学生。既然张小姐面试时那道题目考察的不是一个数字，而是一种分析问题的方法，那么大学生的优势便凸现出来了。张小姐在大学期间经过系统的思维训练，对于分析问题、解决问题的方法有着丰富的理论知识，所以在面对一个问题的时候不会再单纯地从简单记忆或者机械模仿的角度来考虑，她能够站在更高的高度来分析、解决问题。在这种时候，被动的记忆能力已经上升为了主动的分析能力和独立的思考能力，而这种能力正好是一个合格大学生最本质的特征。

社会需要的也正是大学生这种系统分析的能力。不管在什么行业工作，所面对的问题都是纷繁复杂而且瞬息万变的，如果没有系统分析、独立思考的能力，就算把所有的书本吞进肚子，就算大学期间每次期末考试都得第一名，也绝对不可能在工作中脱颖而出。

记得原来在房地产公司工作的时候，我们部门需要做一份关于楼盘容积率的报告。容积率就是整个项目的建筑面积除以占地面积。一般来说，容积率越高，可以拿来卖的房子就越多，但是价格会越低。为了总建筑面积乘以每平方米销售价格的总数达到最高，就需要确定这个项目的最佳容积率。建筑系的毕业生肯定学过这方面的知识，但是全国每一座城市的情况都不相同，同一座城市不同片区的情况也各具特点，如果照搬教材上有限的观点肯定无法解决问题。

后来我们仔细挑选了 20 个与我们项目具有可比性的在售楼盘进行分析，并建立了一个经济学上所谓的理论模型，得出了在深圳房地产市场中容积率与销售价格的内在关系。然后我们针对自己的项目假定了几个可能的容积率，并对这几个容积率进行了对比分析，最后确定了一个最理想的方案。

对于我们几个政治、中文、生物等专业的大学毕业生来说，读大学的时候绝对没有学过关于容积率的知识，但我们通过大学期间系统的思维训练，已经学会了深入分析问题的方法，当这种独立思考问题的能力应用在上面这项工作当中，我们便能够游刃有余了。而这项工作如果让几个没读过大学的人来做，恐怕再怎么认真也很难做得出来。所以，大学生真正要学的并不是教材上那些知识和理论，而是将这些知识和理论应用于社会实践的能力。

为了让自己拥有全面、系统而深入地分析、解决问题的能力，前提便是需要拥有深厚的专业知识。要做到怀疑并不难，但是如果怀疑缺乏理性的思考和渊博的知识，怀疑就将堕落成一种玩世不恭。没有专业知识作为基础，深入分析问题的能力就不会凭空产生，就算拥有了这样的能力，也无法将这种能力付诸现实的工作之中。

比如说，某个人知道应该通过社会调查来做出某种判断，但如果他没有掌握社会调查的相关知识，设计调查问卷都会很成问题，调查出来的数据也很可能背离调查的初衷。又如果他思维非常活跃，很善于发现市场空缺，但如果他没有一定的知识背景，发现的市场空缺可能会毫无市场价值，就算有价值也很难变成一个切实可行的项目。

教材上的东西当然要学，但这只是前提和基础，最关键的还是要进行自主性的学习，在学习知识的过程中独立思考，得到系统的思维训练。自主性学习需要对自己学习的内容有所取舍，并有一个比较明确的取舍标准。不能够学校开什么课程就学什么课程，更不能够老师讲什么内容或者考试考什么内容就学什么内容。否则，就会学很多毫无用处的屠龙之术或花拳绣腿，并错过很多真正适合自己而且非常有用的东西。

对于教材和其他书籍中的观点应该带着批判的眼光加以学习，不能认为书上说的就一定是对的。比如我这本书中的观点就很可能因为我的知识范围和社会经验的有限性而失之片面或流于表面，很多所谓学术大家的著作也同样不可能是绝对真理，只有经过自己独立的思考和评价，书中正确的观点你才知道为什么正确，错误的观点也才能被你摒弃。

同时，老师在课堂上说的观点也不一定是绝对正确的，要敢于怀疑、善于怀疑。事实上书上的观点或者老师讲授的观点都可能只是学术界对某一问题很多种观点中的一个，在这些有争议的观点中做出何种取舍，必须要经过自己独立的思考过程。

在某大学的咖啡馆，一个学生说："40 加 7 等于 47，41 加 6 等于 47，35 加 10 加 2 等于 47，25 加 17 加 5 还是等于 47。你们看，这么多个运算的结果都是等于 47，所以，47 是这个世界上最重要的数字，其余任何数字都是不重要的。你们一定觉得这种思维方式非常荒唐可笑吧？而类似的错误何尝不是比比皆是呢？有些人看到三个河南人很讨厌，于是不假思索地下定结论河南人都是讨厌的；或者是在某个地方挖了三口井却没有找到水，便下定结论那个地方根本没有水。所以，我觉得归纳和演绎都是不可信的，一切归纳和演绎都可能使我们的认识偏离真理。"话音刚落，这个同学便受到了身边人的一致围剿，而他却始终固执己见。最后，其中一位女生质问他："你有本事就在期末考试的答卷上把你刚才的观点写下来！"

我这么说并不是赞同那个"异类学生"的观点，我也相信他期末考试的时候绝对不可能这样天马行空地作答，但是，如果这群年轻人来我的公司面试，我只会聘用他一个人。一个经过独立思考而坚持错误观点的人比一个不假思索而接受正确观点的人更值得肯定，因为前者的人格才是独立的，独立的人格理应比一切都更重要。人格之独立，说起来似乎非常轻巧，可真正能够坚持这一点又谈何容易？在某些特殊时期能像陈寅恪一样独立思考并坚持自己观点的人能有几个呢？更多的人为了迎合现实的需要而放弃了自己的学术良心。很多著名的科学家都盲目地去寻找亩产十万斤的科学根据，这样的科学家还能做出什么学术成果呢？

终极关怀

在中国，大学学子历来被看作是国家的栋梁、社会改革的先锋、民族振兴的希望。他们铁肩担道义，妙手著文章：宋代的太学生陈东、明代的东林学士、清末的“公车上书”，都曾在中华民族的兴衰史上书写过动人的篇章。“五四”以来，大学生们更是关注天下兴亡，以身作则，成为社会进步的先驱和骄傲，即便是在新中国也敢为天下先，成为社会中不可多得的理想主义者，并留下了不可磨灭的功勋。

20 个世纪 80 年代末的大学生活是我不曾拥有却无比神往的。那个时候的大学生关心更多的不是自己的就业，而是一些看上去跟自己毫无关系的问题，譬如尼采的哲学，欧洲思想启蒙时期的伟大著述，以及对于中国历史和现实的反思，等等。对这些问题的思考几乎与任何功利目的无关，但是这种思考却直接影响着文化和社会的未来，所以被称为“终极关怀”。

20 世纪 90 年代以后，中国大学生的这种非功利的历史使命感迅速消退了。大学生面对的就业压力越来越大，就业被放在了大学生活最重要的位置，对于哲学、历史、社会等问题的思索变得越来越无足轻重，甚至如果有人拿一本尼采或者哈耶克的著作去自习室，宿舍的同学还会觉得他是吃饱了撑的。与此同时，浅薄粗俗的东西开始在大学大行其道。北京大学百年校庆的时候请来了郭富城，复旦大学百年校庆的时候请来了刘德华，在演艺圈混出点名堂的人轻而易举就成了大学特聘教授。于是，一批又一批的“思想侏儒”从大学的流水线上生产出来。

在一个价值多元的时代，任何一个人都有权利选择肤浅或者深刻，但是，我觉得大学生有理由让自己更有深度，也有理由承担更多的历史使命。大学生不但应该接受系统的思维训练，具备独立思考、深入分析的能力，而且应该用思想的深度来将自己和非大学生区别开来。虽然大学生越来越普遍，但是，大学生作为一个整体仍然是我们这个民族的知识精英阶层，如果这个群体的人集体性地淹没在了肤浅、浮躁和低级趣味里，那谁来思考更深刻更宏观的问题呢？

要做一个思想深刻的人，以下两个方面是缺一不可的：第一，多看有思想深度的书；第二，将自己的思想植根于现实的土壤。

这里所说的书并不是跟专业知识、毕业求职有直接关系的书，而是说哲学、政治、历史、社会学等多个领域的书籍。不是只有心理学专业的学生才能研读弗洛伊德，也不是只有近现代历史专业的学生才有必要翻看《独秀文存》。这些书籍并不能给你一种直接的工作技巧和专业技能，但是，它们能让你更好地了解自己、了解社会。古人云：腹有诗书气自华。此处的“书”虽然可以做相当宽泛的理解，但是我想应该不是指《ASP 网络开发技术》《微观经济学 19 讲》之类的书籍吧。

在“与柏拉图为友、与亚里士多德为友”的同时，还应该与社会现实为友。读大学的目的不应该只是毕业后能够胜任一份理想的工作，因为走出校门以后将要面对的不只是一份工作，而是整个纷繁复杂的社会。如果没有对社会现实的关注，如果自己的视野只局限于自己的利益范围之内，那他只会被这个社会孤立在非常狭小的空间里。对现实的关注不一定能够让你得到什么，社会也不一定会因为你的关注而发生什么改变，但是，如果谁都不来关注，那到底该由谁来推动社会的进步？

见微知著

每天都有很多件小事从我们的身边悄悄溜走。看到一则广告，听到一则新闻，这在我们日常生活中是再普通不过的一件事情。可是，只要你善于思考身边的这些看上去似乎毫无意义的小事，你会发现，生活就是一本最好的教科书。

宝洁公司对于大学生来说绝对不会陌生，大学宿舍里到处可见宝洁公司的产品：舒肤佳、玉兰油、碧浪、汰渍、激爽、佳洁士、护舒宝，等等。而洗发水这一类产品，宝洁公司就推出了 6 个品牌：飘柔、沙宣、海飞丝、潘婷、伊卡璐和润妍。就算你没有使用这 6 个品牌中任何一种洗发水，你身边肯定会有人使用，你也肯定看过这些产品的广告。可是，你有没有想过这样一些问题：宝洁为什么要推出这么多个洗发水品牌呢？这些品牌之间又有什么区别呢？或许你会觉得这些问题非常无聊，跟自己的学习和以后的工作一点关系都没有。但是，我却因为思考这个无聊的问题而获得了一份工作。

大学期间我并没有系统地学过经济学方面的任何理论，但对于身边的经济现象却非常感兴趣。有一次买洗发水的时候我突然产生了一个问题：宝洁公司为什么不集中精力做一个洗发水品牌呢？那样的话不知道可以节省多少广告费用。过了一段时间，我在宿舍里听到同学谈论喜欢什么洗发水，我才恍然大悟：宝洁如果只推出一种洗发水品牌，就算把这个品牌做得无可挑剔也肯定会有些人不喜欢，但如果同时做多个品牌，大部分消费者总能从这些品牌中找到一个中意的。这应该叫做多品牌战略吧？

那么，这些品牌之间的区别在什么地方呢？带着这个问题，我开始有意识地观察宝洁的广告。很快，我发现飘柔强调的是发质的柔顺，海飞丝专注于去屑，潘婷突出的是营养，而沙宣给人的印象是专业，走美容院路线。

很久以后，在一次面试的时候，主考官问了我这样一个问题：请结合具体案例谈谈多品牌战略在日化行业的应用及其利弊。我几乎不假思索就谈出了我对于宝洁公司多品牌战略的理解，并谈论了这一战略对于创业型公司的价值和挑战，还谈到了品牌的覆盖面问题。这些都是我平时慢慢积累起来的一些想法，没有经过任何学理的论证，但是面试官却非常满意，很快就决定聘用我了。

后来我又去过一家广告公司应聘高级策划师，策略总监让每个参加面试的人都设计一句中国联通的核心广告词，也就相当于是品牌核心价值。对于中国移动和中国联通这两大品牌，我平时一直留意二者在广告上的差异。中国移动最大的优势是网络的稳定，它的技术明显比联通更胜一筹，所以它的广告词为“移动通信专家”，强调自己的专业性，以此来暗示中国联通在技术上是不够专业的。而中国联通最大的优势是资费便宜，但是对于一个移动通信品牌来说，过于强调自己价格便宜无异于让品牌掉价，使人觉得联通就是“廉通”，这显然不利于品牌的长远发展。所以联通强调自己是后起之秀，一定能够迎来出头之日，于是它的广告词被设计为“一切即将改变”，随后又变成了“引领通信未来”，期望能够在广告受众心中引起共鸣。

跟我一起参加应聘的人先后设计出了广告词，有人写着“因为有梦，所以鹰击长空”，也有人写着“连通爱，连通脉搏，联通新世界”，看上去都文采飞扬、朗朗上口，但都跟我的思路迥然不同。为了突出联通是年轻的后起之秀这一特质，我设计的广告词是：“让我们享受年轻。”没有任何文采可言，但我还是满怀信心地交了上去。最后，面试我们的总监说，我是这些人当中唯一懂得广告的人。可事实上，我可能是那群人当中唯一没有过广告行业工作经验的人。一个完全没有广告行业工作经验的人，仅仅凭着自己平时看到电视广告或者公交站台广告时习惯性的思考，应聘上了那家大型广告公司的高级策划师。

可能你觉得我对身边每件小事如此在乎，生活一定会非常累。可事实却完全相反。当我从超市买了洗发水出来，我可以什么事也不想地回到宿舍，也可以沿路思索洗发水的品牌战略。当我坐在公交车上看到车外的公交站台广告或者其他公交车的车身广告，我可以心不在焉地瞥一眼，然后忘得一干二净，或者只记住广告上全智贤的性感 Pose 和姚明的憨厚一笑，也可以用接着坐公交车的时间去揣摩那个广告的创意，去尝试着修改那个广告的文案内容。同样是走回宿舍，同样是接着坐车，少想一个问题根本就不会让自己更轻松一些。我想，对于一个喜欢思考的人来说，如果用这些时间来考虑更深层的东西，应该会从这种思考中得到一种快乐和满足吧。

不管你将从事的是技术、市场还是别的什么性质的工作，如果能够养成一个勤于思考身边小事的习惯，你所能得到的将远远不止是一份日化或者广告行业的工作。你应该看到过交警站在路边检查车辆的场景，因为很多车辆都不按规定缴纳相关费用，所以交警只好在路上对过往的车辆进行逐个检查。可你有没有想过这样一个方案：通过摄像机将过往的车辆拍摄下来，并通过连接到电脑而自动识别出其车牌号码，然后马上连接数据库，判断出这个车牌号码是否已经缴纳相关费用，如果没有，就立即发出报警声，交警便赶紧进行追捕。这个方案看上去有点儿理想化，但是，前几天一则新闻说北京的交警已经拥有这种装备了。我想开发出这套设备的人最初肯定也是从日常生活中产生了一个想法，然后将这个想法付诸实施，变成了实实在在的产品。

只要你善于思考，生活中可以让你发现这种市场空缺的机会实在太多。如果你同时拥有文曲星和手机，你是否考虑过将这两个产品合二为一，从而让手机拥有电子词典的功能？很多家长对现在的中小学教育非常不满，反而希望孩子能够从小学习四书五经、琴棋书画，那你是否考虑过要开设一所复古的私塾或者书院？孕妇往往需要一定的运动量，但如果没有专业的健身指导，运动的效果可能不甚理想，甚至可能出现危险，那你有没有考虑过毕业以后开一家专业的孕妇私人保健顾问机构？如此等等，不一而足。如果缺乏这样一种思考，你或许就永远只能在别人的公司打工，根据别人安排的工作计划按部就班地完成；但如果你能通过一件小事敏感地把握住宝贵的商机，你或许就找到了一座宝藏，你的人生也将因此而变得辉煌。

大学的逻辑

“读大学”，这是一个典型的动宾结构短语，“读”是动词，“大学”是宾语。可是，“大学”如何能够作为“读”的对象呢？在人们的印象中，大学就是一个由老师、学生、图书馆、教学楼、体育场、学生宿舍等元素构成的一个集合。可是，这些元素都不能作为“读”的对象。那什么才是真正意义上的“读大学”呢？

或许有些人会说，用来读的只能是书，所以“读大学”就是在大学里读书。这个答案看上去似乎无懈可击，可是，如果读大学只不过是在大学的围墙之内读书，那我们又为什么要花掉大把的学费和青春来这个叫做“大学”的地方读书呢？为什么不待在温暖舒适的家里读书？为什么不在“野渡无人舟自横”的野外读书？

大学之大不在大楼

可能很多同学刚进大学的时候会比较在乎学校的硬件设施，譬如：学生宿舍是带洗手间的公寓还是苏联式的筒子楼，图书馆、体育馆、食堂等建筑是不是很气派，体育场有没有草皮，教室能不能多媒体教学，如此等等。

不能否认这些方面是一所学校最直观的表现，也不能否认这些方面对于学生的求学和生活有着重要的影响，但是，如果用这些指标来衡量一所高校的好坏，那就大错特错了。北京大学的很多宿舍和教学楼都是几十年前的旧房子，而不少毫无名气的院校却气派无比，其漂亮程度丝毫不亚于任何一座公园。

必须承认，优越的硬件设施能够给学习和生活带来积极的影响，但是，这种影响是非常有限的。宽敞明亮的教室当然能够让学生听课时心情更加愉快，可是，如果讲台上的老师只会照本宣科，再好的教室又有什么用？雄伟气派的图书馆当然能够让人耳目一新，可如果图书馆里找不出几本像样的书，图书馆又还有什么意义？

记得《铁屋中的呐喊》里有一篇叫做“那塔、那湖”的文章，其中有一句话的大意是：我们皆非草木，草木可以在这片校园年复一年地生长，而我们却注定要很快被另外一群人替代。余杰毕业的时候会有这样的感慨，其他大学生在毕业的时候又何尝没有呢？一批又一批的大学生带着对大学的自豪和神往踏进了校园，而四年以后，学校却像赶走叫花子一样将这些人赶出了校门。

或许这样的比喻过于刻薄，但这却是我作为一个过来人的切身感受。毕业的时候学校不会关心自己的学生将何去何从，不会关心从自己的流水线上生产出来的产品有没有销路，他们只会通知所有的毕业生必须于6月底或者7月初某个确定的日期之前搬出宿舍，只会关心还有哪些学生没有缴清学费所以需要扣押毕业证和学位证。到了那个时候，你还会有心情关心学校的教学楼有多漂亮吗？你还会留恋那间住了四年的舒适的宿舍吗？

过客。只不过是一个匆匆的过客。可是，更多的人却不能及时地意识到这一点。当他们意识到自己作为一个过客无法带走那些曾经引以为荣的大楼时，他们也已经无法带走原本可以带走的东西了。而可以带走的东西究竟是什么呢？既然我们要读的大学不是教学楼不是体育馆不是公寓楼，那大学又究竟是什么呢？

读大学，必先读大师

清华大学老校长梅贻琦先生当年曾说：“大学者，非谓有大楼之谓也，有大师之谓也。”什么是大师？《资治通鉴》有一句话：“经师易遇，人师难遭。”大师应该是经师与人师的统一，也就是“道德文章，堪为师表”，不但有渊博的知识，有原创性、奠基性、开拓性、前沿性的学术成就，还能做到文以载道，是知识和品格完美结合的代表，是知行统一的典范。

然而，对于大多数学生而言，聆听大师的教诲恐怕和陈水扁加入国民党一样抽象。在这个市场经济无孔不入的年代，很多所谓的著名教授和世俗的商人没什么区别了。

很多人本科毕业的时候发现找不到工作，只好去考研究生，读完研究生发现仍然找不到工作，只好又读了博士。博士毕业以后发现自己其实什么也做不来，只好找所学校教书了。

但是，值得我们学习的老师还是大有人在的，尽管他们未必算得上是大师。学术投机分子的存在还不至于影响我们通过“读老师”来读大学。

向老师学习的首要方式固然是听课。如果某门课程的任课教师非常优秀，那就做个乖学生吧，逃课就免了，该记笔记的时候还是得动动笔。如果别的班级的老师更有水平，而且确实符合自己的胃口，那就跑去别的班级混班。我大一的时候就经常跑去听法律专业三年级的课程了，后来跑去湖南师范大学等学校听过不少课，有段时间还专门跑去北京大学法学院混班了。虽然投入了不少精力，但确实受益匪浅。

在课堂上要尽量抓住机会跟老师交流，甚至要敢于理直气壮地跟老师辩驳。越是有学问的老师，往往越是虚怀若谷，你可以放心大胆地阐述自己的观点。很多问题可能在你脑海里困扰了很久，在你表述出来以后，老师三言两语就为你廓清了，很多你坚持已久的观点也可能会在老师轻描淡写的分析之后被你摒弃或者修正。在这种时候，你不但会切实感受到老师的魅力，更能享受到与其进行思想碰撞所带来的乐趣。

听讲座也是一种与大师进行思想对话的重要方式。大学越好，讲座的数量就越多，质量也越高。所以，如果你就读的大学没有足够的讲座，不妨在现实条件允许的情况下多去别的大学。当然，并不是好学校的每场讲座都值得听，也不是差一点的学校举办的讲座就一定差，很多时候大可不必舍近求远。

通过听讲座不可能学到系统的知识，但是，一场好的讲座或许可以让听众获得一种新的思维方法，对于某一个具体的问题获得某些更深入的见解。同时，对于听讲座一定要有所取舍，绝对不可以不分青红皂白照单全收。做讲座的人可能学富五车，也可能只是个学术骗子；举办讲座的单位可能是为了弘扬文化，也可能只不过是为了商业炒作。

图书馆：大学的心脏

读大学，除了读大师，最重要的便是读图书馆。这里说的图书馆并不是说它的建筑和其他硬件设施，而是说图书馆的藏书。可以毫不夸张地说，大学四年没有安心在图书馆好好看过几本书，那就绝对没有真正意义上读过大学。

目前中国大部分大学的图书馆都存在同样的问题：藏书量比较有限，新书比较少，甚至对学生借书进行了诸多的限制。这恐怕是一个在短期内很难解决的问题，所以读书的时候就只能尽可能充分利用已有的资源并想办法弥补这种资源的不足了。所谓充分利用，就是说要能够从图书馆有限的藏书中寻找真正有用的书，毕竟藏书再少也还不至于无书可读。所谓弥补不足，就是说通过图书馆以外的渠道找到在学校图书馆里找不到的好书来读。一方面可以通过买书，另一方面可以通过去别的图书馆借书。可以通过朋友从别的学校的图书馆找书，也可以去社会图书馆办证借书。

在图书馆借书不要太过功利，不要以为只有跟考试相关的书籍才值得一看。我记得原来学校的图书馆里被借次数最多的好像全是英语四、六级或者考研方面的书，而其余的那些跟考试不那么相关的书则很少有人问津。

其实，毕业以后就会发现，在图书馆借过的那些英语四、六级的书里面写些什么说些什么都记不清了，就算记得也没什么用。而别的一些书籍在自己借书甚至看书的时候不知道会有什么用，而若干年以后这本书的用处就发挥出来了。正因为某本书对自己究竟有没有用暂时很难判断，所以最好摒弃有用或者无用这样的功利性思维。看书为什么一定要抱着“有用”的心态呢？看书的过程或许本身就是一种思辨的享受。

记得大学三年级的时候在图书馆看到了《独秀文存》，后来便借出来认真地看了，并且还做了笔记。在当时看来，看这样的书是肯定没什么用的，而且我当时也不指望能够有什么用。可是，在三年以后，我在深圳的某一栋写字楼里，碰到了一个同样喜欢陈独秀的上司。虽然这一切跟工作没有任何关系，可是，仅仅因为这个原因，这个上司对我可谓是“百般宠爱”，我刚刚进入地产行业，“容积率”这样一个基本的名词都不知道是什么意思，而这位上司却不遗余力地教我，我因此很快就融入了这个行业并当上了项目经理。

有一位做业务员的朋友很喜欢老庄哲学，对道家思想也颇有心得。有一次他去拜访一位重要的客户，因为客户正好在看书，所以两个人就从看书谈起。客户问这位朋友：中国古代文化中你比较喜欢看哪方面的书？朋友答：老子和庄子的书我比较喜欢。话音刚落，客户便眉飞色舞起来。二人关于道家思想谈了几个小时，而生意的事情似乎抛诸九霄云外了。后来这位朋友自然顺利地签下了那个业务，而且跟客户还成了莫逆之交。

或许有些读者看到这里便会暗暗告诉自己：我也赶紧去图书馆借《独秀文存》，去找老庄的书。可是，你怎么知道你以后的上司一定喜欢陈独秀、你的客户一定喜欢老庄呢？如果他们喜欢的是孔孟、孙子或者康德、黑格尔呢？编张只有一个网眼的渔网或许也能捕到鱼，但这靠的纯粹是运气。要想每次都能捕到鱼，那就必须要编织一张足够大的网，尽管每次网到鱼的不过是其中的一个网眼罢了。

三人行，必有我师

读大学，还要学会“读同学”。这里说的同学不只是说自己同班的同学，而且还包括别的班级、别的院系的同学，包括高年级和低年级的同学。这些人用“校友”“学长”之类的词语来指称或许更贴切吧。

“读同学”，在一定意义上来说就是“读大师”和“读图书馆”的延伸。读高中的时候每个学生侧重的学科不会有太大的区别，就算偏科，学理科的总不至于放弃物理，学文科的也不至于荒废历史。但是，读大学的过程中每个人的精力却可能放在截然不同的地方。除了要应付共同的英语等级考试，同一个专业的人都可能在研究完全不同的方向。譬如，同样是中文系的学生，有些人可能研究张爱玲，有些人可能喜欢沈从文，又或许还有些人会用一大段时间去钻研幽默学。这就进一步导致了每个人向身边同学学习的必要性。同时，不同的人会从不同的老师那里获得知识，同学之间的交流自然也就相当于间接地从别的老师那里获得了知识。

读大学的时候我们班曾盛行论辩之风。这一点在 20 世纪 80 年代的大学可谓是司空见惯，可是在当今的大学却是不多见的。我们班只有 32 位同学，可是在很多门课程的课堂上总能就或大或小的问题分成几个阵营唇枪舌剑互不相让。对于同一个问题，有些同学从哲学的角度来阐释，有些同学从法学的角度来论证，又有些人或许索性从数学的角度来分析。罗素、杜威、尼采、哈耶克、昆德拉、拉德布鲁赫、朱苏力、何清涟……这些不同国籍不同时代不同学术领域的人被我们同时引用了。虽然每个人力图证明的观点可能截然相反，但是，在这样一种论辩的过程中，我们不但分享了彼此的知识，而且通过论辩碰撞出了思维的火花，这对于每个人学术思维的养成无疑起到了积极的作用，并且对于毕业后在工作中分析问题解决问题的能力也有莫大的帮助。

二、人生规划：三岔路口的抉择

要想走更远的路，既要马不停蹄地赶路，还要尽量不走弯路。不走弯路就是捷径。为了不走弯路，一开始就要明确自己的目标，并且矢志不渝地朝着这个目标前进。没有目标注定要兜圈子，目标不能恒久也照样可能南辕北辙。不思进取自甘堕落的人我们或许会“怒其不争”，而自强不息勤奋刻苦的人如果因为走了太多的弯路而最终一无所获，我们更加会“哀其不幸”。

我曾接触过的一个人可谓是鲜明的例子。他曾经一心想着考研究生，准备读完博士找所大学教书，安安稳稳地过日子。为此，他每天都背着厚厚的考研辅导资料去图书馆自习。大四的时候，他突然觉得考公务员更有意思，于是转而考公务员去了。在政府机关工作一年以后，他发现自己确实不适合在官场发展，便辞职来了深圳。此后他又陆续换了几份工作，至今仍然一事无成。

为了少走弯路，人生规划便成为了每一个大学生至关重要的事情。大致说来，每个人大学毕业以后有三条可供选择的路：仕途，商界，学术。在此专题中，我主要从这三个方面来谈谈人生规划的问题。至于其余角度的人生规划，我将在后面的专题中分别予以阐述。

“入仕为官”是指进入党政军和其他一切事业单位。“经商”指的是加入或创建以营利为目标的市场主体，参与市场竞争。而学术之路主要是指获得一定学位、在某个学术领域有一定造诣之后，在大学或者其他学术研究机构专门从事教学和学术研究。一些企业的技术研究人员似乎也可以归入学术的行列。

当然，上面这种分类在逻辑学上未必会很周延。有一些职业，譬如医生，似乎被归入以上三个阵营的任何一个都有点儿牵强。还有一些职业则似乎可以归入不止一个阵营，比如党校的老师、国企的高管等等。但是，从整体上来说，将这种分类方法作为人生规划的逻辑起点不但是可行的，而且是必要的。

廓清了以上三条职业道路之后，需要考虑的问题便摆到面前了：在这人生的三岔路口，你将何去何从？只有先决定做商人，才能考虑在哪一个行业做生意，也只有决定了做学术，也才能更好地考虑自己究竟在哪一个专业领域继续发展。

朱元璋最初只是想当一个节度使，可是最后他却阴差阳错地当上了明朝的一把手。假如他最初的目标只是拥有一间作坊，或许他最终顶多只能成为一个豪商巨贾而已。甚至他可能一事无成，因为适合当皇帝的人未必适合做商人。

上文关于人生方向的分类方法跟大学生基于专业分类而形成的思维方法大相径庭。任何一个专业的人都可能走上这三条道路中的任何一条。一个中文系的学生可能毕业以后进入政府机关做秘书，若干年后谋了个一官半职；也可能进入各行各业的公司，进电视台或报社，时机成熟了就自己开个公司当老板；还可能读了硕士接着读博士，最后留在大学当了一名老师，若干年以后成了国内先秦文学或者《红楼梦》研究的泰斗。

我大学时班上 32 个人学的都是思想政治教育专业，可是毕业两年之后，我们这些人早已遍布各行各业。有些人进了党政机关或者军队；有些人已经读了博士，毕业以后很可能留校任教；还有一些人，包括我在内，在不同地域不同行业的公司里忙碌着，在大大小小的商务区和写字楼之间穿梭着，奔波着。

仕途：风光无限，如履薄冰

官本位意识

中国几千年的官本位意识仍然根深蒂固，很多父母总会希望自己的孩子读了大学就去做官，而如果进了什么公司打工，那简直就是一件耻辱的事情。

我一个老乡曾就读于湖南师范大学，毕业的时候去北京某区的一个劳教所当了公务员。消息在家乡很快便传开了，方圆数公里的人都知道某村某人的孩子去中央当官了。家长还因此大摆酒席，四面八方沾亲带故的人似乎等了八辈子才终于等到有个亲戚“一人得道”，为了不让自己错过“鸡犬升天”的大好良机，纷纷前来祝贺，据说酒席就有几十桌。

无独有偶，我一位朋友毕业的时候报考了湖南省政协的公务员，因为笔试和面试都是第一，家里认为肯定已经毫无悬念，所以关于我这位朋友在省里当官了的消息很快就不胫而走，不少平时不甚往来的人如果在路上跟他父母碰见了，远远地便会满脸堆笑跑过来献殷勤。后来我这位可怜的朋友在最后的体检一关被淘汰，据说他老家那些邻居和族人很快又冷漠起来，偶尔还会夹杂一些幸灾乐祸的嘲讽。

农村的那些农民会有如此浓厚的官本位意识，而大学生当中渴望有朝一日权倾一时威震一方的似乎也不在少数。大学时我接触到的同学当中，就有相当一部分把“学而优则仕”奉为圭臬，或者是把仕途经济作为毕业以后最佳的选择。这些人在学校的时候就会想方设法为自己捞取政治资本，譬如积极入党、担任各种职务等等。到了毕业求职的时候，如果有党政军之类的单位前来招聘，那场面简直直逼春运时的火车站。在我毕业前夕，某省曾有一次公务员招考，据说当时我们学校很多宿舍连续多个晚上没有开灯，因为里面的人全部去该省考试了。

成都市青羊北路街道办事处曾公开招聘社区居委会主任、副主任和委员，前往报名的人当中大学生占了总人数的三分之一。2003 年 9 月，毕业于清华大学中文系的陈香从众多应聘者当中脱颖而出正式当选为长沙市白沙古井社区的居委会副主任。而北京、上海等大城市更有不少名牌大学的博士前往应聘居委会的职位。

从媒体的反应来看，人们对于这种现象基本上持褒扬的态度，觉得当今的大学生在就业观念上发生了巨大的改变。可是，为什么不从官本位意识的角度来解释呢？如果这些人放弃进入公安厅、海关等单位的机会而就职于居委会，那确实是就业观念发生了巨大的变化。但如果是他们原本可以进入企业获得高薪的职位却偏要削尖脑袋挤进公务员的队伍呢？会不会是因为一时进入不了省委或者海关所以退而求其次呢？这也能说是就业观念的转变吗？如果是，那也只不过是转变得越来越官本位了。

审慎权衡内心的动机

我并不是一味地反对仕途经济，事实上应届毕业生在进入公务员行列的时候是心态各异的。有些人只是为了获得一份稳定而体面的工作；有些人是为了满足自己对于权力的渴望和向往。

明白自己想从政的动机并且对于这种动机进行充分而审慎的考虑，这是尤为重要的。上海外国语大学一名叫做励仿夏的学生在毕业的时候经过一轮又一轮的笔试、口试、面试以及体检，终于被上海市人民政府外事办公室和联合利华市场部同时录取。对于这两份工作的取舍，励仿夏有一段这样的文字：

就我个人而言，十分幸运地先后被联合利华和外办录取，而且这两个单位分别是从商和从政的理想去处，因而我的最终选择其实就是选一个大方向——到底适合从商还是从政，我看重的到底是什么。在这一选择过程中，当然需要参考父母、长辈、老师们的意见，但关键还是自己的静心考虑。在分析了自己的性格、特长以及一直以来的志向，我最终还是放弃了联合利华优越的待遇和光明的晋升前景，而是毅然选择了市外办，决心以一名党员的身份在外交天地中为国家、为上海做一些事，并且真正做到学以致用。而令我高兴的是，我的这一选择也得到了父母和师长的赞同。

“看重的到底是什么”，励仿夏在问自己这个问题的时候，其实也就是在考虑自己从商或者从政的动机。虽然他没有告诉我们他选择从政究竟是因为看重什么，但是，至少我们从他身上应该可以学到一点：仔细权衡自己的动机并知道自己真正需要什么之后，再审慎地做出决定。

后记：《读大学应该读什么》，作者覃彪喜，1980 年 9 月生于湖南隆回，1998 年毕业于湖南隆回一中，2002 年毕业于中南大学（原中南工业大学）；先后担任大学教师、房地产策划师、IT 项目经理，现任深圳市鸿儒堂文化传播有限公司董事长。曾出版《读大学，究竟读什么》（一名 25 岁的董事长给大学生的 18 条忠告）和《爸爸的寓言》。

《读大学，究竟读什么》是覃彪喜的著作之一，书的内容是关于一名 25 岁的董事长给大学生的 18 条忠告，出版后持续畅销，在高校师生中广为传播。《读大学，究竟读什么》以一名成功的创业者，同时也是一个大学毕业不久的过来人身份，结合自己在求学、求职和创业过程中的经历，跟大学生深入、全面地谈论了大学生在学习、生活、考研、留学、求职、创业等方面要注意的问题，观点“新颖、全面、深刻、实用”。

书中的很多观点跟一些主流的观点完全背道而驰，对于那些信奉金科玉律的人来说，作者完全就是一个颠覆传统的另类。比如说，大家都认为逃课是不思进取的表现，作者却说不逃课的学生不是好学生；很多人都认为考研是大学生最好的，甚至是唯一的出路，作者却把考研比喻成了痛苦的安乐死。如果你在看目录的时候对作者这些观点无法接受，请不要因此而搁下这本书。作者写这本书无非是以一个过来人的身份跟你平等地交流一些想法。

作者在书中列举了大量的事例，而其中很大一部分取材于作者身边现实的生活。这些生活在作者身边的大学毕业生比任何一个权威的案例都更为生动而真实。虽然你可能梦想着成为比尔·盖茨之类的风云人物，但是，你将来更大的可能只是成为作者在书中提到的这些平凡的大学毕业生中的一员：毕业时找一份满意的工作，然后挤着公交车上下班，接着盼望老板给自己升职、加薪，最后，你在某个恰当的时候选择自主创业。作者所做的事只是为了让你快速、有效地经历这个过程，最终小有所成。

踏入大学的你们，不管是来体验大学生活的还是想提升自我、增长价值的，首先都应该先读这第一本书，我没有选大作家们对于大学的解读，只是选了一本出社会之后经历甚多，通过自己的努力最终站稳了脚跟的一个路人，通过回顾自己大学之路并提出诚恳感受的一本书，不是因为别的，只是因为他跟我们更相像，他的人生之路才是我们大部分人将来会经历并走出自我的可借鉴之路。书中的很多观点不一定都正确，请大家带着批判和反思的眼光去仔细品评，我想个中感受，人人都会不同吧！只愿一点相同：这本书让你想到了很多，也让你有了更多对自我的思考和前行的力量。

引文：教育著作的价值与乐趣

导读：中国的竞赛式人才培养方式至21世纪以来，愈演愈烈。每个中国式家庭的父母都期望自己的儿女成龙成凤，即使不成龙凤，也不能比自己的亲戚、邻居家的孩子差，于是从上幼儿园开始孩子们便在为数不少的父母心中拿来不停地和别人做比较，和同龄人做敌人，和成绩尤其是满分做朋友，和生活除了学习之外的事做陌生人。我们大部分成长在这个时代的孩子都有一个同感就是：我们从上学之日起，就在不停地与分数、名次赛跑，是像父母说的为了超越同龄人，得到更好的未来吗？我相信很多人都误解了我们的真实想法，我们并不在乎一百分、名次、荣誉，实际上我们努力地去拿这高分、名次，最终都是为了我们最初的目的——看到父母的笑脸，为了获得父母肯定的声音。这也可以说是很多人终身都摆脱不了的影子——我们实际上终生奋斗都是为了得到父母的认可，继而是周围人的肯定。于是父母的期望、父母对待很多事情的态度决定了我们会去追求什么，会怎么去对待我们身边的事物，这也是家庭教育影响人的教育效果的一个极致体现，而父母们全然没有意识到我们的孩子生命中不可能只有高分、第一名就能成功，就能保证他们将来成为一个幸福的人。我想这应该是众多父母以及即将成为父母的人应该去思考的第一件事。下面的这篇著作的节选内容也许可以让我们思考究竟在教育中我们该跟孩子说什么，该要求孩子什么，才能让他不断超越自己，成长为更优秀的自己。

《一百分妈妈》（节选）

马以工

那天去接儿子下课，一看到儿子，第一句话就问他：“考卷发下来了没？考几分？”儿子说：“九十八分。”我非常激动地责骂他：“为什么没有一百分？”儿子反问：“一百分有什么意义？它又能代表什么？”

这话令我沉思许久。几年前看到嫂嫂在打她的女儿，因为她女儿考了九十六分，没有一百分，当时我非常惊讶。曾几何时，我也步入嫂嫂的后尘，成了只注重分数的“一百分妈妈”！

我静下心来想，我是为了自己的面子吧。因为我有一个常在我面前炫耀她女儿多聪明、又考了一百分的嫂嫂，久而久之，我也要求儿女都要考一百分；因此，我们母子常有剑拔弩张的情况出现。

昨天小五的儿子及小三的女儿下课回来，竟然不约而同地说：“妈妈，我觉得你给我们的压力太大了，我们都得了忧郁症了。”“啊！真的吗？我有给你们压力？”“有啊！每次考试你都说要考一百分，不然就要打，我们都好害怕又紧张。”

的确，每到考试时，我都一直碎碎念，催他们看书；好多次考试当天，送儿子去上学，到了校门口，儿子跟我说：“妈妈，我好紧张，怕考不好，又会被你打。”

当时我都没有给予较正向的安抚或鼓励，反而更苛责地说：“你就是没有准备好，才会紧张。”现在想起来，我是在用语言暴力，戕害他们的心灵而不自知。

上周日，我要参加网球比赛，出门前，催儿子女儿赶快吃完早餐去做功课，顺口说了一句：“妈妈今天要比赛，好紧张喔！”没想到女儿靠过来用她的右手搭在我肩上说：“妈妈，你只要尽力去打，那个球就有意义了。”

我惊讶才九岁的她竟然说出这么有哲理的话来，更感动她小小年纪就懂得鼓励别人；汗颜的是，我竟不如她，处处在责备他们，只看到他们的缺点，难怪儿子会气馁地说他只有缺点，没有优点。唉！我真的该反省一番了。

【2003/03/24 联合报】

导读：每个人都喜欢信任自己、和蔼可亲、教育方法得当的老师，可是真正做成这样一位老师是不是很难呢？要不然应该每位教师都能成为这样的老师吧？到底难不难，我们看看《窗边的小豆豆》也许能找到答案。

《窗边的小豆豆》是一本有趣的儿童文学作品。作者是黑柳彻子，这本书讲述了作者上小学时的一段真实的故事：小豆豆（作者）因淘气被原学校退学后，来到巴学园。在小林校长的爱护和引导下，一般人眼里“怪怪”的小豆豆逐渐变成了一个大家都能接受的孩子。巴学园里亲切、随和的教学方式使这里的孩子们度过了人生最美好的时光。

先来看看这个故事的主人公小林校长的一点点教育秘密：小豆豆因淘气被原学校退学后，来到巴学园。小林校长却常常对小豆豆说：“你真是一个好孩子呀！”在小林校长的爱护和引导下，一般人眼里“怪怪”的小豆豆逐渐变成了一个大家都能接受的孩子，并奠定了她一生的基础。“巴学园”有着与众不同的校长，第一次见小豆豆，校长就微微笑着听小豆豆不停地说了四个小时的话。没有一丝不耐烦，没有一丝厌倦。“巴学园”有着与众不同的午餐，每到午餐开始的时候，校长就会问：“大家都带了‘海的味道’和‘山的味道’来了吗?”“巴学园”还有着与众不同的教育方法，每一天的第一节课，老师就把当天要上的课和每一节课的学习重点都写在黑板上，于是小朋友就从自己喜欢的那门课开始，慢慢地老师就会知道每一个学生的兴趣所在。

这本书不仅带给全世界几千万读者无数的笑声和感动，而且为现代教育的发展注入了新的活力，成为20世纪全球最有影响的作品之一。

《窗边的小豆豆》（节选）

一座小小的校门出现在她们母女俩面前。

在迈进这所学校的校门之前，豆豆的妈妈为什么会感到不安呢？要讲原因的话，那是因为尽管豆豆还是个小学一年级的学生，却已经被学校开除了。一个小学一年级的学生！

事情就发生在上个星期。妈妈被豆豆的班主任老师叫去，听到老师明确地对她说：

“有府上的小姐在，整个班里都不得安宁。请您把她带到别的学校去吧！”

年轻漂亮的女教师又叹息着重复了一句：

“实在是没办法呀！”

妈妈吃了一惊，心想：

“究竟出了什么事……这孩子都干了些什么，怎么会把全班都搅得不得安宁呢……”

老师眨了眨弯弯的睫毛，一面用手抚弄着烫得朝里卷曲的短发，一面解释道：

“起初，正上课的时候，她总要把课桌盖开开关关地弄上上百遍。因此我就对她说：‘没有事就不要老这样开来关去的。’于是，府上的小姐就把笔记本、铅笔盒、教科书统统塞进桌斗里，然后再一样一样地取出来。譬如听写的时候吧！府上的小姐首先把桌盖打开，把笔记本拿出来。紧接着就‘吧嗒’一声飞快地把桌盖盖上。接着又马上打开，把头钻进去，从铅笔盒里拿出写‘a’字的铅笔，再急忙关上，然后动笔写‘a’字。然而，她没写好，或者写错了。于是又把桌盖打开，把头钻进去取出橡皮，再关上桌盖，马上匆匆忙忙地用橡皮去擦，接着又以惊人的速度打开桌盖把橡皮放进去，再盖好桌盖。可是，她又马上打开了。我一看，原来只写了一个‘a’字，就把所有的文具一件一件地收进桌斗里去了。先收铅笔，关上，再打开，再把笔记本放进去……就这样折腾来折腾去。而且当写第二个字母‘i’字时，又是从笔记本开始，铅笔，橡皮……每当这时候，眼前就是开书桌，关书桌，令人眼花缭乱。简直弄得我目不暇接。可她毕竟还是有事时才这样做的，我也不好说不允许。不过……”

老师似乎又想起了当时的情景，眼睫毛眨动得越来越快了。

听到这里，妈妈才有些明白豆豆为什么要把学校的课桌开过来又关过去的了。

妈妈想起来了，豆豆上学头一天，放学回来后曾特别兴奋地向妈妈这样报告过：

“妈妈，学校真棒！家里桌子的抽斗是这样拉出来的，可学校的桌子上面有盖。和垃圾箱的盖子差不多，只不过更滑稽，什么东西都能收进去，可好玩哩!”

妈妈眼前仿佛浮现出豆豆淘气的情景：她坐在从未见过的课桌前，正好奇地把桌盖一会儿打开，一会儿关上。妈妈心想：“这也不能算什么坏事。只要慢慢习惯了，就不会再那样开来关去的了。”但口上却对老师说：

“我可以常常提醒她……”

然而老师却用比刚才略高的声音说道：

“如果仅仅是这么一件事，那倒好了！可是……”

妈妈觉得浑身一阵紧张。老师把身体稍向前挨近了说：

“有时我心里正在庆幸：啊，桌子不响啦！谁知这回是正上课时她站起来了！而且一直站在那里!”

妈妈又吃了一惊，问道：

“站？站在什么地方呀?”

老师有点生气地说：

“站在教室窗户旁边。”

妈妈不明底细，接着问道：

“站在窗边干什么呢?”

老师半吼似地说：

“为了把化装广告宣传员叫进来呗!”

把老师的话归纳起来，大致情形是这样的：

第一节课里，豆豆把课桌“吧嗒吧嗒”地弄了一通以后，就离开座位站到窗边往外看去。于是老师心想：如果能安静下来，她站在那儿也可以。然而就在这时豆豆却突然对着窗外大声喊叫起来：“广告宣传员叔叔!”

一般说来，这个教室的窗户对豆豆来说是很惬意的，然而却使老师大伤脑筋。因为教室在一楼，偏偏又紧靠马路。而且，说到院墙，也仅仅是一道矮树墙。所以豆豆很容易就能同路上的行人搭话。瞧吧，过路的那位化装广告宣传员被豆豆这么一喊，果真来到了教室跟前。这下豆豆可乐坏了，冲着全班同学喊道：

“来啦！来啦！”

教室里正在上课的孩子们听她这么一喊，全都拥向窗边异口同声地喊了起来：

“化装广告宣传员！”

于是豆豆便向广告宣传员央求说：

“喂！演一会儿给我们看看好吗？”

本来路过学校附近的时候，化装广告宣传员是压低了声响的。可由于豆豆这难得的央求，他便放开了手脚。又是单簧管，又是三弦琴，敲锣打鼓地热闹了一通。这时候老师怎么样了呢？她只好独自站在讲台上，耐着性子等待闹过这阵子去，心想：“就耐心等到这支曲子奏完吧！”

不一会工夫，曲子奏完了，化装广告宣传员走了，学生们也回到了自己的座位上。然而，令人吃惊的是，豆豆却仍然站在窗边不动。老师问她：“你怎么还在那里？”

豆豆一本正经地答道：

“要是再有别的化装广告宣传员来了，我还得和他们说话呢！再说，刚才的化装广告宣传员要是回来了，那可就麻烦了。”

“照这样下去，简直就无法上课啦！这您总该明白的吧？”

在向豆豆妈妈介绍上述情况的过程中，老师越来越控制不住自己的感情了。

妈妈暗自想道：“唔，这么说来，也确实难为老师啦！”

冷不防老师又用更高的嗓门说了两个字：

“还有……”

听到这里，妈妈简直不知道怎样道歉才好，可是还没等妈妈开口，老师马上又说下去了：

“还有这么一件事。在上第一次图画课的时候，我让同学们画一面国旗，其他孩子都在图画纸上老老实实地画了一面太阳旗，可府上的小姐却照着《朝日新闻》报纸上的样子，画起军舰的旗子来了。我想就让她那么画吧！谁知她又在旗子的四周加上了穗子。穗子，就是青年团什么的那类旗子上的穗子。我想这也行吧，因为估计她在什么地方见过。可一转身的工夫，哎呀，满桌子上都画满了黄色的穗子！图画纸的大部分都画上了这样的旗子，已经没有什么空地方加穗子了，但她仍用黄蜡笔喀哧喀哧地往画上添穗子。当然这样就画到纸外边去了，把纸挪开一看，桌子上留下了很重的蜡笔道道，像锯齿一样，不管怎么擦也擦不掉。不过还好，只有三面有锯齿。”

妈妈诚惶诚恐地连忙问道：

“怎么只有三面……”

老师看来已经讲累了，然而还是很有耐心地解释道：

“因为她已经把旗杆画到左面去了，所以只在旗子的三面画上了锯齿。”

妈妈感到心里松了一口气，说：

“啊，因此才只有三面……”

这时老师又以十分缓慢的语气一板一眼地说：

“虽说有一面没有锯齿，可是旗杆的一端还是画到桌子上去了!”

老师站起身来，表情相当冷淡，画龙点睛地说：

“对此感到挠头的不只是我。听说隔壁一年级的班主任老师也很为难。因此……”妈妈不得不下决心了。她想，这样下去确实太影响其他学生了。看来是得找个学校转学了。要设法找到这么一所学校，它既能理解这孩子的性格，又能教育她和小朋友们一道学习下去。……

于是妈妈四处奔走，总算找到了现在要去的这所学校。

妈妈并没有把退学的事告诉给豆豆。妈妈知道，即使说了她也弄不清自己哪儿不好，再说因为这些事让豆豆背上思想包袱也不合适，还是等长大了再告诉她吧！妈妈只是对豆豆这样说道：

“豆豆想不想到新学校去呀？听说那可是一所好学校哩!”

豆豆稍微考虑了一下，然后说：

“想去，可……”

妈妈心想：这孩子现在在想些什么呢？难道说她已经隐隐约约意识到退学的事了吗？……

就在这时，豆豆突然扑进妈妈的怀里，问道：

“妈妈，这次去的学校，会不会有好的化装广告宣传员来呀?”

第一部分：中国教育思想概观

第一篇：《礼记》

《礼记》是儒家重要的典籍之一。汉代把孔子定的典籍称为“经”，弟子对“经”的解说是“传”或“记”，《礼记》因此得名，即对“礼”的解释。到西汉前期《礼记》共有一百三十一篇。相传戴德选编其中八十五篇，称为《大戴礼记》，在后来的流传过程中若断若续，到唐代只剩下了三十九篇；戴圣选编其中四十九篇，称为《小戴礼记》，即我们今天见到的《礼记》。这两种书各有侧重和取舍，各有特色。东汉末年，著名学者郑玄为《小戴礼记》作了出色的注解，后来这个本子便盛行不衰，并由解说经文的著作逐渐成为经典。宋代的理学家选中《大学》《中庸》《论语》和《孟子》，把他们合称为“四书”，用来作为儒学的基础读物；《诗》《书》《礼》《易》《春秋》为五经；《周礼》《仪礼》《礼记》，合称三礼。《周礼》又称《周官》，讲官制和政治制度。《仪礼》记述有关冠、婚、丧、祭、乡、射、朝、聘等礼仪制度。《礼记》则是一部秦汉以前儒家有关各种礼仪制度的论著选集，其中既有礼仪制度的记述，又有关于礼的理论及其伦理道德、学术思想的论述。

《礼记》是研究中国古代社会情况、典章制度和儒家思想的重要著作。《礼记》有《曲礼》《檀弓》《月令》《礼运》《学记》《大学》《中庸》《经解》等四十九篇，大率为孔子弟子及其再传、三传弟子所记，内容庞杂，上至王室之制，下至民间之俗，无不涉及，是研究我国古代社会文化的重要参考资料。其中，《经解》一篇提倡六艺之教，即温柔敦厚的“诗教”，疏通知远的“书教”，广博易良的“乐教”，浩静精微的“易教”，恭俭庄重的“礼教”，属辞比事的“春秋之教”；《礼运》一篇提出了“小康世”和“大同世”的理想，对后世影响深远；《大学》《中庸》两篇在南宋时更与《论语》《孟子》合编为“四书”，同“五经”并列，成为蒙学必读的教科书。

注本有东汉郑玄《礼记注》、唐孔颖达《礼记正义》、清朱彬《礼集训纂》、孙希旦《礼记集解》等。通行本有清阮元《十三经注疏》本，中华书局影印，1980 年第 1 版。

【学习提要】

《学记》，是中国古代也是世界上最早的一篇专门论述教育和教学问题的论著，它比捷克大教育家夸美纽斯的《大教学论》早面世一千八九百年。它是中国古代一部典章制度专著《礼记》（《小戴礼记》）中的一篇，写作于战国晚期。相传为西汉戴圣编撰。据郭沫若考证，作者为孟子的学生乐正克。《学记》全文共 20 节，1229 个字，其篇幅短小精悍，内容相当丰富、精辟、深刻，是我国先秦时期教育思想和教育实践的概括和总结。全篇文字言简意赅，喻辞生动，系统而全面地阐明了教育的目的及作用，教育和教学的制度、原则和方法，教师的地位和作用，教育过程中的师生关系以及同学之间的关系，其中很多东西，不仅是教育史上的首创，而且经过两千多年教育实践的检验，即使放在现代教学理论的范畴中，也仍然闪烁着生命的火花。

学记第十八

发虑宪，求善良，足以謏（xǐao）闻，不足以动众；就贤体远，足以动众，未足以化（教化）民。君子如欲化民成俗，其必由学乎！

玉不琢，不成器；人不学，不知道（“道”：古今异义，指儒家之道）。是故古之王者建国君民，教学为先。《兑（yuè，“说”）命》曰：“念终始典于学。”其此之谓乎！

虽有嘉肴，弗食，不知其旨也；虽有至道，弗学，不知其善也。故学然后知不足，教然后知困（困惑）。知不足，然后能自反也；知困，然后能自强也，故曰：教学相长也。《兑命》曰：“学学半。”（前一个“学”字音 xiào，本字读作“斆”，意思是教育别人；后一个“学”字音 xué，意思是向别人学习）其此之谓乎！

古之教者，家有塾，党有庠（xiáng），术（suì）有序，国有学。

比年（隔一年）入学，中年考校。一年视离经辨志，三年视敬业乐群，五年视博习亲师，七年视论学取友，谓之小成；九年知类通达，强立（坚强的意志）而不反，谓之大成。夫然后足以化民易俗，近者说（yuè，“悦”）服，而远者怀（向往）之，此大学之道也。《记》曰：“蛾（‘蚁’）子时术之。”其此之谓乎！

大学始教，皮弁（biàn）祭菜，示敬道也；《宵雅》肄（yì）三，官其始也；入学鼓箧（qiè），孙（以逊顺之心）其业也；夏楚（夏 jiǎ 圆和楚方，一种教杖）二物，收其威也；未卜禘（dì）不视学，游其志也；时观而弗语，存其心也；幼者听而弗问，学不躐（liè，同后文“陵”，超越）等也。此七者，教之大伦（纲要）也。《记》曰：“凡学官先事，士先志。”其此之谓乎！

大学之教也时，教必有正业，退息必有居。学，不学操缦，不能安弦；不学博依，不能安《诗》；不学杂服，不能安礼；不兴其艺，不能乐学。故君子之于学也，藏焉，修焉，息焉，游焉。夫然，故安其学而亲其师，乐其友而信其道。是以虽离师辅而不反也。《兑命》曰：“敬孙务时敏，厥修乃来。”其此之谓乎！

今之教者，呻其占毕，多其讯，言及于数，进而不顾其安，使人不由其诚，教人不尽其材；其施之也悖，其求之也佛（拂）。夫然，故隐其学而疾其师，苦其难而不知其益也，虽终其业，其去之必速。教之不刑，其此之由乎！

大学之法，禁于未发之谓豫，当其可之谓时，不陵节而施之谓孙，相观而善之谓摩。此四者，教之所由兴也。

发然后禁，则扞（hàn）格而不胜；时过然后学，则勤苦而难成；杂施而不孙，则坏乱而不修；独学而无友，则孤陋而寡闻；燕朋逆其师；燕辟废其学。此六者，教之所由废也。

君子既知教之所由兴，又知教之所由废，然后可以为人师也。故君子之教喻也，道（dǎo）而弗牵，强而弗抑，开而弗达。道而弗牵则和，强而弗抑则易，开而弗达则思；和易以思，可谓善喻矣。

学者有四失，教者必知之。人之学也，或失则多，或失则寡，或失则易，或失则止。此四者，心之莫同也。知其心，然后能救其失也。教也者，长善而救其失者也。

善歌者，使人继其声；善教者，使人继其志。其言也约而达，微而臧，罕譬而喻，可谓继志矣。

君子知至学之难易，而知其美恶，然后能博喻；能博喻然后能为师；能为师然后能为长；能为长然后能为君。故师也者，所以学为君也。是故择师不可不慎也。《记》曰：“三王四代唯其师。”此之谓乎！

凡学之道，严师为难。师严然后道尊，道尊然后民知敬学。是故君之所不臣于其臣者二：当其为尸则弗臣也，当其为师则弗臣也。大学之礼，虽诏于天子，无北面；所以尊师也。

善学者，师逸而功倍，又从而庸之；不善学者，师勤而功半，又从而怨之。善问者，如攻坚木，先其易者，后其节目，及其久也，相说以解；不善问者反此。善待问者，如撞钟，叩之以小者则小鸣，叩之以大者则大鸣，待其从容，然后尽其声；不善答问者反此。此皆进学之道也。

记问之学，不足以为人师。必也听语乎，力不能问，然后语之；语之而不知，虽舍之可也。

良冶之子，必学为裘；良弓之子，必学为箕；始驾者反之，车在马前。君子察于此三者，可以有志于学矣。

古之学者，比物丑类。鼓无当于五声，五声弗得不和；水无当于五色，五色弗得不章；学无当于五官，五官弗得不治；师无当于五服，五服弗得不亲。

君子曰：大德不官，大道不器，大信不约，大时不齐。察于此四者，可以有志于学矣。三王之祭川也，皆先河而后海；或源也，或委也。此之谓务本。

【学习提要】

《中庸》原是《小戴礼记》（即后世通见的礼记）中的一篇，第五十二卷中庸第三十一。《中庸》原来也是《礼记》中的一篇，一般认为它出于孔子的孙子子思（前483—前402）之手。据《史记·孔子世家》记载，孔子的儿子名叫孔鲤，字伯鱼；伯鱼的儿子名叫孔伋，字子思。孔子去世后，儒家分为八派，子思是其中一派。后经秦代学者修改整理。它也是中国古代讨论教育理论的重要论著。

《中庸》是被宋代学人提到突出地位上来的，宋一代探索中庸之道的文章不下百篇，但最早探索《中庸》的并非儒生，而是卒于宋真宗乾兴元年的方外之士——释智圆。智圆之后，司马光则是宋儒中论中庸较早的一个。后来北宋程颢、程颐极力尊崇《中庸》。南宋朱熹又作《中庸章句》，并把《中庸》和《大学》《论语》《孟子》并列称为“四书”。宋、元以后，《中庸》成为学校官定的教科书和科举考试的必读书，对古代教育产生了极大的影响。

中庸的中心思想是儒学中的中庸之道，它的主要内容并非现代人所普遍理解的中立、平庸，其主旨在于修养人性。其中包括学习的方式：博学之，审问之，慎思之，明辨之，笃行之。也包括儒家做人的规范如“五达道”（君臣也，父子也，夫妇也，兄弟也，朋友之交也）和“三达德”（智、仁、勇）等。中庸所追求的修养的最高境界是至诚或称至德。中庸之道的主题思想是教育人们自觉地进行自我修养、自我监督、自我教育、自我完善，把自己培养成为具有理想人格，达到至善、至仁、至诚、至道、至德、至圣、合外内之道的理想人物，共创“致中和，天地位焉，万物育焉”的“太平和合”境界。

朱熹认为《中庸》“忧深言切，虑远说详”，“历选前圣之书，所以提挈纲维，开示蕴奥，未有若是之明且尽者也”（《中庸章句·序》），并且在《中庸章句》的开头引用程颐的话，强调《中庸》是“孔门传授心法”的著作，“放之则弥六合，卷之则退藏于密”，其味无穷，都是实用的学问。善于阅读的人只要仔细玩味，便可以终身受用不尽。

程颐的说法也许有些过头，但《中庸》的确是内容丰富，不仅提出了“中庸”作为儒家的最高道德标准，而且还以此为基础讨论了一系列的问题，涉及儒家学说的各个方面。所以，《中庸》被推崇为“实学”，被视为可供人们终身受用的经典，这也绝不是偶然的。

中庸第三一

天命之谓性，率性之谓道，修道之谓教。

道也者，不可须臾离也，可离非道也。是故君子戒慎乎其所不睹，恐惧乎其所不闻。莫见乎隐，莫显乎微。故君子慎其独也。

喜怒哀乐之未发，谓之中；发而皆中节，谓之和；中也者，天下之大本也；和也者，天下之达道也。致中和，天地位焉，万物育焉。

仲尼曰：“君子中庸，小人反中庸。君子之中庸也，君子而时中；小人之中庸也，小人而无忌惮也。”

子曰：“中庸其至矣乎！民鲜能久矣！”子曰：“道之不行也，我知之矣：知者过之，愚者不及也。道之不明也，我知之矣：贤者过之，不肖者不及也。人莫不饮食也，鲜能知味也。”

子曰：“道其不行矣夫。”

子曰：“舜其大知也与！舜好问而好察迩言，隐恶而扬善，执其两端，用其中于民，其斯以为舜乎！”

子曰：“人皆曰‘予知’，驱而纳诸罟擭陷阱之中，而莫之知辟也。人皆曰‘予知’，择乎中庸，而不能期月守也。”

子曰：“回之为人也，择乎中庸，得一善，则拳拳服膺而弗失之矣。”

子曰：“天下国家可均也，爵禄可辞也，白刃可蹈也，中庸不可能也。”

子路问强。

子曰：“南方之强与？北方之强与？抑而强与？宽柔以教，不报无道，南方之强也，君子居之。衽金革，死而不厌，北方之强也，而强者居之。故君子和而不流，强哉矫！中立而不倚，强哉矫！国有道，不变塞焉，强哉矫！国无道，至死不变，强哉矫！”

子曰：“素隐行怪，后世有述焉，吾弗为之矣。君子遵道而行，半途而废，吾弗能已矣。君子依乎中庸，遁世不见知而不悔，唯圣者能之。君子之道费而隐。夫妇之愚，可以与知焉，及其至也，虽圣人亦有所不知焉；夫妇之不肖，可以能行焉，及其至也，虽圣人亦有所不能焉。天地之大也，人犹有所憾，故君子语大，天下莫能载焉；语小，天下莫能破焉。《诗》云：‘鸢飞戾天，鱼跃于渊。’言其上下察也。君子之道，造端乎夫妇，及其至也，察乎天地。”

子曰：“道不远人。人之为道而远人，不可以为道。《诗》云：‘伐柯伐柯，其则不远。’执柯以伐柯，睨而视之，犹以为远。故君子以人治人，改而止。忠恕违道不远，施诸己而不愿，亦勿施于人。君子之道四，丘未能一焉：所求乎子以事父，未能也；所求乎臣以事君，未能也；所求乎弟以事兄，未能也；所求乎朋友先施之，未能也。庸德之行，庸言之谨，有所不足，不敢不勉，有余不敢尽；言顾行，行顾言，君子胡不慥慥尔！君子素其位而行，不愿乎其外。素富贵，行乎富贵；素贫贱，行乎贫贱；素夷狄，行乎夷狄；素患难，行乎患难：君子无入而不自得焉。在上位不陵下，在下位不援上，正己而不求于人，则无怨。上不怨天，下不尤人。故君子居易以俟命，小人行险以徼幸。”

子曰：“射有似乎君子，失诸正鹄，反求诸其身。君子之道，辟如行远必自迩，辟如登高必自卑。《诗》曰：‘妻子好合，如鼓瑟琴；兄弟既翕，和乐且耽。宜尔室家，乐尔妻帑。’”子曰：“父母其顺矣乎！”子曰：“鬼神之为德，其盛矣乎！视之而弗见，听之而弗闻，体物而不可遗。使天下之人齐明盛服，以承祭祀，洋洋乎如在其上，如在其左右。《诗》曰：‘神之格思，不可度思！矧可射思！’夫微之显，诚之不可掩如此夫。”

子曰：“舜其大孝也与！德为圣人，尊为天子，富有四海之内。宗庙飨之，子孙保之。故大德必得其位，必得其禄，必得其名，必得其寿。故天之生物，必因其材而笃焉。故栽者培之，倾者覆之。《诗》曰：‘嘉乐君子，宪宪令德！宜民宜人，受禄于天。保佑命之，自天申之！’故大德者必受命。”

子曰：“无忧者其惟文王乎！以王季为父，以武王为子，父作之，子述之。武王缵大王、王季、文王之绪，壹戎衣而有天下，身不失天下之显名；尊为天子，富有四海之内。宗庙飨之，子孙保之。武王末受命，周公成文、武之德，追王大王、王季，上祀先公以天子之礼。斯礼也，达乎诸侯、大夫及士、庶人。父为大夫，子为士，葬以大夫，祭以士。父为士，子为大夫，葬以士，祭以大夫。期之丧，达乎大夫；三年之丧，达乎天子；父母之丧，无贵贱，一也。”

子曰：“武王、周公，其达孝矣乎！夫孝者：善继人之志，善述人之事者也。春、秋修其祖庙，陈其宗器，设其裳衣，荐其时食。宗庙之礼，所以序昭穆也；序爵，所以辨贵贱也；序事，所以辨贤也；旅酬下为上，所以逮贱也；燕毛，所以序齿也。践其位，行其礼，奏其乐，敬其所尊，爱其所亲，事死如事生，事亡如事存，孝之至也。郊社之礼，所以事上帝也；宗庙之礼，所以祀乎其先也。明乎郊社之礼、禘尝之义，治国其如示诸掌乎！”

哀公问政。

子曰：“文、武之政，布在方策，其人存，则其政举；其人亡，则其政息。人道敏政，地道敏树。夫政也者，蒲卢也。故为政在人，取人以身，修身以道，修道以仁。仁者人也，亲亲为大；义者宜也，尊贤为大。亲亲之杀，尊贤之等，礼所生也。在下位不获乎上，民不可得而治矣！故君子不可以不修身；思修身，不可以不事亲；思事亲，不可以不知人；思知人，不可以不知天。天下之达道五，所以行之者三，曰：君臣也，父子也，夫妇也，昆弟也，朋友之交也，五者天下之达道也。知仁勇三者，天下之达德也，所以行之者一也。或生而知之，或学而知之，或困而知之，及其知之，一也；或安而行之，或利而行之，或勉强而行之，及其成功，一也。”

子曰：“好学近乎知，力行近乎仁，知耻近乎勇。知斯三者，则知所以修身；知所以修身，则知所以治人；知所以治人，则知所以治天下国家矣。凡为天下国家有九经，曰：修身也，尊贤也，亲亲也，敬大臣也，体群臣也，子庶民也，来百工也，柔远人也，怀诸侯也。修身则道立，尊贤则不惑，亲亲则诸父昆弟不怨，敬大臣则不眩，体群臣则士之报礼重，子庶民则百姓劝，来百工则财用足，柔远人则四方归之，怀诸侯则天下畏之。齐明盛服，非礼不动，所以修身也；去谗远色，贱货而贵德，所以劝贤也；尊其位，重其禄，同其好恶，所以劝亲亲也；官盛任使，所以劝大臣也；忠信重禄，所以劝士也；时使薄敛，所以劝百姓也；日省月试，既禀称事，所以劝百工也；送往迎来，嘉善而矜不能，所以柔远人也；继绝世，举废国，治乱持危，朝聘以时，厚往而薄来，所以怀诸侯也。凡为天下国家有九经，所以行之者一也。凡事豫则立，不豫则废。言前定则不跲，事前定则不困，行前定则不疚，道前定则不穷。在下位不获乎上，民不可得而治矣；获乎上有道：不信乎朋友，不获乎上矣；信乎朋友有道：不顺乎亲，不信乎朋友矣；顺乎亲有道：反诸身不诚，不顺乎亲矣；诚身有道：不明乎善，不诚乎身矣。诚者，天之道也；诚之者，人之道也。诚者不勉而中，不思而得，从容中道，圣人也。诚之者，择善而固执之者也。博学之，审问之，慎思之，明辨之，笃行之。有弗学，学之弗能，弗措也；有弗问，问之弗知，弗措也；有弗思，思之弗得，弗措也；有弗辨，辨之弗明，弗措也，有弗行，行之弗笃，弗措也。人一能之己百之，人十能之己千之。果能此道矣，虽愚必明，虽柔必强。自诚明，谓之性；自明诚，谓之教。诚则明矣，明则诚矣。唯天下至诚，为能尽其性；能尽其性，则能尽人之性；能尽人之性，则能尽物之性；能尽物之性，则可以赞天地之化育；可以赞天地之化育，则可以与天地参矣。其次致曲。曲能有诚，诚则形，形则着，着则明，明则动，动则变，变则化。唯天下至诚为能化。

至诚之道，可以前知。国家将兴，必有祯祥；国家将亡，必有妖孽。见乎蓍龟，动乎四体。祸福将至：善，必先知之；不善，必先知之。故至诚如神。诚者自成也，而道自道也。诚者物之终始，不诚无物。是故君子诚之为贵。诚者非自成己而已也，所以成物也。成己，仁也；成物，知也。性之德也，合外内之道也，故时措之宜也。故至诚无息。不息则久，久则征，征则悠远，悠远则博厚，博厚则高明。博厚，所以载物也；高明，所以覆物也；悠久，所以成物也。博厚配地，高明配天，悠久无疆。如此者，不见而章，不动而变，无为而成。天地之道，可壹言而尽也。其为物不贰，则其生物不测。天地之道，博也厚也，高也明也，悠也久也。今夫天，斯昭昭之多，及其无穷也，日月星辰系焉，万物覆焉。今夫地，一撮土之多，及其广厚，载华岳而不重，振河海而不泄，万物载焉。今夫山，一拳石之多，及其广大，草木生之，禽兽居之，宝藏兴焉。今夫水，一勺之多，及其不测，鼋鼍、蛟龙、鱼鳖生焉，货财殖焉。《诗》云：'维天之命，于穆不已！'盖曰天之所以为天也。'于乎不显！文王之德之纯！'盖曰文王之所以为文也，纯亦不已。大哉圣人之道！洋洋乎发育万物，峻极于天。优优大哉！《礼仪》三百，威仪三千，待其人然后行。故曰：苟不至德，至道不凝焉。故君子尊德性而道问学，致广大而尽精微，极高明而中庸。温故而知新，敦厚以崇礼。是故居上不骄，为下不倍；国有道，其言足以兴，国无道，其默足以容。《诗》曰：'既明且哲，以保其身。'其此之谓与！子曰：'愚而好自用，贱而好自专，生乎今之世，反古之道。如此者，灾及其身者也。'非天子，不议礼，不制度，不考文。今天下车同轨，书同文，行同伦。虽有其位，苟无其德，不敢作礼乐焉；虽有其德，苟无其位，亦不敢作礼乐焉。"

子曰："吾说夏礼，杞不足征也。吾学殷礼，有宋存焉；吾学周礼，今用之，吾从周。王天下有三重焉，其寡过矣乎！上焉者虽善无征，无征不信，不信民弗从；下焉者虽善不尊，不尊不信，不信民弗从。故君子之道本诸身，征诸庶民，考诸三王而不缪，建诸天地而不悖，质诸鬼神而无疑，百世以俟圣人而不惑。质诸鬼神而无疑，知天也；百世以俟圣人而不惑，知人也。是故君子动而世为天下道，行而世为天下法，言而世为天下则。远之则有望，近之则不厌。《诗》曰：'在彼无恶，在此无射；庶几夙夜，以永终誉！'君子未有不如此而蚤有誉于天下者也。仲尼祖述尧、舜，宪章文、武；上律天时，下袭水土。辟如天地之无不持载，无不覆帱，辟如四时之错行，如日月之代明。万物并育而不相害，道并行而不相悖，小德川流，大德敦化，此天地之所以为大也。唯天下至圣为能聪明睿知，足以有临也；宽裕温柔，足以有容也；发强刚毅，足以有执也；齐庄中正，足以有敬也；文理密察，足以有别也。溥博渊泉，而时出之。溥博如天，渊泉如渊。见而民莫不敬，言而民莫不信，行而民莫不说。是以声名洋溢乎中国，施及蛮貊；舟车所至，人力所通，天之所覆，地之所载，日月所照，霜露所队；凡有血气者，莫不尊亲，故曰配天。唯天下至诚，为能经纶天下之大经，立天下之大本，知天地之化育。夫焉有所倚？肫肫其仁！渊渊其渊！浩浩其天！苟不固聪明圣知达天德者，其孰能知之？《诗》曰：'衣锦尚絅'，恶其文之着也。故君子之道，闇然而日章；小人之道，的然而日亡。君子之道：淡而不厌，简而文，温而理，知远之近，知风之自，知微之显，可与入德矣。《诗》云：'潜虽伏矣，亦孔之昭！'故君子内省不疚，无恶于志。君子所不可及者，其唯人之所不见乎！《诗》云：'相在尔室，尚不愧于屋漏。'故君子不动而敬，不言而信。《诗》曰：'奏假无言，时靡有争。'是故君子不赏而民劝，不怒而民威于鈇钺。《诗》曰：'不显惟德！百辟其刑之。'是故君子笃恭而天下平。《诗》曰：'予怀明德，不大声以色。'"

子曰："声色之于以化民，末也。《诗》曰：'德輶如毛'，毛犹有伦；'上天之载，无声无臭'，至矣！"

【学习提要】

《大学》原为《礼记》第四十二篇。宋朝程颢、程颐兄弟把它从《礼记》中抽出，编次章句。朱熹将《大学》《中庸》《论语》《孟子》合编注释，称为《四书》，从此《大学》成为儒家经典。至于《大学》的作者，程颢、程颐认为是"孔氏之遗言也"。朱熹把《大学》重新编排整理，分为"经"一章，"传"十章。认为，"经一章盖孔子之言，而曾子述之；其传十章，则曾子之意而门人记之也。"就是说，"经"是孔子的话，曾子记录下来；"传"是曾子解释"经"的话，由曾子的学生记录下来。

《大学》的版本主要有两个体系：一是经朱熹编排整理，划分为经、传的《大学章句》本；一是按原有次序排列的古本，即《礼记》中的《大学》原文。以朱熹《大学章句》本，流传最广、影响最大，本篇就是采用的《大学章句》本。

"大学"是对"小学"而言，是说它不是讲"详训诂，明句读"的"小学"，而是讲治国安邦的"大学"。小学即："洒扫应对进退，礼乐射御书数"。"大学"是大人之学，古人十五岁入学，学习伦理、政治和哲学等"穷理正心，修礼治人"的学问，实则是学习如何参与国家政治。

《大学》为"初学入德之门也"。经一章提出了明明德、亲民、止于至善三条纲领，又提出了格物、致知、诚意、正心、修身、齐家、治国、平天下八个条目。八个条目是实现三条纲领的途径。在八个条目中，修身是根本的一条，“自天子以至于庶人，一是皆以修身为本”。十章分别解释明明德、新民、止于至善、本末、格物致知、诚意、正心、修身、齐家、治国平天下。

大学第四二

大学之道，在明明德，在亲民，在止于至善。知止而后有定，定而后能静，静而后能安，安而后能虑，虑而后能得。物有本末，事有终始，知所先后，则近道矣。古之欲明明德于天下者，先治其国；欲治其国者，先齐其家；欲齐其家者，先修其身；欲修其身者，先正其心；欲正其心者，先诚其意；欲诚其意者，先致其知，致知在格物。物格而后知至，知至而后意诚，意诚而后心正，心正而后身修，身修而后家齐，家齐而后国治，国治而后天下平。自天子以至于庶人，壹是皆以修身为本。其本乱而末治者否矣，其所厚者薄，而其所薄者厚，未之有也！此谓知本，此谓知之至也。所谓诚其意者，毋自欺也，如恶恶臭，如好好色，此之谓自谦，故君子必慎其独也！小人闲居为不善，无所不至，见君子而后厌然，掩其不善，而着其善。人之视己，如见其肺肝然，则何益矣！此谓诚于中，形于外，故君子必慎其独也。曾子曰："十目所视，十手所指，其严乎！"富润屋，德润身，心广体胖，故君子必诚其意。《诗》云："瞻彼淇澳，菉竹猗猗。有斐君子，如切如磋，如琢如磨。瑟兮僩兮，赫兮喧兮。有斐君子，终不可諠兮！""如切如磋"者，道学也；"如琢如磨"者，自修也；"瑟兮諠兮"者，恂栗也；"赫兮喧兮"者，威仪也；"有斐君子，终不可諠兮"者，道盛德至善，民之不能忘也。《诗》云："于戏前王不忘！"君子贤其贤而亲其亲，小人乐其乐而利其利，此以没世不忘也。《康诰》曰："克明德。"《太甲》曰："顾諟天之明命。"《帝典》曰："克明峻德。"皆自明也。汤之盘铭曰："苟日新，日日新，又日新。"《康诰》曰："作新民。"《诗》曰："周虽旧邦，其命惟新。"是故君子无所不用其极。《诗》云："邦畿千里，惟民所止。"《诗》云："缗蛮黄鸟，止于丘隅。"子曰："于止，知其所止，可以人而不如鸟乎？"《诗》云："穆穆文王，于缉熙敬止！"为人君，止于仁；为人臣，止于敬；为人子，止于孝；为人父，止于慈；与国人交，止于信。子曰："听讼，吾犹人也，必也使无讼乎！"无情者不得尽其辞，大畏民志。此谓知本。所谓修身在正其心者：身有所忿懥，则不得其正；有所恐惧，则不得其正；有所好乐，则不得其正；有所忧患，则不得其正。心不在焉，视而不见，听而不闻，食而不知其味。此谓修身在正其心。所谓齐其家在修其身者：人之其所亲爱而辟焉，之其所贱恶而辟焉，之其所畏敬而辟焉，之其所哀矜而辟焉，之其所敖惰而辟焉。故好而知其恶，恶而知其美者，天下鲜矣！故谚有之曰："人莫知其子之恶，莫知其苗之硕。"

此谓身不修不可以齐其家。所谓治国必先齐其家者，其家不可教而能教人者，无之。故君子不出家而成教于国：孝者，所以事君也；弟者，所以事长也；慈者，所以使众也。《康诰》曰："如保赤子"，心诚求之，虽不中不远矣。未有学养子而后嫁者也！一家仁，一国兴仁；一家让，一国兴让；一人贪戾，一国作乱。其机如此。此谓一言偾事，一人定国。尧、舜率天下以仁，而民从之；桀、纣率天下以暴，而民从之。其所令反其所好，而民不从。是故君子有诸己而后求诸人，无诸己而后非诸人。所藏乎身不恕，而能喻诸人者，未之有也。故治国在齐其家。《诗》云："桃之夭夭，其叶蓁蓁；之子于归，宜其家人。"宜其家人，而后可以教国人。《诗》云："宜兄宜弟。"宜兄宜弟，而后可以教国人。《诗》云："其仪不忒，正是四国。"其为父子兄弟足法，而后民法之也。此谓治国在齐其家。

所谓平天下在治其国者：上老老而民兴孝，上长长而民兴弟，上恤孤而民不倍，是以君子有絜矩之道也。所恶于上，毋以使下；所恶于下，毋以事上；所恶于前，毋以先后；所恶于后，毋以从前；所恶于右，毋以交于左；所恶于左，毋以交于右。此之谓絜矩之道。《诗》云："乐只君子，民之父母。"民之所好好之，民之所恶恶之，此之谓民之父母。《诗》云："节彼南山，维石岩岩。赫赫师尹，民具尔瞻。"有国者不可以不慎，辟则为天下僇矣。《诗》云："殷之未丧师，克配上帝。仪监于殷，峻命不易。"道得众则得国，失众则失国。是故君子先慎乎德。有德此有人，有人此有土，有土此有财，有财此有用。德者本也，财者末也，外本内末，争民施夺。是故财聚则民散，财散刖民聚。是故言悖而出者，亦悖而入；货悖而入者，亦悖而出。《康诰》曰："惟命不于常！"道善则得之，不善则失之矣。楚书曰："楚国无以为宝，惟善以为宝。"舅犯曰："亡人无以为宝，仁亲以为宝。"《秦誓》曰："若有一介臣，断断兮无他技，其心休休焉，其如有容焉。人之有技，若己有之；人之彦圣，其心好之，不啻若自其口出。实能容之，以能保我子孙黎民，尚亦有利哉！人之有技，媢嫉以恶之；人之彦圣，而违之俾不通。实不能容，以不能保我子孙黎民，亦曰殆哉！"唯仁人放流之，迸诸四夷，不与同中国，此谓唯仁人为能爱人，能恶人。见贤而不能举，举而不能先，命也；见不善而不能退，退而不能远，过也。好人之所恶，恶人之所好，是谓拂人之性，灾必逮夫身。是故君子有大道，必忠信以得之，骄泰以失之。生财有大道。生之者众，食之者寡，为之者疾，用之者舒，则财恒足矣。仁者以财发身，不仁者以身发财。未有上好仁而下不好义者也，未有好义其事不终者也，未有府库财非其财者也。孟献子曰："畜马乘，不察于鸡豚；伐冰之家，不畜牛羊；百乘之家，不畜聚敛之臣。与其有聚敛之臣，宁有盗臣。"此谓国不以利为利，以义为利也。长国家而务财用者，必自小人矣。彼为善之，小人之使为国家，灾害并至。虽有善者，亦无如之何矣！此谓国不以利为利，以义为利也。

第二篇：陶行知教育文选

陶行知（1891—1946），原名文浚，后改名知行、行知。祖籍绍兴会稽，生于安徽歙县。家贫，幼入私塾，15 岁入歙县崇一学堂。光绪三十四年（1908）考入杭州教会办广济医学堂。当得悉要入教会之学生方可去医院免费实习时，愤而退学。宣统二年（1910），考入南京金陵大学文学系。“民国”三年（1914）毕业后考取公费留学，先后获美国伊利诺斯大学和哥伦比亚大学科学和文学硕士学位，成为美国著名实用主义教育家杜威之学生。后回国任南京高师（后改东南大学）教授、教务长兼教育专修科主任。在五四运动影响下，提出教育要“自新、常新、全新”和“自主、自立、自动”之主张，并参加《新教育》杂志编辑工作，后任该杂志主编。1923 年发起组织“中华平民教育促进会”，编写《平民千字课本》，推广平民教育。1926 年发表《中华教育改进社改造全国乡村教育宣言书》，倡导乡村教育运动。次年 3 月在南京创办“晓庄试验乡村师范学校”，提出“生活即是教育、社会即是学校”等理论；10 月在萧山湘湖创办“浙江省立乡村师范学校”。1931 年发起“科学下嫁”运动，从事科学普及工作。次年组织生活教育社，创办山海工学团，倡导“教学做合一”教育活动。“一二·九”运动后，积极投入抗日救亡运动，提倡国难教育、战时教育，在重庆先后创办育才学校和社会大学。1945 年加入中国民主同盟，当选为中央委员兼民主教育委员会主任委员，主办《民主》周刊。1946 年 7 月病逝于上海。毛泽东同志题词“伟大的人民教育家”。著有《中国教育改造》《中国大众教育问题》《古庙敲钟录》等。现已出版《陶行知教育文选》《陶行知全集》等。《中国近现代人名大辞典》等有录。

陶行知的教育活动是在当时民族危亡、国难当头的社会环境中进行的，因此他的教育实践是与民主爱国的活动相伴而行的。早年他曾投身于辛亥革命，“九一八”事变、“一·二八”事变后，积极从事抗日救亡运动，参与发起上海文化界救国会，组织国难教育社等。

他最早注意到乡村教育问题，先后创办晓庄学校、生活教育社、山海工学团、育才学校和社会大学。陶先生一生办过许多各种类型的学校，这些学校为社会培育了大批有用人才，还输送了不少革命青年到延安和大别山抗日根据地参加革命。宣传生活教育，提倡教学做合一及小先生制，要求教育与实际结合，为人民大众服务。提出了“生活即教育”“社会即学校”“教学做合一”三大主张。

试验乡村师范学校答客问

乡村师范学校是什么？

乡村师范学校是依据乡村实际生活，造就乡村学校教师、校长、辅导员的地方。

为什么要加上试验两个字？

中国乡村教育走错了路，现在已经到了山穷水尽的，不得不另找生路。试验就是用科学的方法去采新的生路。我们在前面已经看着一线光明，不能说是十分有把握，但深愿“试他一试”。

这个学校是谁办的？

这个学校是中华教育改进社结合少数乡村教育同志办的。

中华教育改进社为什么要发这种宏愿？

中华教育改进社三年以来对于乡村教育素所注意，近来更觉得这件事是立国的根本大计。估计起来，中国有一百万个乡村，就须有一百万所学校，最少就须有一百万位教师。个个乡村里都应当有学校，更应当有好学校。要有好的学校，先要有好的教师。好的教师有生成的，有学成的。生成的好教师如同凤毛麟角，不可多得，恐怕一百万位乡村教师当中，九十九万千九百位是要用特殊的训练把他们培养成功的。这是一件伟大的事业，要全国同志运用心力财力才能办到。本社不忍放弃国家一分子的责任，所以很情愿在万难中设立这个小小的试验乡村师范，为的要造就好的乡村教师去办理好的乡村学校。

乡村教师要怎样才算好？

好的乡村教师，第一有农夫的身手，第二有科学的头脑，第三有改造社会的精神。他足迹所到的地方，一年能使学校气象生动，二年能使社会信仰教育，三年能使科学农业著效，四年能使村自治告成，五年能使活的教育普及，十年能使荒山成林，废人生利。这种教师就是改造乡村生活的灵魂。

乡村学校要怎样才算好？

有了这样好教师，就算是好的乡村学校；好的乡村学校，就是改造乡村生活的中心。

现在中国有没有这种学校？

现在中国有少数乡村学校确是朝着这条路走。他们的精神确系要令人起敬。如同燕子矶小学、尧化门小学、开原小学，都是著有成绩的乡村学校。最近改造的江宁县立师范学校、明陵小学、笆斗山小学，成绩也在可观。别的地方一定也这种学校，因为不晓得清楚，不能列举。这几个学校假使再给人们五年或十年的时间，当能使这些乡村得到一种新生命，开创一个新纪元。

这些学校为什么办得这样好？

因为他们的教职员有办理乡村教育的天才，并且有虚心研究学问的精神。

这些学校与试验乡村师范要发生什么关系？

因为地点接近燕子矶小学和尧化门小学，已经特约为试验乡村师范学校的中心小学，其他学校就辅助分工研究关于乡村小学的种种问题。

何谓中心小学？

中心小学以乡村实际生活为中心，同时又为试验乡村师范的中心。平常师范学校的小学叫做附属小学，我们要打破附属品的观念，所以称他为中心小学。中心小学是师范学校的主脑，不是师范学校的附属品。中心小学是师范学校的母亲，不是师范学校的儿子。中心小学是太阳，师范学校是行星。师范学校的使命是要传播中心学校的精神、方法和因地制宜的本领。

试验乡村师范学校依据中心小学办理，已经听得明白，但究竟采用什么方法使他实现呢？

我们的一条鞭[①]的方法就教学做合一。

什么是教学做合一？

教学做合一是：教的法子根据学的法子，学的法子根据做的法子。事怎样做就怎样学，怎样学就怎样教。比如种田这件事要在田里做，就要在田里学，也就要在田里教。教学做有一个共同的中心，这个中心就是“事”，就是实际生活；教学做都要在“必有事焉”上用功。

试验乡村师范的课程与平常学校有什么不同的地方？

试验乡村师范的全部课程就是全部生活，我们没有课外的生活也没有生活外的课。约略分起来，共有五门：一，中心小学生活教学做；二，中心小学行政教学做；三，师范学校第一院院务教学做；四，征服天然环境教学做；五，改造社会环境教学做。

什么是第一院？

我们师范学校将来要分两院：第一院是招收他校末一年半学生及相等程度之在职人员，加以一年半的训练；第二院是完全师范制，一切训练，都由本校始终其事。因为第一种办法较为轻而易举，所以先办第一院。

什么是院务教学做？

我们第一院里面种种事务都是要学生分任去做的；什么文牍、会计、庶务、烧饭、种菜，都是要学生轮流学习的。全校只用一个校工担任挑水一类的事，其余一切操作，都列为正课，由学生躬亲从事。

师范生要学习烧饭种菜，这是什么道理？

乡村里当教师，不会烹饪，就要吃苦。我们晓得师范生初到乡间去充当教师，有的时候，不免饿得肚皮叫，就是因为他们不会炊事。从前科举时代文人因过考需要，大多数都会烹饪。现在讲究洋八股反把这些实用的本领挥之门外，简直比科举还坏。所以我们这里的口号是：“不会种菜，不算学生”，“不会烧饭，不得毕业。”

教师处于什么地位？

本校各科教师都称为指导员，不称为教员。他们指导学生教学做，他们与学生共教、共学、共做、共生活。不但如此，高级程度学生对于低级程度学生也要负指导之责。

什么资格的学生可以进来呢？

初级中等学校、高级中等学校、专门大学校末了一年半的学生和在职教职员有相等程度的都可以投考。但是他们必须有农事或土木工经验方才有考取的把握。这是顶重要的资格，这两项条件完全没有的人，不必来考。凡是小名士、书呆子、文迷的都最好不来。如果有人想办乡村小学，为预储师资起见，保送合格学生来学，学成就去办学，这是我们最欢迎的。

考些什么功课？

我们所要考的有五样东西：一、农事或土木工操作；二、智慧测验；三、常识测验；四、作国文一篇；五、三分钟演说。

收录多少学生呢？

我们现在暂定为二十名。倘使我们在这两个月当中经费可以多筹些，如果合格学生很多，我们也可以多收几名。倘使合格学生很少，我们就少取几名；只要有一个合格学生，我们都是要开办的。我们教一个学生和教一千个学生一样的起劲，因为如果这个学生是个人才，他对于乡村教育必有相当的贡献。一个人是千万人的出发点。倘使我们这次招生只能得到一个真学生，我们也就心满意足了。

毕业年限怎样？

我们的修业年限暂订为一年半，但不是一定不移的，可以按照实在情形酌量伸缩。不过修业后必须服务半年，经本校派员考查，确有精神表现，才发给各种毕业证书。

费用要多少呢？

本校学费一概不收，收膳费每月暂以五元为最高额，由师生共同经营。杂费依最节省限度另订。学生种田，照佃户租田公允方法，每年赚钱多少，看自己运用心力的勤惰巧拙，统归本人所用，账目完全公开。

试验乡村师范学校设在何处？

这个学校设在南京神策门外迈桥，离燕子矶、尧化门都很近。我们准备了田园二百亩，供师生耕种；荒山数座，供师生造林；最少数经费，供师生自造茅草屋居住。

茅草屋怎样布置?

每个茅草屋住十一个人:十位学生,一位指导员。里面有阅书室、会客室、饭厅和盥洗室、厕所。屋外后面附一个小厨房,厨房之后有一个小菜园。

茅草屋没有造成住在何处?

住在帐篷里,谁的茅草屋没有造好,谁就要住在帐篷里。十一个人都要受茅草屋指导员的指导,按照图样建造一个优美的、卫生的、坚固的、合用的、省钱的茅草屋。个个人都要参加,都要动手。教师不但是教书,学生不但是读书,他们是到这里来共同创造一个学校。从院长起以及到学生,谁不造成草屋,谁就永久住在帐篷里。

宿舍之外还有什么?

本校一切建筑都是茅草屋。除宿舍外,我们要有图书馆,科学馆,教室、娱乐室、操室、温室、陈列所、医院、动物园。指导员家属住宅都要逐渐使他们成立,但总依据茅草屋的形式建筑。

简括些说起来,试验乡村师范的精神究间何在?

本校的精神可以拿本校旗之意义来代表。旗之中心有一个小圆圈,里面有个"活"字代表所要培养之生活力。圈外有个等边三角,代表教学做三者合一。三角上面有一个"心"放在当中,表示关心农民甘苦之意。左边有一支笔,右边有一把锄头。三角之外有一大圆圈放射光芒,好比是太阳光。四面有一百个金色星布满全旗,代表一百万个学校,改造一百万个乡村,使个个乡村都得到光,合起来造成"中华民国"的伟大的光。

"民国"十五年十二月二十八日黎明
(原载 1928 年 4 月《中国教育改造》)

[注释]

① 一条鞭:明代政治改革家张居正所推行的一项经济政策,他把各项赋役合并为一,按亩征收。这里借用其名,以喻"教学做合一"。

教学做合一[①]

教学做合一是本校的校训,我们学校的基础就是立在这五个字上,再也没有一件事比明了这五个字还重要了。说来倒很奇怪,我在本校从来没有演讲过这个题目,同志们也从没有一个人对这五个字发生过疑问,大家都好像觉得这是我们晓庄的家常便饭,用不着多嘴饶舌了。可是我近来遇了两件事,使我觉得同志中实在还有不明了了校训的意义的。一是看见一位指导员的教学做草案里面把活动分成三方面，叫做教的方面，学的方面，做的方面。这是教学做分家，不是教学做合一。二是看见一位同学在《乡教丛刊》[②]上发表一篇关于晓庄小学的文章。在这篇文章里，他说："晓庄小学的课外作业就是农事教学做。"在教学做合一的学校的辞典里并没有"课外作业"。课外作业是生活与课程离婚的宣言，也就是教学做离婚的宣言。今年春天洪深先生创办电影演员养成所，招生广告上有采用"教""学""做"办法字样，当时我一见这张广告，就觉得洪先生没有十分了解教学做合一。倘使他真正了解，他必定要写"教学做"办法，决不会写作"教""学""做"办法。他的误解和我上述的两个误解是相类的。我接受了两次刺激，觉得非彻底的、原原本本的和大家讨论明白，怕要闹出绝大的误解。思想上发生误解则实行上必定要引起矛盾。所以把这个题目来演讲一次是万不可少的。我自回国以后，看见国内学校里先生只管教，学生只管受教的情形，就认定有改革之必要。这种情形以大学为最坏。导师叫做教授，大家以被称教授为荣。他的方法叫做教授法，他好像拿知识来赈济人的。我当时主张以教学法来代替教授法，在南京高等师范学校校务会议席上辩论二小时，不能通过，我也因此不接受教育专修科主任为名义。八年[③]，应《时报·教育新思潮》[④]主干蒋梦麟先生之征，撰《教学做合一》一文，主张教的方法要根据学的方法。此时苏州师范学校首先赞成采用教学法。继而"五四"事起，南京高等师范同事无暇坚持，我就把全部课程中之教授法一律改为教学法。这是实现教学合一的起源，后来新学制[⑤]颁布，我进一步主张：事怎样做就怎样学，怎样学就怎样教；教的法子要根据学的法子，学的法子要根据做的法子，但是教学做做合一之名尚未出现。前年在南开大学演讲时，我仍用教学做合一之题，张伯苓行政管理拟改为学做合一。我于是豁然费通，直称为教学做合一。去年我撰《中国师范教育建设论》时，即将教学做合一之原理作有系统之叙述。我现在要把最近的思想组织起来作进一步之叙述。教学做是一件事，不是三件事。我们要在做上教，在做上学。在做上教的是先生；在做上学的是学生。从先生对学生的关系说：做便是教；从学生对先生的关系说：做便是学。先生拿做来教，乃是真教；学生拿做来学，方是实学。不在做上用功夫，教固不成为教，学也不成为学。从广义的教育观点看，先生与学生并没有严格的分别。实际上，如果破除成见，六十岁的老翁可以跟六岁的儿童学好些事情。会的教人，不会的跟人学，是我们不知不觉中天天有的现象。因此教学做是合一的。因为一个活动对事说是做，对己说是学，对人说是教。比如种田这件事是要在田里做的，便须在田里学，在田里教。游泳也是如此，游泳是在水里做的事，便须在水里学，在水里教。再进一步说，关于种稻的讲解，不是为讲解而讲解，乃是为种稻而讲解；关于种稻而看书，不是为看书而看书，乃是为种稻而看书；想把种稻教得好，要讲什么话就讲什么话，要看什么书就看什么书。我们不能说种稻是做，看书是学，讲解是教。为种稻而讲解，讲解敢是做，为种稻而看书，看书也是做。这是种稻的教学做合一。一切生活的教学做都要如此，方为一贯。否则教自教，学自学，连做也不是真做了。所以做是学的中心，也就是教的中心。“做”既占如此重要的位置，宝山县立师范学校竟把教学做合一改为做学教合一，这是格外有意思的。

十一月二日

（原载 1928 年 1 月 15 日《乡教丛讯》第 2 卷第 1 期）

〔注释〕

① 本篇是陶行知 1927 年 11 月 2 日在晓庄师范寅会上的演讲词。

②《乡教丛讯》半月刊，中华教育改进社乡村教育同志会会刊，后与晓庄师范合办。

③ 八年是指“民国”八年，即 1919 年。

④《时报·教育新思潮》即《时报》副刊《世界教育新思潮》专栏，由蒋梦麟主编，陶行知为专栏主要撰稿人之一。

⑤ 新学制是指 1922 年北洋政府颁布的学制，又称壬戌学制。

答朱瑞琰之问①

端琰先生：

第二次手书，业已拜读，只因晓庄冬防吃紧，无暇执笔，以致迟迟未复，实在是十分抱歉。

一　什么是做？

先生垂问的几个问题都是很有意思的。我把这些问题仔细看了一下，觉得先生的疑问都是集中在一个“做”字上面。这是当然的，因为教学做合一的理论也是集中在“做”之一字。所以必先要把“做”字彻底的说明一番，然后其余的问题，便可迎刃而解了。“做”字在晓庄有个特别定义。这定义便是在劳力上劳心。单纯的劳力，只是蛮干，不能算做；单纯的劳心，只是空想，也不能算做；真正的做只是在劳力上劳心。我们做一件事便要想如何可以把这件事做好，如何运用书本，如何运用别人的经验，如何改造用得着的一切工具，使这件事做得最好。我们还要想到这事和别事的关系，想到这事和别事的相互影响。我们要从具体想到抽象，从我相想到共相，从片段想到系统。这都是在劳力上劳心的功夫。不如此，便不是在劳力上劳心，便不是做。做必须用器官。做什么事便用什么器官。耳、目、口、鼻，四肢百体都是要活用的。所以有的事要用耳做，有的事要用眼做，有的事要用嘴做，有的事要用脚做，有的事要用手做，有的事用它们合起来做。中国教育的一个普遍的误解是以为：用嘴讲便是教，用耳听便是学，用手干便是做。这样不但是误解了做，也误解了学与教了。我们主张教学做是一件事的三方面：对事说是做，对自己之进步说是学，对别人的影响说是教。做要用手，即学要用手，教要用手；做要用耳，即学要用耳，教要用耳；做要用眼，即学要用眼，教要用眼。做要用什么器官，即学要用什么器官，教要用什么器官。做不但要用身上的器官，并且要用身外的工具。我们的主张是：做什么事便用什么工具。望远镜、显微镜、锄头、斧头、笔杆、枪杆、书本子都是工具，也都是要活用的。中国教育的第二个普遍的误解，便是一提到教育就联想到笔杆和书本，以为教育便是读书、写字，除了读书、写字之外，便不是教育。我们既以作为中心，那末，做要用锄头，即学要用锄头，教要用锄头；做要用斧头，即学要用斧头，教要用斧头；做要用书本，即学要用书本，教学要用书本。吃面要用筷子，喝汤要用匙子，这是谁也知道的。倘使有人用筷子喝汤，用匙子吃面，大家必定要说他是个大呆子。我们现在的教育，何尝不是普遍的犯了这个错用工具的毛病。中国的教员、学生实在太迷信书本了。他们以为书本可以耕田、织布、治国、平天下；他们以为要想耕田、织布、治国、平天下只要读读书就会了。书本是个重要的工具，但书本以外的工具还多着呢。因为学校专重书本，所以讲书便成为教，读书便成为学，而那用锄头、斧头的便算为做了。这是教学做分家。我们忘记了书本也是“做”事所用的工具，与锄头、斧头是一类的东西。做一件事要想做得好，须用锄头便用锄头，须用斧头便用斧头，须用书本便用书本，须合用数样、数十样工具，便合用数样、数十样工具。我们不排斥书本，但决不许书本做狄克推多[②]，更不许它与“做”脱离关系，而成为所谓“教学”之神秘物。有了上面补充的总说明，再去解答先生的疑问似乎容易得多。我现在就顺着先生质问的次序逐一答复，然后再归纳起来，答复先生总结的三问题。

二　以实际生活为中心的教育是否能够顾到人生的全部?

教学做有一个公共的中心，这“中心”就是事，就是实际生活。实际生活，说得明白些便是日常生活。积日为年，积年为终身，实际生活便是人生的一切。分析开来，战胜实际的困难，解决实际的问题，生实际的利，格实际的物，爱实际的人，求实际的衣、食、住、行，回溯实际的既往，改造实际的现在，探测实际的未来：这些事总结起来，虽不敢概括全部人生，但人生除了这些事还有什么？在做这些事上去学、去教，虽不敢说有十分收成，但是教成的与学得的必是真本领。实行这种教育的社会，虽不敢必其进步一日千里，但是脚踏实地的帮助人类天演历程向上向前运行而无一步落空，那是可以断言的。

三　教学做合一是否能够传递全社会的经验？

“教育是传递社会的经验”，这句话不能概括一切教育。倘若教育是仅仅把社会的经验传递下去，那就缺少进步的动力。所以与其说：“教育是社会经验之传递”，不如说：“教育是社会经验之改造”。教育上之所谓经验无论属于个人或人类全体，决无超时间空间的可能。我们最多只可说有些社会经验是不限于一时代一地域的。经验又有直接间接的分别。这当然是不可否认的。我在《“伪知识”阶级》里面，曾经说明“接知如接枝”的道理。我们必须有从自己经验里发生出来的知识做根，然后别人的相类的经验才能接得上去。倘使自己对于某事毫无经验，我们决不能了解或运用别人关于此事之经验。人类全体的经验虽和个人经验有些分别，但是我们必须有个人经验做基础，然后才能了解或运用人类全体的经验。我们必须以个人的经验来吸收人类全体的经验。孔子说：“举一隅，不以三隅反，则不复也。”荀子说：“以一知万。”无论他是一隅三反，或是以一知万，那个“一”必定是安根在自己的经验里。自己经验里的“一”是一切知识的起点。有了这个“一”，才能收“三反”“知万”之效。“墨辩”分知识为闻、说、亲三种。“说曰：‘知：传授之，闻也；方不瘴，说也；身观焉，亲也。’”闻知是别人传授进来的；说知是自己推想出来的；亲知是自己经验出来的。依教学做合一的理论说来，亲知是一切知识的基础。没有亲知做基础，闻知和说知皆为不可能。

四　如何可以了解哥伦布探获新大陆的故事？

现在可以具体地答复哥伦布发现新大陆一事了。如果我们要正确地知道哥伦布发现新大陆的经验，恐怕系要请国民政府效法西班牙主拨下一只大帆船横渡大西洋才行。即使这样办，我们也不能得到完全与哥伦布相同的经验，因为现在的情形和我们的同伴决不能与他的一样。我们何尝要这样正确的知道他发现新大陆的经过？即使是探险家也不须复演这种经验，他们有更好的海船和工具，决不致发呆气去模仿哥伦布。教学做合一的理论，并不曾主张普通人去模仿特殊人物之特殊事业，也不曾主张现代人去复演前代人物之过去事业。那末，我们所要知道的是哥伦布发现新大陆的大概情形和影响。可是使人知道这件事上，便有两种根本不同的办法。一种是迷信书本演讲，及所有代表经验的储藏库，以为只要读哥伦布的书，听讲哥伦布的事，便能十分明白，再也用不着任何直接经验了。一种是确信直接经验为了解一切事实的基础，所以要想大略了解哥伦布之发现新大陆，也必得要些个人的直接经验做基础，才能了解别人所写、所讲的哥伦布故事，才能推想哥伦布当年航海的情形，想象发现新大陆以后之影响。他运用书籍、演讲不亚于第一派；但他要进一步审查那用以了解书本上、演讲中之哥伦布之个人直接经验是否充分。如不充分，他便认为他的第一责任是使学生在做上补充这种经验，然后再去看书、听讲、推论。否则，他认为是耳边风，或是走马看花，无论说得天花乱坠，或是写得满纸锦绣，都是不能接受进去的。用以了解哥伦布发现新大陆所需的直接经验是什么？这可不能一一数出，只好提要列举数种：坐过海帆船，渡过海，在海里遇过大风暴雨，受过同事阴谋加害，看过野人，在大陆上住过……诸如此类都是了解哥伦布故事的直接经验。如果没有渡过海，不得已而求其次也要渡过湖，再其次也要渡过江，再其次也要渡过河，万不得已也要看过池塘。倘使没有坐过海帆船，不得已而求其次也要坐过鄱阳湖里的民船，再其次也要坐过秦淮河里的花船，再其次也要看过下雨时堂前积水上之竹头木屑。倘使这些经验毫无，我不知道他如何能懂哥伦布之探险。

五　要明白火星是否要到火星里去？

火星里的生活，必须以火星里面去过才能知道清楚，至少也必须有人到火星里去过，回来把火星的生活告诉我，我又有足以了解这生活之基本经验，才能间接知道清楚。但是如今还没有人到过火星，那末，火星里的生活是决没有人知道清楚的。关于火星的事，现在知道最正确的，也不过是用望远镜所能看得到、用数学所能推得出的。最大的天文学家也只能承认他对于火星只知道一点皮毛。虽然只知道这点皮毛，但教学做合一的天文学者，必定要在天文台上用望远镜，他至少要用肉眼对着火星去考究。关于火星的书，他最好的望远镜看他一看，才算甘心。不，他一有办法，必定要到火星里去，与火星人共同生活，才能满足他的求知欲。

六　分子运动等如何可以明白？

分子运动，原子运动，电子运动，都是科学家从研究物质上推想出来的理论，以解释种种物质的现象。我们要想真正了解这些理论，必须从研究物质的现象入手。在研究物质现象上教学做，是了解这些理论最有效力的方法。倘使真要拿分子运动里的生活来说明教学做合一，我们便可举空气为例。分子运动速率增加，便觉热；速率减少，便觉冷。我们要想明白分子运动的速率，这气候的冷热却是一个眼面前最显明的例子。

七　如何可以得到飞机、无线电的知识？

收音机和无线电的知识，可分为两级。第一级是制造的知识。制造收音机与无线电的知识，都要从制造上得来，方为有效。他要在造上学，在造上教，才能一举而成。若单在书上学，在书上教，等到造的时候势必重新学过，则以前所学的等于耗费了。第二级是了解的知识。这级知识可从别人那里或书本上得来，但学的人必须有些基本的直接知识，才能接得上去。这些基本的直接知识，都是从"做"上得来。倘使没有从"做"上得来的基本的直接知识，那末，书上所写的飞机、嘴里所讲的无线电，都与学的人漠不相关。

八　做不完的就不要学不要教了吗？

有了上面的解释，我们可以说，教一切、学一切都要以"做"为基础。事实上当然做不完，学不完，教不完的。我们遇此困难只有估量价值，拣那对于人生最有贡献的事，最合乎自己之才能需要的去做、去学、去教。那不能参加的，只好不参加；不能做的，只好不做。除此以外，还有什么办法呢？

九　科学家的发明、哲学家的理论、宗教家的教义都是从"做"上得来的吗？

牛顿看见一个苹果落下便发了一问："为什么苹果不向上飞呢？"从苹果下坠推到一切，于是想出万有引力的理论以解释这些现象。牛顿看见苹果下坠，便是用眼做；他从苹果下坠，推到一切以至想出万有引力的理论，乃是用脑做了。阳明先生虽倡知行合一，但是不知不觉中仍旧脱不了传统的知识论的影响，又误于良知之说，所以一再发表"知是行之始，行是知之成"的言论。我现在愈研究愈觉得这种见解不对。一年前我写了一篇文字证明："行是知之始，知是行之成。"恰与阳明先生相反。古今中外所发现第一流的真知灼见，就我所知，无一不是从做中得来。哲学家之发明学说，宗教家之创立教义，何尝有一例外？我姑举一二人作为例证，以资说明。孔子少贱，故多能鄙事。他入太庙，每事问。晨门称他是知其不可而为之者。多能鄙"事"，每"事"问，知其不可而"为"之，便是孔子发明他的哲学的根源。达尔文和瓦雷士之天择学主，不是从天上凭空掉下来的，也不是从书本里抄下来的，也不是从脑筋里空想出来的，乃是在动植物中经年累月的一面干，一面想，干透了，想通了，然后才有这样惊人的发现。耶稣基督、释迦牟尼这创立教义也不是凭空冥想出来的。试把佛教经典及基督教新约翻开一看，便知道他们所阐明的教义并不是整套的同时宣布出来。他们是在众生中随行随明，随明随传的。哲学起于怀疑，宗教起于信仰。怀疑与信仰都是应生活需要而来的。

十　小孩子也是教学做合一吗？

初生的小孩子便是教学做合一。做的意义，比平常用法更广得多，这是对的。但是，“学也是做”，“教也是做”，“教育就是做”的三句结论，殊有语病。我们可以说：“做是学的中心，也是教的中心。”我们也可以说：“教学做合一便是生活。”倘若我们赞成“生活即教育”的主张，那末，生活教育必是教学做合一的；生活教育内之教与学，必是以做为中心。

十一　教学做合一不忽视了精神活动吗？

我们既以在劳力上劳心算为“做”的定义，当然不能承认身体与精神分家。自动的含义便同时具有力与心之作用，即同时要求身体与精神之合作。

十二　贴标语游行可算是革命的教学做吗？

教学做合一的既是人生之说明，所以人人都在做，都在学，都在教。但是做错了，学与教都跟着错。怎样会做错呢？错用目的，错用器官，错用工具，错用方法，错用路线，错用力量，都会叫人做错，即会叫人学错教错。教学做合一的要求是：事怎样做便怎样学，怎样学便怎样教。革命这件事要怎样做才能成功？这是我们首先要考察的。比如分析起来，觉得要想革命成功，须有种种条件：（一）适应现代中国需要之主义；（二）忠勇谦洁爱民众之领袖；（三）纪律严明、器械精良之武力；（四）独立发明之学术；（五）开源节流之财政；（六）训练自立爱国民众之教育；（七）联合世界上以平等待我之民族；（八）贴标语；（九）游行……假使革命要满足这些条件才能成功，那末革命教学做，便是整个的在这些事上做，在这些事上学，在这些事上教。倘若把头几项撇开，只以贴标语游行为能事，做虽是做，即是做错了，至少也是没有效力的做了。

十三　晓庄因实行教学做合一不就忽略了看书吗？

晓庄看书的时间是有规定的，所看的书也是有指定的。但比别的学校是自由得多。我们对于书籍有一条方针：做什么事用什么书。我们很反对为读书而读书。我们从去年就想依据生活历编辑一个最低限度的用书目录，现在还未编成，将来编成之后，就容易上轨道了。只要谨守“在劳力上劳心”的原则，自然会从具体归向理论，从片段走向系统。但是造诣深浅，有属于禀赋的，我们固难以为力；有属于勤惰的，生活部实负有考核勉励指导之责。

十四　教学做合一不太偏重技能　而忽略知识吗？

技能与知识是分不开的。把大家教成铁匠、木匠一样，实未足以尽教育之能事。一因为中国的一般铁匠、木匠实在是有一部分教错了。因为他们劳力而不劳心，各方面生活需要都顾到，那末，铁匠、木匠所应受的教育，便是人人应受的教育了。王木匠要有技能和知识，也如同达尔文要有技能与知识。达尔文没有辨别物种变异的技能便不能发现天择的学说。王木匠若没有尤克雷地[③]的几何知识，便要做出七斜八歪的桌子来。可是达尔文与王木匠有个不同之点：王木匠把知识化成技能，达尔文则用技能产生知识。不过，王木匠倘使能用知识所变成的技能进一步去产生新知识，那末，王木匠亦成为达尔文一流的人物了。倘使达尔文停止在观察生物的技能上，而不能用它去发现天择学说，那末，终达尔文之身，也不过是王木匠的兄弟罢了。

十五　教学做合一究竟是什么？它的效用如何？

现在归纳起来总答如下：（一）要想获得人类全体的经验必须教学做合一方为最有效力；（二）生活教育就是教学做合一；（三）教学做合一不但不忽视精神上的自动，而且因为有了在劳力上劳心、脚踏实地的“做”为它的中心，精神便随“做”而愈加奋发。

（原载 1929 年 1 月《乡教丛讯》第 3 卷第 1 期）

〔注释〕

① 本篇是 1929 年 1 月 15 日就朱端琰来信所提关于教学做合一的 15 点疑问所给予的解答。

②狄克推多即独裁官，罗马共和国中握有非常时期权力的官吏。

③尤克雷地通译欧几里路。

师范生的第一变——变个孙悟空

教育是什么？教人变！教人变好的是好教育。教人变坏的是坏教育。活教育教人变活。死教育教人变死。不教人变、教人不变的不是教育。

师范教育是什么？教学生变成先生。先生是什么？自己会变而又会教人变的是先生。师范生不是别的，是一个学变先生的学生。

自古而今，从东到西，我找来找去，只找着一位差不多可以比得上这学变先生的学生。你猜是谁？是那保僧上西天取经的孙悟空！

你们别瞧不起老孙。他那大闹天宫的天界革命功劳我且不提，只说几桩与你们最有关系的事迹。

第一件，他有目的、有远虑、有理想。他做了美猴王，还是烦恼。众猴对他说："大王好不知足！我等日日欢会，在仙山福地，古洞神州，不伏麒麟辖，不伏凤凰管，又不伏人王拘束，自由自在，乃无量之福，为何远虑而忧也。"他说："今日虽不归人王法律，不惧禽兽威服，将来年老血衰，暗中有阎王老子管着，一旦身亡，可不枉生世界之中，不得久住天人之内？"把以他存心要"学一个不老不生，躲过阎君之难。"这是他所抱的目的。师范生的目的何在？我想美猴王如果做了师范生，他必定也是烦恼。如有人问他为何烦恼？他一定是这样回答了："今日虽为双料少爷，事事有听差眼侍，先生照应，只管教学，可以不做，将来双手无能，误入子弟，暗中有帝国主义老子管着，一旦教人做奴隶的，自己也做了奴隶，可不枉生世界之中，不得久住天人之内？"

第二件，他抱着目的去访师。他所住的水帘洞是在东胜神州、傲来国、花果山。为着要"躲过轮回，不生不灭，与天地山川齐寿"，他便漂洋求师，飘到南瞻部洲，又渡西洋大海，才到西牛贺洲，因樵夫指引，找到灵台方寸山中的斜月三星洞，遇着须菩提祖师，算起来已是花了十几年光阴了。无论哪个现代留学生也没有像他这样诚恳了。教师多于过江鲫，谁能教人达目的？如果美猴王做了师范生，他必定要找一位能达他的目的的老师，不能达他目的的老师，他是不要的。空口说白话，能教不能做的老师，他又是一位大公无私的好汉。他漂洋求师，不是为着他一个人的长生不老，他所求的是猴类大家的幸福。你看他在生死簿上把猴属之类，但有名者一概勾之；他得了瑶池之玉液琼浆也是拿回洞来大家吃。他的目的是：老孙、二孙、三孙、细孙、小孙——一家孙、一国孙、一窝孙、一个个长生不老。如果他是师范生，他决不访那教人做奴隶的老师；他所要访的是教一家人、一国人、一世界人，个个做主人的老师。

第三件，他换着目的求学。孙悟空在斜月三星洞住了好久，一日，须菩提祖师登坛讲道，问他说："你今要从我学些甚么道？"悟空道："只要有些道儿气，弟子便就学了。"祖师道："道字门中有三百六十旁门，旁门皆有正果，不知你学哪一门哩……我教你个术字门中之道，如何？"悟空道："术门之道怎么说？"祖师道："术字门中，乃是些请仙扶鸾，问卜揲蓍，能知趋吉避凶之理。"悟空道："似这般可是长生么？"祖师道："不能！不能。"悟空道："不学！不学！"祖师又拿"流字门""静字门""动字门"中之道问他学不学，他总是反问道："似这般可得长生么？"祖师道："不能！不能！"他便说："不学！不学！"祖师闻言，咄的一声，跳下高台，手持戒尺，指定悟空道："你这猢狲，这般不学，那般不学，却待怎么？"走上前，将悟空头上打了三下，倒背着手，走入里面，将中门关了，撇下大众而去。悟空心中明白，这是祖师暗示叫他三更时分从后门进去传道。悟空当夜依着暗示进去，果然得着长生之道，还学了七十二套地煞变，和一翻十万八千里的筋斗云。

由此可见，孙悟空不是一个糊涂的学生。他抱着一个“长生不老”的目的而来，必定要得到一个“长生不老”的道理才去。凡是不合这个目的的东西，他一概不学。学做先生的道门中有几多旁门，我可不知道，可是现在通行的一个，便是“讲”字门，大家好像都以为这讲字门中有正果可找。假使孙悟空做了师范生，教员问他说：“我教你个讲字门之道，如何？”悟空必定问：“讲门之道怎么说？”教员说：“讲字门中，乃是些上堂下课，高谈阔论，好比一部留声机器。”悟空必定要追问到底，如果不能达到他的大目的，他的断语必定是：“不学！不学！”

我们做学生的当中有多少是像孙悟空这样认真的啊？

变吧！变吧！
变个孙悟空，漂洋过海访师宗。
三百六十旁门都不学，
一心要学长生不老翁。
七十二般变化般般会，
翻个筋斗十万八千里儿路路通。
学得本领何处用？
揭起革命旗儿闹天宫。
失败英雄君莫笑，
保个唐僧过难亦威风。
降妖伏怪无敌手，
不到西天誓不东。
请看今日座上战斗佛，
岂不是当年人人嘴里的雷公？

师范生要变做孙悟空的道理是说明白了。但是既有孙悟空，便有唐三藏。师范生变了孙悟空，那唐僧推谁去做呢？师范生的唐僧是小朋友。师范生应该拜小朋友做师傅，也如同孙行者的本领比唐僧大倒要做唐僧的徒弟。小朋友是我们的总指导。不愿受小朋友指导的人不配指导小朋友。唐僧向西天取经，经过了八十一难，若不是孙悟空保驾，也不知死了几十次，哪能得到正果？小孩子学着做人，一身遇着的病魔——恶父亲、坏父母、坏朋友、假教员，个个都是吃人的妖怪，差不多也好比是唐僧的八十一难，若没有孙悟空的心术和本领的师范生保驾，不死于病，必死于亲；不死于亲，必死于友；不死于友，必死于老师之手了。还能望他成人为民族人类谋幸福吗？

“老孙！老孙！”校长招你来，
当个师范生。
西天保谁去取经？
小朋友是你的唐僧。

师范生的第二变——变个小孩子

“小孩子懂得什么？”

在这个态度下，牛顿是被以为笨伯，瓦特是被凡庸，爱迪生地被认为坏蛋。

你若想在笨伯中体会出真牛顿，在凡庸中体会出真瓦特，在坏蛋中体会出真的爱迪生，您必得把自己变成一个小孩子。

你若不愿变小孩子，便难免要被下面两首诗说着了：

（一）

你这糊涂的先生！你的学堂成了害人坑！你的墨水笔下有冤魂！你说瓦特庸，你说牛顿笨，你说像个鸡蛋坏了的爱迪生。若信你的话，哪儿来火轮？哪儿来电灯？哪儿来的微积分？

（二）

你这糊涂的先生！你的教鞭下有瓦特，你的冷眼里有牛顿，你的讥笑中有爱迪生。你别忙着把他们赶跑。你可要等到坐火轮，点电灯，学微积分，才认他们是你当年的小学生？

倘使被这两首诗说中，那是多么可悔恨的一件事啊！

“小孩子懂得什么？”

小孩子是再大无比的一个发明家。生下地一团漆黑，过不了几年，如果没有受到母亲、先生和老妈子的愚惑，便把一个世界看得水晶样的透明。他能把您问倒。这有什么羞耻？倘使您能完全回答小孩子的问题，便取得一百个博士的头衔也不为多。

您不可轻视小孩子的情感！

他给您一块糖吃，是有汽车大王捐助一万万元的慷慨。他做了一个纸鸢飞不上去，是有齐柏林飞船[①]造不成功一样的踌躇。他失手打破了一个泥娃娃，是有一个寡妇死了独生子那么悲哀。他没有打着他所讨厌的人，便好像是罗斯福讨不着机会带兵去打德国一般的枢气。他受了你盛怒下的鞭挞，连在梦里也觉得有法国革命模样的恐怖。他写字想得双圈没有得着，仿佛是候选总统落了选一样的失意。他想您抱他一会儿而您偏去抱了别的孩子，好一比是一个爱人被人夺了去一般的伤心。

人人都说小孩小，谁知人小心不小。您若小看小孩子，便比小孩还要小！

未来的先生们！忘了你们的年纪，变个十足的小孩子，加入在小孩子的队伍里去吧！您若变成小孩子，便有惊人的奇迹出现：师生立刻成为朋友，学校立刻成为乐园；您立刻觉得是和小孩子一般儿大，一块儿玩，一处儿做工，谁也不觉是您是先生，您便成了真正的先生。您立刻会发现小孩子的能力大得很：他能做许多您不能做的事，也能做许多您以为他不能做的事。等到您重新生为一个小孩子，您会发现别的小孩子是和从前所想的小孩子不同了。

我们必得会变小孩子，才配做小孩子的先生。师范学校的同学们！小孩子变得成功便算毕业；变不成功，休想拿文凭！

我们却要审查一番，这第二变的小孩子与那第一变的孙悟空有无重复。师范生既然会变孙悟空，那么凡是孙悟空所会变的，师范生都能变了。现在留下的问题是："孙悟空可会变小孩子？"我们调查他的生平，他只能变一个表面的小孩子，而不能变一个内外如一的小孩子。他在狮驼洞曾经变过一个小钻风，被一个妖怪察觉，"揭起衣裳看时，足足是个弼马温。原来行者有七十二般变化，若是变飞禽、走兽、花木、器皿、昆虫之类，却就连身子滚去了。但变人物，却只是头脸变了，身子变不过来，果然一身黄毛，两块红股，一条尾巴"。所以：

儿童园里无老翁；老翁个个变儿童。变儿童，莫学孙悟空！他在狮驼洞，也曾变过小钻风。小钻风，脸儿模样般般像，拖着一条尾巴儿两股红。

（原载于1931年5月15日《师范生》第2期）

［注释］

① 齐柏林飞船：齐柏林公司制造的硬式飞艇。第一艘这种飞船由德国退役军官齐柏林伯爵设计，1900年7月2日首次飞行。

传统教育与生活教育有什么区别①

前星期日来晚了，听说大家在此地讨论一个很有趣的问题，叫"吃人教育与生活有什么区别？"我不能参加讨论，没有发表意见。今天，又来晚了，现在我发表我的一点意见。

吃人教育与生活教育有什么区别？我的意思，不如说"传统教育与生活教育有什么区别？"所谓吃人教育，就是指传统教育而言的。现在，我们可以这样说：传统教育，是吃人的教育；生活教育，是打倒吃人的教育。

传统教育怎样是吃人的教育呢？他有两种吃法：

（一）教学生自己吃自己

他教学生读死书，死读书；例子消灭学生的生活力，创造力；他不教学生动手，用脑。在课堂里，只许听教师讲，不许问。好一点的，在课堂里允许问了，但他不许他出到大社会里、大自然界里去活动。从小学到大学，十六年的教育一受下来，便等于一个吸了鸦片烟的烟虫，肩不能挑，手不能提，面黄肌瘦，弱不禁风。再加以要经过那些月考、学期考、毕业考、会考、升学考等考试，到了一个大学毕业出来，足也瘫了，手也瘫了，脑子也用坏了，身体的健康也没有了，大学毕业，就进棺材。这叫做读书死。这就是教学生自己吃自己。

（二）教学生吃别人

传统教育，他教人劳心而不劳力，他不教劳力者劳心。他更说："劳心者治人，劳力者治于人。"说得更明白一点，他就是教人升官发财。发谁的财呢？就是发农人、工人的财，因为只有农人、工人才是最大多数的生产者。他们吃农人、工人血汗，生产品使农人、工人自己不够吃，就叫做吃人的教育。

生活教育与传统教育则刚刚相反：

（一）他不教学生自己吃自己

他要教人做人，他要教人生活。健康理生活的出发点，他第一就注重健康。他反对杀人的各种考试，他只要创造的考成，也就是他不教人赶考赶人死。简单地说来，他是教人读活书，活读书，读书活。

（二）他也不教学生吃别人

他不教人升官发财，他只教中国的民众起来做主人，做自己的主人，做政府的主人，做机器的主人。他教人要在劳力上劳心。即使有人出来做官，他是要来服侍农人和工人，看看有吃农人或工人的人，他要帮助农人、工人把他干掉。做官并不坏，但只要能够服侍农人、工人就是好的。他更要教人做到"工以养生，学以明生，团以保生"。说得更清楚些是：教大众以大众的工作养活大众的生命；以大众的科学明了大众的生命；以大众的团体的力量保护大众的生命。

（原载 1934 年 12 月 1 日《生活教育》第 1 卷第 20 期）

〔注释〕

① 本篇是陶行知 1934 年 11 月 11 日在山海工学团讨论会上的发言。记录者：戴自俺、吴锦璋。

【拓展阅读】

1. 陶行知教育思想博采古今，兼容中西，理论简约，并自成体系。在教育理想上，他主张“通过四通八达的教育，建立四通八达的民主社会”；在教育准则上，他坚持道德至上的教育原则，奉行“千教万教教人求真，千学万学学做真人”的教育箴言。

2. 在教育理论上，陶行知继承发展了杜威的现代教育思想，并从中国国情出发，提出“生活即教育”“社会即学校”“教学做合一”等三大理论主张，主张教育要与社会生活相联系，与生产实践相结合，按社会生活的前进的需要实施教育，打破学校与社会之间的藩篱，使教育回归生活，实现从书本的到人生的，从狭隘的到广阔的，从字面的到手脑相长的，从耳目的到身心全顾的彻底转变；在教育实践上，他毕生致力于人民的教育事业，不畏艰险，认真探索，大胆实践，开辟新路，为世人树立楷模，为万民敬仰。

3. 陶行知教育思想具有突出的民族性、平民性、大众性和实践性，很多观点与现代职业教育的本质要求和价值追求内在相通，对当代职业教育富有重要的启示意义。

4. 可以进一步阅读陶行知的论著《生活即教育》《中国教育改造》《普及现代生活教育之路及其方法》。

第二部分：外国教育思想概观

第一篇：《教育漫话》

英国唯物主义哲学家J. 洛克（John Locke，1632年8月29日—1704年10月28日）的教育代表作。由作者流亡荷兰期间（1683—1689）写给友人E. 克拉克讨论其子女的教育问题的几封信整理而成。1693年出版。

全书的主题是论述“绅士教育”，即论述刚夺得政权的英国资产阶级与新贵族的子弟的教育。洛克认为，绅士要既有贵族的风度，能活跃于上流社会和政治舞台，又有事业家的进取精神，是发展资产阶级经济的实干人才；绅士应受体育、德育和智育等方面的教育。《教育漫话》在西方教育史上第一次将教育分为体育、德育、智育三部分，并作了详细论述。它强调环境与教育的巨大作用，强调在体魄与德行方面进行刻苦锻炼。这些思想对西方近代教育思想，特别是对18世纪的法国教育家影响很深。《教育漫话》中所述的教育思想有如下四个特点：（1）就德、智、体这三种素质彼此之间的关系而言，洛克认为：首先，应当把培养强健的体魄放在教育的第一位；其次，精神品质的培养是人生教育中最重要也是最困难的事情；最后，智育或者说是学问相对来说是教育中最不重要的一件事情。（2）洛克非常重视强健体魄的培养。（3）德育在洛克的教育思想中占有根本的地位。（4）智育或学问和技能的培养方面。

这本著作于1693年出版，300多年来，是近现代英美文化的瑰宝，它曾经而且至今仍然是英美教育学界的重要研究对象，曾经而且至今仍然是欧美各国教育工作者和父母的必读之书，是近代英美教育思想史上的一本奠基性著作，它对近现代英美教育思想的形成有着不可估量的影响。

教育漫话

上篇 健康教育

一、教育的作用及健康教育的意义

人生幸福有一个简短而充分的描述：健全的心智寓于健康的身体。凡身体和心智都健全的人就不必再有什么别的奢望了；身体或心智如果有一方面不健全，那么即便得到了种种别的东西也是枉然。人的幸福或苦难，大部分是自己造成的。心智不明的人做事情找不到正确的途径；身衰体弱的人即使有了正确的途径也无法取得进展。我承认，有些人生来就有聪慧的心灵和强健的体魄而不用别人多少帮助，凭借天赋的才气，他们自幼便能向着最好的境界去发展，凭借超人的体质，他们生来就能成就伟大的事业。但这样的人本来就很少；我敢说，平常的人之所以有好有坏，之所以或有用或无用，十有八九都是教育造成的。人与人之间所以千差万别，都是出于教育的不同。我们幼小的时候得到的印象，哪怕极其微小、几乎觉察不到，都会对一生产生长久而深远的影响；正如江河的源泉，水性柔和，稍用一点人力就能将它引向别处，使河流的方向发生根本的改变；只要最初从根源上这么引导一下，河流就有了不同的趋向，最后流到十分遥远的地方去了。

二、健康教育的具体意见

（一）避免娇生惯养

1. 我现在要讨论的健康问题，并不是要讨论，医生对于有病或身体不佳的儿童应当采取什么措施；而是要讨论，父母对原本健康的、至少是没病的子女，在不用医药的情况下，应当怎样维护他们的身体，使他们更加健康。这个问题也许只要一条简短的规则就能说清楚：绅士应该像诚笃而富足的农民那样去对待自己的子女。不过，母亲们可能觉得这样做有点过于严酷。而父亲们又可能觉得这样说太简单，因此我要详细地说明一下，在此我只要说一个大家都能确实观察到的现象，希望女士们仔细考虑考虑，那就是，大多数儿童的身体都是由于娇生惯养弄坏的，至少是因此受到了损害。

2. 应当注意的第一件事情是：无论夏天还是冬天，儿童都不应穿得过暖。我们刚刚出生时，脸部像身体的其他部分一样很娇嫩。只是因为习惯了，脸部就比其他部分更经得起风寒。从前有个雅典人看到西徐亚哲学家在风天雪地中赤身露体，感到很奇怪，西徐亚哲学家的回答令人深思。他说："冬天的天气冷得刺骨，你的脸怎么就受得了呢？"那个雅典人说："我的脸已经习惯

了。”“那你就把我身体当作脸部好了。”西徐亚人这样回答。其实，我们的身体一旦养成习惯，是什么都能经受得住的。

为了说明习惯的力量，不妨再举一个突出的例子，虽然这些例子说的是酷热，与上面说的严寒正好相反。这是我在最近出版的一本颇有见地的游记上看到的，现在我把原文抄录如下：“他说，马耳他这个地方比欧洲任何地方都热，不仅比罗马还热，而且特别闷，加之没有什么凉风，所以更加令人难受。大部分人都晒得很黑，像吉卜赛人一样；但是那儿的农民都不怕热，每天照样在大太阳底下于活，在最热的时候也不躲一躲灼人的阳光。这是我们相信，只要我们从小习惯了，有许多看上去似乎是不可能的事情凭我们的天性是完全可以适应的。马耳他人就是用这种办法来锻炼儿童的身体，使之适应炎热的，那儿的儿童从出生起，一直到十来岁，全都一丝不挂，既不穿上衣，也不穿裤子，头上也没有任何东西遮盖一下。”

所以我要劝你，在英国这样的气候条件下，不必过分地操心风寒问题。英国也有些人，无论冬天还是夏天都穿着同样的衣服，他们并没有感到什么不方便，也没有觉得比别人冷。即便做母亲的怕孩子受凉，做父亲的怕别人指责，因此要考虑风雪的侵袭，也千万不要让孩子在冬天穿得过暖。尤其应当记住：孩子天生就有头发遮盖脑袋，又有了一两岁的时光来经受锻炼，他在白天玩耍时固然不必戴帽子，晚上睡觉时最好也不戴；脑袋捂得暖和是最容易引起头痛、感冒、发炎、咳嗽以及其他一些疾病的。

3. 我提到孩子的时候都用“他”这一代词，是因为我这里所谈的主要是男孩子的教育培养方法，对女孩的教育不完全适用，虽然，要知道在什么地方不同的性别需要不同的对待，也并非一件难事。

（二）脚的锻炼与冷水浴

我还要建议，他应该每天用冷水洗脚；他的鞋子也应该做得薄一些，碰到水时水要透得进去。说到这里，恐怕主妇和女仆都会反对。主妇会觉得这样做太脏，女仆会觉得袜子洗起来太麻烦。然而真理却是，孩子的健康要比这种顾虑重要十倍。如果想一想，那些娇生惯养的人一旦沾湿了脚便会发生种种麻烦。大家就会觉得，还不如与穷人家的孩子一起光着脚长大的好。穷人家的孩子习惯了赤脚，习惯了脚上沾水，弄湿了脚就像弄湿了手一样，不会因此而感冒，也不会因此而引发其他的疾病。现在有些人的手脚之所以形成这么大的差别，除了习惯之外还能找得出其他什么原因来吗？假如有一个人，从出生起就一直赤着脚，而双手却始终用暖布包起来，外面再套上被荷兰人称之为手套的“手鞋”，久而久之习惯了，那么，一旦他沾湿了手，我想一定会像现在许多人沾湿了脚那样发生麻烦。预防的方法就只有把他的鞋做得容易透进水去，同时天天不断地用冷水洗脚。洗脚当然还有清洁的好处，但我注重的是它健身的一面，所以并不想确定每天洗脚的时间。据我所知，有个儿童每天晚上洗脚，效果很好，冬天也从没有间断过一晚，有一晚非常之冷，水面上都结了厚厚的一层冰，那孩子还是把脚和腿浸到水里去洗，虽然他当时年龄还小，还不会自己搓脚擦脚，最初锻炼的时候还哭哭啼啼的，很娇弱。这样做的目的是使儿童养成经常用冷水洗脚的习惯，免得像那些娇生惯养的人那样，脚部偶尔沾了一点水，就会发生种种麻烦；至于洗脚的时间是在晚上还是在早晨，我想可以由父母斟酌，看什么时候方便。只要能有效地实行用冷水洗脚的办法，在什么时间洗脚我认为没有什么关系。用这种办法所获得的健康和坚强，即便花费更大的代价也是值得的。此外，用冷水洗脚还能预防鸡眼，这对某些人来说尤其是一件很有好处的事。不过，锻炼最好从冬天开始，最初用温水，以后逐渐把水调冷，要不了几天就可以完全用冷水了，此后不分冬夏，都要坚持洗下去。因为我们在这件事情以及其他改变生活常规的事情上，都只能慢慢地不知不觉地改变；这样，我们的身体就可以适应一切，不会遭受痛苦和危险。

不难预料溺爱孩子的母亲对我这种说法会作出怎样的反应。这样来对待她们娇弱的宝宝，那不等于谋害他们吗？这都是些什么话？好不容易从冰天雪地的日子里把脚弄暖和，却要孩子把脚放到凉水中去？让我举几个例子来消除她们的恐惧吧，否则她们是不会听从这个十分明显的道理的。塞内加（Seneca）在其第5和第83封信中告诉我们，他自己在冬天最冷的日子里也常常在冰冷的泉水中洗浴。塞内加本人很富有，完全有条件洗温水澡，而且那时候他的年纪已经很大了，要想舒服一点也是应该的，假如不是因为他觉得洗冷水澡对健康有好处并且自己也还忍受得住，他是不会那么去做的。可能有人觉得，他这样刻苦忍耐是因为信奉斯多葛派的原则，就算是这样，但冷水浴为什么适于他的健康呢？因为他的身体并没有因这种刻苦的习惯而受到损害。贺拉斯（Horace）不赞成任何宗派，更不赞成斯多葛派的一切做作的苦行，对于他我们还能说什么呢？可是他也告诉我们，他在冬天里是一直洗冷水浴的。也许又会有人觉得，意大利的气候要比英国暖和得多，那儿的河水在冬天不像这里那么冷。如果说意大利的河水比这里的暖和，那么德国和波兰的河水总要比这里的任何河流都冷得多，然而德国和波兰的犹太人男男女女一年四季都在河里洗浴，他们的身体也没有受到任何损害。谁也不觉得这是一个奇迹，谁也不认为圣威尼弗瑞德井（St Winifred'swell）有什么特性，使得那里面的冷水不会损害浴者的娇嫩身体。现在人人都知道，冷水浴能有效地帮助身体虚弱的人恢复健康；那么身体比较健康的人用冷水浴的办法来锻炼和增强体格，也就不是行不通的或受不住的了。

假如有人觉得这些成人的例子不适于儿童，觉得儿童的身体太娇嫩而受不了这样的锻炼，那就请他们看看古代的德国人和今天的爱尔兰人对儿童的做法吧。在他们那里，即使是大家认为最娇嫩的婴儿都洗冷水，不仅用冷水洗脚，而且用冷水洗澡，也并没有任何危险。现在苏格兰高地有一些妇女也在冬天用这个办法锻炼她们的孩子，即使水里结了冰也没有发现冷水造成了任何危害。

（三）游泳与户外运动

1. 孩子到了能够学习游泳的年龄又有人教他的时候，应该学习游泳，其实这是不必由我在这里再说的。许多人的性命正是由于会游泳才得救的；所以罗马人很看重游泳，把它和文化美育并列，他们有一句谚语，形容一个人没有受到良好的教育、无用，就说他既不会读写，又不会游泳。会游泳不仅可以使一个人获得一种应付急需的技能，而且能使他在炎夏经常在冷水中洗浴，对健康很有益处，所以是不必由我来提倡的；只是有一点要注意，当运动使得全身发热的时候，或在血脉偾兴的时候，不能下水去游泳。

2. 还有一件对每个人的健康都大有好处，而尤其对于儿童的健康有益的事情，那就是要多到户外去活动。即使在冬天也应当尽量少烤火。这样，他就会既习惯了冷，也习惯于热，既习惯于烈日，也习惯于风雨了；一个人的身体如果连冷热晴雨都不能忍受，那对他的人生是没有什么帮助的；这种习惯如果等他长大成人再着手培养就为时太晚了。要尽早养成这种习惯，并且要逐渐地培养。这样，身体就几乎可以忍受任何事情。假如我劝他不戴帽子到太阳底下或有风的地方去游戏，恐怕他就受不了。他会说出许许多多的理由来反对，其实无非就是怕晒。如果老是将少主人放在阴凉的地方，不让他吹一点风、晒一点太阳，以免损害他的肤色，这种办法也许可以把他养成一个漂亮男子，但却不能把他教成一个有用的人才。女孩子固然应该多注意一点容颜，但我敢说，户外活动对她们的脸部并无损害，户外活动越多，她们的身体就越健康强壮；她们的教育在刻苦严厉方面越接近于自己的兄弟，这种教育给她们以后的一生所带来的益处就越大。

3. 据我所知，户外游戏只有一件事情比较危险，那就是怕他到处乱跑，跑热了之后便坐在或躺在寒冷潮湿的地上。我承认有这种危险，不仅如此，当他们劳动或运动得发热时喝了冷的饮料，那确实会使他们发烧得病，甚至得重病，还有病死的。不过他年幼的时候随时有人照顾，这种危险很容易防止。而到了儿童时代，只要时时严格管教，不准他坐在地上，不准他在热的时候喝冷的饮料，那么一旦这样的克制形成习惯之后，即使没有女仆或导师的照顾，他也能自己照料自己了。对于这种情况我所想到的办法只有这个。因为随着年龄的增长，便应该逐渐给他以自由，许多事情他都应该依靠自己的行动去应付，因为他不能永远受人监护，只有你在他心中树立的良好原则和牢固习惯，才是最好最可靠的，所以也是最应当注重的。因为一切告诫与规则，无论怎样反复叮咛，除非由于实行而养成习惯，全是不中用的。在这里是如此，在其他情况下也是如此。

（四）衣着

1. 说到女孩子，我又想起了一件事，那就是不可忘记你儿子衣服千万不能做得太紧，尤其是胸口那部分。应当让“自然”按照它所认为的最好方式去形成形体。“自然”自己的作为比我们对它的指导不仅要好得多，而且要精确得多。假如儿女在子宫里的时候妇女们就能按自己的设想去形成儿女的体形，就像儿女生下之后她们常常竭力去修正他们的体形一样，那我们就根本生不出完善的儿童了，就像衣着紧绷、全身都受到束缚的儿童很少有优美的身材一样。我想，那些好管闲事的人（不必提及那些无知的看护和紧身上衣的制作者）如果能想一想这个道理，就应该不会再去干预自己并不懂得的事情了；她们对儿童形体的形成一窍不通，就应该不敢再去排斥“自然”的力量了。不过我还是看到，有许多儿童因为衣着太紧而受到了伤害，这使我不得不认为，世上除了猴子以外确实还有些造物比猴子聪明不了多少，由于无意识地过分爱护自己的儿女竟把儿女给毁了。

2. 紧身和狭小的衣服自然会导致胸部狭窄、呼吸短促、肺功能衰弱和上身佝偻，这种结果几乎经常可以见到。本想使孩子长得腰部苗条、身材秀丽，结果反而害了他们。身上各种器官所预备的养料不能按“自然”的意思去分配，身体各部分的发育就自然不会匀称。于是，养料便在身体上那些穿得不很紧扎的地方堆积起来，常见的结果便是高于寻常的肩背和大于寻常的臀部，那又何足为奇呢？大家都知道，中国的妇女从小身体受到严格的束缚（我想象不出这样做会产生何种美），因此她们的脚很小。不久前我见到过一双据说是中国的成年妇女穿的小鞋，他们与我们这儿妇女的脚相比是如此的不成比例，连这儿的小女孩都不能穿。除此之外，据说那儿的妇女个子也很小，而且寿命不长；然而那儿的男人却像其他民族的男人一样高大，寿命也不短。中国女性的这些特点，在相当程度上要归咎于不合理的束脚，因为血液的自由循环由此受到阻碍，而整个身体的成长和健康也由此受到损害。我们不是常常看到，有的人因为脚部的某一小部分被扭伤或打伤，使得整个腿部失去了力量和营养，以致缩小了吗？胸部是维系着生命的心脏的所在地，如果违反自然地加以压迫，阻止它的正当扩展，那么由此造成的麻烦还要大得多，这不是可想而知的吗？

（五）饮食与用餐

1. 至于他的饮食，应该清淡而简单。在我看来，当儿童年龄尚小、还要穿着童装的时候，至少在两三岁以前，应该禁止肉食。尽管禁止肉食对他当下及未来的健康都有好处，但恐怕做父母的因为自己养成了多吃肉食的习惯，不会赞同这种做法。他们会错误地从自己出发来考虑孩子，认为一天至少要吃两次肉食，否则便会挨饿。可我确信，如果儿童不像现在那样被溺爱的母亲和愚蠢的仆人把肚子填得满满的，并且在三四岁以前完全不吃肉食，那么他们出牙就会顺利得多，小时候也更不容易得各种疾病，从而能够更加确定地为健康强壮的体格打下坚实的基础。

假如少主人一定得吃点肉食，一天也只能吃一次，并且每次只吃一种肉。最好是清淡的牛肉、羊肉、小牛肉等，不用调味品。饿了他自然要吃，要多加注意的是，进餐时不论有无其他食物，都要让他多吃面包；凡有点硬的食物，要让他慢嚼细咽。我们英国人在这方面往往很不注意，由此便产生了消化不良以及其他一些不小的麻烦。

2. 关于早餐和晚餐，我们英国人习用的牛奶、奶羹、燕麦粥、粥冻以及其他种种食品，对于儿童都是合适的；只是要注意，所有这些食品都要清淡，不要多加调料，尽量少加糖，最好是不加；尤其是各种性热的香料，如姜、肉豆蔻、肉桂、丁香等，以及其他性热的作料，都应当小心避免。还有，他的所有食物里盐都要少放，不要让他习惯于吃调味很浓的肉食。我们喜欢品尝味浓的食品，那都是习惯养成的；可是过多地用盐，除了常常使人口渴、过多地饮水之外，还会对身体产生其他的害处。我觉得对于少主人来说，最好的早餐便是一大块质量上乘、烘烤合宜的黑面包，有时候加一点黄油或乳酪，有时候则不加。我确信，这样的早餐与美味的食物一样有益于健康，同样能使他身体强壮而且只要吃惯了，他同样会喜欢吃。如果他在两餐之间还想吃东西，只可使他习惯吃干面包。假如他的确饿了，面包也就足够了，假如他并不饿，他就不该吃东西。这样做有两个好处：第一，由于习惯他会爱吃面包；如我所说，我们的口味也是喜欢习惯吃的东西的。第二，这样做还有一个好处，即不会使他吃得比自然所需要更多更频繁。我并不认为每个人的胃口都是一样的？有些人生来胃口大，有些人生来胃口小。但我认为，许多人好吃是出于习惯而不是天生胃口好。据我所知，有些国家的人一天只吃两顿饭，有些国家的人却由于习惯每天要定时吃四五次，但前者的身体和后者一样坚实强壮。罗马人通常要到晚上才进餐。因为这是他们每天唯一固定的一顿饭，即使那些一天不止只吃一次的人还要吃早饭，时间也不固定，有的在 8 点，有的在 10 点，还有的在 13 点，有的还要晚一些，而且进餐时既不吃肉，也不作任何事先准备。奥古斯都是当时世界上最伟大的君王，据他自己说，他在兵车上每天也只吃一点干面包。塞内加在他的第 83 封信中指述了自己的生活状况，当时他年龄已很大了，生活舒适一些是应该的，但他每天吃的正好只是一块干面包，吃的时候都不正式地坐一下，尽管他很富有，

(假如健康需要的话)完全能够像任何一个富有的英国人那样吃得更好一点,即使吃双份,他也吃得起。世界上的伟大人物都是吃这么一点长大的;而罗马的年轻绅士也并没有因为每天只吃一顿而感到身体没力气或精神不饱满。他们即使偶尔觉得很饿,等不到每天唯一固定的晚餐时间,也不过是吃一点干面包,至多再加一点葡萄之类的小东西聊以充饥。在他们看来,这种节制的精神无论对于健康还是对于事业都是十分必要的,所以,虽然后来的东征掠夺得来的财宝使他们的社会风气变得奢靡,但他们每日一餐的习惯仍然保持不变;其中有些人不再粗茶淡饭而大吃大喝,但不到黄昏时候也是不开始的。他们觉得,每天要吃一顿以上的饭简直是骇人听闻的事情,所以直到凯撒的时代,如果有人在日落之前招待宾客或赴宴席,还是会受人指责。因此,假如大家不认为这种做法过于严厉,那么我以为少主人最好早餐也只吃面包。习惯的力量是难以想象的;而我以为,我们英国人的一大部分疾病,就在于肉吃得太多而面包吃得太少。

中篇　道德教育

一、德育的意义及原则

身体应该得到应有的注意,保持强壮而有活力,以便能够服从并执行精神的命令,在这样做了之后,其次的主要问题就是让精神保持正常,使它在一切场合都能体现出一个理性动物的高贵卓越。

(一)重视儿童精神形成的意义及德行的原则

1. 我在本文一开始就说,人们的行为和能力之所以千差万别,教育所起的作用比其他任何事物起的作用都要大;假如这种说法如我所信的那样的确不错,那么我们就有理由得出结论说,应当在形成儿童的精神方面予以极大的注意,而且应当及早加以调教,那会影响他们的一生一世;无论他们的行为是否端正,人们都会因此赞扬或责备他们所受的教育;而当他们做错了什么事情时,人们便会说,那是他们的教养造成的。

2. 正如身体的强壮主要在于能够吃苦耐劳,精神的强壮同样在于能够吃苦耐劳。一切德性和价值的伟大原则和基础在于,一个人能够克制自己的欲望,能够不顾自己的爱好而纯粹遵从理性认为是最好的指导,虽然欲望倾向于另一个方向。

(二)早期教育的意义及教育不当的危害

1. 在我看来,人们对于女的教养有一个重大的错误,亦即儿童的教养没有得到及时而充分的注意,儿童的精神在最柔软、最易于支配的时候没有使之遵从戒律、服从理性。“自然”很明智地使父母爱自己的子女,但这种自然的爱如果摆脱了理性的严密监视，就很容易转变成溺爱。父母爱自己的子女本来是一种义务；但他们却常常因为这种爱而放纵子女的过错。做父母的当然可以说，子女的意愿不可横加干涉；应当允许他们在各种事情上运用自己的意志；由于孩子的年岁还小也做不出什么大的坏事，做父母的就以为子女可以放纵自己的行为，没有危险，甚至以为孩子的任性很合乎他们的天真年岁而加以逗引。但是，对一个溺爱子女、不去纠正子女的恶作剧而总是予以原谅、说那是一件小事的父母，梭伦（Solon）的回答答得好："不错，可是习惯却是一件大事啊。"

2. 被溺爱的孩子必定学会打人骂人，必定能得到他哭叫着想要的东西，也必定会去做他想他的事情。就这样，父母在孩子幼小的时候逗引孩子，败坏了孩子的本性，他们自己污染了源泉，日后尝到苦水却又感到奇怪。因为，当孩子长大以后，这些恶习也随之形成；由于此时孩子已大，不能逗着玩了，父母不能再把他们当作玩物了，于是便抱怨孩子不成器，太由着自己的性子；这时做父母的才对孩子的任性感到生气，才为他们自己在孩子身上养成的那些恶习所困扰；而此时要想拔除他们亲手种下的杂草，也许已为时太晚，因为这些杂草现在已根深蒂固，不容易去除了。当他还穿着童装的时候，就已习惯了支配一切，现在长大了，他仍然想要支配一切，这有什么可奇怪的呢？

的确，随着年龄的增长，孩子的毛病也暴露得越来越明显，那时就很少有做父母的仍然不能觉察孩子的毛病，也很少有做父母的如此麻木不仁，连他们自己纵容的恶果也感觉不到。他在不会说话、不会行走之前，就已支配着女仆；刚刚牙牙学语，便开始支配父母；现在他长大了，比以前更强壮也更聪明了，为什么突然之间必须要接受约束呢？为什么他在 7 岁、14 岁或 20 岁的时候必须要失去父母长期以来一直大量给予的优待呢？你可以随便在一只狗、一匹马或任何一个动物身上试试，看看它们幼小时养成的坏脾气在它们长大之后是否容易得到改正；而所有这些动物，它们的任性和骄傲，它们想要主宰自己和别人的欲望，都还不及人类的一半呢

3. 对待动物，一般来说我们都很聪明，不论是狗是马还是其他我们想要使之成为有用的动物，在它们很小的时候我们就会着手加以及时的训练。唯有对我们自己的后代，我们却忽略了这一点；我们造就了恶劣的儿童，却愚蠢地期望他们成为栋梁之材。因为，假如儿童想吃葡萄或糖球就一定能如愿以偿，而不是让那可怜的孩子哭叫或不高兴；那么为什么当他长大成人了，想要喝喝酒玩玩女人，就不可以如愿以偿呢？如果说小孩子哭泣所求的东西合乎儿童的爱好，那么同样可以说，喝酒玩女人也合乎年龄较大的人的欲求。不同年龄的人有不同的理解和喜好，因而有不同的欲望，这并没有什么错；错误之处是在不能使得这些欲望受制于理性的规则和约束；这里的区别不在

于有没有欲望，而在于能不能控制和克制自己的欲望。一个人在小时候不习惯于让自己的意志屈从于别人的理性，到了自己能够运用理性的时候就不会去听从自己的理性。这样的儿童会长成哪一种人，是不难预料的。

4. 这些情况，通常都为那些表面上最注重孩子教育的人所忽略。如果考察一下一般人对于儿童的管教，想想他们那种为世人所指责的放荡不羁，那我们真有理由怀疑，其中是否还留有一点点德行的足迹。我真想知道，还有什么邪恶，是父母以及儿童周围的人没有在儿童刚刚能够接受邪恶的时候就将它们污染给了儿童、没有在儿童的身上播下它们的种子？在这里我指的不是他们给予的榜样，也不是他们在儿童面前设立的行为模式，那至多是鼓励；我所注意到的是他们直接把邪恶教给了儿童，实际上使儿童离开了德行的道路。当儿童还不会行走的时候，他们就把暴力、报复和残忍教给儿童。“给我一根棍子，好让我去打他”，便是大多数儿童每天都能听到的一课；大家都对此不以为意，因为儿童的手还不够有力，不会惹出祸事。可是我要问，难道这种教训不会败坏他们的精神吗？难道这不就是让他们走入强力和暴行的道路吗？如果他们在小时候就因教唆而学会了打人伤人，以别人受到自己的伤害为乐，那么当他们长大以后、自我感觉有了力量、能够为了某种目的去打人的时候，难道他们反倒不会去打人了？

穿衣服的目的本来是为了遮羞、保暖和护卫，可是由于父母的愚蠢相无聊，却要使孩子相信，衣服具有别的用处。它们成为虚荣和争胜的工具。儿童受到教育，为了贪图漂亮而去盼望一件新衣服；当小女孩被新衣新帽打扮起来后，她的母亲如果不去叫她几声“小皇后”“小公主”，教她赞美自己，那怎么能行呢？这样，小孩子衣服还不会穿，却已学会了夸耀自己的衣服。父母在孩子如此小的时候就这样教导孩子，他们长大之后为什么就不应当以裁缝为他们缝制的时髦外表来评价自我呢？

只要对自己有利，老师或父母往往教导和鼓励学生或子女撒谎、支吾其词以及与说谎相差无几的找借口。当年轻人发现，只要对虔诚的老师有利，歪曲事实就受到鼓励，那么一旦歪曲事实对自己有利的时候，难道他就不会加以利用吗？

下层社会的人由于家境窘迫，无法在饮食方面放纵引诱孩子，也无法让孩子吃喝得过多；但每当富足一些时，他们自己的恶劣榜样就表明，他们平时之所以吃喝得不过分，并不是因为他们不喜欢大吃大喝，而是因为贫困。不过，如果看看那些稍微富裕一些的家庭，吃喝就被当成了生活中的一件大事和幸福之所在，假如儿童没有分享到这一点，就被认为受到了歧视。即便吃饱了，他们还用羹汤、肉菜和各种烹制精美的食物引诱自己的口味，然后又借口怕肠胃负担太重，得喝点酒帮助消化，尽管这样做只是增加了积食而已。

我的小主人有点不舒服吗？那么第一个问题便是，“宝贝儿，想吃什么？要我拿什么东西给你吃？”吃喝马上就会逼迫而来；其实，疾病刚开始的时候，“自然”就聪明地让病者缺乏食欲，以防止疾病的加重，可是大家偏要想方设法去搞些过分香甜的东西，来增进食欲；那时肠胃如果不再纳入新的食物，不再承担平时的消化任务，它本来可以得到休息，就能克服刚起的疾病。

有些儿童很幸福，由于父母的明智照顾，他们不会过分吃喝并且安于粗茶淡饭，但他们的精神仍然不免受到腐败风气的毒害；虽然在明智的管教下他们的身体健康也许能够得到保障，但由于到处都能听到吃好喝好的教导，他们的欲望就不免会屈服。大家都在宣扬“吃得好”，就必然会有效地刺激人的自然欲望，使之很快地喜欢上山珍海味。从而每个人，甚至那些谴责恶行之人，都会将“吃得好”称之为“生活得好”。社会风气如此，严肃的理性又能表示什么反对意见呢？社会精英如此普遍地奉行“吃得好”，说它是一种奢侈又有谁会去听呢？

大吃大喝这种恶行现在已经如此成风，拥护的人那么多，真不知道它会不会获得德行的美名；此时如果反对大吃大喝，真不知道会不会被看成傻瓜，或者被认为不懂人情世故？说老实话，我希望，如果做父母的能看到，他们不仅处身于各种诱惑之中，而且时时要面对各种邪恶的教导，即便在他们以为是安全的地方也是如此，那么我在这里所说的这一切或许可以在儿童的教育方面引起他们的注意和警惕，否则大家很可能会责备我不是在说正经话而是在讥讽人了。

这个问题我不打算多说，至于人们耗费精力来败坏儿童、向他们灌输不道德行为原则的种种细节，我更不想多说，但我希望凡做父母的人都认真地想一想，儿童们在无形中受了哪些不道德的教育，做父母的如果是明智而有责任心的，是否应当在儿童的教育方面改弦易辙。

（三）教育儿童用理智克服欲望

1. 在我看来，显而易见，一切德行与优越的原则就在：能够克制理性所不允许的欲望的满足。这种克制能力的获得和改进，要靠习惯，而它的驾轻就熟的运用，则要靠及早实践。假如大家愿意听我的意见，那么我要劝告，与常见的做法相反，儿童从婴儿时期开始就应当克制自己的欲望，而不应怀有什么渴求。他们应当学会懂得的第一件事情就是，他们之所以得到了某个东西不是因为它能使他们感到高兴，而是因为它适合于他们。假如适合他们需要的东西便给予他们，从来不因为他们的哭泣和恳求而让他们得到过任何东西，那么他们就能学会不无理取闹，就不会大声哭叫、纠缠不休地非得到所要的东西不可，也绝不会闹得自己和别人都不安宁了，因为从一开始他们就没有被这样对待过。假如他们从来就没有因吵闹而使自己的欲望得到过满足，他们就不会哭着去要求什么，正如他们不会哭着去要月亮。

2. 我的意思并不是说，儿童不可忘情于任何东西，也并不期望，他们的举止行为竟会像议员那样具有理性。我知道儿童就是儿童，他们应当得到温和的对待，应该做游戏，应该有玩具。我的意思是说，儿童想要的东西或想他的事如果不适合于他们，就不应当因为他们年龄还小便允许他们；无论他们为了什么纠缠不休也不应当允许，正因为他们纠缠，就更不应让他们得到。我看到有些儿童，用餐时无论餐桌上放了什么也不会去要，而只满足于自己的一份；但在另一个地方，我看到其他一些儿童见到什么便哭着要什么：每份菜都得先给他们才行。是什么造成了这么大的区别呢？那仅仅是因为后者习惯于得到所要的或哭着要求的东西，而前者则没有这种习惯。我认为，儿童的年龄越小，就越不应当依从他们的任性；儿童越缺乏理性，就越应当受到管教者绝对权力的约束。因此，只有谨慎明智的人才可以接触儿童。如果通行的做法与此相反，我也无可奈何。我所说的是我认为应当奉行的做法；假如这种做法早已通行，也就无须在此谈论这个题目了。不过我确信，在这个问题上一定会有人赞同我的见解，即越早对儿童进行这样的管教，儿童与管教者越会感到轻松愉快；人们应该把这样的做法当作一句不可违背的箴言来加以遵守：无论什么东西，一旦拒绝给予儿童之后，就决不能因为他们哭泣恳求再给予他们，除非是有意教他们变得没有耐心和令人讨厌。

（四）及早管教的意义及父母与子女的关系

1. 因此，凡有心管教儿童的人都应该在儿童很小的时候就着手加以管教，使他们完全遵从父母的意志。假如你希望自己的儿子过了儿童期之后仍然服从你，那么就一定要在他刚刚懂得服从，知道自己归谁管教时便树立起父亲的权威。假如你希望他敬畏你，便应当让他在婴儿时期就敬畏你；而随着他年龄的增长，则应当逐渐与他亲近；这样，就可以让他在小时候（合适地）成为你的顺从的臣仆，长大之后则成为你的亲密的朋友。我以为，许多人对待孩子的方法很不正确，子女幼小的时候放纵亲狎，子女长大之后却对之声色俱厉，不去亲近他们。自由与放纵对儿童的确没有什么好处，他们还缺乏判断能力，因此需要约束管教，相反，成年人拥有理性来指导自己，用专制与严厉来对待他们就很不恰当；除非你有意让自己的孩子长大之后厌恶你，希望他们在暗中盘算：“爸爸，你什么时候才会死呢？”

2. 我想，每个人都会认为这样的看法是合理妥当的：子女幼小的时候应当把父母看作君主和绝对的统治者，去敬畏他们；而当子女长大之后，则应当把父母看作最可靠的唯一毫无保留的朋友，去敬爱他们。假如我没有弄错的话，那么我上面所述的方法是达到这一目标的唯一途径。子女长大成人之后，我们必须将他们看作为同我们自己一样的人，具有我们同样的情感和欲望。我们希望自己被看作有理性的人，希望拥有自己的自由，我们不喜欢时时受人指责遭人白眼，也受不了交往对象的奚落和冷淡。任何成年人如果受到这样的对待，都会转而寻求别的同伴，别的朋友，别的谈话对象，以求得轻松愉快。假如儿童从最初起就受到严格的管教，那么他们在小时候就会柔顺听话，安宁地服从管教，因为那时他们除此之外不知道还有别的做法：假如随着年龄的成长他们逐渐能够运用理性之后，严格的管教也按他们应受的对待渐渐放松，父亲的脸色更加和蔼，父子间的距离逐渐缩短，那么父亲以往的管教反而会增进他们对父亲的爱，因为这时他们已经懂得，这种管教只不过是对他们的关心和爱护，是为了使他们值得父母的关爱和他人的尊重。

3. 关于如何在子女的心目中树立起父亲的权威的一般原则，我就谈到这里。最初应当求助于恐惧和敬畏来建立起对子女的权威，但随着子女的逐渐长大，便要用爱和友谊来维系这种权威。因为总有一天，棍棒和惩戒要不管用的；到了那个时候，如果你的爱不能使他们孝顺，如果爱德行重名誉的心理不能使他们走上光明大道，那么我要问，你还有什么办法能使他们走上光明大道呢？当然，由于害怕得不到你的喜爱会少得遗产，也许可以使他们成为你的财产的奴隶，但他们在私下里仍然会是邪恶的，而且这种约束也不会长久。任何人都总有一天要完全依靠自己和他自己的行为；一个人的善良、有德行和能干都必须内在地养成。所以，他必须及时地受到应受的教育，及时地养成能使他一生受益的品质；这种品质是植入了他的天性之中的习惯，而不是由于害怕父亲会剥夺他的继承权，一时装出来的行为和外表。

二、德育的具体意见

（一）对儿童管教的方法、措施

1. 按理定下了一般的原则之后，现在便应当进而考虑较为具体的管教方法了，由于我一再谈到儿童应当严加管教，也许大家会认为，我没有充分地考虑到儿童由于年龄的幼小和身体的柔弱所应得到的对待。不过只要再听我说几句，这样的误解就会消除。因为我也认为，过分严厉的惩罚是没有什么好处的，在教育上的害处还很大；并且我也相信，事实会表明，受到最严厉惩罚的儿童是很少成为优秀的人才的。至今为止我所主张的只是，无论需要何种严格的管教，儿童的年龄越小便应当越加多用，一旦恰当地运用取得了效果，就应当放松，改用比较温和的管教方法。

2. 父母如果在子女记事之前就能够通过坚持不懈的努力使子女的意志变得平和近人，那就可以使它自然成性，不会引起子女的反抗和怨恨。唯一应当注意的是，这样的管教着手要早，并且要坚定不移，直至他们养成一种敬畏之心，对父母的顺从没有一点勉强。这种敬畏的心理（必须及早培养，否则，要恢复这种敬畏的心理就很劳心费神，还得通过体罚，耽误的时间越久就越费劲）一旦建立起来之后，那么，儿童就不会过分任性，他们将来长大成人较为懂事之后，靠着这样一种心理就能管束得住，用不着鞭挞、责骂以及其他种种使人受到屈辱的惩罚了。

3. 只要考虑一下，教育的真正目的是什么，其关键在哪里，这样的道理是很容易为人接受的。

第一，凡不能控制自己的爱好、不知道如何抗拒当下的快乐与痛苦的纠缠、以便听从理智的告诫的人，便缺乏德行和勤勉的真正原则，就有流于一无所能一事无成的危险。自制的品质是与人的未受引导的本性全然相反的，所以应当及早养成；而这种习惯是未来的能力和幸福的真正基础，所以应当尽早植入儿童的精神之中，当儿童刚有知识、稍稍懂事的时候就要着手，任何对儿童负有教育责任的人，都应当想尽一切方法使儿童养成这种习惯。

4. 第二，另一方面，如果儿童的精神受到过分的贬抑；如果他们的精神由于管教太严而遭到过多的打击，他们便会失去活力和勤奋，这种情形比前一种情形更糟。因为任性放纵的青年往往精神振奋、富有活力，一旦走上正道常常会成为能干的、伟大的人物；而心情沮丧的人则往往胆小羞怯、萎靡不振，很不容易振作起来，因此难以成就事业。要避免这两方面的毛病，是一门真正的艺术；如果有谁能找到一种方法，既能使儿童的精神保持舒畅、积极、自由，同时又能使他约束住自己对许多事物的欲望而走向自己不那么喜欢的事物；那么在我看来，他便懂得了如何调和这些表面上的矛盾，掌握了教育的秘诀。

5. 一般导师知道或想到的唯一管教方法便是人们通常那种只图便利的棍棒惩罚，但这种方法最不宜于在教育中采用，因为它有两种弊端，正如我们已经表明，这两种弊端会使人们进退两难，从而使这种方法失去效用。

6. 第一，我们人类的天性倾向于迷恋肉体的与现实的欢乐而力图避免一切痛苦，但体罚的方法不仅不能控制这种倾向，反而会鼓励它，在我们身上增强这种倾向，那是产生一切恶行和罪恶的根源。一个儿童，本来不喜欢念书，现在因为怕挨打而苦读起来，本来爱吃不卫生的水果，现在因为怕挨打而不吃了，其行为动机除了肉体的快乐和痛苦、怕挨打受苦之外，难道还有什么别的东西吗？他这样做只不过是为了更大的肉体快乐或避免更少的肉体痛苦而已。用这样的动机来管束和指导儿童的行为，结果会怎么样呢？结果除了在他身上培养起我们本该予以根除的趋乐避苦的倾向之外，还有什么呢？因此我觉得，对于儿童的任何管教，如果不能使他为做错了事而感到羞愧，而只是使他感到肉体上的痛苦，那是没有用处的。

7. 第二，棍棒惩罚自然会使儿童对导师要他们爱好的东西产生逆反心理。对于某些事物，儿童最初是能够接受的，但当他们因为这些事物而受到棒打和责骂后，便痛恨起这些事物来，这不是显而易见的事实吗？在儿童身上发生这种情形是不应当感到奇怪的，因为即便是成年人，也是不能用这样的方法来使他们接受任何事物的。任何无害的、其本身引不起某人兴趣的娱乐，假如他没有心思去玩，却有人用棍棒去打他，用恶言恶语去骂他，硬逼他玩；或是玩的时候，因为某些情况就常常被人这样对待，难道他不会厌恶那种娱乐吗？结果自然是会厌恶的。令人恼火的情境通常是会影响到与其相关的无辜事物的；假如有人常用某个杯子喝使人恶心的药水，那么只要一见到那个杯子就可以令人倒胃，哪怕杯子洁净无比，样子美观绝伦，质料名贵厚重，里面的东西也总不能使他感到好吃。

8. 第三，这种奴隶式的管教只能养成一种奴隶式的脾气。棍棒威逼的时候，儿童会屈服，会假装服从；可是一旦不用棍棒，没人看见，知道不会受到惩罚时，他便会放任自己的自然倾向；这种倾向根本不会由于体罚的方法有所改变，相反会在他的身上继续增长，而且经过这种约束之后，一旦爆发起来往往更加凶猛。

9. 第四，这种管教如果极其严厉，虽然也可以治好目前任性的毛病，但由于它会破坏人的精神，结果会带来一种更糟糕更危险的毛病，那时你虽然去除了一个放荡不羁的青年，却换了一个心神沮丧的家伙，他的违反天性的拘谨状态的确可以取悦于那些喜欢驯良死板的儿童的蠢人，因为这种儿童既不吵闹，又不会使他们受到任何烦扰；但这种儿童终其一生对于自己和别人都是没有用处的，而且很可能也不会使朋友们感到愉快。

10. 所以，如果我们想要儿童变成聪明、贤良、磊落的人，那么棍棒以及其他种种奴隶性的体罚便是不合适的管教方法，这种方法只有万不得已的时候、在极端的情形之下才能偶尔用一用。另一方面，用儿童喜欢的事物去奖励儿童，讨取儿童的欢心，也应该小心避免。父母如果用苹果、糖球或其他一些为儿子最喜欢的东西来促使儿子念书，那只是在认可儿子对快乐的爱恋，是在纵容儿子身上的危险的自然倾向，这种自然倾向父母本应该尽全力去扑灭的。对于儿童的喜好，一方面加以制约，另一方面却给予满足，那是决没有希望教会他控制自己的喜好的。为了把自己培养成一个贤良的、聪明的、有德行的成人，儿童应该学会克制自己的欲望，凡遇到理智所反对、责任所要求的时候，他应该抑制自己对于财富、服饰和饮食等事物的喜好；可是当你要他做些该做的事，就用钱作为报酬，看到他念了书，就用美味酬劳他；要他做一些小事，就允诺给他镶有花边的颈巾和漂亮的新衣服，你提出这种种报酬，不就是认为这些东西是好的是他应该追求的，从而鼓励他去向往这些东西、使他习惯于把自己的快乐放在这些东西上面吗？除此之外难道还有什么别的解释吗？于是，人们为了使儿童勤于学习文法、舞蹈以及其他各种对于他们的幸福或利益并没有多大帮助的东西，便错误地使用奖励与惩罚的方法，结果牺牲了他们的德行，颠倒了他们的教育，把奢侈、骄傲、贪婪等等教给了他们。因为，这类方法鼓励了那些本该加以约束和压制的不良喜好，从而给未来的罪恶打下了基础，而那些罪恶，除非我们克制自己的欲望，并及早使它们习惯于服从理智，否则是无法避免的。

11. 我的意思并不是说，我不希望儿童享受一切无害于健康或德行的舒适和快乐。恰恰相反，我希望儿童能够充分地享受到各种无害的快乐，使他们的生活尽可能地愉快和舒畅；不过要注意，他们获得的各种快乐，仅仅应当出于父母和导师对他们的尊重和赞赏；决不可因为他们不愿意去做某件事情、除非给予另种报酬才肯去做，因而为此给予他们各种报酬而使他们快乐。

12. 但是，（你会说）假如一方面取消了棍棒，另一方面也不能运用那些对儿童行之有效的小小鼓励，我们又怎样去管教儿童呢？一旦取消了希望和恐惧，任何管教都将随之完结。我承认，善与恶、奖励与惩罚，是理性动物的唯一行为动机；它们是一切人类因此而去工作、由之而受指引的激励物和约束物，因此也应当运用于儿童。我一直劝告做父母的和做导师的要永远牢记这一点，即应当把儿童当作理性动物来对待。

13. 我承认，假如我们想要教育儿童，就必须对儿童进行奖励与惩罚。在我看来错误的地方在于，通常运用的奖惩办法是选择不当的。我以为，肉体的痛苦和快乐如被用作奖励和惩罚施加在儿童身上，将导致恶劣的后果；因为正如我以前所说，它们只会增长和加强那些应被我们加以抑制和控制的喜好，假如你要消除儿童对一种快乐的欲望，采取的办法却是满足他对另一种快乐的欲望，这会在他身上养成什么样的德行原则呢？这只会扩大他的欲望，教他走入歧途。假如一个儿童哭闹着要一种不卫生的对身体有害的水果，你便给他一些对身体的危害较小的糖果，以买得他的安宁，这样做也许可以保持他的身体健康，但却损害了他的精神，使他的精神远离正道。在此你只是改变了欲望的对象，但仍然鼓励了他的欲望，并认为它应该得到满足。然而我已经表明，毛病的根源就在这里；除非你能使他克制那种欲望，否则，虽然孩子目前也许会静下来，但毛病并没有治好。使用这种办法，你便在他身上培植了一切罪恶的源泉，下次一有机会，它必定会更加猛烈地爆发出来，给他带来更强烈的欲望并给你带来更大的烦扰。

14. 我们借以使儿童走上正道的奖励与惩罚完全属于另一类，它们具有那样一种力量，乃至一旦我们能使它发挥作用，事情便大功告成，困难便成为过去。人们一旦领略到尊重与耻辱的含义，尊重与耻辱对于他们的心灵便是最有力量的一种刺激。如果你能使儿童爱好名誉、知道羞耻，你就使他们具备了一个真的原则，这个原则会永远发生作用，使他们走上正道。不过大家会问，怎样才能做到这一点呢？

我承认，这件事情最初看上去并不是没有困难的；但我觉得我们值得花时间去寻求一些方法（并在找到后实行它们）来做到这一点，这在我看来是教育的一大秘诀。

15. 第一，儿童（也许比我们想到的时期还早）对于表扬和称赞是极为敏感的。他们觉得受到别人的尊重和赞誉是一种快乐，尤其是在受到父母与自己所依赖的人的尊重和赞誉的时候。所以，假如父亲看见子女的行为好就加以赞扬，看见子女的行为不好就表现出生气和冷淡，同时母亲以及儿童周围的人都用同样的态度去对待他们，那么，要不了多久就会使儿童感觉到其中的差异；这种办法如果坚持下去，我相信其功效一定比威吓或者打骂要大得多，威吓和打骂如果成了家常便饭就会失去力量，而如果不能随之使儿童感到羞耻则没有用处；所以除了后面所说的极端情况之外，应该禁止使用威吓和打骂。

16. 第二，为了使儿童更加深切地感受到被尊重的快乐与被屈辱的羞耻，并增加这种感受的分量，在儿童感受到被尊重的快乐的同时，应当始终伴随有其他各种令人愉快的事物，在儿童感受到被屈辱的羞耻的同时，应当始终伴随有其他各种令人不快的事物；这些令人愉快或令人不快的事物，并不是作为某个特定行为的奖励或惩罚而给予的，而是作为儿童的良好行为或不良行为所导致的受尊重或被羞辱的状态的必然的、始终伴随的结果而出现的。用这种方法对待儿童，就可以尽可能地使儿童认识到，凡行为良好而受人尊重、得到他人赞扬的人，必定为人人所喜爱，结果自然会得到其他各种美好的事物；与此相反，凡行为不端而被人看不起、不爱惜自己名誉的人，就不可避免地要遭受别人的冷淡和轻视；结果，无论什么能使他满足或使他高兴的东西他都得不到。这种方法可以从一开始就使儿童获得一种固定不变的经验，教给他们知道，他们所喜爱的事物只有名誉良好的人才能得到，才能享受，这样，儿童的欲望反而有助于他们的德行。一旦你能借助这些方法，使他们为自己的错误行为感到羞耻（除此之外我不希望用其他的惩罚手段），使他们热爱自己的名誉并为此感到快乐，你就可以随意地管教他们，而他们也会热爱一切德行了。

17. 我想，实行这种方法的一大困难来自仆人们的愚蠢和顽固，因为在实行这种方法时很难防止他们不来干扰父母们的设计。儿童犯了错误，遭到父母的冷遇之后，往往可以从这些愚蠢的奉承者的抚慰中得到出路和安慰，这样就把父母为了培养子女的德行所做的一切努力都给破坏了。当父母不给孩子好脸色时，其他的人都应该以同样的冷淡态度对待他，任何人都不能给他一点好脸色，直到孩子自己请求原谅、改正错误、恢复了自己以往的名誉时为止。只要这种做法能够坚持下去，我相信，是很少用得着去打骂孩子的；儿童为了求得自己的舒服和满足，不用打骂，就会很快地学会去博得他人的称赞，而不去做那些他们发觉是人人反对的、必定会使自己吃苦的事情。这可以使他们学会谦逊与知耻；于是他们很快就会自然而然地嫌弃那些他们发觉会使人人都轻视自己的事物了。至于仆人方面的障碍应当如何消除，我只能留给做父母的人自己去考虑了。我只是觉得，这一点事关重大；他们如果能够得到一些小心谨慎的人来照顾他们的孩子，那就是非常幸福的。

18. 所以，我们应当小心地避免经常打骂孩子：因为这种惩罚的好处仅仅在于，它可以使儿童对导致惩罚的错误行为产生羞耻与厌恶的心理，此外是绝没有其他任何好处的。假如惩罚的主要结果没有让儿童明白自己做错了事情，也没有让儿童明白自己已咎由自取地使最好的朋友们厌恶自己，那么棍棒所产生的痛苦只能作出一种不完全的治疗。它只是对溃疡作了暂时的处理，使伤口得到表面的愈合，但并未触及溃疡的病根：只有发于内心的羞耻心和不愿得罪于人的畏惧心，才能成为真正的约束。只有这两者才配掌管御人的缰索，使得儿童走上正道。但是如果经常施用体罚，结果必然会失去那种效力，会毁灭羞耻心。儿童的羞耻心与妇女的谦顺之情一样，它不能够时时被人侵犯而仍然保持下去。至于父母把子女棒打几下之后，很快就不表示出不高兴。则儿童对于父母的恼怒是不会惧怕的。做父母的首先应该深思熟虑，想清楚子女的哪些过失才值得他们生气。可是一旦生了气，实施了惩罚之后，他们就不应该马上收起他们的怒容，而应该花力气去恢复子女原有的美德，一直要等子女服从了，比平时表现得更好了。充分改正了所犯的错误，才可以完全恢复原来的态度。否则，惩罚用得过多就成了家常便饭，就会完全失去作用：犯罪、受罚、被原谅就会被认为是一种自然而然的过程了，就如中午过后是晚上、晚上过后是早晨一样。

19. 关于名誉我还有一点要说，那就是，名誉虽然不是德行的真正原则和标准（德行的真正原则和标准是对于人的责任的认识，遵循上帝的启示，期望上帝的欢心和保佑以及如此服从造物主所感到的满足），但它最接近于德行的真正原则和标准；名誉是大家根据理智、对于有德行的良好行为的一种不约而同的证明和赞扬，因此在儿童长大之前、还不能运用自己的理智去辨别是非的时候，最适合用来引导和鼓励儿童。

20. 这种考虑可以指导父母，使他们知道自己应当怎样去责备或赞扬自己的孩子。儿童的错误行为有时是不能容忍的，必须加以斥责，因而斥责不仅应当出之以冷静严肃的、不动情感的词句，并且应当背着别人在私下里进行；

但当儿童应受赞扬的时候，则应当当着别人的面去赞扬他们。对儿童的赞扬经过大家一番传播，则奖励的意义就更大；而父母不宣扬子女的过错，则会使子女更加看重自己的名誉，他们觉得自己的名誉没有受到损失，因而会更加小心地去保持别人对于自己的好评；但如果当众宣布他们的过错，使其无地自容，他们便会觉得自己已丧失了名誉，而制裁他们的工具就没有了，他们越是觉得自己的名誉已经受了打击，则他们就越没有心思去设法保持别人的好评。

21. 不过，假如对儿童进行正确的管教，那么我们设想的一般常用的奖励与惩罚是无须多用的。因为，只要他们能够尊重其他在场的人，则他们所他的一切天真的傻事与幼稚的行为都是可以完全任其自由、不加约束的，而且不妨尽量放任他们。这种种儿童时期所有的、由于年龄而不是作为人所产生的过失，假如留待时间、模仿与成熟的年岁去加以改正，儿童便可以免受许多误用而无益的惩罚，这种惩罚无非导致两种结果，或者是惩罚虽然频繁，却没有效力，并不能克服儿童时期的本性，乃至遇到其他必须加以惩罚的情形，也减少了惩罚的力量；或者是惩罚的力量很大，能够压服儿童时期的一片童心，以致损伤了儿童的身心。假如父母已经在儿童的心目中树立起了应有的威信，那么，即便有时候儿童的游戏过于吵闹或者不合时宜（这种情况只能发于他们的父母在场的时候），也只要父母说一句话，使一个眼色就足以使他们走开或是安静下去了。不过这种好玩的脾性，是“自然”聪明地使之与儿童的年岁和性情相适应的，本应该加以鼓励，使他们精神振奋，增进他们的力量与健康，而不应加以阻止和约束；教导儿童的主要技巧乃是把儿童应做的事也都变得像做游戏一样。

22. 谈到这里，我要提及普通教育方法上的一个错误，那就是儿童随时随地都牢记许多规则和教训，而那些规则和教训对他们来说常常是不能理解的，总是听过后就忘记了。其实，假如你想要儿童做某件事，或者想要他们换个做法，结果他们还是忘了没做，或者做得不好，你应当让他们反复去做，直到做好为止。采用这种办法有两层好处。第一，你可以借此知道某件事情儿童是否有能力去做，是否可以对儿童抱有期望；因为有时候我们吩咐儿童去做某些事情，试过之后才知道他们原来没有做那些事情的能力，需要事先加以教导和练习才可以要他们去做。可是对导师来说，下命令总是比进行教导要容易得多的。第二，这种办法还有一个好处，就是一种动作经过多次练习，可以在他们身上变成习惯，它便不必再靠记忆与回想，就能自然而然地做出来了，记忆与回想是谨慎与年岁的伴随物，不是童年的伴随物。例如有人向他致礼，他应鞠躬作答，有人对他说话，他应注视对方的脸部，这对于受过良好教养的人来说，因为不断应用的缘故，就像呼吸空气一样自然，用不着思考，也用不着回想。用这种方法改正了孩子的任何过失之后，那过失就永远地改正了。这样一件一件处改正下去，便可以把他的过失全部消除，在他身上养成你所喜爱的任何习惯。

23. 我看到有些父母把大堆大堆的规则加在儿童身上，乃至于可怜的孩子连那些规则的十分之一都记不住，更不必说去实行了。可是如果他们违犯了这许多繁杂的、常常是非常不恰当规则，就会受到打骂。这种做法的后果自然是，儿童知道自己的注意力不够，很难不违犯这些教训从而逃脱随之而来的惩罚，于是干脆就不去注意别人的嘱咐了。

所以，你对儿子所定的规则应该越少越好，宁可少于而不可多于表面上看来是绝对必需的。因为，如果你定的规则太多，使他受不了，结果必定不外两种：或者是，儿子必定时时受到惩罚，而惩罚过于频繁结果就不会好；或者是，儿子违犯了某些规则你却不加以处罚，结果他势必轻视这些规则，而你的威信在他的心目中也就降低了。规则应该少定，一旦定下以后就要让孩子们严格遵守。年龄越小所需的规则也越少，随着他年龄的增长，一种规则经过练习而得到了确立，可以再增加另外一种规则。

（二）通过练习培养习惯

但是请记住，儿童不是可以用规则教得好的，因为规则总是会被他们忘掉的。你认为什么是他们必须做的，就应该利用一切机会，甚至在可能的时候创造机会，让他们进行不可缺少的练习，使其在他们身上固定下来。这就可以使他们养成一种习惯，这种习惯一旦养成之后，便用不着借助记忆，就能自然而然发生作用了。不过我在这里还有两点要提醒一下。第一，你让他们练习所要养成的习惯的时候，要和颜悦色地进行劝导，提醒他们，而不可声色俱厉地责备他们，好像他们是故意违犯似的。第二，还应该注意的一件事是，不要试图一下子培养过多的习惯，否则花样太多，把他们搞得昏头涨脑，反而一种都培养不成。要等某一件事情经过经常的练习、变得容易自然、他们能够不假思索地做出来之后，才可以再去培养另外一种习惯。

这种以反复的实践来教导儿童的方法并不要儿童去死记规则，而是在导师的监督指导下让儿童反复地做同一种行为，直至儿童养成做好那种行为的习惯。无论从哪方面考虑，这种方法都有很多优点，可是它竟这样被人忽视，我真是觉得奇怪（假如可以对任何不良习惯感到奇怪的话）。现在我顺便再提一点它的优点。采用这种方法可以让我们知道，要儿童去做的事情是否适合于他的能力，是否适合于他的天资与禀赋；因为正确的教育还应当考虑到这些东西。我们不应该希望完全改变儿童的本性，我们无法把天性欢乐的人变得郁郁寡欢或者把天性忧郁的人变得愉快乐天，而同时却不对他们造成损害。上帝在人类的精神上面印上了特定的品质，那些品质如同他们的外形一样，也许可以稍微改变一点点，但是很难把它们改成一个相反的样子。

所以，照料儿童的人应该仔细研究儿童的天性和才能，并且应该经常试试，看他们做什么事情比较容易，什么事情比较适合于他们；应该看看他们天生是一块什么样的材料，这块材料怎样才可得到改进，适合于做什么；也就是说，他应该考虑儿童缺的是什么，所缺的东西他们是否能够通过努力去获得，通过实践去吸收，并且值不值得去努力。因为在许多情形之下，我们所能做的或者应该做的，乃在于尽量利用儿童的天赋，在于防止这种天赋所最易产生的恶行与过失，并把它的各种优点全部发掘出来。每个人的天生才智都应该尽量得到发展，但是要把另一种天资强加给他，那只会白费力气；即便竭力加以粉饰，充其量也只能勉为其难，永远带有一种局促不安和矫揉造作，使人感到不舒服。

（三）矫揉造作的弊端

我承认，矫揉造作的毛病不是儿童从小就有的，不是没有经过教导的天性的产物。这种杂草不是生长在荒芜的野地里，而是生长在花园里，由于园丁的疏忽或无能，才滋长起来的。一个人之所以能够矫揉造作，起因于管理与教导和一种不能没有教养的感觉：它想改正本性中的缺点，并且总是具有一个值得称赞的目的，即取悦别人，尽管它总是达不到这一目的；它越是劳心费神地去装出优雅的举止，它离优雅的举止便越远。因为这个理由，所以我们越该提防它，因为它正是教育所产生的毛病；这的确是一种走入了歧途的教育，但是青年人或者由于自己的过错，或者由于周围人的行为不端，却常常受到这种教育。

优雅的态度永远讨人喜欢，但只要考察一下就会发现，优雅的举止在于永远自然而然地在恰当的场合做恰当的事。我们遇到一个温文尔雅、友善殷勤的人，是没有不高兴的。一个落落大方能够控制自己和自己的一切行为、不粗俗狭隘、不孤高傲慢也没有沾染任何重大缺点的人，是没有人不喜爱的。从这种完善的心灵所自然地流露出来的行为，由于是心灵的真实标记，当然也会使我们感到高兴；而这种行为既是内心的自然流露，就不能不是从容自如、毫不勉强做作的。在我看来这是一种美，这种美通过一些人的行为表现出来，使他们的所作所为光彩照人，凡是和他们接近的人无不为之倾倒，他们经过不断的练习，把自己的举止陶冶好了，在与人交往时，由于生性或习惯，有礼貌、尊重别人、表现自如，看上去毫无人为雕琢的迹象，而是自然而然地出自于美好的心灵和良好的素质。

反之，矫揉造作是对于本应纯真自如的事情的一种拙劣的勉强的模仿，缺乏那种自然的美，因为，在矫揉造作之中外表的行为与内在的心灵总是不相符合的，表现有二：

第一，一个人实际并没有某种性情，却要装腔作势，竭力在外表上装出这种性情；但是，这种勉强做作是会自行暴露的，例如有些人有时候实际上并无悲哀、愉快或慈爱的心态，却偏要装出一副悲哀、愉快或慈爱的神气。

第二，有时候他们并不装腔作势、假充具有某种性情，但却用一些与自己不相称的举止来表达自己所具有的性情，比如他们与人交往的时候各种勉强的动作、言行或容貌，其本来的目的虽然是在向对方表示尊重或礼貌，或者表示自己的满意或舒适，但它们实际上并不是自然的或真实的表露，而是他们内心的某种缺陷或错误的表露。这种情形，大都是因为他们只知道模仿别人，却不知道分辨别人的行为之中哪一部分是优雅的、哪些东西是别人的性格中所特有的。一切矫揉造作，无论它的方式如何，总是令人讨厌的，因为我们生来憎恶一切假冒的事物、谴责那些只能以假装的态度去博取别人欢心的人。

率真的不加造作的本性，任其自然，要比人为的丑态和那里刻意的怪样好得多。缺乏成就，或者行为方面有某种缺陷、举止不能达到十分优雅的境界，通常不至于被人注意、遭人指责。但是我们的举止中无论哪一部分有了矫揉造作的成分，那就等于给我们自己的缺点点上了一支蜡烛，结果一定被人注意，不是认为我们没见识，就是认为不真诚。这种情形，做导师的人应该特别提防，因为，正如我上面所说，犯矫揉造作的毛病，大都是那些冒充有教养、不愿被人认为自己不懂得如何与人交往的人，此外很少有别种人，这是一种习得的丑态，起因于错误的教育；假如我没有弄错的话，它常常是起因于导师的懒惰，他们只是定出规则，提出范例，却不把他们的教导与练习相结合，没有让学生在自己的监督之下重复某种行为，以便改正其中失礼和做作的成分，使那种行为成为良好的习惯而运用自如。

（四）礼貌的培养

所谓礼貌，儿童们往往弄不清楚，而聪明的女仆和女导师却在这方面有许许多多的好意劝诫，不过在我看来，学习礼貌与其借助于规则，不如借助于榜样；这样，儿童如果不结交坏朋友，知道自己的行为有礼貌便能得到大家的尊重和赞许，那么他们就会乐于仿照别人的榜样，使自己的行为变得优雅的。如果由于礼貌方面的小疏忽，孩子的脱帽礼或屈膝礼的姿势不那么优雅，那种缺点可以由舞蹈教师去改正，把时派人物称之为村俗之气的率真的天性完全去掉。我觉得跳舞最能使儿童具有适当的信心与举止，使他们能够与年长的人交往，所以我认为他们一到能学跳舞的年岁就应该学习跳舞。因为跳舞虽然只是一种外表优美的动作，可是不知道为什么，它使儿童在思想上和姿态上具有男子汉气概的作用却比什么都强。除此以外，我是不主张小小的孩子因为礼貌上的细节而多吃苦头的。

你知道，儿童在礼貌方面的那些过失只要随着年岁的长大就可以改正过来，因此决无必要为此费心。当儿童幼小的时候，只要他们的心有礼貌（那是你必须及早注意培植的）、举止上的礼貌有不周到的地方，做父母的人尽可以少去操心。假如在他稚嫩的心灵中充满了对父母师长的敬爱，不敢违背他们；同时对其他人也怀抱着尊重和善意；那么，这种尊重他人的心理本身就会使他们去模仿别人的最受欢迎的举止，来表达这种心理。你一定要在他们的内心中建立起善良仁爱的原则；尽可能利用名誉、赞扬以及随名誉赞扬而来的种种美好的事物，使这种善良仁爱的原则变成一种习惯；一旦这种原则经过不断的实践，在他的内心中生了根，发了芽之后，那么不用担心，一切谈吐的文雅和外表的礼仪，到时候都会在孩子身上自然而然地形成的；不过当孩子们不再需要女仆的照料时，要让一个教养良好的男子去做他们的导师。

孩子很小的时候，无论有什么粗心大意的地方，只要其中没有骄傲与天性不良的迹象，都是可以原谅的。但是他们的任何行为如果显露了这种迹象，那就应该按照以上所说的方法，立刻加以纠正。我关于礼貌问题所说的一切，意思并不是说，即便我们懂得怎样去使儿童有礼貌，也不应该在儿童极小的时候去逐渐陶冶他们的动作和举止。假如从儿童刚会走路的时候起，就有懂得礼貌教育的人采用正当的方法去陶冶他们，那本是一件极好的事情。我所不满意的是在这个问题上通常所用的错误办法。有些人平时从来没有在行为举止方面对儿童进行过任何教导，却常常（尤其是有生客在座的时候）由于礼貌止的一点点不周到之处，对孩子大加训斥，在脱帽礼和屈膝礼之类的事情上大做文章。这些人表面上虽然是在改正儿童的错误，实际上多半只是为了遮掩自己的耻辱：他们为了自己不受责备，便盛气凌人地归罪于可怜的孩子，为的只是惧怕旁人议论，说孩子的不良行为是出于他们对孩子照料不够，不会管教孩子。

从儿童方面来说，这种偶尔的教训对儿童是没有丝毫益处的。应该事先进行教导，让儿童知道该做什么，并且还应反复练习合适的做法，而不应该临时要儿童去做他们事先根本没有做过也不知道应当怎样去做的事情。每逢事到临头便训斥一顿，那不是在教导他们，而是在无故地烦扰折磨他们。应当随他们去，而不必因为一些并非他们自身的过失、也非他们听了一番告诫就能够改正过来的过失就去斥责他们。儿童们由于幼小而天然具有的粗疏或率直，应当让他们年岁长大了去注意，这比经常不合时宜地斥责他们要好得多，因为这种斥责不会也不能使他们养成优雅的动作。他们如果心地纯正，内心具有礼貌，那么，即使他们因为缺乏良好的教导而在外表上粗率一点，但只要他们是在良好的伴侣中间成长起来的，这种外表上的粗率大部分是会被时间与观察洗刷掉的；相反，他们如果经常与不良的伴侣在一起，那么，哪怕你用尽世界上的所有规则，使尽一切可以想象到的惩罚，也还是不能使他们的行为优雅。因为你应该知道这个真理：对于孩子们尽管可以给予各种训导、天天告诉他们一些关于礼仪的精湛的指示，但是最能影响他们的举止的还是那些与他们朝夕相处的人和他们周围的人的言行。儿童（不，成人也一样）的举止大半是模仿得来的。我们都是一种模仿性很强的动物，是近朱者赤、近墨者黑；而孩子们的耳闻不如目见，也是不足为怪的。

（五）儿童的交朋结友之道

1. 我在前面提到过仆人对于儿童的一大害处，即他们对儿童的奉承会使父母对儿童的斥责失去效力，从而损害父母的威信。这里要提到的另一个大的不利之处是，孩子们会从卑贱的仆人那里学到许多不良的行为。

如有可能，最好完全不让儿童和这种人交往；因为礼貌和德行上的坏榜样就如瘟疫一样，只要一接触，就会可怕地传染给儿童。儿童常常从没有教养或者没有德行的仆人那里学到许多言辞、诡计与恶习，他们如果不与仆人接触，也许一生一世都不会知道这些东西的。

2. 要完全防止这种弊病的确很难。假如你雇用的仆人中没有一个是低贱或邪恶的人，假如你的孩子一点也没有从仆人那里沾染恶习，那你的运气就真是太好了。不过我们还是应该尽力去防止这种弊病，并且应该让儿童尽量多地与他们的父母以及受托照料他们的人待在一起。为了这个目的，儿童在跟前的时候，应使他们感到舒适自如；他们在父母或导师的跟前应该获得与他们的年岁相适应的自由，而不可使他们受到不必要的约束。假如他们觉得在父母导师面前就像坐牢似的，那他们自然就不喜欢与父母导师在一起了。儿童毕竟是儿童，只要不做坏事，他们的孩子气的游戏或孩子气的行为举止，都不应该受到阻碍，其余的自由也都应给予他们。此外，为了使儿童喜欢与父母在一起，凡是他们心爱的东西都应该在他们与父母相处的时候由父母亲手给予。不可让仆人们把烈性饮料、酒、水果、玩具等各种东西给儿童，去取得儿童的欢心，使儿童喜欢与他们相交往。

3. 提到伴侣这一点之后，我真想搁笔，不愿在这个题目上再打扰你了。因为伴侣的影响既然比一切教训、规则、教导都大，我觉得再去多谈别的事情，再去谈论那些几乎无效的东西，就简直是白费力气。你还会说，我对自己的儿子有什么办法呢？假如我老是让他待在家里，他就有变成我的少主人的危险；假如我把他放出去，外面又到处流行着粗野与邪恶，他又怎能不受传染呢？让他待在家里，他也许比较纯洁，但是也会更不知道人情世故；他在家里没有新的伴侣，天天看到的都是几副熟面孔，一旦出门面世，就合成为一个懦弱畏怯或虚骄自负的家伙。

我承认，无论让他待在家里还是放他出去，都有其不利之处。诚然，经常让孩子出门，他的胆子会大些，也更善于和同年岁的孩子相处，同学之间因为相互攀比竞争，常常会使年轻人充满活力，肯用功。不过，除非你能够找到一个学校，里面的教师能够照顾到学生的礼貌，能够卓有成效地培养学生的德行，陶冶学生的仪容，就如他能够卓有成效地教学生学会学者的语言，否则你得承认，你对语言的看重有点古怪，因为你看重的是古希腊罗马的语言，而不是使孩子成为勇敢的人，你觉得值得把你儿子的纯真和德行去冒险，去换取他学到一点点希腊文与拉丁文。至于男孩子从学校里的玩伴中得来的大胆与生气，通常都含有粗鲁与不良的自信，这些不合适和不正直的处世方法和习气日后必须加以清除，代之以较好的原则和使人成为一个真正有价值的人的仪态。

大家只要想一想，良好生活的技能以及像一个人那样为人处世，与从同学那里学到的鲁莽、诡计或粗暴是绝不相容的，就会觉得，私人教育虽有缺点，但较之于学校教育所带来的弊病还是要好得多，于是就会设法把孩子留在家里，去保持他的纯洁和谦顺了，因为孩子留在家里，和亲人比较接近，更容易学到那些能成为一个有用的和能干的人的品质。女孩子根本就是在退匿羞怯中长大成人的，也并没有人发现或认为她们因此就少懂事，就变成比较不能干的女人了，大家对于这一点是连疑惑的意思都没有的。她们一旦踏进了社会，与人的交往很快就会赋予她们一种适当的自信；至于男子方面的任何粗鲁与喧嚷，最好也要避免；因为我认为勇敢与镇定并不在于粗鲁与不良的教养。

德行比人情世故更难获得；青年人失掉了德行是很少再能恢复的。怯懦无能和不懂人情世故是大家归给私人教育的弊病。其实这并不是在家庭里面进行教育的必然结果，也并不是无法医治的毛病。较之于怯懦和不懂人情世故，邪恶是更顽固更危险的毛病；所以应该首先加以防备。如果说家里的溺爱常常使人懦弱无能，应该小心避免，那么其主要的目的也是德行；因为我们担心，这样一种易屈服的脾性太容易接受邪恶的印象，使刚进入社会的年轻人太容易堕落了。一个青年人在离开父亲的住宅和导师的保护之前，应该具有坚定的决心，应该熟悉人性，使自己的德性不至于发生动摇，否则，如果他对交友的危险不够了解，不能坚定地抗拒一切诱惑，他就很容易陷入某种危险的歧途，走上致命的绝径。假如不是因为这一点，就用不着这样早地去关注青年人的羞涩畏怯和不知人情世故了。交际就可以在很大程度上治好这种毛病；如果不能，那就只不过提出了一个更加有力的理由，说明家庭里面需要一个好的导师。因为，我们之所以要劳心费神、让他及时养成一种男子气概和自信的态度，其主要的作用乃是他独自步入社会的时候使他的德行有了一道保障。

既然坚强自主的主要作用是为了保持他的德行，那么，为了使儿童具有自信心，获得一点点与人相处的技能，就去牺牲他的纯真，让他和那些没有教养的邪恶的孩子交往，显然是颠倒主次、很不合理的了。因为，一旦自信心或机灵与邪恶合流，支持他的不良行为，他就只不过更加无疑地走上了歧路；那时你就必须重新设法去消除他从伴侣中间学来的毛病，否则便只能让他毁掉。男孩子只要有了与人交往的机会，必然能学会自信；这只是个时间的问题。在此之前，谦逊和服从使他们更适于受教导；所以事先完全不必过于注意培养他的自信。最应该花时间、下苦功夫和努力的，是使他们养成德行的原则、实践和良好的教养。这才是他们应该多加准备的事，以免后来容易失掉。正是这些东西，他们事先需要充分具备；因为他们进入社会之后，与人的交往就会增加他们的知识与自信，但同时也容易使他们失去德行，所以他们应充分地养成德行，使它深深地在他们身上扎根。

（六）导师及家庭教育的作用

至于怎样才能使他们长大之后适合于与人交往、进入社会，我们以后在别的地方再说。但是那种终日与顽童为伍、设计争斗、为了一点点小事相互欺诈的儿童，如果能够适合于文明的交往或事业，我却看不出来。从这样一群学校的玩伴中学到的品质，通常来自形形色色的父母，一个父亲竟会如此贪求这些品质，真是难以看透。我相信，凡是请得起家庭教师的人，可以借此使他的儿子学到更优雅的举止、更加刚毅的思想，同时还能学到什么是有价值的、什么是合适的，而且知识能掌握得更透彻、成熟也更迅速。关于这一点，我并不责怪学校里的教师，也并不认为他能做到。家庭里只有两三个学生，而学校里则一屋子上上下下挤满了

七八十个学生，其中的区别是很大的。无论教师怎样勤奋、有本领，他也只能在学生聚集在学校的时候进行教育，在其他时候他是不可能同时照顾到五十或一百个学生的；除了书本以外，也无法期望他还能在别的方面对学生进行卓有成效的教导，学生的精神和礼貌的形成是需要不断予以注意的，并且还需要有针对性地进行个别教导，这在大群大群的学生之间是做不到的，而且，由于学生一天 24 小时之中绝大部分的时间都由他自己独处，或者处于同学的恶习熏染之中，（即使教师有时间去研究和改正每个学生的个别缺点和错误倾向）教师的努力也不过是白费功夫。

但是一般做父亲的人，眼看那些胆大敢干的人往往最能走运，于是乐于看到自己的儿子及早变得大胆妄为；认为这是一种吉兆，表示他们长大了会兴旺发达，他们看见自己的儿子对同学玩玩诡计，或是从同学那里学到一点诡谲的伎俩，便以为是子女学会了谋生的本领，可以与世周旋了。但是我必须不客气地说，只有把子女的幸福奠定在德行与良好的教养上面，才是唯一可靠的和保

险的办法。造就一个人才的，不是学生中间玩弄的恶作剧或欺骗，不是他们的彼此无礼，也不是一起偷盗一座果园的周到的计谋；要造就一个能干的人才，需要的是正直、慷慨大方和严肃认真的品质，并加之以观察与勤奋，而这些品质我认为学校里的学生们是不能彼此学到多少的。如果一个在家庭里教养成人的青年绅士不能比学校里的学生学到更多这样的品质，那就只怪他的父亲选错了家庭教师。你可以从文法学校里挑出一个顶尖的学生，再找一个在家庭里受过良好教养的、年岁相同的孩子，使他们成为好朋友；然后你可以看看，谁的举止更有男子汉气概，谁见了生人时谈吐更加充满自信、不卑不亢。我相信，那个学生到了这种时候要么会缺乏自信，要么会自信得过了头而使人见笑，假如他的自信心只能使他和孩子们交往，那还不如没有的好。

大家普遍抱怨，邪恶在我们这个时代真是成熟得太快了，很早就在青年人的身上撒下了种子，假如你竟敢冒危险，让子女在外面厮混，任他在学校里靠机遇或者靠自己的倾向去选择伴侣，他是不能不受到这种流行病的传染的。关于近年以来邪恶在我们中间究竟为什么会如此盛行，是什么人在纵容支持使得它如此猖獗，我都打算留给别人去研究。我希望，那些抱怨基督教的虔信与德行到处大大衰退、抱怨这一代绅士的学识和教养都大为退步的人仔细想想，怎样才能在下一代的人身上恢复这些美德。就此而言我确信无疑的是，我们如果不从青年人的教育与原则性上去打好基础，那么其余的一切努力都将是徒劳的。我们的德行、能力和学问把英格兰造就成一个世界上不敢小看的国家，但是如果我们不去注意和保存下一代的纯洁、谨严和勤奋的美德，而又希望他们充分具有这种德行、能力和学问，继续在世界这个舞台上获得成功，那简直是笑话。我本来还要提到勇敢，虽然勇敢一直被看作是英国人天性中的遗产。近来大家谈到海上发生的一些事情，那是我们的祖先闻所未闻的，我想到这些事情时不能不说，淫逸放荡会消磨人的勇气；一旦荒淫的行为吞食了真正的荣誉感，勇气是很少能够继续存在的，我觉得，世界上任何一个民族，无论如何以勇猛著称，一旦腐败的蔓延消融了纪律的约束，邪恶的猖獗到了厚颜无耻的境地，它是决不能够保有武力的威名或威震邻邦的。

所以，教育上难以做到而又极有价值的那部分目标是德行，是直接的德行，而不是鲁莽冒失，也不是任何一点点处世的技巧。其余一切的考虑与成就都应该为德行让路，放在德行之后。唯有德行才是坚实的真正的善，导师不仅仅应该教导谈论它而且应该利用教育的工作与技巧，将它灌输给心灵、固定在心灵里面，并且绝不能停止，直至青年人对它发生真正的爱好，把自己的力量、荣誉和快乐放在德行之中。

德行越高的人，获得其他的成就也越容易。因为凡是按德行行事的人，对于一切适合于自己的事是不会采取一种固执或倔强的态度的；所以我不能不倾向于把青年绅士留在家庭里，放在父亲跟前，由良好的导师去教导，只要能够做到这一点，做得又恰当，那是达到教育上这一伟大的主要目标的最好最安全的办法。绅士们的家庭里并不是没有各种各样的伴侣的；他们应该使子女习惯一切来访的陌生人，子女一旦有了与有才能、有教养的客人交际的能力，便应该让他们去交际。我不知道为什么，有些住在乡下的人，出外拜访邻居时也不带子女一起去。我确信的是，父亲把儿子留在家里教养，较之送到外面，就有较多的机会单独与儿子相处，因而就可以给儿子以应给的鼓励，就能使他少受仆人和卑贱小人的沾染。但是事情究竟怎样决定，在很大程度上必须由做父亲的人斟酌，根据具体的情况与便利去决定；我只觉得，如果做父亲的人一点也不愿费神教养自己的儿子，那是最坏的治家办法；无论他的境遇如何，亲自教养子女都是父亲能够留给子女的最好的事物。最后，如果仍然有人认为，家庭教育太缺少伴侣，而普通的学校又不适宜于青年绅士的教育，那么我想，将来也许能够想出办法，来避免两方面的弊病。

（七）父母应为子女树立榜样

前面已经考虑到，伴侣的影响是很大的，我们每个人，尤其是儿童，都喜欢模仿别人；现在我必须冒昧向做父母的人提醒一件事，即任何人如果希望儿子尊重自己和自己的命令，他自己便应当十分尊重他的儿子。后生可畏。你不愿意他去仿效的事，你自己决不可在他的面前做。如果你认为他做了某种事情是一个过错，你自己却不小心做了，那么，他便一定会用你的榜样来庇护自己，那时你再想用正当的方法去改正他的错误就不容易了。假如他看见你自己做了某种事情，而他做了同样的事情你却要惩罚他，那么，虽然你的严厉是出于爱护他、想要小心地改正他身上的过错，但他是不会这么认为的；他们一定会以为你是倚仗父亲的地位，专横无理，毫无理由地不许做儿子的人去获取自己享有的自由和快乐。假如你认为你所享有的那种自由是年岁较大人的特权，而不是一个孩子所应当想望的东西，那么，你只会给你做出的榜样增加新的力量，使那种行为对他更有吸引力。因为应当永远记住，儿童之爱冒充成人要比我们料想的早。他们爱穿短裤，并不是因为短裤的式样好或者穿着舒服，而是因为穿了短裤就是达到成人时期的一个标志或步骤。关于父亲在儿女面前的言行举止，我所说的这些东西适用于一切有权管教儿童或者应受儿童敬重的人。

第二篇：《民主主义与教育》

约翰·杜威（John Dewey，1859—1952）是美国最有声望的实用主义哲学家。他于1879年毕业于佛蒙特大学，后进霍普金斯大学研究院师从皮尔士，1884 年获博士学位，此后相继在密执安大学、芝加哥大学、哥伦比亚大学任教。五四运动前后他曾来中国讲学，促进了实用主义在中国的传播。他的主要哲学著作有《哲学的改造》（1920）、《经验与自然》（1925）、《确定性的寻求》（1929）等。

1884 年杜威获取博士学位后在密执安和明尼苏达大学任教。1886 年他出版了第一本美日心理学教科书，在当时很受欢迎。1894 年到芝加哥大学任教工作十年。这十年是他对心理学有重大影响的时期。1904 年他到哥伦比亚大学教书直到 1930 年退休。在那里他不再研究心理学，而只是把心理学应用到教育和哲学方面，宣扬他的实用主义哲学和教育学思想。

近代美国教育思想家、实用主义哲学家，恐怕没有一个能够比得上杜威对美国及世界教育思想与实施，有其深远的影响及无与伦比的贡献。杜威不仅是 20 世纪中的一位哲学家、教育家、心理学家，而且在美国国内，也是一位积极推动社会改革，倡言民主政治理想的所谓自由主义派人士，同时也是一位致力于民本主义教育思想的实践者。他的思想，不仅形成了美国继实用主义之后而起的实验主义（Experimentalism）哲学体系，而且也是间接影响到新教育——所谓进步主义教育——实施与理论的一位教育哲学家。由于他毕生从事著作、教学，受业学生分居世界各地，故其影响是他人所不能匹敌的。他的门徒胡适，是中国 20 世纪上半叶的著名学者和新文化运动的一员健将。杜威出生于 1859 年的 12 月 20 日。这一年也是英国进化论的提倡者达尔文（Charles Darwin，1809－1882）发表其《物种起源》（Origin of Species）巨著的一年。杜威诞生在一个中产社会阶级的杂货商家中。杜威的家乡是新英格兰（New England）的维蒙特（Vermont）州的贝林顿（Burlington），人民生活习惯，娴习于自治，崇尚自由，笃信民主制度，这些可以说是新英格兰殖民区的传统精神。

《民主主义与教育》（节选）

第一章　教育是生活的需要

一、生活的更新通过传递

生物和无生物之间最明显的区别，在于前者以更新维持自己。石块受击，它抵抗。如果石块的抵抗大于打击的力量，它的外表保持不变。否则，石块就被砸碎。石块决不会对打击作出反应，使它得以保持自己，更不会使打击成为有助于自己继续活动的因素。虽然生物容易被优势力量所压倒，它仍然设法使作用于它的力量，变为它自己进一步生存的手段。如果它不能这样做，它不只是被砸得粉碎（至少在高等生物是这样），而且不成其为生物。

只要生物能忍受，它就努力为它自己利用周围的力量。它利用光线、空气、水分和土壤。所谓利用它们，就是说把它们变为保存它自己的手段。只要生物不断地生长，它在利用环境时所花费的力量得大于失：它生长着。在这个意义上理解“控制”这个词，我们可以说，生物能为它自己的继续活动而征服并控制各种力量，如果不控制这些力量，就会耗尽自己。生活就是通过对环境的行动的自我更新过程。

在一切高等生物，这个过程不能无限期地继续下去。过一段时间，它们就要屈服，就要死亡。生物不能胜任无限期自我更新的任务。但是，生活过程的延续并不依靠任何一个个体的延长生存。其他生物的繁殖不断地进行着。虽然，正如地质学的记录表明，不仅个体而且物种都会消灭，但生活过程却以越来越复杂的形式继续下去。随着某些物种的消失，更加适合利用它们无法与之斗争的许多障碍的生物诞生了。生活的延续就是环境对生物需要的不断地重新适应。

我们上面所讲的是最低等的生活，把它当作一种物质的东西。但是我们使用“生活”这个词来表示个体的和种族的全部经验。当我们看到以《林肯传》命名的书时，我们并不指望里面有一篇关于生理学的论文。我们期待有关于社会背景的叙述；有关于家庭的环境、情况和职业的描写；有关于性格发展的主要情节；重大的斗争和成就；个人的希望、爱好、快乐和苦难。我们以恰恰类似的方式讲一个原始部落的生活，雅典人民的生活，美国民族的生活。“生活”包括习惯、制度、信仰、胜利和失败、休闲和工作。

我们以同样丰富的含义使用“经验”这个词。通过更新而延续的原则，适用于最低的生理意义上的生活，同样适用于经验。就人类来说，信仰、理想、希望、快乐、痛苦和实践的重新创造，伴随着物质生存的更新。通过社会群体的更新，任何经验的延续是实在的事实。教育在它最广的意义上就是这种生活的社会延续。社会群体的每一个组成分子，在一个现代城市和在原始部落一样，生来就是未成熟的，孤弱无助的，没有语言、信仰、观念和社会准则。每一个个体，作为群体的生活经验载体的每一个单位，总有一天会消灭。但是群体的生活将继续下去。

社会群体每一个成员的生和死的这些基本的不可避免的事实，决定教育的必要性。一方面，存在群体的新生成员——集体未来的唯一代表——的不成熟和掌握群众的知识和习惯的成年成员之间的对比。另一方面，这些未成熟的成员有必要不仅在形体方面保存足够的数量，而且要教给他们成年成员的兴趣目的、知识、技能和实践，否则群体就将停止它特有的生活。甚至原始部落，成人的成就也远远超过未成熟的成员如果听任他们自行其是所能做的事情。随着文明的发展，未成熟的人本来的能力和年长者的标准和习惯之间的距离扩大，仅仅身体的成长，仅仅掌握极少生存的必需品，还不能使群体的生活绵延下去。需要审慎的努力和周到的耐心。人生来不仅不了解而且十分不关心社会群体的目的和习惯，必须使他们认识它们，主动地感兴趣。教育，只有教育能弥补这个缺陷。

如果一次瘟疫突然夺去社会全体成员的生命，这个群体显然将永远消灭。群体的每一个成员的死亡和瘟疫把他们全部弄死，同样明确无疑。但是，人的年龄有大有小，有些死去，有些出生，这个事实，使社会结构通过思想和实践的传递，得以不断重新组织成为可能。但是这种更新不是自动的。除非尽力做到真正和彻底的传递，最文明的群体将会进化到野蛮状态，然后回复到原始人类。事实上，初生的孩子是那样不成熟，如果听任他们自行其是，没有别人指导和援助，他们甚至不能获得身体生存所必需的起码的能力。人类的幼年和很多低等动物的崽仔比较起来，原有的效能差得多，甚至维持身体所需要的力量必须经过教导方能获得。那么，对于人类一切技术、艺术、科学和道德的成就来说，那就更需要教导了！

二、教育和沟通

的确，社会的继续生存，必须通过教导和学习，这是那么显而易见，我们似乎过分详述了一个自明之理。但是，我们所以这样强调一下，乃是要避免过分学校式的和形式的教育观念。从这个事实来看，我们是无可非议的。诚然，学校乃是传递的一个重要方法，通过传递来形成未成熟者的各种倾向；但是这仅仅是一种手段，和其他许多机构比较起来，又是一种相对表面的手段。只有当我们领会更为基本的和更为持久的教导方式的必要性时，我们才能把教育方法摆在适当的位置上。

社会不仅通过传递、通过沟通继续生存，而且简直可以说，社会在传递中、在沟通中生存。在共同、共同体和沟通这几个词之间，不仅字面上有联系，人们因为有共同的东西而生活在一个共同体内；而沟通乃是他们达到占有共同的东西的方法。为了形成一个共同体或社会，他们必须共同具备的是目的、信仰、期望、知识——共同的了解——和社会学家所谓志趣相投。这些东西不能像砖块那样，从一个人传递给另一个人；也不能像人们用切成小块分享一个馅饼的办法给人分享。保证人们参与共同了解的沟通，可以促成相同的情绪和理智倾向——对期望和要求作出反应的相同的方法。

人们住地相近并不成为一个社会，一个人也并不因为和别人相距很远而不在社会方面受其影响。一本书或一封信，可以使相隔几千里的人们建立起比同住一室的住户之间存在的更为紧密的联系。甚至为一个共同目的工作的个人也不构成一个社会群体。一部机器的各个部分，为着一个共同的结果而以最大限度的相互合作运转，但是它们并不形成一个共同体。但是，如果他们都认识到共同的目的，大家关心这个目的，并且考虑这个目的，调节他们的特殊活动，那么，他们就形成一个共同体。但是这将牵涉到沟通。每个人必须了解别人在干什么，而且必须有办法使别人知道他自己的目的和进展情况。意见的一致需要沟通。

因此我们不得不承认，甚至在最社会化的群体内部，有许多关系还不是社会化的。在任何社会群体中，有很多人与人的关系仍旧处在机器般的水平，各个人相互利用以便得到所希望的结果，而不顾所利用的人的情绪的和理智的倾向和同意。这种利用表明了物质上的优势，或者地位、技能、技术能力和运用机械的或财政的工具的优势。就亲子关系、师生关系、雇主和雇员的关系、统治者和被统治者的关系而论，他们仍旧处在这个水平，并不形成真正的社会群体，不管他们各自的活动多么密切地相互影响。发命令和接受命令改变行动和结果，但是它本身并不产生目的的共享和兴趣的沟通。

社会生活不仅和沟通完全相同，而且一切沟通（因而也就是一切真正的社会生活）都具有教育性。当一个沟通的接受者，就获得扩大的和改变的经验。一个人分享别人所想到的和所感到的东西，他自己的态度也就或多或少有所改变。传递的人也不是不受影响。实验一下把某种经验全部地、正确地传送给另一个人，特别如果是比较复杂的经验，你将会发现你自己对你的经验的态度也在变化；要是没有变化，你就会突然惊叫起来。要沟通经验，必须形成经验；要形成经验，就要身处经验之外，像另一个那样来看这个经验，考虑和另一个人的生活有什么联系点，以便把经验搞成这样的形式，使他能理解经验的意义。除了论述平凡的事物和令人注意的话以外，必须富有想象力地吸收别人经验中的一些东西，以便把他自己的经验明智地告诉别人。一切沟通就像艺术。所以，完全可以说，任何社会安排只要它保持重要的社会性，或充满活力为大家所分享，对那些参加这个社会安排的人来说，是有教育意义的。只有当它变成铸型，照章办事时，才失去它的教育力量。

所以，说到最后，不仅社会生活本身的经久不衰需要教导和学习，共同生活过程本身也具有教育作用。这种共同生活，扩大并启迪经验；刺激并丰富想象；对言论和思想的正确性和生动性担负责任。一个在身体和精神两方面真正单独生活的人，很少有机会或者没有机会去反省他过去的经验，抽取经验的精义。成熟的人和未成熟的人，彼此的成就不等，这不仅使教育年轻人成为必要，而且这种教育的需要提供巨大的刺激，把经验整理成一定的次序和形式，使经验最容易传达，因而最为有用。

三、正规教育的地位

因此，每个人从和别人共同生活（只要他真正地生活而不只是继续生存）中所得到的教育，和有意识地教育年轻人，这两者有着明显的区别。在前一种情况下，教育是偶然的；这种教育是自然的、重要的，但它并不是人们联合的确切的理由。虽然可以不夸张地说，任何社会制度，无论是经济制度、家庭制度、政治制度、法律制度和宗教制度，它的价值在于它对扩大和改进经验方面的影响，但是这种影响并不是它原来动机的一部分，原来的动机是有限度的，而且是比较直接实际的。例如宗教的联合始于希望取得统治力量的恩赐和避开罪恶的影响；家庭生活始于希望满足各种欲望和使家庭永垂不朽；有系统的劳动，主要为了奴役别人等。一种制度的副产品，它对有意识的生活的素质和程度的效果，只是逐步被注意到的，而这种效果的被视为实施这种制度的一个指导性因素更加缓慢得多。甚至在今天，在我们的工业生活中，除了某些勤奋和节俭的价值观念以外，世间工作得以进行的人类联合的各种形式的理智的和情感的反应，和物质的产品比较起来，所受到的注意要少得多。

但是对待年轻人，联合生活的事实本身，作为直接的人生事实，显得非常重要。在我们和年轻人接触的时候，虽然容易忽略我们的行动对他们的倾向的影响，或者把这种教育的效果看得不及某种外界有形的结果重要，对待成人就不那么容易。训练的需要太明显了；改变他们的态度和习惯，要求很急迫，以致完全无法考虑这些后果。既然我们的主要任务在于使年轻人参与共同生活，我们不能不考虑我们是否在形成能获得这种能力的力量。如果人类在认识各种制度的最终价值在于它对人生的特殊影响——对有意识的经验的影响——中有所前进，我们很可以相信，这个启示主要是通过和年轻人相处中学到的。

因此，我们可以在上面所考虑的广阔的教育过程之内区别出一种比较正规的教育，即直接的教导或学校教育。在不发达的社会群体中，很少正规的教学和训练。野蛮人为把必需的倾向灌输给年轻人，主要依靠使成年人忠于他们群体的相同的联合。除了使青年成为完全的社会成员的入社仪式以外，他们没有特殊的教育方法、材料或制度。他们主要依靠儿童通过参与成年人的活动，学习成人的风俗习惯，获得他们的情感倾向和种种观念。这种参与一部分是直接的，参与成人的各种职业活动，当他们的学徒；一部分是间接的，通过演戏，儿童重复成人的行动，从而学会了解他们像什么。对野蛮人来说，要找到一个专供学习的地方，除学习以外别无他事，这是十分荒谬的事。

但是，随着文明的进步，年轻人的能力和成年人所关心的事情之间差距扩大。除了比较低级的职业以外，通过直接参与成人的事业进行学习，变得越来越困难。成人所做的事情很多在空间和意义方面那么遥远，游戏性质的模仿越来越不足以再造它的精神。因此，有效地参与成人活动的能力，依靠事先给予以此为目标的训练。有意识的机构——学校——和明确的材料——课程——设计出来了。讲授某些东西的任务委托给专门的人员。

没有这种正规的教育，不可能传递一个复杂社会的一切资源和成就。因为书籍和知识的符号已被掌握，正规教育为年轻人获得一种经验开辟道路，如果让年轻人在和别人的非正式的联系中获得训练，他们是得不到这种经验的。

但是，从间接的教育转到正规的教育，有着明显的危险。参与实际的事务，不管是直接或者间接地在游戏中参与，至少是亲切的、有生气的。在某种程度上，这些优点可以补偿所得机会的狭隘性。与此相反，正规的教学容易变得冷漠和死板——用通常的贬义词来说，变得抽象和书生气。低级社会所积累的知识，至少是付诸实践的；这种知识被转化为品性；这种知识由于它包含在紧迫的日常事务之中而具有深刻的意义。但是，在文化发达的社会，很多必须学习的东西都储存在符号里。它远没有变为习见的动作和对象。这种材料是比较专门的和肤浅的。用通常的现实标准来衡量，这种材料是人为的。因为通常的尺度和实际事务有联系。这种材料存在它自己的世界内，没有被通常的思想和表达习惯所溶化。总是有一种危险，正规教学的材料仅仅是学校中的教材，和生活经验的教材脱节。永久的社会利益很可能被忽视。那些没有为社会生活结构所吸收，大部分还是用符号表现的专门知识，受到学校的重视。因此，我们有了这样一个通常的教育概念：这种概念忽视教育的社会必要性，不顾教育与影响有意识的生活的一切人类群体的一致性，把教育和传授有关遥远的事物的知识，和通过语言符号即文字传递学问等同起来。

因此，教育哲学必须解决的一个最重要的问题，就是要在非正规的和正规的、偶然的和有意识的教育形式之间保持恰当的平衡。如果所获得的知识和专门的智力技能不能影响社会倾向的形成，平常的充满活力的经验的意义不能增进，而学校教育只能制造学习上的“骗子”——自私自利的专家。一种是人们自觉地学得的知识，因为他们知道这是通过特殊的学习任务学会的，另一种是他们不自觉地学得的知识，因为他们通过和别人的交往，吸取他们的知识，养成自己的品性。避免这两种知识之间的割裂，成为发展专门的学校教育的一个越来越难以处理的任务。

【提要】

努力使自己继续不断地生存，这是生活的本性。因为生活的延续只能通过经久的更新才能达到，所以生活便是一个自我更新的过程。教育和社会生活的关系，正如营养和生殖、生理的关系一样。这种教育首先是通过沟通进行传递。在个人经验成为共同财富以前，沟通乃是一个共同参与与经验的过程，通过沟通，参与经验的双方的倾向有所变化。人类联合的每一种方式，它的长远意义在于它对改进经验的素质所作出的贡献。这一事实，在对付未成熟者时最容易认识出来。换言之，虽然每一种社会安排在功效方面都具有教育性，但是教育效果首先成为与年轻人和年长者的联合有关的联合的目的的重要部分。随着社会结构和资源变得越来越复杂，正规的或有意识的教导和学习的需要也日益增加。随着正规教学和训练的范围的扩大，在比较直接的联合中所获得的经验和在学校所获得的经验之间，有产生不良的割裂现象的危险。鉴于几个世纪以来知识和专门技能的迅猛发展，这种危险从来没有像现在这样严重。

第四章　教育即生长

一、生长的条件

社会在指导青少年活动的过程中决定青少年的未来，也因而决定社会自己的未来。由于特定时代的青少年在今后某一时间将组成那个时代的社会，所以，那个时代社会的性质，基本上将取决于前一时代给予儿童活动的指导。这个朝着后来结果的行动的累积运动，就是生长的含义。

生长的首要条件是未成熟状态。我们说一个人只能在他未发展的某一点上发展，这似乎是自明之理。但是，未成熟状态这词的前缀“未”却有某种积极的意义，不仅仅是一无所有或缺乏的意思。值得注意的是“能量”（capacity）和“潜力”（potentiality），这两个名词都有双重意义，一个意义是消极的，另一个是积极的。能量可以仅指接纳性，如一夸脱的能量。我们可以把潜力仅仅理解为蛰伏或休眠的状态——在外部影响下变成某种不同的东西的能力。但是，我们也可以把能量理解为一种能力；把潜力理解为势力。我们说未成熟状态就是有生长的可能性。这句话的意思，并不是指现在没有能力，到了后来才会有；我们表示现在就有一种确实存在的势力——即发展的能力。

我们往往把未成熟状态只是当作缺乏，把生长当作填补未成熟的人和成熟的人之间的空缺的东西，这种倾向是由于用比较的观点看待儿童期，而不是用内在的观点看待儿童期。我们所以仅仅把儿童期当作匮乏，是因为我们用成年期作为一个固定的标准来衡量儿童期。这样就把注意力集中在儿童现在所没有的、他成人以前所不会有的东西上。这种比较的观点，要是为了某种目的也是够合法的，但是，如果我们把这种观点看作不可变更的道理，那就产生一个问题，就是我们是否傲慢武断。如果儿童能清晰地和忠实地表达自己的意见，他们所说的话将与此不同。我们有非常可靠的成人凭据，使我们相信，在某种道德的和理智的方面，成人必须变成幼小儿童才对。

当我们考虑到提出一个静止的目的作为理想和标准时，这个关于未成熟状态的可能性的消极性质的假设，其严重性是明显的。他们把不断地成长理解为已完成的生长，就是说停止生长（ungrowth），即不再继续成长。这个假设毫无价值，从这样的事实可以明白，每一个成人，如果有人诋毁他没有进一步生长的可能性，他就要怨恨；只要他发现自己没有进一步生长的可能性，他就要悲痛，把这件事视为丧失的证据，而不把已往的成就作为力量的适当表现。为什么对儿童和成人采用不平等的标准呢？

我们如果不用比较的观点，而用绝对的观点来看，未成熟状态就是指一种积极的势力或能力——向前生长的力量。我们不必像有些教育学说那样，从儿童那里抽出或引出种种积极的活动。哪里有生活，哪里就已经有热切的和激动的活动。生长并不是从外面加到活动的东西，而是活动自己做的东西。未成熟状态的可能性的积极的和建设的方面，是理解未成熟状态的两个主要特征即依赖和可塑性的关键。（1）把依赖说成某种积极的东西，听来未免可笑，把依赖说成一种力量，更加荒谬。但是，如果依赖完全是无依无靠的性质，那么发展永远不会发生。一个仅仅是软弱无能的人，永远要别人提携。依赖伴随着能力的成长，而不是越来越陷入寄生状态，这个事实表明依赖已是某种建设性的东西。仅仅寄人篱下不会促进生长。（2）因为寄人篱下不过是筑墙于软弱无能的周围。对物质世界来证券交易，儿童是无依无靠的。在他诞生的时候和以后长时间内，缺乏行走和维持自己生命的能力。如果他必须自己谋生，那就连一小时都难以生存。在这方面，儿童几乎是全盘无依无靠。幼兽也要比他强得多。他的身体是虚弱的，不能运用他所有的体力去应付物质的环境。

1. 但是，这种彻底的无依无靠性质，暗示着具有某种补偿的力量。幼兽早期就有相对的能力，能够很好地适应物质环境。这种事实表明，这种动物的生活和它们周围的兽类的生活并不密切地结合在一起。可以这么说，因为它们缺乏社会的能力，所以不得不具有相当的体力。另一方面，人类婴儿身体上软弱无能，所以还能生活下去，正是因为他们有社会的能力。我们有时谈起儿童，想到儿童，似乎他们只是从身体方面讲偶然处于社会环境之中；似乎社会力量完全存在于抚养他们的成人之中，儿童乃是受抚养的人。如果说儿童自己本来具有非常的力量，引起别人的合作注意，便有人想，这不过是转弯抹角地说成人非常注意儿童的需要罢了。但是，观察表明，儿童赋有头等社交能力。儿童具有灵活的和敏感的能力，对他们周围的人的态度和行为，都同情地产生感应，很少成年人能把这种能力保持下来。儿童对自然界事物的不注意（由于无力控制他们）相应地强化了他们对成人行为的兴趣和注意，这两方面是相伴随的。儿童生来的机制和冲动都有助于敏捷的社会反应。有人说，儿童在进入青年期以前是利己主义的和自我中心的，这句话即使是正确的，也和我们上面所说的话没有矛盾。这不过表明儿童的社会反应能力是用来增加他们自己的利益，并不是表明儿童没有这种社会反应能力。但是，这句话事实上并不正确。有些事实被引用来辩护所谓儿童的纯利己主义，其实是表明儿童趋向他们标的强烈性和直接性。如果构成标的的许多目的对成人来说似乎是狭隘的和自私的，这不过是因为成人通过幼年时类似的独占行为，已经达到了这些目的，因而不再使他们感兴趣。所谓儿童天生的利己主义的剩余部分，大部分都不过是违反成人的利己主义的利己主义。成人过分专心于他自己的事务而对儿童的事务没有兴趣。在他看起来，儿童无疑似乎过分专心于他们自己的事务。

从社会的观点看，依赖性是指一种力量而不是软弱，它包含相互依赖的意思。常常有一种危险，个人独立性的增加将降低他的社会能力。让一个人更加依靠自己，也许因此使他更加自以为是，脱离群众，冷漠无情，在和别人的关系方面麻木不仁，以致生出一种真能独善其身的幻想——这是一种无名的癫狂，世界上大部分本可挽救的苦难，都是由于这种癫狂所致。

2. 未成熟的人为生长而有的特殊适应能力，构成他的可塑性。这种可塑性完全不同于油灰或蜡的可塑性。它并是因受外来压力就改变形式的一种能力。这种可塑性和柔韧的弹性相近，有些人通过弹性作用于他们周围的环境并保持他们自己的倾向。但是，可塑性比弹性更加深刻，它主要地是从经验中学习的能力；从经验中保持可以用来对付以后情境中的困难的力量。这就是说，可塑性乃是以从前经验的结果为基础，改变自己行为的力量，就是发展各种倾向的力量。没有这种力量，获得习惯是不可能的。

高等动物的崽仔，特别是人类的幼儿，必须学会利用它们的本能反应，这是大家熟悉的事实。人类生来比其他动物具有更多的本能倾向。但是，低等动物的本能在生后不久就自行完善，以应适当的活动。至于人类婴儿的本能，按它们原来的状态，大部分没有什么用处。有一种生来的特别适应能力，立刻发生效率，但是，好像一张火车票只能用在一条路线上。一个婴儿要运用他的眼、耳、手和腿，必须试验作各种不同的反应的结合，学会灵活多样的控制能力。例如，一只小鸡孵出后几小时，就能准确地啄食。这就是说，眼睛看东西的活动和身体和头部的啄食活动的准确的协调，经过几次试验就完善了。一个婴儿生后六个月，能够接近准确地把伸手抓物的动作和他的视觉活动协调起来；就是说，能够说出他是否能伸手抓到所看见的物件和怎样伸手去抓。结果，小鸡反受原来本能相对完善的限制。婴儿则具有大量尝试性的本能反应以及跟着这些反应所得到的许多经验的有利条件，即使他因为这些反应互相阻碍以致暂时处于不利地位，但这不过是暂时的事情。我们学习一种动作，不是按现成动作去做，必须学会变化动作的因素，根据不同情况作出种种因素的联合。人类学习一种动作，能够发展许多方法，应用到其他情境，从而开辟继续前进的可能性。更重要的是，人类养成学习的习惯，他学会怎样学习。

依赖和可变的控制能力这两件事在人类生活中很重要。这个原理早有人总结在延长婴儿期的重要意义的学说之中[①]。婴儿期的延长无论从群体中成人的观点和青少年的观点来看都是重要的。依赖他人和从事学习的小孩就是一个刺激，要成人负责教养和抚爱。儿童需要成人经常继续不断的养护，也许就是把暂时的同居变为永久婚姻的一个主要原因。儿童有这种需要，肯定是养成慈爱的和同情的照顾别人的习惯的主要影响；这种对别人幸福的建设性的兴趣，是联合生活所必需的。这种道德方面的发展，在理智方面就是能够引进许多引起注意的新事物，激发对未来的远见和为未来计划。所以，有一种相互的影响。社会生活日益复杂，需要一个较长的婴幼期，以便获得所需要的力量；这种依赖的延长就是可塑性的延长，或者就是要获得可变的和新奇的控制模式的力量。因此，这种延长能进一步地促进社会进步。

① 许多作家提出过延长婴儿期的意义，但是费斯克所著的《一个进化论者的游记》一文被认为首先提出了系统的说明。

二、习惯是生长的表现

我们在上面已说过，可塑性是保持和提取过去经验中能改变后来活动的种种因素的能力。这就是说，可塑性乃是获得习惯或发展一定倾向的能力。我们现在要研究习惯的主要特征。首先，习惯乃是一种执行的技能，或工作的效率。习惯就是利用自然环境以达到自己目的的能力。习惯通过控制动作器官而主动地控制环境。我们也许易于强调控制身体，而忽略对环境的控制。我们想起步行、谈话、弹钢琴、雕刻工的专门技能、外科医生、建筑桥梁的工人等等的技能，好像他们的技能不过是有机体的行动流畅、灵巧和精确，当然，他们的动作的确流畅、灵巧和精确，但是，衡量这些特性的价值的标准，在于它们对环境的经济而有效的控制。我们能够走路，就是能支配自然界的某些特性，所有其他习惯也是如此。

人们常常把教育解释为获得能使个人适应环境的种种习惯。这个定义表明生长的一个重要方面。但是，这个定义中的所谓适应，必须从控制达到目的的手段的主动的意义上来理解。如果我们把习惯仅仅看作机体内部引起的变化，而忽视这种变化在于造成环境中以后许多变化的能力，就会把“适应”看作与环境一致，正如一块蜡依照印章一样。环境被看作某种固定的东西，这种固定性为有机体内部发生的变化提供目的和标准；所谓适应不过是使我们自己切合外部环境的这种固定性。[②]如果把习惯看作“习以为常”，确实是比较被动的东西。我们习惯于周围环境——习惯于我们的衣服、我们的鞋子和手套；习惯于相当稳定的气候；习惯于我们的日常朋友等等，这些都含有被动的性质。和环境保持一致，在有机体内引起变化，而不问改变周围环境的能力，就是这种习以为常的显著特点。我们不能把这种适应（不妨称之为迁就，以别于主动的适应）的特点转到主动利用周围环境的习惯，除此以外，“习以为常”有两个主要特征值得注意。第一个特征是，我们首先通过使用事物而习惯于这些事物。

试想一下，我们怎样习惯于一个陌生的城市。初进城时，我们碰到过多的刺激，引起过多的和不易适应的反应。逐渐地我们选择一些有关系的刺激，把其他刺激降级，我们可以说我们不再对这些刺激作出反应，或者更加正确地说，我们已经对这些刺激作出持久的反应，或称为适应平衡。这种持久的适应，给我们提供一种背景，待有机会时作出各种特殊的适应。这就是“习以为常”的第二个特征。我们从来不想改变整个环境；有很多事情，我们认为理所当然，安之若素，接受现状。在这种背景上，我们的活动集中在环境中的某些方面，努力进行必要的改革。所以，“习以为常”就是我们对当时我们还不准备改变的环境的适应，这种环境对我们的主动习惯还具有积极的影响。

总而言之，所谓适应，既是我们的活动对环境的适应，也是环境对我们自己活动的适应。譬如，一个野蛮部落设法在沙漠平原上生活，他们使自己适应。但是，他们的适应包含最大限度的接受、忍受和容忍现状，最大限度的被动默认，和最小限度的主动控制和利用环境。后来，有文明的人出现了，他们也使自己适应。但是他们引进灌溉；寻找能在这种环境中繁荣昌盛的植物和动物；通过审慎的选择，改良正在那里生长的动植物。结果，这个荒芜的地方，好像盛开的玫瑰。野蛮部落只是顺应环境，习以为常；文明人却有习惯，这些习惯能改造环境。

② 当然，这个概念和前章所研究的刺激和反应的外部关系的概念及本章

所研究的未成熟状态和可塑性等消极概念在逻辑上也是彼此相关的。

但是，习惯的重要性并不止于习惯的执行和动作的方面，习惯还指培养理智的和情感的倾向，以及增加动作的轻松、经济和效率。无论什么习惯，都标志着一种倾向，能主动选择习惯运行的环境。习惯并不像米考勃式的人物[③]，静候刺激出现才忙碌起来。习惯能主动地寻找机会，转入全面的运作。如果习惯的表现过分受阻，它就显出不自在的状态和强烈的渴望。习惯也具有理智的倾向。哪里有习惯，哪里就要熟悉所用的材料和设备。要了解习惯运行的情境，也有确定的方法。思维、观察和反思的模式变成各种技能和愿望，一同进入习惯，这种习惯使人成为工程师、建筑师、医师或商人。在不熟练的劳动中，智力的因素非常少，这正是因为所包含的习惯不是高级的。但是，判断和推理的习惯，正如操纵一种工具、绘制一幅画或进行一个实验的习惯一样。

但是，这种说法还不是充分表达实情的说法。在眼和手的习惯里面，包含了智力的习惯，这就使眼和手的习惯的意义增加。首先，习惯的智力因素使习惯和各种不同的灵活运用的关系固定下来，因而也就和继续生长发生关系。我们常说固定的习惯，这句话的意思也许指我们所有的种种能力成为我们固定的资源，需要的时候随时可以用。但是，也有人用这句话表明老规矩，陈规陋习，没有什么新鲜，缺乏公开性和创造性。习惯的固定性可以指有一些东西牢牢地控制着我们，而不是我们自由地控制着这些东西。这个事实说明了通常关于习惯的概念的两点见解：一点是把习惯等同于机械的和外部的动作模式，而忽视智力的和道德的态度；另一点是往往给习惯以坏的含义，把习惯和“坏习惯”等同起来。很多人对他们所选择的专业的心理倾向被称为习惯可能感到惊异，他们自然而然地把吸烟、喝酒或使用亵渎的语言看作典型的习惯。对这种人来说，习惯是某种控制着他的东西，某种即使判断力谴责它都不易排除的东西。

③ 英国作家狄更斯的小说《大卫·科波菲尔》中的人物，幻想突然走运的乐天派。——译者注

各种习惯和智力脱离到什么程度，这种习惯变成呆板的动作的方法，或者变成奴役我们的动作方法就到什么程度。常规性的习惯就是不加思考的习惯；“坏”的习惯没有理智，违反有意识的考虑和决定所作出的结论。我们已经说过，习惯的养成是由于我们天性所原有的可塑性：我们具有各种变化反应，直到发现一种适应有效的行动方法的能力。常规性的习惯，这种习惯控

制我们，不是我们控制它们，这是抹杀可塑性的习惯。这种习惯表明丧失变化的能力。毫无疑问，随着年龄的增长，有机体的可塑性，动作的生理学基础会逐渐衰退。童年时代本能好动和热衷变化的动作，以及对新的刺激和新的发展的爱好，很容易“固定下来”，厌恶变革，躺在过去的成绩上。只有一种环境，在养成习惯的过程中，充分运用智力，才能抵制这种倾向。当然，有机体的衰老现象也影响思维中包含的生理结构。但是，这个事实只是表明需要经常注意使智力的作用产生最大限度的可能性。如果我们采取近视的方法，求助于机械的常规和反复的练习获得习惯的外表效率，没有思维的动作技能，那就是蓄意束缚生长。

三、发展概念的教育意义

本章讲到这里，很少谈到教育。我们一直在讨论生长的条件和含义。但是，如果我们的结论是正确的，它们就包含明确的教育结果。当我们说教育就是发展时，全看对发展一词怎样理解。我们的最后结论是，生活就是发展；不断发展，不断生长，就是生活。用教育的术语来说，就是：①教育的过程，在它自身以外没有目的；它就是它自己的目的。②教育的过程是一个不断改组、不断改造和不断转化的过程。

（1）当我们用比较的术语，即从儿童和成人生活的特征来解释发展时，所谓发展，就是将能力引导到特别的渠道，如养成各种习惯，这些习惯含有执行的技能、明确的兴趣以及特定的观察和思维的对象。但是，比较的观点并不是最终的。儿童具有特别的能力；忽视这个事实，便是阻碍生长所依靠的器官的发育或使它们畸形发展。成人利用他的能力改造他的环境，因此引起许多新的刺激，这些新的刺激再引导他的各种能力，使它们不断发展。忽视这个事实，发展就受阻挠，成为被动的适应。换言之，常态的儿童和常态的成人都在不断生长。他们之间的区别不是生长和不生长的区别，而是各有适合于不同情况的不同的生长方式。关于专门应付特殊的科学和经济问题的能力的发展，我们可以说，儿童应该向成人方面发展。关于同情的好奇心，不偏不倚的敏感性和坦率的胸怀，我们可以说，成人应该像儿童一样生长。这两句话都是同样正确的。

我们在本章已经评论过三种思想，这就是：①把未成熟状态仅仅看作缺乏发展；②把发展看作对固定环境的静止的适应；③关于习惯的僵硬性。这三种思想都和生长或发展的错误观点有关——都认为生长或发展乃是朝着一个固定目标的运动。它们把生长看作有一个目的，而不是看作就是目的，这三种错误思想在教育上相应的错误就是：第一，不考虑儿童的本能的或先天的能力；第二，不发展儿童应付新情境的首创精神；第三，过分强调训练和其他方法，牺牲个人的理解力，以养成机械的技能。这三件事都是把成人的环境作为儿童的标准，使儿童成长到这个标准。

人们不是无视自然的本能，就是把它们看作讨厌的东西——看作应该受压制或者无论如何应该顺从外部标准的可憎的特性。由于把顺从看作目的，所以青年人的个性被忽视，或被看作调皮捣蛋或不守纪律的根源。同时，又把顺从等同于一律。从而导致青年对新鲜事物缺乏兴趣，对进步表示反感，害怕不确定和未知的事情。由于生长的目的在生长过程之外，超越不断生长的过程，就不得不依靠外部力量使生长走向这个目的。当一种教育方法被污蔑为机械方法的时候，我们可以肯定，这就是依靠外部的压力来达到外部的目的。

(2) 既然实际上除了更多的生长，没有别的东西是和生长有关的，所以除了更多的教育，没有别的东西是教育所从属的。有句平常话说，一个人离开学校之后，教育不应停止。这句话的意思是，学校教育的目的在于通过组织保证生长的各种力量，以保证教育得以继续进行。使人们乐于从生活本身学习，并乐于把生活条件造成一种境界，使人人在生活过程中学习，这就是学校教育的最好的产物。

当我们不再企图用和成人成就进行固定的比较来解释未成熟状态时，就不得不抛弃把未成熟的状态看作缺乏所需要的特性的见解。抛弃了这种见解，我们也就不得不放弃一种习惯，把教学看作把知识灌进待装载的心理的和道德的洞穴，看作填补这个缺陷的方法。因为生活就是生长，所以一个人在一个阶段的生活和在另一个阶段的生活，是同样真实，同样积极的，这两个阶段的生活，内部同样丰富，地位同样重要。因此，教育就是不问年龄大小，提供保证生长或充分生活的条件的事业，我们对未成熟状态先是觉得不耐烦，愈快过去愈好。于是，用这种方法教育出来的成人，回顾儿童期和青年期，感到无穷遗憾，只看到失却机会和浪费能力的景象。在我们承认生活有它自己内在的品质，而教育的任务就在于发展这种品质以前，这种讽刺性的情境将会继续下去。

认识到生活就是生长，这就使我们能避免所谓把儿童期理想化，这种事情实际上无非是懒惰成性。不要把生活和一切表面的行动和兴趣混为一谈。我们虽然不能断定，有些东西看来仅属表面的玩笑，是否就是某种初生而未经训练的能力的征兆，但是我们必须牢记，不要把表面现象认为就是目的本身。它们不过是可能的生长的征兆。要把它们转变成发展的手段和使能力进一步发展的工具，不要为了它们自己而纵容它们或培养它们。过分注意表面现象（即使用指责和鼓励的方式）也许使这些现象固定，从而使发展阻滞。对家长和教师来说，重要的事情是注意儿童哪些冲动在向前发展，而不是注意他们已往的冲动。尊重未成熟状态的正确原则，没有比埃默森[④]下面的一段话讲得再好的了。他说："尊重儿童。不要过分摆起家长的架子。不要侵犯儿童的孤单生活。但是对于这个建议，我却听到有人叫嚷：你真要放弃公私训练的缰绳吗？你要让儿童去过他自己激情和奇想的狂妄生涯，把这种无政府状态称为尊重儿童的天性吗？我回答说，尊重儿童，尊重他到底，但是也要尊重你自己。……关于儿童训练，有两点要注意：保存儿童的天性，除了儿童的天性以外，别的都要通过锻炼搞掉；保存儿童的天性，但是阻止他扰乱、干蠢事和胡闹；保存儿童的天性，并且正是按照它所指出的方向，用知识把儿童天性武装起来。"埃默森接着指出，这种对儿童期和青年期的尊重，并不为教师开辟一条容易而悠闲的道路，"却立刻对教师的时间、思想和生活提出巨大的要求。这个方法需要时间，需要经常运用，需要远见卓识，需要事实的教育，还需要上帝的一切教训与帮助；只要想到要运用这个方法，就意味着高尚的品格和渊博的学识了。"

④ 埃默森（George Barrall Emerson，1797—1881），美国教育家。——译者注

【提要】

生长的能力，依靠别人的帮助，也有赖于自己的可塑性。这两种情况，在儿童期和青年期达到顶点，可塑性或从经验学习的能力，就是形成习惯的意思。习惯使我们能控制环境，并且能为了人类的利益利用环境。习惯有两种形式，一是习以为常的形式，就是有机体的活动和环境取得全面的、持久的平衡；另一种形式是主动地调整自己的活动，借以应付新的情况的能力。前一种习惯提供生长的背景；后一种习惯构成继续不断的生长。主动的习惯包含思维、发明和使自己的能力应用于新的目的的首创精神。这种主动的习惯和以阻碍生长为标志的墨守成规相反。因为生长是生活的特征，所以教育就是不断生长；在它自身以外，没有别的目的。学校教育的价值，它的标准，就看它创造继续生长的愿望到什么程度，看它为实现这种愿望提供方法到什么程度。

第十五章　课程中的游戏和工作

一、主动的作业在教育上的地位

过去一个世纪学校课程经过了很大的改革。这种改革的由来，一部分是

由于教育改革家的努力，一部分是由于研究儿童心理的兴趣的提高，一部分是由于学校教学的经验。从这三方面来的一个教训，即教学应从学生的经验和能力出发，使学校在游戏和工作中采用与儿童、青年在校外所从事的活动类似的活动形式。近代心理学已经用复杂的本能的和冲动的倾向，代替旧理论关于普通的和现成的官能的主张。经验表明，当儿童有机会从事各种调动他们的自然冲动的身体活动时，上学便是一件乐事，儿童管理不再是一种负担，而学习也比较容易了。

有的时候，人们采取游戏、竞技和建造作业，只是为了以上这些原因，强调解除"正规的"学校功课的沉闷和劳累。但是，没有理由只是采用游戏和建造作业作为愉快的消遣。心理生活的研究表明，探索、操作工具和材料、建造、表现欢乐情绪等先天的倾向，具有基本的价值。如果这些本能所激起的种种练习是正规的学习课程的一部分，学生便能专心致志地学习，校内生活和校外生活之间的人为的隔阂因之减少，能供给种种动机，使学生注意有显著教育作用的各种材料和过程，并能使学生通力合作，了解知识材料的社会背景。总之，学校所以采用游戏和主动的作业，并在课程中占一明确的位置，是理智方面和社会方面的原因，并非临时的权宜之计和片刻和愉快惬意。没有一些游戏和工作，就不可能有正常的有效的学习；所谓有效的学习，就是知识的获得是从事有目的的活动的结果，而不是应付学校功课的结果。讲得更具体些，游戏和工作完全和认识的第一阶段特征相应。我们在前章讲过，这一阶段认知的特征是学习怎样做事和熟悉所做的事情和过程。在有意识的哲学兴起以前，希腊人用同一个词 Tεxu，代表技艺和科学，这是有启发性的。柏拉图论述知识时，也根据分析补鞋匠、木工和音乐家等等的知识，指出他们的技艺（如果不是纯粹的机械工作）都含有一个目的，须掌握工作的材料，控制所做工具，并有明确的进行程序——这种种事情都须了解，才能获得聪明的技能或技艺。

儿童在校外的时候一般总是在游戏和工作。这个事实在许多教育者看来，无疑是一个理由，它说明了儿童在校内的时候，为什么应该做与校外根本不同的事情。学校里的时间很宝贵，似乎不应该用来重复做儿童无论如何肯定要做的事情。在有些社会条件下，这个理由是有力量的。例如，在开拓的时代，校外的作业能提供明确的和有价值的理智的和道德的训练。另一方面，有关这些作业的书籍和其他资料很少，并且难于得到；这些书籍和资料是当时狭隘和原始环境的唯一排遣的工具。无论哪里，只要有这种情况，主张学校活动集中在书籍上，就是有一番道理的。可是，在大多数现代的社会里，情况就大不相同了。特别在城市里，青年所从事的工作大多是反教育的。禁止童工是社会的责任，这件事实就是这一点的证明。另一方面，现在印刷品很便宜，普遍流通，一切求知识的机会又很多，所以旧式的钻研书本的工作远没有过去那么有力量了。

但是，不要忘记，在大多数校外环境里，教育的结果不过是游戏和工作的一个副产物。这种结果是偶然的，不是主要产物。因此，所得到的教育发展多少也是出于偶然的。很多工作都具有现在工业社会的缺点——这种缺点几乎是青年正当发展的致命伤。游戏往往既重复和肯定成人生活环境中的优点，也重复和肯定成人生活环境中的劣点。学校的任务就是设置一个环境，在这种环境里，游戏和工作的进行，应能促进青年智力和道德的成长。如果仅仅在学校采用游戏和竞技、手工和劳作，这还不够。一切还看我们怎样运用它们。

二、可用的作业

稍稍看一下学校已经采用的活动的项目，就表明我们手边有一个多么丰富的领域。学校里的手工，有用纸的，有用硬纸板的，有用木料的，有用皮革的，有用布的，有用纱线的，有用黏土和沙的，有用金属的，有时用工具，有时不用工具。采用的制作法，有折叠、切割、穿刺、测量、浇铸、做模型、制作图案、加热、冷却，以及锤、锯、锉等特有的操作方法。作业的方式也很多，除了无数种的游戏和竞技以外，还有户外短途旅行、园艺、烹饪、缝纫、印刷、书籍装订、纺织、油漆、绘画、唱歌、演剧、讲故事、阅读、书写等具有社会目的（不是仅仅作为练习，以获得为将来应用的技能）的主动作业。

教育者的问题在于使学生从事这样一些活动：使他们不但获得手工的技能和技艺的效率，在工作中发现即时的满足，以及预备为后来的应用，同时，所有这些效果都应从属于教育——即从属于智育的结果和社会化倾向的形成。这个原则表示了什么意思呢？首先，这个原则排除某些做法。按照明确的指示和命令进行的活动，或复制现成的模型，不许有所更改，这种作业也许能养成肌肉的灵巧，但是并不要求认识目的和说明目的，换句话说，就是不许人运用判断力选择活动的方法并使方法适应要达到的目的。这种错误不仅见于特别称为手工训练的作业，并且见于很多传统的幼儿园的练习。此外，做错的机会也是一个附带的条件。这并不是因为错误是件好事情，而是因为如果太热心选择不准有发生错误机会的材料和工具，就要限制学生的首创精神，使学生的判断力减至最小限度，并强迫学生使用远离复杂的生活情境的方法，以致学生所学得的能力毫无用处。诚然，儿童往往过分夸大他们做事的能力，选择不是他们力所能及的设计，但是，能力的限制也是一件要学的事情；和别的事情一样，也要通过体验事情的后果才能学到。儿童从事过分复杂的设计，将会胡乱对付，把事情弄糟，不仅造成粗糙的结果（这还是小事），而且学得粗糙的标准（这倒是大事），这种危险是巨大的。但是，如果学生在相当时期还看不出他的成绩不好，从而受到刺激，去尝试可以使他的能力完善起来的练习，这便是教师的过错。同时使学生保持创造的和建设的态度，较之使他从事太细小和规定太严的活动，以求得外表上的完备，更为重要。对一件复杂的工作，在学生的能力范围以内，可以要求某些部分做到准确和精致。

不自觉地猜疑学生本来的经验，因而过分使用外部的控制，不但见于教师的命令，也常见于教师供给他们的材料。学校的实验室、手工工场、福禄培尔式的幼儿园、蒙台梭利式的幼儿之家，都怕把原料供给学生。要求所给学生的材料是经过别人用心弄得完备的材料。学校中的书本学习有这种要求，现在这种要求也见于主动的作业所用的材料。这种经过别人加工过的材料能控制学生的操作，以便避免错误，这是确实的。但是，要想学生运用这种现成的材料，就可以获得造成这种材料原来的智力，那是错误的。只有从粗糙的材料做起，经过有目的地使用，学生才能获得包含在完成了的材料中的智力。在学校实践中，太重视成形的材料，导致过分夸大数学的特性，因为学生运用物质的东西，能从大小、形式和比例的问题以及从此引申出来的关系，使他的智慧得到好处。但是，只有在作业中提出目的，要求学生这种数学特性，学生按照目的行动，认识这些特性，才算了解这些特性的意义。学生作业的目的愈合于人性，或者愈与日常经验所要求的目的相近，学生的知识就愈真实。如果学生活动的目的仅限于数学的特性，学生由此获得的知识就不过是技术性而已。

我们说主动的作业首先应该注意全体，这是同一个原则的另一种提法。但是，教育的目的注意整体，而不是物质的事情。从心理方面说，学生能注意整体，依赖于他对作业有兴趣；整体是指性质而言，是说作业的情境具有完整的感染力。如果不顾目前的目的，太偏重于养成有效的技能，在设计练习时，往往就会脱离作业的目的。实验室的工作不过是一些准确的测量工作，目的在于获得有关物理学的基本单位的知识，而不去联系那些使这种单位显得重要的种种问题；或者是一些使学生能熟练使用实验仪器的操作方法。技术的获得与发现和试验的目的毫不相干，而只有通过发现和试验才能使技术具有意义。幼儿园的作业不过是用来给儿童有关立方体、球体等等的知识，和他们养成某种使用材料的习惯（因为每件事情都是“一点不错”地照做），至于缺乏比较切合生活经验的目的，有人以为可通过所用材料的所谓“象征主义”来补偿。至于手工训练，则变成一系列安排好的指定作业，使学生依次掌握一件件工具和关于建筑物的各种要素——例如各种不同的接合——的技术能力。主张这种教法的人辩解说，学生必须知道怎样应用工具，才能对付实际的制作——他们认为学生不能在制作的过程中学习怎样应用工具。裴斯泰洛齐主张主动的运用感官，替代硬记语言文字，这是合理的。但是，在实践中却留下了各种“实物教学”的计划，使学生熟悉所选实物的一切特性。错误是相同的：这些事件都假定必须使学生先知道实物的特性，然后才能明智地应用这种实物。事实上，在正常情况下，在明智地（即有目的地）应用事物的过程中，同时就在运用各种感官了，因为所观察的特性就是完成一个工作所应考虑的因素。看一下一个制作风筝的孩子的态度，他注意到木材的纹理和其他特性，也注意到大小、角度和各部分的比例；再看一下关于一块木材的实物课上的一个学生的态度，这个时候，木材和它的特性的唯一作用不过是用作实物课的教材。这两种态度是完全不同的。

学生作业情境的发展，使他了解其中的作用，对目的来说，就构成一个“整体”。由于不了解这一点，在关于简单和复杂的教学中，常常发现错误的见解。在研究一门学科的人看来，简单的东西是他的目的——无论执行的过程多么复杂，他都要利用材料、工具或技术过程。有了统一的目的和集中注意作业的细节，在活动过程中所应考虑的许多要素也就觉得是简单的事情了。有了统一的目的，对于每个组成部分，就根据它在整个作业中的作用，赋予它一个单一的意义。一个人在做完全部过程以后，组成的特性和关系就是要素，每一个要素都有它自己的一定的意义。上面所说的错误的见解，是从专家的观点着想。在他看来，要素是独立存在的，把要素和有目的的活动分开，授予初学者，以为这就是“简单的”东西。

但是，现在要从积极方面来讲。主动的作业代表要去做的事情，而不是什么研究。除开这个事实以外，主动的作业在教育上所以重要，在于它们可以代表社会的情境。人类基本的共同的事务集中于食、住、衣、家具以及与生产、交换和消费有联系的工具。这些东西代表生活的必需品和装饰品，这种事情接触到本能的深处；它们充满了具有社会性质的事实和原理。

学校的园艺、纺织、木工、金工、烹饪等等活动，就是把上面所说的人类基本事务引用到学校课程中去。如果指责这些活动仅有谋生糊口的价值，那就失去其本意了。倘若广大群众常觉得他们所从事的工业职业不过是因为维持生计而不得不忍受的灾难，这不能归咎于职业，只能归咎于这种职业所处的情况。当代生活中经济因素的日益重要，更有必要使教育揭示职业的科学内容和它们的社会价值。因为，在学校中进行的作业不是为了金钱的报酬，而是为了作业的本身的内容。学校的作业摆脱了外部的联系和工资的压力，能够供给本身具有价值的各种形式的经验；这种作业在性质上真正是具有使人自由的作用的。

例如，园艺的教学并不需要为了培养未来的园林工人，也不是用来作为舒适的消遣办法。园艺的作业为了解农业和园艺在人类历史上和现在社会组织中所占的位置，提供了一个研究的途径。在用教育的方法加以控制的环境中进行园艺的作业，能借此研究有关生长的事实、土壤化学、光线、空气和水分的作用，以及有害的和有益的动物生活等等。在初学植物学时，没有一件事不能和关心种子的生长生动地联系起来。这样的材料不是属于称之为植物学的特殊的研究，而是属于生活的，并且和土壤、动物生活以及人与人的关系具有自然的联系。当学生长大时，就能不受原来对园艺的直接兴趣的支配，看出为了发现的目的而可以进行研究的各种有兴趣的问题——例如有关植物的萌芽和营养、水果的生产问题，从而过渡到周密的知识性的研究。

以上说明当然也可以应用到别的学校作业上，如木工、烹饪以及本章所列举的其他各种作业。应该指出，在人类历史上，各门科学都是从有用的社会作业逐步发展起来的。例如，物理学就是慢慢地从应用工具和机械发展起来的；物理学的一个重要部门如力学，英文的原意可以证明它原来是和机械有关的。杠杆、车轮、斜面等等，便是人类最早的知识方面的伟大发现。这些发现虽然是在寻找达到实用目的的工具的过程中发生的，但仍然是知识方面的发现。上一个世代电学方面的巨大发展是和电力在交通运输工具、城市和家庭的照明以及物品的经济生产方面的应用有密切联系的。电学的发展既是电力在各方面的应用的原因，又是它们的结果。而且这些科学上的应用都是社会的目的。如果说这些应用和私人利润的观念联系太密切，这并不是因为科学应用本身有什么问题，而是因为它们被人作为私用。学校应担负责任，在年轻一代的思想上恢复科学的应用和公共的科学的和社会的利益的联系。同样，化学是从染色、漂白、金工等制作法发展起来的。近年来，化学在工业上已有无数新的应用。

现在数学是一门很抽象的科学，但是，几何学本意是指土地测量，实际应用数字来计算，算清物件，以及度量长短，这是最初发明数字的目的，现在这种实际的应用比以前发明数字的时候甚至更加重要。诸如此类的考虑（在任何一门科学史上，这种例子不可胜数），并不是为了重演已往的人类历史，或久留在古代单凭经验阶段的辩护。但是，这些考虑表示利用主动的作业学习科学的机会的可能性，这种可能性今天比过去更大了。无论我们查看一下人类过去的生活，或是为了将来的生活，这种学习科学的机会在社会方面都是同样巨大的。例如，年轻学生学习公民和经济学的最直接的途径，是研究工业方面的职业在社会生活中的地位和作用。即使对于年龄较长的学生，如果他们学习的社会科学，更多属于学生参与的社会团体的日常生活的直接材料，更少作为科学（系统地阐述的知识）来研究，那么，这样的社会科学也可以少抽象一些。

作业和科学方法的联系至少与作业和科学材料的关系同样密切。科学进步迟缓的时代就是有学问的人轻视日常生活的材料和制作法的时代，特别是那些有关手工作业的材料和制作法。因此，他们极力用逻辑推理，从一般原则——差不多是从他们头脑里——发展知识。说学问应该从对物质的东西所起的作用和利用物质的东西有所行动而来，如把酸液滴在石块上，察看会发生什么现象，这和说学问应该用穿着蜡线的锥子刺穿皮革得来，似乎同样可笑。但是，实验方法的兴起已经证明，如果条件得到控制，后一种操作方法比孤立的逻辑推理更能代表求知的正当途径。实验方法发展于 17 世纪和以后的几个世纪，当时人们的兴趣集中在控制自然以供人类利用的问题上，所以实验方法就成为大家认可的求知的方法。主动的作业，应用工具对付物质的东西，借此造成有用的变化，这就是实验方法的最重要的入门。

三、工作与游戏

主动作业这个名词，既包括工作，又包括游戏。从它们内在的意义来看，游戏和勤奋并不像通常假定的那样是相互对立的，两者之间任何尖锐的对立乃是由于不良的社会条件。两者都有意识地抱着一定的目的，并对材料和过程的选择和适应进行设计，以实现所期望的目的。两者的区别主要是时间跨度的区别。这种区别影响目的和手段之间的联结的直接程度。在游戏中，兴趣比较直接，这个事实常常用这样的话来表示，就是在游戏中，活动就是它自己的目的，而不在于它具有将来的结果。这句话是正确的，但是，如果假定把它理解为游戏活动是短暂的，没有向前看的成分，也没有作业的因素，这样的理解是错误的。例如，打猎是成人游戏最普遍的形式之一，但是，也要对将来的结果有先见之明，同时要根据他所守候的禽兽指导他当前的活动，这些都是很明显的。所谓活动就是它自己的目的，如果指的是顷刻的行动本身是完备的，那么，这种活动纯粹是身体的活动，并没有什么意义。做这种活动的人要么是十分有目的地，也许是纯粹模仿地进行一系列活动，要么就是处于一种紧张状态，使他们精疲力竭。有些幼儿园的运动游戏，游戏的观念具有高度的象征性，只有成人才懂得象征意义，这种游戏就会产生这两种结果。除非参加游戏的儿童对游戏有他们自己很不相同的看法，那么，他们的行动不是好像被催眠的人一样乱动，就是不过对直接的兴奋作用作出反应。

上面一番话的意思是说，游戏有一个目的，这个目的就是一个起指导作用的观念，它使一个人的继续的行动有意义。做游戏的人们并非仅仅做一件什么事（纯粹身体的活动）；他们正在去试做一件什么事情，或者要取得一个什么结果，这种态度包含激发他们目前反应的对未来结果的预测。但是，所期待的结果不过是原来的行动，而不是在事物中产生特殊的变化。所以，游戏是自由的，是具有可塑性的。如果要得到某种确定的外部结果，就是坚持目的；所期望的结果愈复杂，愈要坚持目的，并且需要有相当长的中间系列适应行为。如果所想要的是另一种活动，那就不必看得很远，以便易于经常改变活动。如果儿童在制作一个玩具小船，他必须坚持这个目的，并且用这个思想指导他的一系列活动。如果儿童只是玩船的游戏，那么他可以随意改变当作船的材料，随着幻想的暗示，引进新的因素。想象可以把它当作椅子、木块、树叶、木片，如果这些东西能使活动推向前进的话。

但是，从儿童早期开始，就没有全部游戏活动时期和全部工作活动时期的区别，而只有着重点的不同。即使很幼小的儿童，他们也期望一定的结果，而且尝试要达到这个结果。他们对参与成人的作业有浓厚的兴趣，单就这一点来说，就能达到这个目的。儿童要“帮助”别人；他们渴望从事能产生外部变化的成人的各种事务，例如在桌上摆设餐具准备开饭，洗涤杯盘，帮助看护动物等等。在他们的游戏中，他们喜欢制作自己的玩具和工具。随着儿童逐渐成长，对于没有实际可见的成就结果的活动，就失却兴趣。于是游戏变成开玩笑，如果习惯性地沉迷于这种游戏，就成为道德败坏的事情。要使人们感到他们自己有多大的力量，必须有可以观察到的结果。当假装被公认是假装时，仅仅幻想虚拟的事物不能激起热烈的行动。我们只要观察真正在做游戏的儿童的面部表情，就可以注意到，他们的态度是认真的聚精会神的态度；当事物不再能提供适当的刺激时，这种态度就不能维持。

如果能预见到相当遥远而具有一定特性的结果，并且作出持久的努力达到这种结果，游戏变成了工作。像游戏一样，工作是一种有目的的活动，它和游戏的区别不在于这种活动从属于一个外部的结果，而在于结果的观念引起较长过程的活动。在工作中，更加要求继续不断的注意，在选择和计划工作手段时，必须表现更多的智慧。要引申这方面的讨论，将会重复在目的、兴趣和思维等标题下所讲过的话。但是，研究一下为什么有许多人认为在工作中活动从属于一个较远的物质结果，这是适切的。

活动从属于物质结果的极端形式，即苦工，给我们提供一个线索。在外部压力或强制的情况下进行的活动，这种活动并不带有任何意义。活动的过程本身并不令人感到满意；它只是避免某种惩罚，或者结束时获得某种报酬的一种手段。忍受一种本身令人厌恶的事情，这是为了防止某种更加令人厌恶的事情，或者获得被别人扣住的好处。在不自由的经济条件下，这种事态是必定存在的。工作或勤奋很少能吸引情感和想象；它或多或少是一系列机械地极度紧张的活动。只有为了完成工作，才控制着一个人使他继续工作。但是，目的应该内在于活动之中；它应该是活动的目的，是活动本身过程的一部分。这样，这个目的就激发人们努力工作，这和由于想到与活动毫无关系的结果而引起的努力很不相同。前面讲过，学校中没有经济的压力，这就提供一个机会，在为作业而进行作业的条件下，重演成年生活的工业情境。如果在某些作业中承认金钱奖赏也是活动的一个结果，虽说不是活动的主要动机，这件事实也很可能增加作业的意义。

凡是所做的事情近于苦工，或者需要完成外部强加的工作任务的地方，游戏的要求就存在，只是这种要求往往被歪曲。通常的活动进程不能给情感和想象适当的刺激。所以在闲暇的时候，不择手段地迫切要求刺激，不惜求助于赌博、酗酒等。或者，在不怎么极端的情况下，求助于无所事事，寻欢作乐，消磨时间，但求即时的惬意。休闲活动，按英文原意是恢复精力的意思。人类天性没有比恢复精力更迫切的要求，或者说没有比这更少要避免的。有人认为这种需要能够加以抑制，这是绝对错误的。清教徒的传统不承认这种需要，结果造成大量的恶果。如果教育并不提供健康的休闲活动的能力，那么被抑制的本能就要寻找各种不正当的出路，有时是公开的，有时局限于沉迷于想象。教育没有比适当提供休闲活动的享受更加严肃的责任；还不仅是为了眼前的健康，更重要的，如果可能，是为了对心灵习惯的永久的影响。艺术就是对这个需求的回答。

【提要】

在上一章里我们已经知道，最初的认识材料包含学习怎样去做一种相当直接的事情。这个原则在教育上就是要坚持利用青年的能力和代表社会活动的一般模式的简单作业。在为活动而进行活动的过程中，获得技能和有关材料、工具和能量规律的知识。这些活动在社会方面具有代表性，这就使获得的技能和知识能迁移到各种校外的情境中。

游戏和工作在心理学上的区别，不能和经济上的区别混为一谈，这点很重要。从心理学上看，游戏的规定性特征不是消遣，也不是无目的的。在游戏中，目的在于进行更多同类的活动，而不是按所产生的结果规定活动的继续。当活动变得更为复杂时，由于较多地注意所取得的特殊结果，活动的意义就会增加。因此活动逐渐变成工作。人为的经济条件使游戏成为富者无益的兴奋，使工作成为贫者不合意的劳动，离开这些人为的经济条件，游戏和工作都是同样自由的，都能从本身引起动机。从心理学上看，工作不过是一种活动，有意识地把顾到后果作为活动的一部分；当后果在活动以外，作为一种目的，活动只是达到目的的手段时，工作就变成强迫劳动。工作始终渗透着游戏态度，这种工作就是一种艺术——虽然习惯于不是这样称法，在性质上确是艺术。

【推荐阅读】

1. 卢梭著．爱弥儿［M］．李平沤译．北京：商务印书馆，1978.

2. 赫尔巴特．普通教育学［M］．李尚卫译．北京：北京师范大学出版社，2010.

第三部分：脑科学对教育的启示

北京师范大学的董奇教授指出："近十几年来，随着大脑研究技术的创新，脑与认知神经科学飞速发展，已成为当前科学研究领域最前沿、最活跃的学科之一。目前，世界发达国家已将脑科学研究纳入国家重点科学发展战略规划。……建立'基于脑、适于脑、促进脑的教育'，根据脑发育与活动规律，根据脑认知活动的规律进行教育教学，在充分了解和认识脑的认知功能、情感功能和自我意识等高级功能的前提下建立适应儿童认知能力发展特点的教育教学方法和教学组织策略、教育评价方式方法等，真正奠定教育的科学基础，做到科学地教与学，努力提高教与学的质量和效率，已成为世界各发达国家教育科学研究与改革的重点之一"。

但是，由于各种原因，脑与认知神经科学方面的研究成果和应用价值并不为广大老师所熟知。《不同的脑、不同的学习者——如何触及最难触及的核心》的作者是经验丰富、经历深刻的教育实践者和改革倡导者，他基于自己的实践和研究，提出了学习者常见的10种障碍，并逐一从现象描述、影响及统计资料、可能产生的原因、具体应对策略等方面提供翔实的诊疗流程，具有很强的针对性和操作性。该书读来比较顺畅，但要完全掌握却需要较长的时间，因为，每种障碍的学习后，都应该通过应用来发挥其效用，而并不是在读者的大脑中简单地留下一些理念之类的东西。

第一篇：《不同的脑、不同的学习者
——如何触及最难触及的核心》

本书是美国教育家詹森所著，由北京师范大学"认知神经科学与学习"国家重点实验室脑科学与教育应用研究中心编译出版，系"脑科学与教育译丛"系列图书之一。《不同的脑、不同的学习者——如何触及最难触及的核心》没有高深的纯理论知识，也没有晦涩的词语，而是"一部用平实的语言，讲述如何识别那些困扰学习者的最常见的情况，并如何帮助他们获得成功的，面向实践第一线的、综合调查类的书”。

该书共包括十章内容，分别是“第 1 章冲动的学习者：注意缺陷障碍”、“第 2 章听天由命的学习者：习得性无助”、“第 3 章耗时费力的学习者：阅读障碍”、“第 4 章好争辩的学习者：对抗性障碍”、“第 5 章沮丧的学习者：学习延迟”、“第 6 章运动中的学习者：多动”、“第 7 章不健全的学习者：听觉加工缺陷”、“第 8 章失控的学习者：品行障碍”、“第 9 章失去动力的学习者：慢性威胁和痛苦”、“第 10 章不安的学习者：抑郁”等内容。也就是说，每章只说明一种障碍，但这并不是说学习者面临的障碍是单一的，往往我们常见的是几种障碍的并存和交叉重叠。我希望通过这本书的学习，给广大教师提供一种视角，提供一种方法和途径，及时有效地发现那些遇到困难的学生，并能甄别困难通过实施一定的方法进行干预，来帮助他们克服困难，真正地实现因材施教和个性化教学，为促进学生发展尽一份微薄之力。

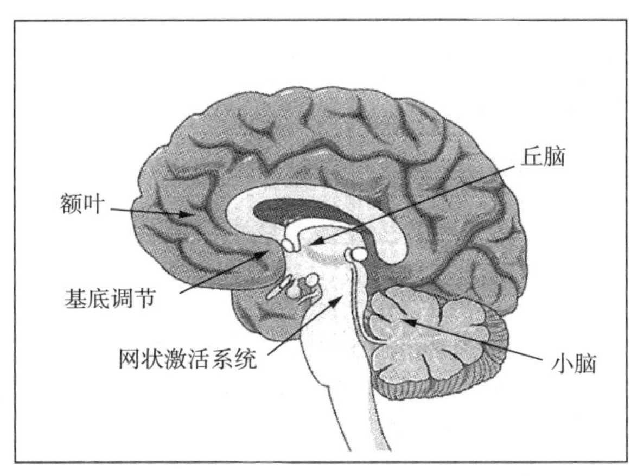

图 3－1　与调节注意和冲动有关的脑区

不同的脑、不同的学习者——如何触及最难触及的核心（摘要）

我们在孩子的学习辅导过程中，经常看到一些躁动不安的孩子，也会看到一些闷闷不乐的孩子，更有运动中的学习者，也有沮丧的、延迟的、抑郁的学习者；家长、班主任反应：有很多孩子上课注意力不集中，不能独立完成作业，四五年级的孩子心算技术还不过关，还要靠掰手指头来计算加、减得数。

他们是怎么了？在学习中遇到了怎样的困难？

让我们跟着下文中的症状，自己给孩子做一下测试吧！您只需把孩子的症状按照文中的问题项，去对号、打钩，测后的答案就能告诉你孩子在学习中遇到的具体的问题。

前测：你能鉴别这些学习者吗？

学习者1“Ashley”

症状：经常发脾气

与大人们争吵；挑战权威并反抗成人的要求或规则；只有10%—20%的时间是服从的

故意激惹他人并且自己也容易被激怒

因自己的过错或错误行为而指责他人

易怒并充满怨恨；无明确原因地具有报复性

骂人并使用粗秽的言语

Ashley今年8岁，并且很聪明，她仿佛就是要使班上的每个人都因她而发疯，最有可能的问题是什么？答案是：

学习者2“Brent”

症状：对其他人不关心

容易分心

为了听得更清楚，总是把头转来转去

存在记忆提取问题（嗯……我忘了这个词）

听从口头指令困难

漏掉单词结尾

说出的单词顺序混乱

用错单词——说：“饥饿的部队（stavation army）”而不是“救援队（salvation army）”，或者想说“拇指（thumb）”时却说成“无指（fum）”。

这样的情况发生较早，在Brent上学之前就已出现了，现在，他读3年级，表现不好。而他并没有接受测试。最有可能的问题是什么？

学习者3“Michele”

症状：活力下降

食欲改变，同时体重随之变化

具有无用感和内疚感

无法进行清晰思考或集中注意力；优柔寡断

想到死亡，并有自杀想象

持续的悲伤、焦虑或精神空虚

感到无助；悲观

对日常生活或爱好失去兴趣或乐趣

无法安静，易激惹，无名的疼痛或痛苦

朋友锐减，学习成绩下降

Michele 是个四年级学生，而她去年还一切良好。今年，她的母亲接受了癌症治疗。最有可能的问题是什么?

学习者 4 “Jason”

症状：很少能完成他的功课

上课时常大声说出答案；从来等不及轮到自己

非常容易并且总是分心

无法善始善终并且对下一步事件缺乏准备

每件事都需要立即得到或马上满足；缺乏耐心

自己的空间（如桌子）杂乱无章

似乎不能反思过去吸取教训

无法安静就座，总是在动

无法在同一时间考虑多件事情

既无后知后觉也无先见之明

Jason 是一个充满激情的二年级学生。他的成绩中等。最有可能的问题是什么?

学习者 5 “Lee”

症状：在安排任务顺序，区分任务主次和完成任务方面存在困难

只能照字面意义理解口语或书面语

对于听从口头指令或记住口头指令存在困难

在四岁前不懂音韵

对于左右、上下、前后以及其他的方位词和概念易混淆

优势利手不明显，在任务之前或者甚至同一任务中交替使用两手

不能正确地完成语音意识任务

在学习字母的命名和发音，以及将他们按字母表顺序书写时存在困难

Lee 是一名七年级的学生。他喜欢阅读，可是需费很大的劲才能维持到平均水平。他很少能够完成他的作业。最有可能的问题是什么?

学习者 6 “Joshua”

症状：不恰当的情绪性爆发，并不时有破坏性行为

总是伤害同伴——拍打、击打，或用言语恐吓

直接拒绝听从指示；一贯挑战权威

使用大声、攻击性的交流方式，经常辱骂教师并使用粗俗的语言

不愿意与他人一起参加正常的社交活动

有撒谎倾向

这个情况从 Joshua 在一年级时开始出现，并一直持续到高中。最有可能

的问题是什么？

学习者7 “Miguel”

症状：规划工作时间存在困难
学习速度慢并且记忆力差
在行为和信息的概括方面存在问题
有时出现冲动的行为
容易分心并时常表现出注意广度减小
表现出无畏感，并对口头警告无反应
表现出社会判断能力不足
难以内化榜样行为
语言产生能力强于理解能力
总体问题解决策略底下
可能具有异常的面部特征

Miguel具有这些问题已有数年。尽管如此，还是被一个接一个的教师忽略而过。最有可能的问题是什么？

学习者8 “Courtney”

症状：表现出高度的情感冷漠，倦怠，或缺乏活力
对于哪怕是震惊或惊奇的事情都无动于衷，反应迟钝
不会开展新的活动或学习
对周边环境感觉不可控，总是说：“这有什么意义？”“谁会在乎？”或者“那又能怎样？”
哪怕在应当具有敌意的时候都缺乏敌意
对人的讥讽增多

Courtney现年21岁。她参加了成人学校，因为如果她不加入，那她就会被踢出家门。以上症状已经持续了三到四个月。她的老师无法确定到底是哪里出了问题。最有可能的问题是什么？

学习者9 “Jeffrey”

症状：极度地坐立不安；宁站不坐；宁走不站；宁跑不走
易激惹并且易激动
忽视惯例和规则
持续不断的动作；做事从来不谨慎
持续地触摸把玩物品
经常敲打、触碰或推搡他人

Jeffrey在很小的时候就表现除了这种行为模式。他似乎处于能量极度旺盛状态，而其他人只是平常水平。最有可能的问题是什么？

学习者 10 “Mary”

症状：看上去有些神经质并处于警觉状态

经常处于恍惚迷离状态；不能迅速地回过神来

表现出厌倦和与人分离

短时记忆缺失并无法分清事情的轻重缓急

功课中出现因粗心导致的错误

社会交往减少

不能够记住“在哪里”之类的问题

缺乏创造力，并且难以集中注意力

与同伴相比，似乎更经常生病。

Mary 是一名高中生，就在几年前，她还是个非常勤奋并且看上去充满热情的孩子。而现在她看起来时刻都处于恍惚的状态。最有可能的问题是什么？

每一章都描述了一种类型的学习者。一旦读完了这本书，请您马上完成后测题。同时组成一个学校小组，跟同学们一起讨论所学的材料，进行实践，并且努力消化。您即将学习的东西会给您的工作带来巨大的改变。现在，为这些测试题去寻找答案吧。

图中列出了十种脑、十种学习者的症状，需要声明的是：孩子的情况大多不会是单一性的，很大一部分孩子的症状都是重叠的，请不要漏掉其中的任何一个选项。

第 2 章　听天由命的学习者：习得性无助

概述：习得性无助（Learned Helplessness，LH）是一种表现为冷漠、缺乏动机，并且在面对日常问题和挑战时感到无助的行为现象。长期对于某种情况感到无能为力，或认为无论如何行动都注定是失败的结局时，就会产生 LH。换句话说，具有 LH 的个体认为，无论他们做什么，他们都不会获得成功；这样，就会产生消极和退缩的模式，而对于可能存在的解决办法的意识会完全丧失。一旦在一生中的某个领域经历过严重的无助感，那么就会很容易迁移到其他的领域。这种对失败的预期，如果不能扭转，那它终将会影响学习、成就，并且最终影响生活的成功。

即使在上一代人中，患有这种病症的学生仍被误贴上“懒惰”的标签。幸运的是，今天我们已经对此了解了很多。习得性无助不是基因遗传的，而是习得的。那么，这个好消息就是，它也是可以不被习得的！但是不要错误地以为，孩子能够主动地控制住局势。因为，实际上这个问题的根源就在于，缺乏控制。

在动物研究中，使被试长期处于失败和消极结果当中，这些动物最终将表现出与抑郁被试类似的症状。他们变得习惯久坐不动，甚至连进行成功的尝试都不愿意，并且对快乐的体验没有兴趣（快感缺乏）。他们可能会不注意自身修饰、不吃、没有性生活，而且可能表现出自我伤害的行为。当 LH 达到这种严重的状态时，当然，学习也就被破坏了。在这个阶段，即使是想通过提供切实的奖励来改变这种行为也是徒劳的。因为，被试这时已经对此不关注了。在对人的研究中，无法完成的任务可以轻易地诱发轻度的习得性无助，而此时切实的奖励实际上却会诱发更严重的无助感。

尽管此类症状会很容易从一种生活情景迁移到另一种情景，它也能够只存在于一种单一情境中。比如说，一个学生，可能其他功课都很好，唯独数学不行。在类似这样的例子中，他们很可能是在这门功课早期就遭受了不断的失败或是拥有无力的感觉。结果，一接触这门功课就引发了 LH 的情景。有些教师在给学生布置一些明显具有挑战性的任务却没有提供适当的支持或资源时，也会无意间引发 LH。测验的情景也会引发 LH 症状。在这里，决定性的因素是对预期结果的可控感。

影响

最好的情况是，在习得性无助长久地留下可恶的“齿印”之前就避免习得（借助于警觉的教师和父母的帮助）。如果没有有效的干预，LH 患者可能会面临不幸陷入失败的恶性循环中的危险。如果更糟的话，会导致一些长期障碍，如抑郁。然而幸运的是，这种状况是可以逆转的。作为教师，您的任务就是要保证那些 LH 孩子能够不断地经历多次成功。一旦 LH 患者对成就的感觉超过了失败的感觉，那么他们就走上了康复之路。

如果忽视 LH 学生的感受，那么您将面临整个班级被他捣毁的风险。消极的行为模式可能是一种潜意识地寻求帮助的信号，或是 LH 学生感到不足时的一种掩饰。尽管没有针对某种特别需要的专门测量，但在对待 LH 孩子的敏感性时，合理的教育方法还是非常重要的。尽管在处理习得性无助时，药物和行为疗法有时也被提及，但是，这的确是一种在课堂上就能解决的问题。

可能的原因

习得性无助对患者的危害因人而异，有着很大差异。因为对于这种病症，感知扮演着关键的角色。

被忽视的或消极角色的示范

任何形式的被忽视，特别是在生命中的头几年，会给 LH 的扎根创造肥沃的土壤。此外，如果孩子被一群感到“无助”的看护着包围着，那么他们变得“无助”的概率也就相当高（正如有时在几代依靠社会福利生活的家庭中所反映出来的那样）。因此，一些人会说 LH 是“传染的”。

创伤引发的“衰弱”

当表现出以下全部三种症状时，说明 LH 可能是由于创伤性经历引发的：①强烈的负面经历；②在创伤中感到缺乏控制；③患者在某些时刻，决定停止尝试并形成了消极、退缩的观念。而这些观念可以分类如下：

- 个人化（“问题在我”）
- 普遍化（“我的全部生活都是这样”）
- 永久化（“它总会发生的，那我为什么还要尝试”）

无意识地促成

如果教师（家长）为学生做得太多，那么随时间的推移，会在无意中强化甚至诱发无助。比如，如果老师总是把已经削尖的铅笔摆在学生的课桌上而不是让学生自己动手削，那么这样的举动可能无意中会滋长学生的无助感。老师的出发点可能是善意的，但是久而久之，孩子会质疑他自身的能力。孩子们需要被传授的是如何照料他们自己，而奋斗和错误都是学习过程中自然的组成部分。好心的家长可能认为，自己替孩子完成作业，而不仅是帮助他们做，可以使他们避免遭受“失败”。而此类“帮助”的结果就是，剥夺了成长所必需的自然后果和反馈。当孩子被过度保护以远离失败时，他们就会对失败产生强烈的畏惧。

压迫感的主观化或客观化

哪些错误地把自己的失败归咎于性格缺陷的人（如“我就是笨”）往往摆脱不了习得性无助的纠缠。随着这样的思维，那些无意中听到的老师或父母说他们对于某一门功课“懒惰”或“不行”或“比同学落后”的孩子会把这些评论主观内化成一种对自我实现的预言。而另一些 LH 患者则是另一个极端：他们把自己的失败归咎于他人，或者是“破”学校，或者是整个世界。儿女结果是他们丧失了所有的控制感。

这种思维扭曲的趋势，可能最终成为个体感染习得性无助的决定因素。如图 3-2 所示，从思维到行为的循环路径是非常清晰的。我们的经历塑造者我们的期望和解释，而这又造就了我们的信念，强化我们的精神状态，从而调节我们最自我价值、能力和潜力的感觉，并最终影响我们对世界采取的行动和反应。一旦思维被扭曲，我们将无意识地强化原有的经验直至这个循环

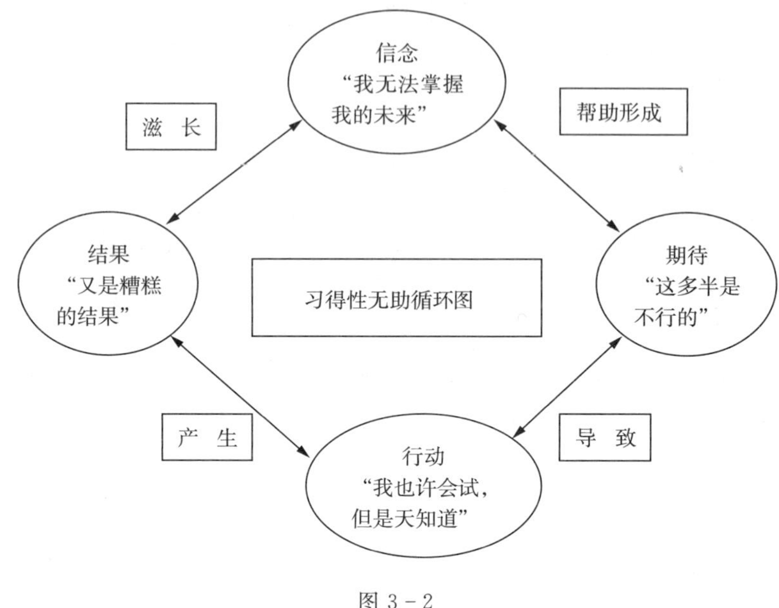

图 3－2

链断裂。

可识别的症状

习得性无助极易与其他病症，诸如睡眠障碍、应激障碍、疲劳、厌倦和抑郁等混淆起来。因此，需要予以特别关注。如果可能的话，观察学生一段时间，并记录下来。习得性无助包括如下常见的症状：

- 情感冷漠和缺乏活力
- 缺少反应（对令人震惊的事件反应迟钝）
- 对环境和形势感到缺乏控制
- 缺乏决断力
- 缺乏正当的对抗性
- 缺乏动机
- 对人讥讽增多
- 话语中表达出的无力感（这有什么意义？为什么烦心？谁会在乎？那么又能怎样?）
- 像机器人似的行为（机械完成动作）
- 食欲下降和体重减轻

您能做什么

幸运的是，随着时间的推移，在日复一日的正常氛围中，在责任感、突发事件的作用下，在生命各阶段成长的过程中，LH 的影响会逐渐减弱。然而，一旦发现 LH 的症状，就应立即站在学生的立场上，运用有效的教学策略进行干预，仍然是非常关键的。

当然，如果您怀疑是更严重的障碍—抑郁症（该症有些症状与 LH 相同），那么应当带学生立即向学校心理医生进行咨询（最起码需要如此）。在这两种情况下，学生都会表现出被动、不愿意参与和情绪“低落”，但是抑郁对于障碍的感知是指向个人的：“问题在我，是我不行；所以事情一定会是糟糕的”。而相反，LH 学生会认为问题的根源在于周边：“无论我做什么都无法改变这种局面，所以无能为力。我无法改变任何事情，那我为什么还要去尝试?”。

由于抑郁可能带来严重的后果（如自杀的危险），因此抑郁患者应当立即接受专业的治疗。而 LH 学生，通常通过能干的老师协同敏锐的家长的帮助，不需要医疗干预就能获得改善。通过能够确保迈向成功的每一小步的良好固定方案，LH 症状能在几周或几个月之内得到缓解。

作为教育者

家长将 LH 怪罪于学校或老师的现象已是屡见不鲜。然而，这样的思维方式，却可能明显地阻碍前进的脚步，并且，对于那些对该病症了解比较深刻的老师来说，这也可能会让其感到极度的沮丧。习得性无助可能是由于一次偶然的创伤经验，也可能是随时间积累而发展起来的。而其根源是无力感和那种无论你做什么就是没用的使人丧失动力的念头。当然，无意中使学生们不断遭受失败的制度也是产生习得性无助的原因。这就说明了，拥有那些能够强化积极思维方式和对学习者正确控制的教师和管理者，有多么重要。那些授权给教师的管理者最终是为他们的学生赋予了权利。

帮助教师预防和处理习得性无助的技巧

要认识到产生这样的病症不能怪孩子。

加深您与学生之间的关系。

要强调突出学生在课堂和生活中的每一点变化。

通过小组活动和合作学习鼓励同伴间的牢固联系。

通过允许学生在适当的选项中有更多自主选择的权利，让学生增强个人控制感。

鼓励学生将他们的思想和感情记在日记里。给予一些时间让他们与同伴分享（事先征得学生的同意）。

在课堂上增加运动或动手活动的数量。

鼓励学生接触戏剧、舞蹈、艺术或音乐。

开展游戏和接力活动，鼓励每个人都参加。

鼓励学生参加如“超级营”和“拓展训练”之类的浸入式或冒险性活动。鼓励学生参与社区服务活动或运动、社会俱乐部等课外活动。

给学生提供机会，让他们开始照料宠物。

让家长参与到相关议题的讨论中来。

提供一份行进图，将每天的活动都标识出来，这样学生就能够知道下一步会是什么，而且他们也可以顺利地从一项活动转入下一项。

保持乐观主义精神。这样您就能够创造变化。

其实最基本的是要创造一种富有吸引力的氛围，鼓励孩子们保持活跃，积极与他人沟通，并能够反思自己的学习。要将LH学生大脑里的“线路”重新连接可能是需要花费一些时间的，所以不要轻易泄气。学生不可能一夜之间就知道该怎么做，也不可能一夜之间就完全康复。但是，只要持之以恒，在每个学习单元中都保证能获得许多微小的成功，那么LH学生将开始表现出实质性的进步。

作为父母

通过强化孩子在面对挑战时采取的负责的决策、乐观的态度和不断尝试的方法，家长能够帮助他们预防或扭转LH。要鼓励您的孩子参加他（她）喜欢的活动；对其每一点微小的进步都予以肯定；并且在面对一些特殊任务或情况的时候给予适时的支持。

不要错误地将缺乏活力认为是偷懒。对LH孩子进行说教并不是办法，但这是否意味着您应该对不恰当的行为熟视无睹呢？不，并非如此，只是要让您的孩子感到尽管由于他（她）面临困难，他们还是拥有关爱和重视。不当的行为要具有一定的后果，从而设定清晰的界限和预期。要培养这样的感觉，那就是，孩子所做的事或表现出的行为，并不代表他“这个人怎么样”。

考虑心理疗法

一种被称为“认知疗法”的心理治疗方法，已被证实在习得性无助方面特别有效。运用这种方法，病人学会鉴别那些面对问题时自动产生的消极想法，并将它们转化为积极的思考。您可能会说，这种认知疗法是教孩子们成为“思想侦探”。当孩子们对他们在实际情景中产生的想法和感情有了更多的意识时，他们会察觉到那些扭曲的想法是如何产生的。而作为家长，您可以强化关于思想扭曲会加剧LH问题的观点。最终，孩子们将学会发展出一种具有建设性的和上进的自我内部对话，而不是自我伤害和灰心失望。

转变消极思维

如果学习者没有意识到可以进行选择，他们将不会对自己的行动和成长负责。让孩子们选择自己的意见，让他们认识到过去有关控制的信念并没有建立在现实之上，非常重要。但是，随后应逐渐引入一些其他观念，让他们知道自己所认识到的现实是可以改变的。因此，尽管他们先前的结论在当时可能是有意义的，但是随着时间推移，可能不再合适。要让 LH 孩子知道，消极的“自我对话”是问题的根源所在。但是应注意采用较温和的方式，并要意识到，婴儿学步式的方式将帮助您的孩子避免遭受更多的挫折和打击。

帮助父母转化消极思维方式的技巧

教您的孩子观察和意识到那些自动形成的消极想法是如何在我们的思考过程中逐渐滋长的；无助的感觉就是由于这些想法而引发的。

帮助您的孩子学会通过收集相反例证来对抗那些自动产生的消极想法。

教您的孩子对“暂时性挫折”进行不同的解释。这项技术称为“再分配”，帮助孩子对遇到的困难有更真实的认识。

叫您的孩子用现实的、积极的和灵活的思维模式来对抗消极方式。

实施“GET”公式

当有无助念头产生时，教您的孩子收集（Gather）、分析（Explore）并采取行动（Take Action）——这就是 GET 公式。

G 收集证据：帮助您的孩子收集与某种消极想法或信念相反的证据。将之变成一个游戏，让孩子扮演他们自己的辩护律师，而将无助的信念放在证人席。

E 分析可选项：一旦收集了相反的例证，即向您的孩子指出，实际上有无数种解释，它们可能是，也可能不是问题的核心。将他们拥有一些控制的情形与那些没有控制的情形进行比较和对比。对于那些他们可能遇到的能够控制的情景进行头脑风暴。但是要时刻注意，孩子的解释形式可能会习惯性地偏向消极模式。

T 采取行动：一旦您的孩子找到了基于现实的可能解释，那么他们就会开始发现原有想法的不合逻辑之处。其实，学习者正在击破他们原先对于无助的概括，从而将他们原本认为无法控制的因素转化为可控的。

要持之以恒。习得性无助并非只表现出暂时性的动机缺乏；相反，这是个长期而且严重的状况，可能延至数月才能缓解。但是LH是能够治疗的，而且当所有有关方面都能以统一的正确方式团结一致齐心努力时，将会很快取得进步。

第二篇：《不可不知的用脑教学法——运用脑科学知识，促进学生学习》

Laura Erlauer是一名小学校长。她曾教授幼儿园、三年级和七年级学生，并指导过有天赋的学生。她为多个学区提供咨询和专题讨论，并在当地和全国的与适于脑的学习主题相关的会议上作专题演讲。Erlauer还独自撰写或与人合作撰写过数篇适于脑的学习方面的论文。Erlauer在美国威斯康星州麦旷市的肯考迪娅大学（Concordia University）小学教育专业，主修早期儿童教育，获得学士学位。在威斯康星州密尔沃基市的卡迪纳尔·斯特里奇大学（Cardinal Stritch University）获得理学硕士学位，并取得任教资格和校长任职资格。

本书介绍了一线教师不可不知的运用脑科学知识开展日常教学的方法，其主要特点是：理论依据充分科学。全书的教学方法都以脑科学研究结论为理论基础，边介绍脑科学知识边介绍，边介绍用脑教学法，理论与实践得到完美结合。

主题内容全面实用：作者总结了多年从教和研究经验，就教学环境、保持学生注意力、教学决策、教学时间安排、充实学生大脑、评价与反馈、协作学习等教学主题进行了阐述，颇具指导意义。教学案例丰富真实：本书提供了大量真实的教学案例，内容涉及不同年级和科目领域，生动具体，便于各科教师借鉴参考。

《不可不知的用脑教学法——运用脑科学知识，促进学生学习》的作者并不是研究神经学的专家，而是一位美国女教师，后来成为校长，她在教学过程中运用了所获取的关于大脑学习机制的大量知识，并转化到日常教学中，取得了良好的教学效果。

本书的例子虽然来源于美国课堂，有些课程体系与设置和我们有所不同，但本书阐述的适用于大脑学习的课堂七大原则也是适用于我们课堂的，给我们带来很多启发，很多做法都值得我们借鉴。

先介绍一下本书的结构：第一章就大脑及其内部构成、学习机制做了形象生动的介绍；第二章至第九章，围绕作者所认为的营建适于大脑学习的课堂的七大原则展开描述，其中包括创建有利于学生情感健康的、安全的物理环境，关注睡眠、空气质量和运动，给予学生在学习上的选择权，学习时间的分配，借用音乐、公告牌等丰富教学和环境，采取适于大脑的评价和反馈手段，提倡协作，每一章节不仅向教师提供适于脑的教学策略的课堂应用的例子，而且还提供现成的一些教学策略。内容涉及不同年级和科目领域，生动具体，便于各科教师借鉴参考。

不可不知的用脑教学法
——运用脑科学知识，促进学生学习（节选）

第一章　畅游脑的世界

本书主要关注以脑为基础的研究在日常课堂中的运用，脑如何发挥作用的知识能够帮助教师了解学生的需要或反应。

爬行脑——或称脑干，是大脑的基础，与脊髓相连。脑干制造了许多大脑的公演信使，并控制着保证我们生存身体的无意识、必需的功能；它调整并维持着心率、血压和呼吸。脑干通过五官从脊髓接收信息，并通过网状激活系统发生反应。这个系统过滤掉不刺激，并把重要的信息送至大脑或身体的其他部位，以激起生理或意识上的反应。

小脑——位于脑干背后、颈部上端，控制着基本的肌肉运动和运动技能，有助于我们行起、抓住物品或自动记住我们不必费心思考的其他支持技能。

边缘脑——也叫做边缘系统，控制着吃喝、睡眠、激素分泌和情绪。

前脑——由丘脑、下丘脑、杏仁体和交织在其他结构的大脑皮层组成。

丘脑——控制身体极其重要的机制，将一些感官信息传递到大脑皮层。

下丘脑——调节身体正常的生理功能。如温度、睡眠、饥饿和面对危险时对抗或逃逸的本能反应。

杏仁体、海马状突起——调节面对危险时对抗或逃逸的反应。

海马状突起——是脑的一个记忆部分，它控制你的瞬时记忆并决定如何处理这些记忆，包括是否让瞬时记忆发生作用或把它们转化为长时记忆。

脑表层——或叫大脑皮层。大脑皮层是标志我们与动物显著不同的脑部分。它控制着高级思维、问题解决、语言、计划、视觉、模式识别等。大脑皮层一部分功能与意识相伴。大脑皮层主要由四种具有不同功能的脑叶组成。

额叶——控制所有高级的、有意识的思维活动和感觉运动。

枕叶——控制视觉信息的处理。处理的信息有物体、颜色、动作和距离。

颞叶——控制听觉信息的处理。它们分辨声音、音调和响度，判断这结信息的重要性。

顶叶——控制空间意识，对感觉刺激物进行处理和分析，并在集中注意力方面发挥作用。

神经细胞的树突——向外伸展并与另一神经细胞的树突相连时学习活动才能发生。这些连接，或称接触点，是新的学习得以进行的途径。

由于彼此不同的树突联系、经验和记忆，每个人的大脑都和每个人的指纹一样千差万别。这意味着我们的课堂里所遇到的每个学生都有彼此不同的背景、需要、能力和欲望，我们的工作就是努力使所有这些不同的大脑展开学习。

第二章　情感健康与安全的环境

★ 学生的情感如何与记忆和学习相联系？压力和情感如何影响学生的学习？

☆ 教师可以创建一个有趣、安全因而更加适于脑的学习课堂和学校环境。

我们最强大的记忆装满了情感。当你想起自己的学校经历时，那些最初的情感可能会再次让你发笑或皱起眉头。因为记忆如此紧密地与情感相连，所以教师肩负着重要的责任，每天要唤起每个学生的情感与记忆。长时记忆是持久的学习，而且是一个受身体与情感影响的过程。

情感与记忆之间的紧密联系对教育者来说是一把双刃剑。正如我们所知道的，持久的学习几乎总是拥有情感的因素。教师运用这一点在学生学习时激发他们积极的情感，从而进一步增加学生记住概念的机会。相把地，那些在课堂上导致或允许紧张的、具有危险的或令人害怕的事件发生的教师，不是在帮助学生形成对重要的学业概念的记忆，而是在形成对那些消极的议题的记忆。因为这些学生具有压力，他们的大脑不是在高水平的大脑皮层部分进行动作，而是边缘脑发挥作用，使学习变得更加困难。

对学生来说，自尊和情感健康对他们实现自己的潜能是必不可少的。每位教师都需要创建一个情感安全的课堂环境，因为脑研究告诉我们这是学习的最佳氛围。教师要创建安全和愉快的课堂环境来培养学生这两方面的特点。

学校里的成人——校长、教师和其他员工——营造了学校与课堂的气氛。作为教师，我们的一个目标就是让每位学生都感他是我最喜欢的学生。对某些学生，有时我们不得不竭力假装喜欢他们。有一句俗语叫“假装下去直到你成功”。

一个安全、有趣的教育环境是一个开发人脑学习的最佳场所。因此，教师的行为应该是尊敬他人、关心他人并表现出对学习的热情。当这些行为被学生模仿后，他们也会表现出这样的行为。

第三章　身体、运动与脑

★ 为什么氧气、水、睡眠、某些食物和运动会影响学生的大脑和他们的学习？

☆ 教师可以对课堂的物理环境与教学技巧做一些改进，并在一些与孩子的健康息息相关的问题上引导家长，使他们帮助孩子学习。

我们和身体营养如何以及我们如何锻炼身体直接影响大脑与学习。营养、睡眠和体育运动对大脑的生存、机能与学习起决定性的作用。营养不良、睡眠缺乏和体育运动不足影响大脑发挥最大的潜力。

脑的养料——

我和很多母亲一样总对自己的孩子重复着“吃蔬菜!”的命令，当时没有想到吃蔬菜对脑的重要性，而这恰恰是未来脑研究关注的焦点。一些研究表明：新鲜的水果和蔬菜确实非常有益于大脑的健康。

一天中数次少量进餐对人体和大脑都是有益的。允许学生在上午快速、健康地进餐一次，甚至在下午也进餐一次，可以让他们有更多的精力将注意力集中在课程上。几年前就提倡为学生提供营养餐，但我们大多数学校还没办法为学生创造这样的条件。我是允许学生自己带蛋糕饼干之类的干粮以及牛奶，因为我自己经常是没到午餐时间或者放学前就感到肚了很饿了，所以觉得学生要及时补充营养和能量。(其实这相当于以前农村里农民下地干活时要“吃接力”，才会有足够的体力来干活)

健康养料的某些物质在大脑中的挥特定的功能。

钙蛋白酶通过溶解蛋白质组合，发挥清洁剂的作用。引导新的学习，使新信息与先前的知识发生联系。(钙蛋白酶存在于牛奶和酸奶、绿色的蔬菜中等)

不同的养料影响脑化学活动，而脑化学活动可以使我们渴求特定的养料。食用蛋白能够提升大脑中血液内 5 -羟色胺的分泌水平，5 -羟色胺被认为可以影响大脑和人体的功能，如睡眠、走路、注意力集中，甚至包括我们的情绪。

还有含糖的食物可以增强灵敏度，碳水化合物（面包或淀粉成长高的食物）可以使我们的身体感觉更镇静或放松。

氧气

大脑的重量只占人体总重量的 1/70，但要耗费人体 1/5 的氧气。研究告诉我们，呼吸高质量的空气增强了心理机能和注意力，而且氧气对大脑有益。

我们可以告诉孩子们时常做深呼吸，或者玩一会，增加学生的氧的吸入量。还有经常打一个大而深的哈欠，让学生知道，人们经常打哈欠不是因为他们疲劳了，而是因为他们需要更多的氧气来提高大脑的敏感性。

水

水是大脑第二喜欢的养料。我们提倡的每天喝 8 杯水的说法绝对是正确的，我们需要这些水不仅仅是为了身体，也是为了大脑。在人体内，相比其他器官，大脑组成部分中所含水的比例更高。这就意味着脱水对大脑会产生明显的影响。

因此，我们要使学生在校期间保持有水状态，提倡学生带水瓶进校。以前我只是觉得学生会太口渴而让他们带水瓶，而没有认识到大脑更需要水。

睡眠

充足的睡眠对人脑有效地发挥作用完全必要。在特定的睡眠周期里，信息被组织并从短时记忆转至长时记忆。学生要保证充足的睡眠时间，如果他们的睡眠时间比他们身体完全放松所要求的睡眠时间要少，他们就很容易感到疲倦，在上课期间就不会完全聚精会神，甚至可能在课上想睡觉。一个昏昏欲睡的学生肯定不能学习到有价值的新知识。

运动

运动有助于学生学习。研究显示，经常参加有氧锻炼的学生反应时间增加，创造力提高，短时记忆能力增强，有一项研究显示，定期锻炼（每星期三次大约 45 分钟以上的人的脑细胞似乎有更的树突联系，具有更快速的记忆能力的反应能力)。

在教学中，我们要善于创造一些非锻炼的运动方式，提高学生学习效率。

1. 课堂中更多地提供学生站起来的机会。如站起来发言，课中操（做一下伸展运动）等，这样通过加快学生体内与大脑的血液流动来增强学生的注意力。

2. 变换位置也可以显著地增强记忆。我们总是习惯每周或隔周让学生换组做位置，以前我只是认识到对学生的视力有好处，避免长时间在一个角度看黑板影响视力。现在又长了一点见识，当学生移动到新位置或新的教学场所学习新的知识，他们的记忆也会增强，这将会激发学生内在的记忆和回忆能力。如对学生说“记住，我们是在教室外的水池边学习那些知识的。”或者“我们是在操场的一角学习那些知识的。”等等都能引发学生的回想。

总之，休息充足，饮食良好，大脑机警且活跃。我将在整理完这章的知识时，先休息一下，深呼吸，站起来，伸展身体，喝些水，再继续整理下一章的内容，也许会有更高的学习效率。

第四章 相关内容和学生选择

★ 为什么相比其他内容，大脑更容易记住某些信息和技能？我们如何提供、何时提供及为什么应该给学生提供选择的机会？

☆ 教师可以投入情感并将新的知识与以往的知识相联系，从而使学习对学生来说变得更有意义。教师也可以增强学生的学习动机与记忆，通过给学生提供选择的机会来调节能力水平与学习风格。

大脑优先记忆那些有意义的、与已有知识或体验相关联的信息。大脑需要识别这些新信息的重要性并确保在将来能被用到。我们在教学中发现，学生都倾向于关注和学习有趣的或与自己密切相关的内容。因此，我们教师可以通过两种途径来证明教学内容与学生之间的相关。其一是运用教学策略使所教知识、技能变得有趣，吸引学生情不自禁地学习；其二是展示所教知识、技能当前和将来的用处，让学生感觉到有学习这些知识或技能的必要。

☆ 列举一些使用有趣味性的教学策略

1. 给予学生选择学习内容的机会；
2. 在授课中利用多种学习风格和教学风格；
3. 经常采用要动手的活动学习；
4. 运用发现式学习法；
5. 在阐述观点时，自觉地融入易引起惊奇和幽默的手段，利用歌曲使教学内容深入其心；
6. 别说得太多；
7. 精心设计你在课堂上的指导语。

☆ 学生选择的价值

如果学生拥有选择学习内容、选择所要完成的任务和选择学校运转机制的权利，那么学习对他们来说就变得更有意义、更有价值。在允许范围内给学生提供适当的选择机会是一个营造有意义、有价值的学习和合作氛围的有效途径。当赋予学生控制和选择权利时，学习内容的实用性增强了，学习的兴趣提高了，压力减小了，学习风格改善了，能力水平提高了，动机和努力程度也就增强了。

大脑会记忆有意义的信息，学生的长时记忆在以下情景下将得以强化：

1. 对某个特定主题感兴趣时；

2. 以最大程度的热情投入时；

3. 能够将所学知识或技能应用到生活中时；

4. 拥有如何学习、如何展示所学新知识的选择权利时。

当学生的学习是通过其所擅长的学习风格或某种优势智力时，学习的成功概率就提高了。

第五章　时间，时间，更多的时间

★ 哪三种时间要素显著影响着学生的学习时间和学习效果？

☆ 教师在课堂上可以使用三种时间要素（孩子在生活中完成任务的时间、理解的时间和合适的学习阶段）来促进学生的学习。

时间在基于脑的学习中发挥作用。我们要抓住以下三个与时间相关的主题协调观念与行动间的关系。

1. 任务时间

任务时间这个概念，随着新的脑研究的发展有了显著的变化。有一条规则是：孩子的注意力集中的时间长度只有几分钟，不超过他们的岁数。对孩子和青年人注意力时间的研究揭示一个结论：注意一件事物长达 20 分钟或更少的时间，不管我们是否想要大脑这么做，大脑都会自然地转移注意力。对我们教师来说，要意识到这一点并有所计划。这并不是说上课的主题应该每 20 分钟变化一次，而是学生致力于学习一个主题的方式应该有所变化。

2. 对更多时间的需要

如果时间有限，教师必须考虑到教学的每一分钟。以下的点子可以有效地防止课堂上浪费时间：

☆ 当学生已开始做某件事之后才开始点名——不要将他们的时间浪费在点名上。

☆ 如果你要花一分钟收集资料或者调整投影仪，让你的学生结对并共享他们刚从你那里听到的最重要的东西——不要让他们在这几分钟里闲坐。

☆ 整全教学主题，不要使用非相关的例句来表述。

☆ 形成每天在黑板上出示一个问题（昨天的回顾或者今天的预习）的习惯，让学生们进教室后立即思考——不要让他们在其他同学一个个进来并就座时聊天而浪费时间。

☆ 在休息时间给学生提供比较简单的学习帮助，而在休息室给学生提供较高层次的学习帮助。

3. 进行学习的合适的时间周期

☆ 人一生中最佳的学习时期

用正电子发射断层扫描术（PET）扫描显示，儿童时期（从出生到 10 岁左右）为大脑学习的关键时期。这些时期被称为“学习之窗”或“机会之窗”。

对父母、教师和学校而言，认识到这些最佳学生时期是很重要的，首先，我们希望对孩子抱有合理的期望；第二，让年幼孩子的父母明白，在孩子的发展当中，头 5 年非常重要；第三，要把握孩子发展的最佳时期，如果过了这些时期，学习将会更加困难。

☆ 学生一天中最佳的学习时间

根据对生理规律的研究，学习新知识的最佳时间是在醒后的最初两小时和入睡前的最后两小时。在学生学习的一整天会出现学习效率的盛衰，我们要特别注意一天中最好的“盛”——大早，最差的“衰”——中午刚过时。

了解了这个规律，我们要通过对每天消极学习时间的补偿来改善学生的学习。如下午第一节课，我们要使用更多直观的教具，或者课中让学生做一些身体的动作来振作他们的精神。

☆ 教师的一节课内最佳的学习时段

每节课内也有积极时间和消极时间。一节课的头 10 分钟左右被认为是学生们学得最多的时间。以往，我们总是习惯在开始几分钟安排复习环节或者点名之类非学习的任务。知道了这个规律，我们应该立即指导学生学习新的极为重要的知识，可以在一节课的后面部分，结合复习以前的课程，把新的要领联系到本节课的知识上。

教师永远不会觉得自己有足够的时间，我们要学会以最优化学习的方式使用时间：

☆ 要认识到，所要讲授的课程内容，少即是多；在少数主题上深入钻研比草草掠过许多主题能产生更有意义、更持久的知识。

☆ 逐渐整合或结合多个教学领域从而达到一石二鸟，以节省宝贵的教学时间。

☆ 重新考虑对任务时间的期望，来帮助学生。

☆ 在每节课、每天进行的教学实践中，掌握利用主要时间和消极时间的原则，使学习最优化。

总之，要充分考虑利用好每一分钟！

第六章　充实学生的大脑

★ 仅仅是天才儿童需要充实大脑吗？

☆ 教师可以通过许多丰富的实践，如在一些课中使用音乐或进行一些公告牌的展示，来提高所有学生的学习成绩。

大脑中知识、技能是通过大脑细胞之间的联系而不断得到充实。通过多种形式对大脑加以充实，教师才能花费最少的精力或采取最少的直接指导而培养学生大脑中树突的大量产生。通过课堂活动充实学生大脑可以有以下三类：

1. 通过问题解决充实学生大脑

问题解决包括了推理、批判性思维和其他高水平思维技能在内的心理活动。问题解决的一个优点是，大脑实际上并不关心是否能找到答案，促使大脑中新的树突的形式是高水平的思维过程，这一过程使得大脑更加聪明。

学生必须通过问题解决的过程，从头脑风暴、推理、尝试错误、批判性思考、思考原因与结果、得出结论中受益。问题解决的最佳状态是发现式学习。

2. 通过音乐充实大脑

研究表明，音乐能唤醒大脑。唤醒是指由于音乐而产生的脑内啡、皮质醇、肾上腺素等神经传递质数量的增加或减少，这些物质都是在情绪和记忆连接中产生的化学成分。

☆ 有效地借助音乐安抚学生。

☆ 有效地利用音乐使学生兴奋。

☆ 使用舒缓的巴罗克背景音乐可能对身处“弥漫着火药味”的家长会上的教师来说很有帮助。

☆ 通过音乐手段促进学生的长时间记忆和回忆。

☆ 作为起点的音乐。大部分有关音乐和大脑的研究都将音乐视为一个起点，即为大脑学习其他信息而出现的神经系统通路做准备。研究证明，音调识别与阅读技能高度相关，弹钢琴和数学、空间、推理能力高度相关。

☆“莫扎特效应”。为什么莫扎特的音乐比其他古典作曲家的音乐对大脑有更大的影响？因为莫扎特在以下方面与众不同：每人都喜欢他的音乐；他的每首曲子都很成功，首首都是杰作；莫扎特在四五岁时就开始作曲，这个年纪正好是大脑开始学习音乐的时期。

3. 通过改善周围环境充实大脑

一些统计数据告诉我们，学生所学知识一半以上并非来自教师的教导，而是来自周围环境。因此，教师需要将教室变成真正的学习环境。教师可以将教室创造成一个具有美感的、舒适的同时又兼具教育性和功能性的空间。

我校的老师平常都很注意把教室布置得美观而温馨，或者富有童趣，每个班级都有自己的特色。但布置精致的背后是所花精力和时间过多，这样就使更换周期拉长。既然教室环境有利于充实学生的大脑，我们就要想办法缩短一些布置的更换周期。

☆ 有一个做法很有意思，就是利用天花板，展示学生作品或者张贴信息小贴示。这对那些懒惰、不完成任务、眼睛总盯着天花板的学生也许有用。他能看到的不是白板，而是写着一些温馨提醒的贴条。

☆ 另外一种营造适合大脑的教室环境的途径是将传统的黑板更换成白板，便于教师在教学中使用更多的色彩。无论是使用白板还是投影，或是使用彩色粉笔，用颜色突出关键点能提升25％的记忆力。

终身充实大脑。“用进废退”是人类大脑的运行方式。如果大脑细胞没有通过学习而相互连接产生新的树突，它们就会死去。但是，通过学习新知识和新技能产生新树突却永远不嫌晚。即使是暮年之人也被专家建议通过阅读、填字游戏、与陌生人打交道的方式保持大脑的充实。

第七章　评价与反馈（之评价）

★ 什么的评价形式适于脑，什么的评价形式不适于脑？

☆ 教师可以使用各种评价形式强化学习进程。反馈应该是及时的、明确的、多渠道的，并成为学习进程的组成部分。

学习的主要目标是让学生能很好地理解概念，牢记于心并能熟练地加以应用。我们如何知道学生已经达到这一学习层次的要求或者是掌握了概念？通过有效的评价可以做到这一点。评价的主要目标是摸清学生已学知识的掌握程度以确保可以教给学生新的知识，同时，它还是教师制订未来教学计划的依据。

随着教育范式向教授更有意义的概念和技能转变，教育评价也必须有所改变。评价必须是学习过程的有机组成部分，最好与学习过程一样真实。教师在做评价设计时，必须牢记每个孩子都是与众不同的。

1. 标准化测验

课堂评价对学生学习形成自我概念具有最大的影响力。

标准化测验仅仅是对学生可能掌握的知识的一次性评价，倾向于揭示学生所记忆的知识和所遗忘的知识信息，而无法揭示他们如何应用知识，在情景中思考、解决问题、比较对比、得出结论、创作模型等方面的信息。标准化测验确实能够显示学生之间的差距，但是基本上它无法揭示每一学生个人的学习情况和所取得的进步的信息。

2. 替代性评价

标准化测验能为我们提供某些教学活动和测验形式所需的趋势性、概括性的结论。但是说到考查一个学生对知识的真正掌握程度、理解能力和应用能力，替代性课堂评价才是关键钥匙。

替代性评价方式以学生为中心，以课程为基础，因此，是比标准化测验更适于大脑学习的评价方式。这些方式可以是正式的，由教师坚持不懈地记录成绩、数据、信息和观察内容，给学生提供具体的、有组织的反馈。还可以是非正式的，在非正式评价方式中，教师经常做些观察，或者即时找学生谈话，将观察感受反馈给学生。

小贴示：

☆ 评价不是学习的结束，而应该是后续学习的指导。

☆ 使评价和教学相一致，使教学与评价相一致。

☆ 尽量使评价真实或贴近现实生活。

☆ 在设计评价方法时考虑学生的多元智力差异。

☆ 在评价过程中融入第二章所说的情感健康和安全环境的原则。

第七章　评价与反馈（之反馈）

反馈在我们的日常生活中是一个自然的、经常性的事件。通过反馈我们得知原因和结果。

课堂上反馈的出现同样自然，但是它必须以一种有计划的、有目的的方式出现。当学习者接收到即时的反馈，他或者能立刻改正并前进，或者更有自信地沿着原路朝目标迈进。大脑最难以处理的事情是去忘却已铭记在心的知识和技能。学习反馈越早，进行必要的调整也就越容易。

对一个学生而言，在课堂上发现自己的错误，立刻知道如何改正，并经多次练习，在下一次尝试中获得成功并非难事。缺乏即时的反馈，学生就可能继续沿着错误的道路练习，大脑得到的是不正确的知识。对一个学生来说，当他已经花了几周的时间练习之后却发现他以前所做都是错的时候，士气容易受挫。他不仅需要再从头开始学习，而且大脑还要费力地遗忘以前的错误学习办法，这非常容易导致学生放弃。

课堂中的反馈是一种对错误路线的纠正，对正确路线的鼓励，是学业上、行为上的一种对学生的回应线索。

反馈可以来自教师、其他成年人、同学或自己。最有效的反馈应该是来自不同人群的即时、具体、多模式的反馈。

1. 即时反馈

即时或立刻反馈对学习者来说是最有价值的。让学生知道他正沿着正确的方向前进能增强学生的自信心，还能带来更多、更成功的学习。

2. 具体反馈

学生听到“干得好!”的表扬时会很高兴，但是却无法从中获得更多具体信息用于以后的学习或决策。反馈必须是非常具体的，能帮助学习者确切地知道应该在哪方面保持和应该在哪方面改进。它应该非常具体地告知学生所做的什么是正确的，什么是不正确的。

3. 多模式反馈

教师应用多模式的教学策略和反馈能提高教学效率。如动手发现、讨论、实验、高水平思维、问题解决、激活所有智力因素、提供选择、真实性学习和评价、带感情地学习和合作学习等。针对这些多模式的教学策略和评价策略的反馈也同样应该是丰富、复杂的。

4. 多渠道反馈

通过反思和自我评价，学生甚至能为自己提供反馈。还有《提高人类成就：主题、理论和技术》一书中的研究得出结论：同伴反馈相对于教师反馈，在学生的长期成就方面更有影响力。

因此，要教会学生相互提供具有建设性的反馈意见的各种方法。学生的赞美之词不能是简单地写一句“很棒”。反馈的焦点要正面的，包括至少一句赞美之词和一个针对尚待改进之处的友好提醒。

小贴示：

☆ 有效的反馈可以是事先计划好的，也可以是即兴的。

☆ 确保对学生的反馈是即时的、具体的并来自多渠道的。

☆ 将即时的、交互式的反馈变成学习过程的一部分，这样学生就可以避免出现错误的学习和实践。

第八章　协作

★ 学生为什么能够又怎样才能通过与他人协作来有效地学习？

☆ 为了使课堂学习最优化，教师可以指出关于人脑是社会脑的事实。

人脑是社会化的大脑。人们通过和其他人的交流合作来学习、反思。

协作，意味着“一起工作，特别是在脑力劳动合作中”。

协作学习的策略和模式：

1. 结对并共享

形成一个协作组只需要两人。结对并共享，是组对策略的名称，该策略很少是正式的，并且不一定预先计划。它是可以在任何地方开展的实践，用 20 秒到 5 分钟时间让学生们转向同学，互相分享一些信息，并讨论他们的观点，或者彼此提问。

这种协作方法是高度适于脑的，原因是：第一，它使这两个学生的社会脑有一两分钟时间互相激发思想；第二，只对一个人尝试说出自己的观点或者问一个问题，比在整个课堂上公开地冒险更能提供情感安全；第三，经过 20 分钟的专心学习后，“结对并共享”是提供 2 分钟注意力转移的必要手段。

结对并共享的成功实践包括如下几个方面：

☆ 回顾先前的知识；

☆ 纠正错误；

☆ 提供课堂总结；

☆ 表达一个观点；

☆ 试着说出答案；

☆ 解释一个过程。

2. 合作学习

合作学习基于“三个臭皮匠，顶个诸葛亮”这一前提。合作学习，往往把学生分成4—6人的小组，朝着共同的目标学习。这些目标只有当所有小组成员都成功后才能完全实践。这些小组的氛围是一种团队工作、协助和鼓励、而不是竞争。合作学习的成功执行有五个基本要素：

☆ 积极地相互支持和配合；

☆ 面对面的互动；

☆ 个人责任；

☆ 人际关系与小组技能；

☆ 小组加工。

3. 校内的团队工作

学生之间的协作很容易在课堂得以推进，通过计划、努力以及教职工的支持，许多校际小组激励项目都被成功地实施。校内还可以组织不同年龄的学生团体进行协同学习或开展活动。

4. 学校与社区之间的协作

让学生到社区中去，让社区成员到学校里来，联合开展一些体育活动或公益活动。

配合是成功的协作和小组工作的有力的副产品——整体比部分之和更有价值。

小贴示：

☆ 确保有预定的工作目标；

☆ 开展将学生组对的快速方法，有时让他们选择，有时由教师选择，有时随机分配；

☆ 使用结对并共享的方法减轻学生在课堂上回答问题的压力；

☆ 预先培训学生如何扮演小组的每一角色；

☆ 根据个人责任要求每个学生承担公平的工作量；

☆ 鼓励协作，而不是竞争。

【推荐阅读】

坎贝尔．多元智能教与学的策略［M］．王成全译．北京：中国轻工业出版社，2001.

本书有三位作者，琳达·康贝尔（Linda Campbell）、迪伊·迪金森（Dee Dickinson）和布鲁斯·康贝尔（Bruce Campbell），他们都是多元智能理论的具体实践者。本书的宗旨在于探讨如何构建一个开放的教育系统，使人的才能得以充分地发展。全书对八项智能——语言智能、逻辑－数学智能、空间智能、运动智能、音乐智能、人际关系智能、自我认识智能和自然观察智能的理论进行了充分的阐述。

哈佛大学霍华德·加德纳教授经过多年对心理学、生理学、教育学、艺术教育的深入研究，提出了多元智力理论，受到了广泛的关注。1993年出版的《多元智能》建立了较为宽泛的智能体系，在世界教育教学领域产生了广泛而深刻的影响。《纽约时报》称他为美国当今最有影响力的发展心理学和教育专家。“多元智能”简称“MI理论”，他认为，智力不是一种能力而是一组能力；智力不是以整合的方式存在而是以相互独立方式存在。每个学生都有自己的优势智力领域。他提出了“语音智能”、“逻辑—数学智能”、“空间智能”、“身体—运动智能”、“音乐智能”、“人际关系智能”、“自然观察者智能”。“多元智能”理论具有先进的学生观、教学观和评价观，对实施素质教育、深化课程改革具有较高的理论指导价值。

《多元智能教与学的策略》这本书为广大教育工作者提供了多元智能理论在教室情境中的实践应用方法，是一本很值得阅读的指导书。

全书共11章，前8章对八种智能逐一阐述，后3章则专门论述课程和评价，以及在多元智能理论的早期教育项目中所学到的课题。对八种智能的论述安排精心，结构方式严谨统一。每章开始，都用一位能够论证该项特殊技能的人物故事导入，激发人们兴趣，随后论述该智能的概念，创设良好教室环境的建议以及各种教学策略，然后是总结和推荐读物，全书体现了较好的协调性、规范性。《多元智能教与学的策略》作者搜集了大量翔实的资料，生动丰富。全书许多概括的总结有很高的实用价值。如《网上科学的好处》《有效倾听的10个要点》《格林伯格的10个思考积木》。操作性强是全书最大的特点。

在信息时代，一个人不可能掌握所有学科的知识。从多元智能的角度分析，传统教学过分强调语文和数学智能，忽视学生的运动、音乐、人际关系、自我认识等多种智能的培养，使得学生其他方面的智能受到一定程度的压抑，其智能优势难以充分展现。这不仅使这些学生较少获得学习上的成功体验，而且，造成人力资源的浪费。

在21世纪，随着时代的进步和科学技术的高速发展，世界各国都更为重视高科技人才的培养，重视国家整体教育改革。我国所实施的素质教育改革日渐成为教育工作者进行教育改革尝试的努力方向。科技发展、国家建设对人才的要求，使教育面临新的抉择。诸如，培养什么样的人才？教什么以及怎样教？如何认识学生的智能优势？如何培养学生的创新精神和创新能力？怎样促进每一个学生的健康发展？怎样评价教育教学效果？……这也是现代教师必须面对的教育问题。

比如物理学科。物理学是一门以实验为基础的自然科学，是观察、实验和科学思维相结合的产物。物理学使用数学作为工具，是一门定量的科学。它研究最基本最简单的运动形式的一般规律，以及如何运用这些规律为社会生产、生活和发展服务。许多学生在准确表达物理概念、叙述物理规律、说明实验现象和准确书写物理名词方面存在困难。如果是理解问题，就属于语言智能范畴，所以物理课堂教学也可以是培养学生语言智能的有效途径。观察对物理学研究发展有着重要的作用，视觉—空间智能在物理课堂上主要表现为观察能力。物理课上，无论是教师的演示实验还是学生的分组实验，都要注意培养学生的观察能力，使学生掌握科学的观察方法，通过开发学生的空间智能，来提高物理教学质量。脑科学揭示，人在感知事物的同时也在理解事物，并不是感知在前理解在后，所以“观察”不能简单地理解为“看”。思维与观察是密不可分的，这是多元智能理论提出视觉—空间智能的重要依据。

三位作者在书中提到的许多措施都是他们实践的精华，便于操作，应用性很强。如何利用多元智能理论更好地规划课程，如何评价多元智能，该书都给了详细的介绍，对多元智能发展的方向也进行了展望。著有《人各有独特方式》的托马斯·阿姆斯特朗博士对《多元智能教与学的策略》给予了较高评价，他认为“这正是我看过的把多元智能理论运用于教学活动的最好的书!”《多元智能》的作者霍华德·加德纳以为“全书荟萃了各种有价值的课堂练习、资料、评价信息和单元知识。”是对“多元智能作了极好的诠释”。这些都值得我们教师在日常教学中借鉴。

【拓展阅读】

《多元智能教与学的策略》学习心得

侯　静

读完由美国琳达·康贝尔（Lirda Campbell）、布鲁斯·康贝尔（Bruce Campbell）和迪伊·迪金森（Dee Dickinson）所著的《多元智能教与学的策略》，使我对新课改的良苦用心有了更深入的理解，对课改发展中出现的一些问题和矛盾有了更全面的认识，对课改实践中如何解决问题从中借鉴了相应的对策和策略，真是受益匪浅。那么，在中学生物教学实践中，该如何借鉴多元智能理论和调整相应的教学策略，以促进学生个性化、全面化、持续化地发展呢？下面是本人一点肤浅的认识。

一、多元智能理论视角下的教育新观念

1.“机会均等”，充满自信的学生观

在测验本位的传统学校教育中，我们习惯于用典型的线性思维方法去看待学生的“聪明”。给一些所谓的学差生贴上“傻瓜”“笨蛋”“低能儿”之类的标签，结果形成了以考养考的应试文化，众多学生在考试失败的阴影中承受着与年龄不相称的心理煎熬。多元智能理论倡导的是一种积极乐观的学生观。这是因为按照加德纳的观点，智力具有如下特征：普遍性——每个人都拥有多种智力，只是某些“领袖智力”或者以“领袖智力”为核心的智力组成情况不同而已；可塑性——每个人的智力经过后天培养均能达到令人满意的水平；差异性——智力表现为个体间的差异和个体内部的差异，且个体间的差异是纵向水平上的，而不是横向水平上的。不难看出，过去极度关注学业成绩的教学方法把智力范畴狭窄化了。其实，“每个学生都是潜在的天才”，“学生的问题不再是聪明与否的问题，而是在哪些方面聪明和怎样聪明的问题”。因此，每种智力应当受到平等的对待，特别是那些已经边缘化了的视觉一空间、音乐一节奏等智力也应该给予同样的注意力。落实到教学中，则要求创设民主平等的课堂氛围，让赏识和期待扩展到每个领域具有天赋的学生身上，并以实际行动向学生证明，每个人智力水平的高低关键在于开发。从而激发学生的学习热情和创新思维，使得每个学生在任何时候都不会感到尴尬和失落，快快乐乐地学习。

2.“因材施教”，善待差异的教学观

多元智能理论认为智力具有差异性和多元性，每个人都有着独一无二的智力结构和认知特征。这就要求教师根据教育对象和教学内容的不同，创设适合每一位学生充分发展的教学手段、方法和策略，确保每一位学生都能在原有水平上有所提高，也就是我们经常所说的“因材施教”和“对症下药”。因材施教的思想在我国有着一定的渊源，不过现在看来先哲们的教育理想远未达到。特别是在强调整齐划一的教育体制下，学生的大脑就如同流水线上生产出来的零部件一样缺乏个性。

目前，我国大力推行的素质教育强调要有效造就各级各类人才，因而过去那种“千课一型”的教学形式是行不通了。教育应该考虑智力多元化

的状况，应该“正视差异、尊重差异、善待差异”。而作为教师不仅要充分考虑到学生智力的多样性和复杂性，弹性地调整教学步调，尝试运用多元化的教学活动，而且应注意引导学生利用智力强项去理解和掌握教学材料，甚至可以允许学生用智力强项去表现智力弱项，使每一位学生获得最好的发展。

3.“人人成功”，重视过程的评价观

过去的评价方式主要是纸笔测验，它是一种量化的、终结性的评价方式，测验的内容倾向于考查学生对陈述性知识反应的速度和准确度。这种强调甄别功能的评价方式，扰乱了学习的自然生态性，造成学生片面追求表层的知识，极不利于形成积极的自我概念和训练高级思维技能，同时也在一定程度上挫伤了教师的教学热情。

为营造崭新的评价文化，加德纳提出一系列以学生为本的多元智力评价方法。其中风靡美国的档案袋法不失为帮助教师洞察学生学习过程的有效工具。档案袋法遵循的原则是“把握随时间成长的评估”，它收录了最初的目标、草稿及修改稿，包括早期和晚期的工作，还含有日记或者影响工作的文章、照片。通过回顾档案袋，可以捕捉学生纵向的、连续性的学业成果和把握智力的发展轨迹及发展方式。另外它还为学生、教师、家长三方提供了有关学习和发展的对话机会，来帮助学生反思自己在每一个领域的成长。可见，档案袋法跨越了过去教学和评价之间不可逾越的鸿沟。它关注学生从知识、能力到情感、态度、价值观所产生的一系列积极变化；它通过评估成功，为每位学生的健康成长铺设多元发展的轨道。

4.“学以致用”，趋向整合的课程观

针对学校教育未能使学生“真正理解并学以致用”的弊病，加德纳曾进行过深刻的批评和反思，他甚至呼吁教学的根本目标应该是“为理解而教”。这是因为仅仅满足表面化的掌握，而对课程内容和材料缺乏深层理解，那么最大限度地开发学生潜能的愿望也会落空。何谓理解，加德纳认为最起码要将教条化的接受和机械化的运用与理解区分开来。他说：“记性很强的人可能相当了解某个题，但他或她也可能只记得相关资讯，对如何运用不熟悉的状况却一无所知”。由此可见，理解实质是在变化情境中应用原有知识解决问题的潜在智慧和技能。

理解是一个较为抽象的概念，不容易进行操作和把握。在构建多元智能课程时，将会遇到怎样在有限的时间内增进学生理解的问题。多元智能理论认为，首先要贯彻“少而精”的原则，确定那些知识是学生必须知道的或者要优先学习的，进一步筛选出学科的核心知识，指导学生进行高级思维训练，达到举一反三、融会贯通的目的。其次要注意学科间的联系，以主题的形式组织教学内容，实现各学科知识的整合。

二、多元智能理论对生物教法创新的启示

1. 创设多元情境，优化智力结构

相对传统的语言和逻辑的教学策略占主流的生物课堂而言，多元智能理论不失为一剂治疗教学片面性的良药。将教学目标定位为开发和发展学生的多元智力，就意味着教师要改变原有的教学方式，把教学场所转变为多元智力的“展示馆”，为学科知识的学习创设多元情境。在丰富多样的情境中，每个学生都能发挥智力强项，有效地思维，并找到切入生物学习的个性化途径。从而打破学科学习方式“统一性”的僵局，实现智力的“迁移”，达到扬长补短，全面优化智力结构的目的。

为了使学生能以适合其智力结构和认知特点的方式学习，康贝尔主张设计“多元智力菜单”，来扩展多元学习的机会和体验。下面是“多元智力菜单”在“细胞器的分工合作”一节教学活动中的体现：

情境类型

教学活动

语言情境（言语一语言智力）

阅读描述细胞器结构、功能、形态、分布等方面的课文内容并讨论。

比较情境（逻辑一数理智力）

画韦恩图，来比较线粒体和叶绿体各方面的异同。

表演情境（身体一运动智力）

学生把自己比作细胞器，进行角色扮演。

形象情境（视觉一空间智力）

绘制线粒体和叶绿体的模式图。

音乐情境（音乐一节奏智力）

创编音乐剧，来表现分泌蛋白产生过程中细胞器间的协调配合。

交流情境（人际一交往智力）

小组合作开展“叶绿体分布与光照关系”的探究实验。

反思情境（自知自省智力）

撰写一篇日记，畅谈小组活动中自己对“分工合作”的体验。

自然情境（自然观察者智力）

观察电镜下拍摄到的细胞器，按一定的特征进行分类。

2. 联系生活实际，丰富课程资源

多元智能理论将智力界定为一整套使人们能够在生活中解决各种问题的能力，这表明智力离不开生活情境。根据这个出发点，加德纳提出“教育生

态化”的观点，即教育要成为沟通“虚拟的学术世界”和“真实的生活世界”的桥梁，使学生在具体、丰富、真真切切的生活情境中发展各种类型的智力。他进一步指出：“我们内化的大部分知识，都来自于他人身上看到的榜样和作用。我们自己会在家庭、学校和更广大的社区等社会环境中将知识复杂化”。因此，生物教师要重视课程资源的开发，把生物教学与生活实际紧密地联系起来，着力于提高学生解决实际问题的能力。

事实上，我们日常生活中蕴藏的生物知识比其他任何学科都要丰富得多。这就需要生物教师超越课程的忠实取向，积极挖掘生活中的隐形资源，并大胆探索传授科学知识的新途径，使学生在“做”中学会解决实际问题。例如，讲“病毒”和“免疫”这一类知识时，可将目前正在肆虐的禽流感作为教学的切入点。课前让学生组成学习小组，到网络和各大报刊上收集禽流感病毒研究的新闻报道。注意各学习小组要分别扮演病毒感染者、养鸡场老板、疾病控制专家、医护人员等不同角色，整理属于各自“领域”内的资料，再到班上交流和展示成果。这样一来，学生不仅发展了各项智力和提高了信息素养，而且激发了他们到生活中去探究的热情。

当然，让生物教学贴近生活的方法还有很多。例如，以“甜酒酿制”为导言引入“细胞呼吸”一节的学习；以“膳食平衡”为主题贯穿“营养物质”一节的教学等。总之，要以生活内容为素材来组织教学，让学生走近生活，体验生活，立足于直接经验，以增进对复杂性问题的解决能力。

3. 导向问题学习，深化个性理解

波普尔提出：“科学始于问题”，这一论断越来越被人们所接受。现代认知心理学甚至用问题解决来定义思维，把思维看成是指向问题解决的间接和概括的认知过程。可见，问题解决的能力和过程是生物学习的重要内容和成果，生物教师要针对教材中的知识点和学生的智力特点来设计问题。充分发挥以教师为主导，以学生为主体的作用，培养学生的想象能力、思维能力和创新能力，实现教学的“个性化”和“深化”。

如何培养学生解决生物问题的能力和深化个性理解，美国亚利桑那大学梅克教授创制的“问题连续体”为达到这一目标提供了有效工具。所谓问题连续体就是把问题按解决该问题所需要的创造性的程度，依照由低到高的顺序，构建五个层次的问题类型。它既可以用于评价学生的多元智力，又可以用于生物教学的问题设计。下面是运用问题连续体来设计“光合作用”一节教学中的多类型问题。

第一类型问题：认真阅读有关光合作用发现过程的科学实验资料，填写下列表格。

科学探究实验	海尔蒙特实验	萨克斯实验	恩吉尔曼实验	鲁宾和卡门实验
发现问题	植物生长的养料究竟是从哪里来的	绿叶在光合作用中产生什么物质	氧气是哪里产生的	氧气来自什么
做出假设	氧气来自水和土壤	绿叶在光合作用中产生淀粉	氧气是叶绿体产生的	氧气来自水
实验验证	柳树种植实验	绿叶在光合作用中产生淀粉的实验	氧气是由叶绿体释放的实验	光合作用释放的氧气来自水的实验
得出结论	植物是从水中得到养料的	绿叶在光合作用中产生淀粉	氧气是叶绿体释放的	光合作用释放的氧气来自水

第二类型问题：设计实验来检验叶绿体中色素的种类、颜色。观察叶绿素的吸收光谱，说说可得出什么结论。

第三类型问题：尝试以你熟悉的方式来表达对光反应和暗反应之间的区别和联系的理解。

第四类型问题：讨论生产实践中如何提高光合作用效率。

第五类型问题：制作一本报道光合作用的电子刊物，学生分别担任文字编辑、美术编辑、撰稿人、发行者等角色，追踪报道光合作用和叶绿体的研究信息。

4. 渗透美感教育，激发形象思维

重视大脑潜能开发和广泛开展审美教育，已经是世界教育改革的大势所趋。美国哈佛大学创建的规模宏大的“零点项目”，其任务就是研究怎样在学校中加强艺术教育，开发人的形象思维。作为“零点项目”的研究成果之一的多元智力理论，则为我们获得平衡艺术教育和科学教育的方法，打开了一个全新的视野。加德纳认为，学校应该尽量开展各种形式的艺术活动，加强审美教育，促使学生把形象思维和逻辑思维结合起来，以培养良好的创造能力。

可是在过去的分科教学中，审美教育却过分地倚重于音乐、美术等课程，从根本上忽视了生物学科的审美教育功能。须不知“生物学的研究对象正是大自然中最具有审美价值的生命体，生物教学从实质上讲就是师生共同探索生命科学真理进而寻求美、创造美的过程”。因此，生物教师要善于发现和转化生物教学中的审美因素，对学生进行审美教育。生物教学中的审美因素主要包括生物的多样性美、生物的外形结构与功能美、生物的适应与协调美、生物科学探索的过程美等。如何将教学内容和审美因素巧妙地整合起来，笔者认为可通过借用诗词典故，使学生感悟文学美；利用野外观察，使学生感悟自然美；运用辩证哲学，使学生感悟和谐美；引用科学家的感人故事，使学生感悟情感美。无疑，在生物教学中渗透美感教育，可以让学生产生审美愉悦，实现形象思维和抽象思维的有机结合，从而激发其对生物学习的兴趣和内部动机，促进智力的全面发展，提高学习效率。

总之，随着新课程改革的不断发展和素质教育的全面实施，多元智力理论必将对我国生物课程结构和教学方法的革新产生积极而深远的影响。作为生物教学工作者，应努力探索多元智力理论与生物教学的整合途径，使生物课堂成为民主、安全、多元的“智力展示中心”，而学生有更多的机会在真实的情境中培养问题解决能力和创新精神。

第四部分：教育实践经验漫谈

第一篇：学习实质

蒙台梭利：《童年的秘密》

玛利娅·蒙台梭利（意大利语：Maria Montessori，1870 年 8 月 31 日—1952 年 5 月 6 日），意大利幼儿教育家，意大利第一位女医生，意大利第一位女医学博士，女权主义者，蒙台梭利教育法的创始人。她是世界上第一位也是唯一因为幼教事业而获得诺贝尔文学奖的提名人。1896 年开始她在罗马大学附属精神科诊所担任助理医师，开始接触白痴儿童，对教育产生兴趣，并着手研究智障儿童的治疗及教育问题，产生“发展智力需要透过双手操作”基本理念。

1907 年，蒙台梭利在罗马贫民区建立“儿童之家”。招收 3—6 岁的儿童加以教育，她运用自己独创的方法进行教学，结果出现了惊人的效果：那些“普通的、贫寒的”儿童，几年后，心智发生了巨大的转变，被培养成了一个个聪明自信、有教养的、生机勃勃的少年英才；蒙台梭利崭新的、具有巨大教育魅力的教学方法，轰动了整个欧洲，“关于这些奇妙儿童的报道，像野火一样迅速蔓延”。人们仿照蒙台梭利的模式建立了许多新的“儿童之家”。1909 年，蒙台梭利写成了《运用于儿童之家的科学教育方法》一书，1912 年这部著作在美国出版，同时很快被译成 20 多种文字在世界各地流传；100 多个国家引进了蒙台梭利的方法，欧洲、美国还出现了蒙台梭利运动。1913—1915 年，蒙台梭利学校已遍布世界各大洲。到 20 世纪 40 年代，仅仅美国就有 2000 多所。

蒙台梭利教育法是一种全面提升儿童素质、发展儿童潜能的教育方法。她巧妙地利用儿童自身的成长要求，在不损害儿童的自由与快乐的前提下，实现教育的目的。蒙台梭利认为儿童存在着与生俱来的“内在生命力”，这种生命力是积极的、不断发展的，具有无穷的力量；而教育的任务是激发和促进儿童的“内在潜力”的发展；儿童不是成人进行灌注的容器，也不是可以任意塑造的泥和蜡，教师和父母必须认真研究、观察儿童，了解他们的内心世界，在儿童自由与自发的活动中，帮助儿童获得身心发展。据此，蒙台梭利为学前儿童创造设计出一整套有效引导儿童迅速成长的训练方法。

《童年的秘密》（节选）

第一部分

第一章　儿童时期

近年来，在儿童的照料和教育方面所取得如此惊人的进展，主要应该归功于一种意识的普遍觉醒，而不是生活水平的提高。首先始于19世纪最后10年的对儿童健康的关怀已取得了进展；其次，人们清楚地看到了儿童个性的重要性。

当今，研究医学、哲学或社会学的任何一个分支，不考虑从儿童生活的研究中所取得的知识，已经是不可能的了。例如，这远比胚胎学对理解生物和进化的每一个阶段所给予的帮助重要得多。虽然这些知识取自儿童，但对人类所有问题的影响却深远得多。

儿童不仅作为一种物体的存在，更作为一种精神的存在；它能给人类的改善提供一个强有力的刺激。正是儿童的精神可以决定人类进步的进程，也许它甚至还能引导人类进入更高形式的一种文明。

瑞典诗人和作家爱伦·凯竟然曾预言，我们的世纪将是儿童的世纪。那些有耐心翻阅文献的人可以在国王维克托·伊曼纽尔三世的第一次演说中找到类似的说法，这个演说发表在1900年，恰是20世纪的元年，他提到20世纪开始了一个新时期，并称之为“儿童的世纪”。这种预言般的表述，也许完美地反映了19世纪最后10年的科学在人们的心灵中所产生的印象。那时人们终于认识到，传染病的侵袭对儿童造成的死亡率通常是成人的10倍，还认识到，学校苛刻的纪律给儿童带来的痛苦。

但是，没有一个人能预言，儿童自身隐藏着一种生气勃勃的秘密，它能揭开遮住人的心灵的面纱；儿童自身具有某种东西，一旦被发现它就能帮助成人解决他们自己的个人和社会问题。正是这个东西，能为新的儿童研究科学奠定基础，从而能极大地影响整个社会。

儿童与心理分析

心理分析开辟了迄今尚未知晓的研究领域，使我们能深入潜意识的秘密之中，但它未能解决实际生活中的紧迫问题。不过，心理分析能帮助我们理解儿童神秘的生命所作出的贡献。我们可以说，心理分析已经突破了心理学曾经认为不可逾越的意识层，就好像人最终通过了海格立斯的石柱，而这石柱曾被古人看作是世界的终极。

如果心理分析至今仍没有探测潜意识的汪洋，那就很难解释清楚，儿童的心理怎么能使我们更深入地理解人的问题。众所周知，心理分析最初是医学的一个分支，是治疗精神病的一种新技术。它作出一项确实英明的发现，潜意识有支配人的行动的力量。心理分析通过深入潜意识并对心理反应进行研究，使得具有极大重要性的神秘因素清楚地展现出来，从而彻底改革了旧观念。这种分析揭示了一个宽广而又未知的但跟人的命运紧密相连的世界。但是心理分析并没有成功地探明这个未知的世界。它未能越过海格立斯的石柱，未能冒险进入这浩瀚的汪洋。跟古代希腊人类似的一种偏见，就是把弗洛伊德局限于病理学的研究，而不正常病例的研究。

在 19 世纪，精神病学者查科特（Charcot）发现了潜意识。在特殊的严重精神病的病例中，可以看到潜意识的表现，就像可以看到向地壳喷岩浆的火山内岩浆的翻腾一样。潜意识和个人意识状态之间奇妙的对照仅仅被看作是这种疾病的征兆。弗洛伊德进一步运用他精巧的技术，发明了一种深入潜意识的方法，但他几乎只关心病理状态。有多少正常人会自愿忍受这种痛苦的心理分析测试，也就是对他们的心灵进行一种手术呢？正是从对精神病的治疗中，弗洛伊德推演出他的心理分析理论。因此，这种新的心理学很大程度上是在个人处理病例的基础上建立起来的，弗洛伊德看到了大海，却未能探索它，他只是把它描绘成一个多风暴的海峡。这就是为什么弗洛伊德的理论是不完美的，以及为什么他的治疗精神病的技术并不令人完全满意；而且总不能使病痊愈。这就是为什么社会传统、古代经验的积累对弗洛伊德的某些理论概括形成了障碍。为了要探索潜意识的巨大现实，很显，单有临床分析技术和理论推演是不够的，还需要更多的东西。

童年的秘密

科学的其他分支和不同的概念也被运用于广阔的尚未被探索的潜意识领域。当我们试图通过儿童心灵对他的环境的反应来追踪儿童心灵的发展，并目睹使儿童心灵陷入黑暗和扭曲的内在斗争的悲剧时，这一切要能有助于我们从根源上来研究人。

心理分析最惊人的一个发现是，精神病可能起源于婴儿期。从潜意识中所唤起的一些被遗忘的事情表明，儿童是尚未被认识到痛苦遭遇的牺牲品。这个发现既给人深刻的印象，又使人心绪不宁，因为它与人们所普遍相信的东西是完全不同的，儿童的纯洁的心理状态所遭受的这些创伤是缓慢而持续的，人们从来没有认识到它们是成人精神病的潜在原因。对儿童纯洁心理状态的创伤是由一个处于支配地位的成人压抑儿童的自发活动造成的；通常跟对儿童影响最大的成人，即儿童的母亲有关。

我们对心理分析探究应该仔细地区分两种层次，其中之一最比较肤浅的，它来自个人的天赋本能和他必须适应的环境条件之间的冲突，因为这些环境条件常常与他的基本欲望相冲突。这样的冲突是能够解决的，因为把这些心灵不安宁的潜在原因上升到意识的层次并不困难。但还有另一种必须不时探索的更深的层次，也就是童年记忆的层次，在这一层次上并不是成人跟他所处的社会环境发生冲突，而是一个儿童跟他的母亲，或者更普遍地说，是一个儿童跟一个成人的冲突。这类冲突至今很少被心理分析所触及，也就很难被解决。尚未作什么努力去解决这些冲突；它们至多被当作是病因的征兆。

现在人们认识到，治疗任何疾病，不管是身体的还是心理的，都应该考虑一个人童年时所发生的事情。那些可以追溯到童年的疾病，通常说来是最难治愈和最严重的。其理由是，成人生活的模式在他的早期就已确定了。

虽然身体的疾病已经导致了特殊的医学分支的发展，例如，胎儿护理和婴儿卫生，并使社会更多地注意到儿童的身体健康；但是，人们的心理疾病并没有产生类似的结果。虽然人们现在已经认识到，成人严重的心理障碍以及成人在适应自己所生活的世界方面所遇到的困难皆源于童年，但是，人们并没有尝试去解决这些童年的冲突。

之所以没有这样做可能是由于心理分析使用的是探究潜意识的技术。这种技术虽然在成人的病例方面取得了惊人的发现，但并不能用于儿童，假如想用的话，事实证明是一种障碍。也就是，不可能引诱一个儿童回忆发生在童年时的某些事情，因为他仍然还处于那个童年状态。所以，在跟儿童打交道时，更需要的是观察而不是探究。但这种观察必须从一种心理的角度来进行，目的在于发现儿童在跟成人和他的全部社会环境相处时所遭受的冲突。很明显，这种方法导致我们背离心理分析的理论和技术，而进入了一个对儿童和他的社会环境进行观察的新领域。

这种观察方法并不包括探究不健全的心理疾病的艰难任务，而要求把握反映在儿童心灵中的人类生活现实。实际上可以说，它包括了从出生时起的整个人生。人类心灵的探索史还没有谱写出来。还没有一个人描述过儿童所遇到的障碍；以及他跟比他强大的和支配他的但并不理解他的人的冲突。还没有一个描绘过儿童的尚未被认识到的创伤和他的娇嫩心灵所遭受到的干扰，他无法达到大自然希望他达到的目标，以及一个自卑的人的潜意识的自我的发展。

由于心理分析基本上关心的是疾病和治疗，因此，在观察儿童心理的发展方面它也就没多少助益。另一方面，对儿童心灵的研究能够帮助心理分析，因为这种研究处理的是正常和普遍范围的某些情况，目的在于预防导致精神病的冲突，而这正是心理分析所关心的。

由此形成了一个科学地探究儿童的新领域。它跟心理分析类似，但又不相同。它所关心的是正常的而不是病态的人。它力求帮助儿童的心理生活。它的目的在促进我们对这种心理生活的了解，唤醒成人的意识，并使他们认识到对儿童的错误态度正是他们自己下意识的自我的产物。

第二十一章　娇生惯养的儿童

生活在特殊的社会环境下的另一类儿童是富家子弟。人们很可能会认为，教他们比教我们第一所学校中的贫家子弟或墨西拿地震后幸存下来的孤儿要容易得多。但他们是如何"皈依"的呢？富家子弟，正如他们的家庭一样，被社会所能提供的奢侈所包围，他们似乎享有很大的特权，但是只要引证欧洲和美国的教师的经验就足以说明问题，这些教师给我谈了他们最初的印象，并描述了他们在抵制这种观念时所遇到的困难。

这种儿童并不会被花园中的小径、美丽的花朵和豪华的环境所吸引。他们对那些能使贫困儿童着迷的物体并不感兴趣，因此，他们的教师感到迷茫和毫无信心，因为他们不会捡起那些应该能满足他们特殊需要的物品。

如果儿童是贫困的，通常他们会迫不及待地朝着提供给他们的那些物品奔去。但是，如果他们是富裕的，已经厌烦精致的玩具，他们就不大会立即对提供给他们的刺激作出反应。一位美国教师 G 小姐从华盛顿给我写信道："这些儿童互相从其他人手里抢东西。如果我试图拿某件东西给其中一个人看时，其他人就会丢掉他们手中已有的东西，吵吵嚷嚷地围住我。当我对一种物品物解释时，他们全都会为它而争起来。这些儿童对各种各样的感官材料并没有表现出真正的兴趣。他们从一个物品到另一个物品，对任何东西没有片刻的留恋。有一位儿童无法停留在一个地方，以致他坐在那里的时间不足以用手摸遍提供给他的那些物品。在许多情况下，这些儿童的运动是无目的的：他们只会满屋地奔跑，毫不在乎这样做会带来的损害。他们碰撞桌子，掀翻椅子，踩在为他们提供的材料上。有时候，他们会开始在某个地方工作，然后就跑开了，拿起另一件物品，但接着没有任何理由地又把它丢掉了。"

D 小姐从巴黎给我写信道："我必须承认我的经验是令人十分沮丧的。儿童至多只能在一项工作上集中几分钟精力。他们没有自发性，不能持久。他们就像一群羊一样，常常相互跟来跟去。当一个儿童拿起一件物品时，其余的人也要这件物品。有时候他们甚至在地板上打滚，弄翻椅子。"

下面简洁的描述来自罗马的一所招收富家子弟的学校："我们主要关心的事情是纪律。这些儿童在工作时乱搞一通，并拒绝接受指导。"

但以后情况有些好转。

G小姐继续写下她在华盛顿的经验："经过若干天后，这个旋转粒子的星云群（不守秩序的儿童）开始呈现一种确定的形状。看起来似乎是儿童开始自己指导自己。他们开始对起初被看作傻乎乎的玩具而瞧不起的一些物品产生兴趣。作为这种新的兴趣的结果，他们开始作为独立的人而行动。能吸引儿童全部注意的物品使他们不会分心于另一件物品：这些儿童追求起他们各自感兴趣的东西。"

"当一个儿童找到了能自发地唤起他强烈兴趣的某种东西、某种特殊的物品时，这场战斗终于打赢了。有时候这种热情突然产生，并没有预兆。我曾经试图用学校中几乎所有的不同物品来激发一位儿童的兴趣，但没有能引发一星注意的火花。然而偶然有一次，我给他看2块写字板，一块红色，另一块蓝色，叫他注意这不同的颜色。他立刻伸出了手，似乎他一直在焦急地等待它们，在一堂课里他就认识了5种色彩。在以后的几天里，他拿起了所有他过去瞧不起的各种物品，逐渐地对所有这些东西都感兴趣了。"

"有一位儿童，最初只能维持最短的注意时间，由于他对所使用的一件最复杂的称之为'长度'的物品感兴趣，就摆脱了这种紊乱的状态。整整一个星期，他不断地玩这些东西，学会了如何数数和做简单的加法。然后，他开始回到一些较简单的材料，变得对这个教育体系中的所有各种物品感兴趣。"

"一旦儿童发现了某种能使他们兴趣的东西，他们就失去了那种不稳定性，而学会了聚精会神。"

这同一位教师还就唤起儿童的个性作了下面的描述："有姐妹俩，一个3岁，另一个5岁。这个3岁的女孩并没有她自己的个性。她在所有的事情上都仿效她的姐姐。如果姐姐有一支蓝色的铅笔，妹妹就会一直不高兴，直到她也有一支蓝色铅笔为止。如果姐姐吃黄油面包，妹妹就除了黄油面包外其余都不吃，等等。这个儿童对有关学校的任何事情完全不感兴趣：她只会到处尾随她的姐姐，模仿她所做的每一件事情。然而，有一天，她变得对红色立方体感兴趣了。她搭起了一座城堡，并多次重复这项练习，完全忘掉了她的姐姐。这使她的姐姐感到十分迷惑不解，以致喊住她问道：'为什么我在填圈时你却在搭一座城堡?'那天，这个小女孩获得了她自己的个性并开始发展，而不是她姐姐的一个简单的反映。"

D小姐描述了一个4岁的女孩。这个女孩根本不能拿一杯水而不溅出来，即使这个杯子只盛了半杯水也不行，所以她故意要避免做这件事。但是，在她成功地完成了她感兴趣的另一项练习之后，她开始能毫无困难地拿几杯水，并能全神贯注地给正在画水彩画的同学送水。并能够做到不溅出一滴水。

一位美国教师给我们报道了一个很有趣的事实。有一个小女孩在学校里，她还不会讲话，只能简单地发一些模糊的音。她的父母十分焦虑，把她带到一位医生那里去检查她是否智力迟钝。有一天，这位小女孩对固体的镶嵌物感兴趣了，就花费大量的时间把那些木制的圆柱体从它们的洞孔里取出来，再把它们放回去。在她以最强烈的兴趣一遍又一遍地这样做之后，她跑到教师面前说："你来看！"

D 小姐继续报道说："圣诞节之后，这个班级发生了巨大变化。我并没有作任何干预，秩序似乎是自己建立起来的。这些儿童似乎被他们的工作过分地吸引住了，以致不再像以前那样无目的地工作。他们主动地走到柜子那里，取出以前使他们感到厌烦的那些物品。一种工作的气氛在班级中形成了。这些过去出于一时冲动去选择物品的儿童，现在表现出他们有一种内在纪律的需要。他们把自己的精力集中在一些艰难的任务上，并在克服困难时体验到一种真正的满意。这些宝贵的努力对他们的性格产生了直接的效果。他们成为自己的主人。"

给 D 小姐留下深刻印象的一个例子是有关一个想象力异常丰富的 4 岁半儿童。他的想象力如此活跃，以致给他一件物品时，他不去注意它的形状，而是立即使它和自己人格化。他滔滔不绝地说话，无法把自己的注意力集中在这件物品上。由于他的心理如此紊乱，他在活动中就很笨拙。他甚至不能系一个纽扣。突然，某种奇迹降临到他身上："我对他的变化惊讶不已。他开始进行一项又一项练习，由此使自己能够镇静起来了。"

在我们有一个固定的和明确的方法之前，那些办学教师的经验可能已在无止境地重复着，但是它们基本上是相同的。类似的事情和类似的困难，在几乎所有明智的和慈爱的父母关注着的幸福儿童的生活中都可以发现，虽然是在较低的程度上，有些精神上的困难是跟物质上的富裕相联系的，这就说明了为什么基督的话能在每一个人的心田扎根："赐福给那些精神贫乏的人！赐福给那些悲哀的人！"

但是，所有的人都受到了召唤，如果他们克服了困难，所有这些人都能响应这个召唤。因而，"皈依"的现象属于童年。问题在于，这是一种迅速的、有时几乎是瞬息即逝的变化，它通常来自同一根源。皈信产生于使儿童的活动不是集中在一项有趣的任务上，这样的例子我一个也举不出。各种各样的皈依就是这样产生的。神经质的儿童变得平静了。有压抑感的儿童重新获得了活力，所有的人都共同沿着这条有纪律的工作之路前进，通过内在的、已找到表达手段的能量的外在表现而取得进步。

这些固定下来的成就具有一种剧变的特性，它预示着儿童以后的发展。

可把它们比作儿童长出了他的第一颗牙齿或跨出了他的第一步。其他的牙齿将跟随第一颗牙齿而长出，言语将随着第一个单词而出现，在跨出了第一步之后，儿童将开始走路了。

我们的学校在世界各地的扩展，表明了这些儿童皈依的普遍性。许多幼稚的品质消失了，而被其他的品质所取代。在儿童训练中的一个最初的错误可能会成为他精神生活中无数歧变的根源。

正常化

在这些儿童的皈依中，特别要注意的是一种心理治疗，使儿童回复到正常的状态中去。实际上，正常的儿童是一个智慧早熟，已经学会克制自我，平静地生活，以及宁可有秩序地工作而不愿无聊和无所事事的儿童。当我们用这种眼光去看儿童时，我们可以更正确地把他的“皈依”称之为“正常化”。人的真正本性潜伏在他自身里。这种本性在他胎儿时就授予他了，我们必须承认这种本性并允许它发展。

但这种解释并不会消除儿童皈依的现象。即使一个成人也许也会以同样的方式皈依，但是，这种变化是如此困难，以致不再能把它看作是人性要素的一种简单复归。

在一个儿童身上，正常的心理品质可以容易地成熟起来。到那时所有不正常的品质都消失了，正如恢复健康之后疾病的所有征兆都消失了一样。

如果我们用这种眼光来看待儿童的话，那我们就能更快地认识到，即使在不良的环境中正常化也会自发地展现。虽然由于儿童的正常化没能得到承认或帮助，这些正常发展的迹象会被否定，但它们仍然会作为充满活力的原则而得到恢复，这些原则能越过障碍物，使得它们的要求得到成功。

甚至可以这样说，儿童正常的能量，就像基督的声音，它教导我们要宽恕，只是不止 7 次，而是“无数次”。尽管成人压抑儿童，但儿童从他本性的深处不断地原谅成人，并努力使自己成熟起来。儿童正在不断地跟压抑他正常发展的力量进行斗争。

第二十二章　教师的精神准备

因此，认为靠独自研究就能为他的使命作准备的教师可能错了。对一位教师所要求的第一件事是正确地处理他的工作。

我们观察儿童的方式是极端重要的。仅仅只有教育理论知识是不够的。

我们强调这个事实，即教师必须系统地研究自我，使自己内心做好准备，这样他才能消除根深蒂固的缺陷，事实上，这些缺陷会妨碍他跟儿童的关系。为了发现这些潜意识的弱点，我们需要一种特殊的教学。我们必须像其他人看待我们那样地看待我们自己。

这也就是说，教师必须得到引导。他必须一开始就研究他自己的缺陷，以及他自己的坏脾性，而不是过分地迷恋于“儿童的脾性”，迷恋于“纠正儿童错误”的方式，或者甚至迷恋于“原罪的影响”。只有先清除你自己眼中的沙粒，你才能清楚地知道如何消除儿童眼中的尘埃。

教师内心的准备截然不同于宗教信徒所追求的“尽善尽美”。一位好教师不必完全消除过失和弱点。事实上，一个在不断地追求使自己内心生活完美的人，也许不会注意到阻碍他理解儿童的各种缺陷。我们必须受到教育，我们必须愿意接受指导，只要我们希望成为有效的教师。

正如医生向病人揭示折磨他的疾病一样，我们也应该指出会阻碍未来教师工作的缺陷。例如，我们告诉他们：“发怒是一大罪恶，它会制约我们并使我们不理解儿童。”正如一种罪恶从来都不是单独的一样，发努会带来另一种罪恶——傲慢。它会隐藏在友善的伪装之下。

我们可以用两种不同的方法从内部和外部来征服我们的坏脾性。第一种方法是跟我们已知的缺陷进行斗争。第二种方法是抑制我们坏脾性的外部表现。外部表现服从公认的行为标准是重要的，因为它会使我们反省，意识到自己的缺点。一个人对邻居意见的尊重，也会使他征服傲慢；整治过的环境有利于减少贪婪；其他人强烈的反应有助于制止发怒；为了生活而生活的需要会有助于制征服偏见；社会习俗能制止散漫的行为；在获取奢侈品方面所遇到的困难能减少挥霍；保持一个人尊严的需要会排除妒忌。所有这些不同的外界因素对我们的内心生活都会有一种持续的和有益的影响。社会关系有助于维护我们的道德平衡。

我们仍然不会带着像服从上帝那样纯洁的愿望去服从社会的压力。尽管我们很乐意承认必须纠正我们自己所认识到的错误但其他人对我们的错误的纠正而使我们产生的羞耻并不会被我们轻易地接受。我们宁可犯错误也不会承认它。当我们必须改正我们的方式时，我们会本能地力图挽回面子，借口我们所选择的做法是不可避免的。这方面的一个例子可以在小小的诺言中证实。当我们没能获得我们所要的东西时，我们就会说：“我们并不要它。”这是我们对外界阻力的本能反应。我们不从内部来完善我们自身，却继续这种战斗。这里，正如在其他的战斗中一样，我们不久就会发现，我们个人的努力需要得到其他人的帮助。那些具有同样缺陷的人会本能地互相帮助，找到他们联合的力量。

在崇高的和不可推卸的责任的借口下，我们掩盖了自己的缺陷，正如在战争时期，进攻性武器被描绘成保卫和平的手段。对我们缺陷的抵制越软弱，我们就越容易编造我们的借口。

当我们由于自身的过失而遭到批评时，我们会很容易地原谅它们。但实际上，我们不是在捍卫自己，而是保卫自己的错误，把它们隐藏在我们称为“美”“必不可少”“共同的善”等伪装下。渐渐地，我们使自己相信，把我们的意识认为完全是虚假的东西看作是真实的，日积月累，那就会变得越来越难纠正。

教师以及一般与青少年教育有关的所有人，应该使自己从这种错误的圈子解脱出来，这种错误会损害他们的身份。他们应该努力摆脱掉自己由傲慢和发怒组成的基本缺陷，用正确的眼光看待它。发怒是主要的缺陷，但是它得到了傲慢的掩护，傲慢会导致某种尊严，甚至还会要求得到尊重。

然而，当我们跟儿童打交道时，情况就截然不同了。他们不理解我们，他们不能保护自己免遭我们的侵犯，他们接受我们对他们所说的任何东西。他们不仅接受虐待，而且，每当我们责备他们时，他们总会感到有罪。

但是，发怒是一种罪恶，它很快就会受到邻居们的抵制。审慎要求发怒被控制住。因此，一个能成功地使自己谦虚的人，最终会对自己的怒气感到羞愧。

一个教师应该经常对儿童的困境进行反思。儿童并不能用他的理性来理解不公正，但他会感知到某件事错了，并变得抑郁和心理畸形。出于对成人的怨恨或轻率行事，儿童无意识的反应就用拘谨、说谎、无目的行为、无明显理由的叫喊。失眠和过分的恐惧表现出来，因为他还不能用理性来领会导致他抑郁的原因。

发怒在它的原始状态意味着相当程度的肉体暴力行为，但是，它也可以用更精细的和巧妙的方式表达出来，这种方式掩饰了发怒的真实特征。就其最简单的方式而言，对儿童发怒是对儿童抵抗的恼火，但它不久就跟傲慢相混合，在面对儿童要表现自己的微弱企图时，这种发怒就发展成一种暴虐。

暴虐蔑视商议。它用得到认可的权威这堵不可穿越的墙把个体包围起来。成人凭借被认可的自然权力来支配儿童。对这种权力的怀疑就等于对一种神圣不可侵犯的统治权的攻击。就好像在早期社会里一个暴君代表上帝，对儿童来说成人本身就是一种神圣。他完全是无可争议的。儿童必须保持沉默，使自己适应于一切，而不是不服从。

如果儿童表现出某种抵抗，这种抵抗很少是直接的，乃至是有意识的对成人行为的一种反应。它实质上是儿童竭力保护他自己心灵的完整，或者是对压制的一种无意识的反应。

只是随着时间的流逝，儿童才能学会如何直接反对这种暴虐。但是。到那个时候，成人也学会如何用更巧妙的方法征服儿童，使他相信这种暴虐完全是为了他好。

儿童应该尊重长者，但成人声称他们有权裁决，甚至冒犯儿童。在方便的时候成人指导甚至压制儿童的需要，儿童的抗议被看作是一种危险的和不能容忍的不服从。

这里成人采取原始统治者的态度；这些统治者从其臣民那里强征贡物，但臣民无任何申诉权。儿童相信所有的东西都是成人的，这些儿童就像那些认为他们所拥有一切东西都是国王仁慈的礼物的人一样。难道成人对这种态度就没有责任吗？他们扮演了救世主的角色，傲慢地认为他们对儿童的一切都负责。他们使儿童善良、虔诚、聪明，使他能跟环境、跟人和上帝相接触。为了使这幅画面更完美，他们拒绝承认施加了任何暴虐。难道会有暴君承认他折磨过他的臣民吗？

如果谁想根据我们的体系成为一位教师的话，他必须检查自我，摒绝这种暴虐。他必须去除内心的傲慢和怒火。他必须学会如何使自己谦恭，并变得慈爱。这些就是他必须获得的美德，这种精神的预备将给予他所需要的平衡和沉静。

另一方面，这并不意味着我们必须完全避免评价儿童，或者我们必须赞成他所做的每一件事，或者我们可以忽视他心理和情感的发展。相反，教师永远不能忘记他是一位教师以及他的使命就是教育。

但是，我们仍然必须谦虚，根除潜藏在我们心中的偏见，我们绝对不能抑制那些能有助于我们教学的品质，但是，我们必须抑制可能会阻碍我们理解儿童的那种成人所特有的思想观念。

推荐阅读：［法］安东尼·德·圣埃克絮佩里．小王子［M］．天津：天津人民出版社，1946

每次看完《小王子》，心里总是被各种想法堵得一塌糊涂。记得小时候总是想象力特别丰富，喜欢涂鸦，说白了就是乱画。现在突然发现手中的草稿纸上除了算式就是作文断章，想涂点什么还是真的要斟酌三分。还有小时候的狂妄、胆大包天：坚定不移地要超过盖茨；什么东西都是我的；从来不怀疑自己上不了北大清华……但是现在，将来，我们会不会就是这样的大人——

如果你对大人们说：“我看到一幢用玫瑰色的砖盖成的漂亮的房子，它的窗户上有天竺葵，屋顶上还有鸽子……”他们怎么也想象不出这种房子有多么好。必须对他们说：“我看见了一幢价值十万法郎的房子。”那么他们就惊叫道：“多么漂亮的房子啊！”这就是现实啊。小王子离开的原因有一部分就是他受不了现实世界的肮脏。但我们应该坚强乐观，这个世界总还有可爱的地方。我欣赏飞行员，他同样在成人世界里找不到共鸣，但他选择仔细观察适时迁就，同时追逐自己的另一个梦想：飞行。他保持住了奇特的想象力和珍贵的童心，同时变得更成熟。

前面说了，各种真挚的感情是相通的。另一方面，它们都需要绝对的珍惜。亲人朋友爱人，我们都要用心去理解他们。不要像小王子，他终究醒悟得太迟了。

这本书本质上是一部童话，所以我觉得，如果它清新的语言、稚嫩的口气、超凡的构思能带给你阅读的愉悦、唤起你美好的记忆，那就是它的意义所在。

以上文字我想应该是一位喜爱阅读又在世俗的生活中努力保有儿童的天真烂漫的人士所写，放于此处，看看我们读完了会有何种想法呢？

第二篇：教的本质

苏霍姆林斯基简介

苏霍姆林斯基（1918—1970），苏联教育实践家和教育理论家。出生于乌克兰共和国一个农民家庭。1936—1939 年就读于波尔塔瓦师范学院函授部，毕业后取得中学教师证书。1948 年起至去世，担任他家乡所在地的一所农村完全中学——巴甫雷什中学的校长。自 1957 年起，一直是俄罗斯联邦教育科学院通讯院士。1968 年起任苏联教育科学院通讯院士。1969 年获乌克兰社会主义加盟共和国功勋教师称号，并获两枚列宁勋章和 1 枚红星勋章等。

苏霍姆林斯基在从事学校实际工作的同时，进行了一系列教育理论问题的研究，写有《给教师的一百条建议》《把整个心灵献给孩子》《巴甫雷什中学》《公民的诞生》《失去的一天》等教育专著。

立志从教

苏霍姆林斯基的小学、中学生活，一直是在本村学校度过的。这是一座七年制的学校，虽然学校设施条件极为普通，但这里却有一批较好的师资力量。这对从小受到家庭良好熏陶的苏霍姆林斯基来说，是一个极好的环境。他的善良天性在这里得到了充分的发展，知识能力得到了迅速的拓宽。他在家经常主动帮助父母邻居做事，在学校里是位品学兼优的学生，得到了当时校长伊万·萨维奇和教务主任布师科夫斯基的重视和关怀。然而对他影响最大的要数启蒙女教师安娜·萨莫伊洛英娜。

这位女教师在教育工作中，不仅是孩子们的老师，也是孩子们亲密的伙伴。苏霍姆林斯基觉得这位女教师像一个女魔法师，她知道一切美的秘密。她讲课时学生们都有浓厚的兴趣，所教的知识常被学生铭刻在记忆之中。她常带孩子们到大自然中去，引导学生思考许多问题，学习了不少东西，明白了许多道理……我们摄下了这样的一个事件：

在山花烂漫、万物生机盎然的季节，有一天下午，安娜·萨莫伊洛英娜带学生们来到了森林，这对苏霍姆林斯基来说是再熟悉不过的地方了，他平时就到这里来玩。但女教师的解说，让他接触了许多过去没有注意到的新事物和很多使他感到惊奇的东西。看这颗盛开的椴树在帮助蜜蜂酿蜜；瞧那个蚁穴——过去是苏霍姆林斯基出自恶作剧曾用棍子去捅它，而现在老师说这个蚁穴有回廊和广场，有幼儿园和粮仓……原来是一个童话般的城市。他感到不和老师一起来。就不会发现世界上这么多美好的东西。当孩子们领略了这大自然美好的风光，急冲冲准备回家的时候，她还有一新招：“孩子们，为爷爷、奶奶、爸爸、妈妈采集些鲜花吧。当孩子们关心长辈的时候，长辈会感到高兴，而鲜花——这是关怀和敬爱的标志。……”苏霍姆林斯基接受的就是这样的教育。

这使幼小的苏霍姆林斯基不仅爱上了书本，爱上了同伴，爱上了大自然，而且他更尊敬这位老师。他向往着自己的知识能同老师一样渊博，向往能像老师一样。从这时起，苏霍姆林斯基逐步树立了从事教师这一神圣职业的志向。因此在七年制学校毕业时，他毅然决定报考师范院校，后来一步一个脚印，从一个普通的教师成长为一名伟大的教育家。

反思失误

苏霍姆林斯基在他的教育实践中也曾有过这样的失误。

那时，他刚参加工作。一个名叫斯捷帕的男孩，由于过分活泼、顽皮，在一次玩耍中无意把教室里放着的一盆全班十分珍爱的玫瑰花给碰断了。对此，苏霍姆林斯基大声斥责了这个学生，并竭力使这个闯祸的孩子触及灵魂，吸取教训。事后班上孩子们又拿来了三盆这样的花，苏霍姆林斯基让孩子们用心轮流看护，唯独斯捷帕没有获准参加这项集体活动。不久这个学生变得话少了，也不那么淘气了。年轻的苏霍姆林斯基当时想，这倒也好，说明自己的申斥对这个学生起了作用。

可是不愉快的事件在他斥责这位学生的几周之后的一天发生了。这天放学后，苏霍姆林斯基因事未了，还留在教室里，斯捷帕也在这里，他准备把作业做完回家。当发现教室里只有老师和他俩人时，斯捷帕便觉得很窘，急忙准备回家。苏霍姆林斯基没有注意到这种情况，无意中叫斯捷帕跟自己一起到草地上去采花。这时斯捷帕表情迅速变化，先苦笑了一下；接着眼泪直滚了下来，随后在苏霍姆林斯基面前跑着回家了……

这件事对苏霍姆林斯基触动很大。此时，他才明白了，这孩子对于责罚，心里是多么难受。他开始意识到自己以前的做法，是不自觉地对孩子的一种疏远，使孩子感到了委屈。因为孩子弄断花枝是无意的，而且对自己的行为感到后悔，愿意做些好事来补偿自己的过失，而自己却粗暴地拒绝了他这种意愿。对这种真诚的、儿童般的懊悔，报之于发泄怒气的教育影响，这无疑是对孩子的当头一棒。

此后，苏霍姆林斯基吸取了这一教训，在以后的工作中很少使用责罚。通常，他对由于无知而做出不良行为后果的儿童，采取宽恕态度。他认为，宽恕能触及学生自尊心最敏感的角落。

“不要死背”

苏霍姆林斯基担任校长之后，曾多次提出“要思考，不要死背”的口号，然而人们却很少知道，触发他产生这一思想的契机，却是在一次听小学低年级语文教师讲课的课堂上。

一天上午，苏霍姆林斯基同往常一样，去听一位小学低年级语文教师的课。课堂上的最初几分钟，学生们正紧张地思索着老师提出的一个个问题。这位青年教师开始叫学生回答问题，苏霍姆林斯基认真地记录下了学生的回答，可是学生们的回答，并不能让他感到满意。他发现学生使用的许多词和词组在他们的意识里，并没有很鲜明的表象，跟周围世界的事物和现象联系不起来。学生们仅仅是重复别人的思想，让人听到的仅仅是一些被学生硬挤出来的、笨拙的、背诵下来的句子和词组。它们的意思是什么，似乎学生并没有搞清楚，苏霍姆林斯基想：“为什么学生的回答总是那样贫乏、苍白无力、毫无表情呢？为什么在这些回答里常常缺乏儿童自己的活生生的思想呢？”这时课正在进行中，只听见教师提示学生：“课后要复习，词意、句式一定要记住，下节课提问……”听到这里，苏霍姆林斯基皱起了眉头，思维再也集中不到听讲上了。

他想到，难道教学摆在学生面前的唯一任务就是识记、保持和再现？看来自己工作还存在缺陷，自己在实践中已经解决了的问题，还没有及时推广到广大教师中间。这时一年级学生娜塔莎的一篇作文，在他头脑中再次清晰地映现出来：

“这是夏天的事儿，刮了一阵大风，大风把一粒长着毛茸茸翅膀的种子带到了草原上，种子落到了草原上的青草丛里，青草惊奇地问：‘这是谁呀’，种子说：‘这是带翅膀的花儿。我准备在这儿，在草丛里生长。’青草高兴地欢迎新来的邻居。冬去春来，草儿发青了。在种子原来落下的地方，露出了一根粗壮的茎，在它的顶上，开出一朵朵黄色的花儿，它是那么鲜艳，就像一个小小的‘太阳’。‘啊！这原来是蒲公英呀！’青草说。”

这是带学生观察了花的形状、颜色，这种花与那种花不同的特点，引导学生把闪烁的阳光、白色的花瓣、忙碌的蜜蜂、颤动的树枝、悠闲的小蝴蝶等这些事物之间相互联系起来看，然后让学生充分想象，自编出各种有关花的故事。

学生能写出这样的作文，说明词已进入了学生的精神生活，虽然表达还带有给他们所讲的童话故事的影响，但这是他们自己的语言。会思考已成为这类孩子的显著特点。对于学习效果差的学生，总听到一些教师议论是“愚笨”、学习不努力，现在看来，不能不说教师惯用的传统教学思想造成了孩子智能的局限，从而导致学生不会学习——不会观察、思考、推论，只好依靠死记硬背。现代学校的整个教学体系需要加以科学的改进，应当建立在三根支柱上：鲜明的思想、活生生的语言和儿童的创造。看来教师在课堂上不仅要教给学生一定范围的知识，还要加强学生的思维训练……

“当！当！当！……”下课的铃声打断了苏霍姆林斯基的思考，可是现在他已想好了下次校务会议上的一个议题，这就是“如何让学生学会思考”，他将要向全校师生提出“要思考，不要死背”这个口号。

循循善诱

苏霍姆林斯基对小学生的教育，方法上灵活多样。他把运用民间童话故事作为自己在学校教育的方法之一，并且收到了良好的效果。我们仅从他运用这一方法的众多教育实例中撷取其中的一个片断。

这是暑假后的一天，苏霍姆林斯基所带的三年级甲班准备去野营训练。考虑到所带东西较多，其中一个学生建议，两个人结成一对，有的东西可以合用，这样可以减轻旅途负担。建议受到班主任苏霍姆林斯基的赞扬，孩子们开始自由组合，呈现一片欢乐的场面。大家都有了对子，唯独平时自以为是而妄自尊大的学生安德烈卡没有对子，他在一边哭泣着。

苏霍姆林斯基把安德烈卡叫到一边，问明情况，知道是同学都不愿和他组合成对。这孩子委屈地认为，是同伴们嫉妒他。苏霍姆林斯基深知这个学生的天性，认为这是一个很好的教育时机，便直截了当地对安德烈卡说：“你要明白，安德烈卡，最困难的就是迫使自己去感觉。你迫使自己去感觉，那你就会以另一种目光看你的同学、去看人。如果你老是认为，你是最聪明的人、最有才能的人、最好的人，那么到头来你就会成一个最孤立的人……”

“但是，实际上我就是在解题上比谁都强，并比谁都快地背会诗歌……多少次您自己都说：'好样的，安德烈卡，安德烈卡学习了，现在就懂了……'我比谁都懂得多，这难道是我的错?”孩子哭得更伤心了。

苏霍姆林斯基还能用什么语言再去解释呢？说教显然对这个孩子没有多大效果。他思索着如何对这位男孩子进行解释，才能让他懂得、认识并相信……

“安德烈卡，咱们找个阴凉的地方坐下，我给你讲一个故事，这个故事与我们这件事十分相似，愿意听吗?”安德烈卡点点头。他们来到大橡树的树荫下，坐在一条长凳上，苏霍姆林斯基讲了一个“菊花和葱头”的故事，听完了这个故事，安德烈卡眼泪已经干了，从这个故事中他好像悟出了一条道理：人各有所长，各有所用，不能自作聪明，看不起同学。他羞愧地低下了头，一言不发。

苏霍姆林斯基采用这种讲童话故事的方法，使小学生易于接受，并从类比中受到了应有的教育。这无疑是一个伟大的创造。

挽救“困难生”

在苏霍姆林斯基领导的巴甫雷什中学里，形成了这样一个观念：就是相信一切孩子都能被教育好。这里没有“差生”的概念，只存在“困难学生”或“难教育学生”的说法。在教育实践中，对这类学生一般不单纯由某个教师去进行教育，对他们进行教育往往是整个集体的义务。苏霍姆林斯基一生中就教育过178名“难教育的学生”，这178名学生都有一个艰难的教育过程。每周苏霍姆林斯基都要走访困难孩子的家庭，以便深入了解形成他们道德的最初环境，他跟家长们、家长的邻居们，教过这些孩子的老师们进行交谈。

这一天，他来到了小学生高里亚的“家庭。”这个“家”给他留下了这样一个印象：高里亚是个非常不幸的孩子，他从小失去了父亲，母亲在他刚满周岁时，又犯了严重的罪行，被判处十年徒刑。高里亚从小住在姨母家，姨母把他看成额外的负担。高里亚成了一个典型的“难教育学生，”这就是他的家庭背景。

原来，高里亚从上学一个月后，大家就对他产生了一个鲜明的形象：这是一个懒惰成性、常会骗人的学生。在短短的一段时间里，他就表现出了“难教育”的特点。秋天，当高年级学生植树时，他有意破坏了几株树苗的根部，并向全班同学夸耀自己的“英雄行为”。有一次课间，他把手伸进别人的书包，拿出课本，用墨水把它弄脏，再放回原处，并以天真无辜、泰然自若的态度来欺骗教师审视的眼光。还有一天，他们班去森林远足考察，他一路上撞这打那。当班主任一位女教师故意不理睬他，向其他学生讲解山谷、丘陵、山和冲沟的有关知识时，他走到全体学生面前，做出滑稽动作，还登上峭壁往下看。老师旁敲侧击地提醒："同学们，不能走近冲沟边缘，跌下去很危险!"他突然高声喊道："我不怕！这个冲沟我滚下去过!"说着就卷起身子滚了下去……

苏霍姆林斯基根据家访的情况，找来班主任等有关教师共同分析高里亚上述行为产生的原因。他提出了自己的看法：高里亚对自己的行为所抱的态度，是故意装出来的、不自然的。家庭环境的影响，使高里亚对人们失去了信心。对他来说，生活中没有任何神圣的、亲切的东西。苏霍姆林斯基的看法对教师们思想触动很大。大家一致认为，高里亚所以不好，是因为过去只看到他恶劣、放荡的一面，而没有主动关心、挖掘他身上闪光的地方。这个学生表现出来的缺点，是在向周围的人对他漠不关心、冷淡无情的态度表示抗议。这样的分析增强了教师们的同情心、关注之情、教育的敏锐性和观察力。

一次，苏霍姆林斯基发现这个孩子单独玩耍，好像很随便的样子，他把高里亚请进了生物实验室，要高里亚帮忙挑选苹果树和梨树的优良种子。虽然高里亚装出不屑栽培树苗的样子，可是孩子的好奇心还是占了上风，他们两人一起做了两个多种头，直到很累为止。这件事引起了高里亚的极大兴趣，当班主任再次去高里亚家时，已发现他正在施肥栽树。此后班主任老师因势利导，在班级栽树活动中，让高里亚指导别的孩子们，及时地发现和鼓励温暖着这个孩子的心灵。虽然后来高里亚曾多次反复出现不良倾向，老师们却着眼于长善救失，循循善诱。"功夫不负有心人"，在这个教师集体的共同教育下，这个孩子在三年级时，光荣地加入了少先队，以后还经常帮助有困难的其他同伴，为集体默默地做好事。高里亚好像重新变成了另一个人了。

从这里可以看到苏霍姆林斯基的一个教育信念：热爱孩子、关心尊重孩子，相信一切孩子在教育中能够向好的方面转变。

"特殊奖励"

苏霍姆林斯基在对学生的教育过程中，善于因势利导，进行积极的鼓励，激发学生心灵的火花。人们把这赞为"特殊奖励。"

一次，苏霍姆林斯基把 12 岁的儿子谢廖扎叫到眼前，给了儿子一把新铁锹，并对他说："儿子，你到地里去，量出一块长宽各一百个脚掌的地块，把它刨好。"儿子很高兴地拿了铁锹，来到地里就刨了起来。

在没有用惯铁锹之前，谢廖扎感到很费力。随后干得越来越轻松了。可是待到他用铁锹准备翻出最后一锹泥土时，铁锹把折断了。

谢廖扎回到家里，心里感到忐忑不安：父亲一旦知道铁锹坏了，会怎么说我呢?“爸爸，您可别怪罪我”，儿子说：“我让家里失掉了东西。”“什么东西?”父亲问。“铁锹坏了。”这时，苏霍姆林斯基并没有责怪孩子，而是问：“你学会刨地了没有？刨到最后，是觉得越来越费劲，还是感到越来越轻松了呢?”

孩子回答：“刨到最后，越来越轻松了。”这时苏霍姆林斯基说：“看来你不是失，而是得”。孩子疑惑不解。他继续说：“愿意劳动了，这就是最宝贵的收获。”这时孩子一颗忐忑不安的心顿时平静下来了。这不仅是精神上得到了一种愉悦，而且孩子从中看到了劳动的价值，树立起了良好的劳动观点。

还有一次，一年级女学生季娜的祖母病得很重。季娜想给祖母采一朵鲜花，使她在病中得到一些欢乐。但是，时值严冬，到哪里去找鲜花呢？这时她想到学校的暖房里有许多菊花，其中最美的一棵是全校师生都极为喜爱的那朵蓝色的“快乐之花”。季娜一心想着重病的祖母，忘记了学校的规定，她一清早就走进暖房，采下了那朵“快乐之花”。

这时，苏霍姆林斯基走进了暖房，当他看到季娜手里的菊花时，大为吃惊。但是，他很快注意到了孩子眼里那种无邪的、恳求的目光。他向季娜问明了情况后，非常感动地说：“季娜，你再采三朵花，一朵给你，为你有一颗善良的心；另外两朵送给你的父母，为他们教育出了一个善良的人。”

晚年

苏霍姆林斯基晚年常常因病住院，即使在病房里也依然坚持工作。病友问他：“你这个有名人物，社会主义劳动英雄，为什么在病休时还要不停地工作呢?”他回答说：“人的使命，就是为了人民而生活。”

苏霍姆林斯基：《给教师的一百条建议》

我在巴甫雷什中学工作的年代里，同刚开始工作的年青教师举行了无数次会见和谈话，收到过他们成千上万封信，从而促使我不得不写这本书。

我了解干几十种专业的工作人员，但是没有比教师更富有求知精神、不满足现状、更充满创造思想的人——这是我深信不疑的。我永远不会忘记来自遥远的卡巴尔达山村的一个年青女教师。她大学毕业后开始工作的第一年教英语，遇到了很多困难。这个姑娘本来迫不及待地盼望着迈出自己创造性劳动的第一步，向往着和学生进行思想交流的欢乐，但是，她发觉自己似乎没有从事教师工作的才能，做的是自己不会做的事。好几封忧虑的信贯穿着一个问题：什么是才能？怎样确定自己的才能？如何树立、形成自己对事业的热爱？我的回答不能使她满意，她就来找我了，以便在生动的交谈中说清楚使她焦急不安的事情。年青的女教师说：“我将到上百所学校去，会遇到成千上万名教师，但是，我想知道，我有没有做孩子工作的才能。”

每一个有文化、有教养的人都向往创造性劳动的欢乐，以及由于劳动的创造性而带来生活上的充实。如何揭示自己在教育年轻一代这一崇高事业中的才能如何在这样一种最有趣、最复杂、最人道的事业中发现自己的才能，这是一深为令人不安的问题。它在无数封信和无数次谈话中都被提出。不论是刚刚念完中学的十七岁的姑娘，还是师范学院的毕业生，或是已经体验到初次成功的喜悦和初次失败的苦恼的教师，都想找到这个问题的答案。我现在就从这个问题开始，对教师提出一百条实际建议。

1. 什么是从事教师工作的才能？它是怎样形成的

正如任何一种有专长、有目标、有计划的经常性工作一样，教育人是一种职业，一种专长。但这是一种特殊的、和其他任何工作都无法相比的职业，它具有一系列特点：

（1）我们是和生活中最复杂、最珍贵的无价之宝也就是人在打交道。他的生活、健康、智慧、性格、意志、公民表现和精神面貌，他在生活中的地位和作用，他的幸福都决定于我们，决定于我们的能力、水平、工作艺术和智慧。

（2）教育工作的最后结果如何，不是今天或明天就能看到，而是需要经过很长时间才见分晓的。你所做的、所说的和使儿童接受的一切，有时要过五年、十年才能显示出来。

（3）许多人和生活现象影响着儿童，对他起作用的有母亲、父亲、同学、所谓“街头伙伴”、读过的书和看过的电影（而关于这些你是不知道的）以及和能有力地影响年青心灵的人进行的完全料想不到的会见等。对儿童影响可能是积极的，也可能是消极的。有的家庭里有一种沉重压抑的气氛，对人们的一生打下了不可磨灭的烙印。亲爱的同行，学校的使命，咱们最重要的任务，就在于为人而斗争，克服消极的影响，使积极的影响发挥作用。为此，必须做到使教师的个性对学生的个性施加最鲜明、有效和有益的影响。皮萨列夫写道：“人的本性是如此丰富、有力而富有弹性，它能处在最坏的环境中而保持自己的鲜艳和美丽。”这时，只有当儿童有一个聪明、能干、有智慧的教育者，人的本性才能得到最充分的显示。

（4）我们工作的对象是正在形成中的个性最细腻的精神生活领域，即智慧、感情、意志、信念、自我意识。这些领域也只能用同样的东西，即智慧、感情、意志、信念、自我意识去施加影响。我们作用于学生精神世界的最重要的工具是教师的语言、周围世界的美和艺术的美，以及创造最能鲜明地表现感情的环境，也就是人类关系中的整个情绪领域。

（5）教师的创造性的最重要特征之一是他工作的对象——儿童——经常

在变化，永远是新的，今天同昨天就不一样。我们的工作是培养人，这就使我们担负着一种无可比拟的特殊责任。

以上这些就是教育工作的特点，这方面的才能是什么？需要哪些客观条件？如何培养、确定、发展和磨炼这种才能？

任何人都有一种根深蒂固、改变不了的精神需要，这就是要与人们交往，在交往中，他能找到生活的乐趣和充实自己的生活。但是，在有些人身上，由于各种原因，这种需要发展得很差，而在另一些人身上，它却似乎成了性格中压倒其他特点的特征。有些人，如俗话所说，“本性”孤僻、不爱交际、沉默寡言、更多地愿意独处或与少数朋友交往（当然，“本性”在这里毫无关系，起决定性作用的是教育，特别是幼年时期的教育）。如果和人多的集体交往使你头痛，如果你感到工作时独自一人或两三个朋友一起比和一大批人在一起好，那就不要选择教师工作作为自己的职业。

教师的职业就是要研究人，长期不断地深入人的复杂的精神世界。在人的身上经常能发现新的东西，对新的东西感到惊奇，能看到形成过程中的人——这种出色的特点就是滋养着教育工作才能的一个根子。我深信，这个根子在人身上是童年和少年时期形成的，是在家庭和学校中形成的。它形成于父母和教师这些长者的关怀，他们用热爱人、尊敬人的精神教育儿童。你既然产生了想当教师的愿望，那就请你检查和考验自己一下。你在九年级或十年级学习时，请求共青团委员会任命你当少先队辅导员或十月儿童小组的教导员。于是，你面前就来了四十个小家伙。你一眼看去，他们甚至从外部特征上似乎都是彼此很相像的。但是在第三、第四、第五天，到森林、田野去过几次以后，你就会深信，每个儿童就是一个完整的世界，没有重复，各有特色。如果这个世界显示在你面前，如果你感觉到每个儿童都有个性，如果每个儿童的喜悦和苦恼都敲打着你的心，引起你的思考、关怀和担心，那你就勇敢地选择崇高的教师工作作为自己的职业吧，你在其中能找到创造的喜悦。因为我们工作中的创造性（我以后还要谈到它），首先就是要认识人、了解人，对人的多面性和无穷尽性感到惊奇。

如果这四十个孩子使你感到一模一样、单调乏味，如果你要很费力才能记住他们的面貌和名字，如果儿童的每一双小眼睛对你不意味着某种深具个性的东西，如果从花园深处某个方向传来儿童响亮的声音，你不知道是谁在喊叫，这喊声说明了什么（而且过一星期，一个月你也不知道），那么，俗话说，“三思而行”，你就得再三考虑，然后再决定是否当一名教师。因为，没有一条教育规律、没有一条真理是可以对一切儿童绝对同样适用的。因为，实践教育学就是已经达到熟练水平并且提高到艺术高度的知识和能力。因为，培养人，首先就要了解他的心灵，看到并感觉到他的个人的世界。

伟大的思想家阿拜·库南巴耶夫说过：“如果我手中有权，谁要说人是改不了的，我就割下他的舌头。”这句话深深印在我的心里。每当我思考教育的才能，或是和年青教师谈到他的喜悦和苦恼、成就和失败时，这些火焰般的字句就在我面前发光。如果你想把自己的一生贡献给崇高的教师工作，那么，我们心中就应对人，对他身上的良好本质具有无限的信心。这不是对某个抽象的人的信心（这种人在自然界是没有的），而是对社会主义社会中发育成长着的我们苏联儿童的信心。

教育才能的基础在于深信有可能成功地教育每个儿童。我不相信有不可救药的儿童、少年和男女青年。要知道，我们面前的这个人才刚刚开始生活在世界上，我们可以做到使这个幼小的人身上所具有的美好的、善良的、人性的东西不受到压制、伤害和扼杀。因此，每一个决心献身于教育的人，应当容忍儿童的弱点。如果对这些弱点仔细地观察和思索，不仅用脑子，而且用心灵去认识它们，那就会发现这些弱点是无关重要的，不应当对它们生气、愤怒和加以惩罚。不要理解成我在宣传全面的容忍、抽象的容忍；号召教师忍耐地“背着十字架”。这里说的完全是另一回事，说的是母亲、父亲和教师这类长者要有一种英明的能力，能够理解和感觉到儿童产生过错的最细微的动机和原因。要理解和感觉到的正是这样一点，即这是儿童的过错，不要把儿童和自己混为一谈，不要对他提出那些对成人提的要求，但是自己也不要孩子气，不要降到孩子的水平，同时还要理解儿童行为的复杂性和儿童集体关系的复杂性。

如果儿童的每一次淘气都引起你的苦恼和心悸，如果你认为这些孩子已经闹到了极点，应当采取一些特别的“消防”措施，那你就该再三斟酌是否当一名教师，如果你和儿童会发生无休止的冲突，那就当不成教师。要有能力熄灭冲突，首先就要懂得，你是在和儿童打交道。这种能力来自滋养着教育才能的一条深根，即理解和感觉到，儿童是一个经常在变化着的人。

还有一个特征，没有它，依我看就不可能有教育才能。我想把这个特征称为心灵与理智的和谐。除了教师和医生的职业以外，未必有其他的职业需要如此多的热忱。你的学生可能不止四十个。如果你在高年级教课，那你将会有一百、一百五十个学生。应当把自己的心分给每一个人，在自己的心中应当有每个人的欢乐和苦恼。同情心、对人由衷的关怀同教育才能是血肉相连的。教师不能是一个冷漠无情的人。如果抱冷淡的重理智态度，对发生的一切都进行非常仔细的斟酌，遵行各种各样规定时生怕不准确，就会引起儿童对教师的戒备和不信任态度。过于重理智的教师，儿童不仅不喜欢，而且在他面前绝不会吐露自己的心思。

在任何情况下都要按照最初的内心冲动所要求的去做——这种冲动总是

最崇高的。但同时，教师还应当会用理智来控制自己的内心冲动，不要屈服于自发的情绪。在对你的学生的错误、冒失，一句话，不正确的行为需要作处理的时候，这一点尤为重要。

教师的艺术和水平正表现在是否善于把热忱和智慧结合起来。

有时需要采取暂缓我的解决办法，使感情“稳定”。每当我有必要和学生谈反映他复杂矛盾的内心活动的行为时，我经常把这种谈话推迟几天。我敬爱的同行，请相信我，这样做就会使你语言的情感、你对待学生的理智的心灵的情感更加充沛，因为在这种情况下，感情似乎由于你的英明见解而高尚起来。而你的见解、你的话也就进入了学生的心灵深处，因为它们热情洋溢，似乎是充满了你内心的焦急不安。善于激起自己和学生、特别是和少年进行知心交谈的情绪，这是每个教师都应当为自己建立的教育方法宝库中特别重要的一种能力。要在自己身上培养、形成这种能力，使它完善、“精练”，变得更加敏锐、有效。

要培养这种能力，必须深入儿童的心灵，仔细研究他的心思集中在什么上，他是怎样看世界的，他周围的人对他有什么影响。

我亲爱的同行，为了成为一个真正的教育者，就要经受这种热忱的锻炼，也就是说，要在很长的时期内用心灵来认识你的学生的心思集中在什么上，他想些什么、高兴什么和担忧什么。这是我们教育事业中的一种最细腻的东西。如果你牢固地掌握了它，你就会成为真正的能手。

2. 教师的时间从哪里来？一昼夜只有 24 小时

这句话是我从克拉斯诺达尔斯克市的一位女教师的来信中摘抄下来的。是的，没有时间啊！——这是教师劳动中的一把利剑，它不仅伤害学校的工作，而且损及教师的家庭生活。教师跟所有的人一样，他也要做家务，也要教育自己的孩子，因此就需要时间。我有一些十分确切的资料可以证明，许多中学毕业生害怕报考师范院校，因为他们感到干这一行职业的人没有空闲时间，虽然每年有相当长的假期。

我有一个有趣的统计数字。曾经向 500 名有子女在上大学的教师作过调查，询问他们：“你的孩子进的是什么学校？上哪个系？”只有 14 人的回答是：“师范学院”或者“培养教师的综合大学”。接着又提出一个问题：“为什么你的孩子不愿意当教师呢？”486 人的回答是：“因为他看到教师的工作太辛苦，连一分钟空闲的时间都没有。”

那么，总的来说，能不能使教师的工作中有一些空闲时间呢？——这个令人很伤脑筋的问题往往是不得不用这个说法来表达的。事实上也确实如此：语文、数学教师每天在学校上课 3、4 小时，加上备课和改作业 5、6 小时，另外每天还得至少有两小时被课外工作所占用。

怎样解决这个时间问题呢？这个问题也像学生的智力发展问题一样，是涉及整个学校生活的综合性问题之一，它是完全取决于学校的全部活动是怎么安排的。

这里最主要的是要看教师工作本身的方式和性质。一位有 30 年教龄的历史教师上了一节公开课，课题是《苏联青年的道德理想》。区培训班的学员、区教育局视导员都来听课。课上得非常出色。听课的教师们和视导员本来打算在课堂进行中间写点记录，以便课后提些意见的，可是他们听得入了迷，竟连做记录也忘记了。他们坐在那里，屏息静气地听，完全被讲课吸引住了，就跟自己也变成了学生一样。

课后，邻校的一位教师对这位历史教师说："是的，您把自己的全部心血都倾注给自己的学生了。您的每一句话都具有极大的感染力。不过，我想请教您：您花了多少时间来备这节课？不止一个小时吧？"

那位历史教师说："对这节课，我准备了一辈子。而且，总的来说，对每一节课，我都是用终生的时间来备课的。不过，对这个课题的直接准备，或者说现场准备，只用了大约 15 分钟。"

这段答话启开了一个窗口，使人窥见了教育技巧的一些奥秘。像这位历史教师这样的人，我在自己的区里只知道有 30 人左右。他们从来不抱怨没有空闲时间。他们中间的每一个人，谈到自己的每一节课，都会说是终生都在备这节课的。

怎样进行这种准备呢？这就是读书，每天不间断地读书，跟书籍结下终生的友谊。潺潺小溪，每日不断，注入思想的大河。读书不是为了应付明天的课，而是出自内心的需要和对知识的渴求。如果你想有更多的空闲时间，不至于把备课变成单调乏味的死抠教科书，那你就要读学术著作。应当在你所教的那门科学领域里，使学校教科书里包含的那点科学基础知识，对你来说只不过是入门的常识。在你的科学知识的大海里，你所教给学生的教科书里的那点基础知识，应当只是沧海之一粟。

一些优秀教师的教育技巧的提高，正是由于他们持之以恒地读书，不断地补充他们的知识的大海。如果一个教师在他刚参加教育工作的头几年里所具备的知识，与他要教给儿童的最低限度知识的比例为 10∶1，那么到他有了 15 年至 20 年教龄的时候，这个比例就变为 20∶1，30∶1，50∶1。这一切都归功于读书。时间每过去一年，学校教科书这一滴水，在教师的知识海洋里就变得越来越小。这里的问题还不仅在于教师的理论知识在数量上的增长。数量可以转化为质量：衬托着学校教科书的背景越宽广，犹如强大的光流照射下的一点小光束，那么为教育技巧打下基础的职业质量的提高就越明显，教师在课堂上讲解教材（叙述、演讲）时就能更加自如地分配自己的注意。

例如，教师在讲三角函数，但是他的思路主要不是放在函数上，而是放在学生身上：他在观察每一个学生怎样工作，某些学生在感知、思维、识记方面遇到哪些障碍。他不仅在教书，而且在教书过程中给学生以智力上的训练。

教师的时间问题是与教育过程的一系列因素和方面密切相关的。教师进行劳动和创造的时间好比一条大河，要靠许多小的溪流来滋养它。怎样使这些小溪永远保持活力，有潺潺不断的流水，——关于这一点，还得另外再提几条建议。

3. 教师的时间和教学各阶段的相互依存性

这条建议主要是向小学教师提出的。敬爱的小学教师们，你们的工作做得怎么样，这直接影响着中年级（初中）和高年级（高中）教师的时间预算表。如果仔细观察一下中学第二阶段（四至八年级）和第三阶段（九、十年级）的教学过程，就可以得出这样的结论：在这里，为了无休无止地然而却又完全徒劳地把那些“尾巴学生拉上来”，这件事无情地吞噬了教师的许多时间。教师刚刚开始讲解新教材，就发现一部分学生无力掌握它，与其说是考虑怎样沿着认识的崎岖小路前进，倒不如说是首先得考虑如何克服一部分学生跟不上的状况（有时候，这个“一部分”相当大，弄得教师不得不几乎是给全班学生进行补课）。这就侵占了教师的许多时间——包括在校的时间和回家后的时间。

为什么会发生这样的情况，即教学过程要被这项似乎是无法避免的工作（克服许多学生的落后状况）而拖住后腿呢？这里想给小学教师提出几点建议。

亲爱的同事，请你记住：所有中年级和高年级教师的时间预算表都取决于你，你在教学和教育工作中是创造精神的缔造者。小学面临着许多重要任务，而其中占据首位的任务就是：要教会儿童学习。你主要操心的事情之一，就是要在儿童应当掌握的理论知识分量跟实际技能和技巧之间，确定一个正确的相互关系。

请你记住：中年级和高年级学生在学业上落伍，这主要是他们不会学习、不会掌握知识的结果。当然，你应当关心使儿童的一般发展达到较高的水平，但是，你应当首先教会儿童熟练地读和写。学生如果没有学会迅速地、有理解地、有表情地阅读和感知所读的东西，没有学会流利而正确无误地书写，那么，到了中年级和高年级，就谈不上顺利地学习，也就是说，教师就不得不没完没了地给学业落后的学生做“拔高”的工作。在小学里，你要教会所有的儿童这样阅读：在阅读的同时能够思考，在思考的同时能够阅读。必须使阅读能达到这样一种自动化的程度，即用视觉和意识来感知所读材料的能力要大大地超过“出声地读”的能力。前一种能力超过后一种能力的程度越大，学生在阅读时进行思考的能力就越精细，——而这一点正是顺利地学习和整个智力发展的极其重要的条件。我坚定不移地相信，学生到了中年级和高年级能不能顺利地学习，首先就取决于他会不会有理解地阅读：在阅读的同时能够思考，在思考的同时能够阅读。因此，小学教师应当仔细地研究，每一个学生的这条能力是怎样发展的。30 年的经验使我深信，学生的智力发展取决于良好的阅读能力。一个能够在阅读的同时进行思考的学生，比起不掌握这种乍看起来很简单的迅速阅读能力的学生来，就显得能够更迅速、更顺利地应付任何作业。在他的脑力劳动中就没有死记硬背。他阅读教科书或别的书籍时，比起那种不会同时阅读和思考的学生来，情形就完全不同。他在读过以后，能够清晰地领会对象的整体和组成部分、相互依存性和相互制约性。

能够在阅读的同时进行思考和在思考的同时进行阅读的学生，就不会在学业上落后；而没有学业落后的现象，教师的工作就容易了。实践证明，如果阅读对于学生成为通往知识世界的一个最重要的窗口，那就没有必要花费许多时间给学生补课了。这样，教师就有可能跟某些儿童进行个别谈话，但这种谈话不是长时间的讲解，而是加以指点和提些建议，告诉他们怎样独立地掌握知识，预防不及格和学业落后。

如果学生并不知道他究竟在哪一点上落后，以及需要何种程度的帮助，那么教师就应当主动地找他个别谈话。

学生在中年级和高年级能否顺利地学习，还有赖于他在低年级时，在多大程度上学会了迅速而有理解地书写，以及这种技能怎样得到进一步的发展。与阅读相配合的书写，——这是儿童借以掌握知识的工具。这种工具处于何种状态，决定着能否有效而合理地使用时间。我建议小学教师提出这样一个努力目标：到四年级结束时，一定要使儿童掌握迅速地、半自动化地书写的能力，——只有在这样的条件下，他才能够顺利地学习，教师也就不必经常操心去克服学业落后的现象了。应当努力做到，使学生在书写的同时进行思考，使字母、音节、词的写法不要占据于他的注意的中心。你还可以向自己提出一个更具体的目标：你给学生讲述一点什么，让他们一边听讲一边思考你所讲述的内容，而同时还要把他自己的思想简明扼要地写出来。应当在三年级就教会学生做到这一点。如果你达到了这一目的，我敢向你保证：你的学生永远也不会成为落伍的、不及格的学生，他们学会了自己去获取知识，这也就节约了中、高年级教师的时间，保护了他们的健康。

4. 谈谈对“后进生”的工作

在我们的创造性的教育工作中，对“后进生”的工作是“最难啃的硬骨头”之一，这样说恐怕没有哪一位教师是不肯赞同的。有那么一些学生，他们理解和记住教材所花的时间，比大多数的普通学生多2、3倍；头一天学过的东西，第二天就忘；为了防止遗忘，需要在教过教材后3、4个星期（而一般是3、4个月）就进行巩固性的练习。

30多年的教育工作使我深信，对于这类儿童，正是前面说过的“第二套教学大纲”能起到特别重要的作用。对这些儿童来说，把学习仅仅局限于背诵必修的教材是特别有害的，——这种做法会使他们养成死记硬背的习惯，变得更加迟钝。我曾试用过许多手段来减轻这些学生的脑力劳动，结果得出一条结论：最有效的手段就是扩大他们的阅读范围。是的，必须使这些学生尽可能地多读些书。我在三至四年级和五至八年级教过书，我总是注意给每一个“后进生”挑选一些供他们阅读的书籍和文章，这些书刊都是用最鲜明、最有趣、最引人入胜的形式来揭示各种概念、概括和科学定义的含义的。应当让这些儿童的头脑里产生尽可能多的关于周围世界各种事物和现象的疑问，让他们带着这些疑问来问我，——这是对他们进行智育的十分重要的条件。

在“后进生”所读的书籍里，在他从周围世界里所遇到的事物中，应当经常发现某些使他感到惊奇和赞叹的东西。在对“后进生”的教育工作中，我总是努力达到这一要求，并且也向所有的教师提出这个建议。用惊奇、赞叹可以治疗大脑两半球神经细胞的萎缩、惰性和虚弱，正像用体育锻炼可以治疗肌肉的萎缩一样。现在还很难说明，当儿童面前出现某种使他惊奇和赞叹的东西时，他的头脑里究竟发生着什么变化。但是，千百次的观察使我们得出结论：在儿童感到惊奇、赞叹的时刻，好像有某种强有力的刺激在发生作用，唤醒着大脑，迫使它加强工作。

有一个叫费佳的学生是我永远难忘的。我教过他5年——从三年级到七年级。费佳遇到的最大障碍是算术应用题和乘法表。我断定，这孩子简直是来不及记住应用题的条件，在他的意识里，来不及形成关于作为条件的依据的那些事物和现象的表象：当他的思想刚刚要转向另一件事物的时候，却又忘记了前一件事物。在其他年级里也有和费佳有某种相似之处的孩子，虽然他们的总数不算多。我给这些孩子编了一本特别的习题集。习题集里约有200道应用题，主要是从民间搜集来的。其中的每一道题就是一个引人入胜的小故事。它们的绝大多数并不需要进行算术运算；解答这种习题首先要求动脑筋思考。下面从我编的《给思想不集中的儿童的习题集》里举出两道习题为例。

(1) 有三个牧羊人，由于天气炎热而疲倦了，他们在一棵树底下躺下休息，接着就睡着了。调皮的放牧助手用橡树枝烧成的炭灰，把睡熟的人的额头上都涂上了黑。三个人醒来后，都哈哈大笑，每一个人都以为另外两个人是在互相嘲笑的。突然，有一个牧羊人停住不笑了，他猜到了自己的额头也被涂黑了。他是怎么想出来的？

（2）古时候，在辽阔的乌克兰草原上，有两个相距不远的村庄——一个叫“真话村”，另一个叫“假话村”。“真话村”的居民都说真话，而“假话村”的居民总是说假话。假若我们当中有谁突然来到这两个古代村庄中的一个村庄，只允许向第一个碰到的当地居民提一个问题，打听自己来到的是哪个村庄，那么这个问题应该怎样提法？

起初，我们只是简单地读读这些习题，就像读关于鸟兽、昆虫、植物的有趣的故事一样。过了不久，费佳就明白了：这些故事就是习题。这孩子对其中一道最简单的习题思考起来，并且在我的帮助下解答出来了。解题原来是这么普通的事，这一点使费佳感到惊奇。“这么说，这些习题中的每一道，也是可以解答出来的？”——费佳问道。于是，费佳整天整天地抱住那本习题集不放了。每解出一道题，他都感到是一次巨大的胜利。他把解出的习题抄在一个专门的练习本里，而且在文字题的旁边他还用了画习题的办法——画的有小鸟、动物、植物等。我还给费佳搜集了一套专门供他阅读的书籍，大约有 100 本书和小册子，可供这孩子从三年级读到七年级。后来又给费佳配备了另一套图书（约有 200 本）。这一套书，在两年内，除费佳以外，还有另外三个孩子利用过。有些书和小册子是跟课堂上所教的内容有直接联系的，另一些书并没有这种直接联系，不过我认为读这些书是一种智力训练。

到了五年级，费佳的学业成绩就赶上来了：他能和别的学生一样，解答同样的算术应用题。到六年级，这孩子突然对物理发生了兴趣。费佳成了“少年设计家小组”的积极成员之一。创造性劳动引起的兴趣越大，他读书就读得越多。他后来在学习上还遇到过困难，特别是历史和文学。但是，每一次困难都是靠阅读来克服的。

七年级毕业后，费佳进了中等技术学校，后来成了一名高度熟练的专家——机床调整技师。

我从来没有、一次也没有给这样的学生补过课，那种补课的目的就是让学生学会在正课上没有掌握的教材。我只教他们阅读和思考。阅读好比是使思维受到一种感应，激发它的觉醒。

请记住：儿童的学习越困难，他在学习中遇到的似乎无法克服的障碍越多，他就应当更多地阅读。阅读能教给他思考，而思考会变成一种激发智力的刺激。书籍和由书籍激发起来的活的思想，是防止死记硬背（这是使人智慧迟钝的大敌）的最强有力的手段。学生思考得越多，他在周围世界中看到的不懂的东西越多，他对知识的感受性就越敏锐，而你，当教师的人，工作起来就越容易了。

知识——既是目的，也是手段。

我千真万确地深信：儿童在学习中遇到困难的原因之一，就是知识在他们那里常常变成了不能活动的“货物”，积累知识好像就是为了“储备”，而不能“进入周转”，知识没有加以运用（首先是用来获取新的知识）。在教学和教育工作实践中，在许多教师看来，“知识”这个概念就意味着会回答提出的问题。这种观点就促使教师对学生的脑力劳动和能力做出片面的评价：谁能把知识储藏在记忆里，一旦教师要求，立刻就能把它“倒出来”，那么他就被认为是有能力、有知识的学生。这在实践中会造成什么结果呢？其结果就是：知识好像脱离了学生的精神生活，脱离了他的智力兴趣。掌握知识对学生来说变成了一件讨厌的、令人苦恼的事，最好能够尽快地摆脱它。

必须首先改变对“知识”这一概念的实质的看法。知识——这就意味着能够运用。只有当知识成为精神生活的因素，占据人的思想，激发人的兴趣时，才能称之为知识。知识的积极性、生命力，——这是它们得以不断发展、深化的决定性条件。而只是不断发展、深化的知识，才是活的知识。只有在知识不断发展的条件下，才能实现这样的规律性：学生掌握的知识越多，他的学习就越容易。遗憾的是，在实践中常常是适得其反：每向前一年，学生就感到学习越来越困难。

从这些道理中能引出什么样的实际建议呢？

请你努力做到，使学生的知识不要成为最终目的，而要成为手段；不要让知识变成不动的、死的“行装”，而要使它们在学生的脑力劳动中、在集体的精神生活中、在学生的相互关系中、在精神财富交流的生动的、不断的过程中活起来，没有这种交流，就不可能设想有完满的智力的、道德的、情绪的、审美的发展。

怎样才能实际地做到这一点呢？

在低年级，从教学的最初步起，知识的最重要的因素就是词，更确切地说，就是词里面所反映的现实的周围世界；词在儿童面前展现出新的、在他入学以前完全陌生的那许多个方面。儿童在知识的梯子上攀登时，使他迈出最初的、在我看来也是最宽阔的步伐的，就是通过词来认识世界。让词在儿童的意识里活起来，欢蹦乱跳，使词成为儿童借助它去掌握知识的工具，这是多么重要啊。如果你想使知识不致变成不动的、死的行装，那就请你把词变成进行创造的最主要的工具之一。

在经验丰富的教师的实际工作中，教学和教育的这一方向性体现为：在学生的脑力劳动中，摆在第一位的并不是背书，不是记住别人的思想，而是让学生本人进行思考，也就是说，进行生动的创造，借助词去认识周围世界的事物和现象，并且与此联系地认识词本身的极其细腻的感情色彩。我领着孩子们来到秋天的果园里。这是初秋的一个晴朗而明媚的日子，柔和的阳光温暖着大地，照耀着披着各色盛装的苹果树、梨树、樱桃树的纹丝不动的枝叶。我给孩子们讲述金色的秋天，讲解自然界中一切有生命的东西怎样准备度过漫长而寒冷的冬季：讲到树木、落在地上的种子、留下来过冬的鸟类、昆虫等。当我深信孩子们已经体会和感觉到词和词组的意思和丰富的感情色彩时，我就建议他们谈谈自己的见闻和感受。我亲眼看到，儿童当场就产生了关于周围自然界的惊人的细腻而鲜明的思想。他们说："一群白天鹅渐渐在蔚蓝色的天空里消失了"；"啄木鸟敲击着树皮，整棵树都发出响声"；"路边开着一棵孤零零的野菊花"，"鹳鸟站在巢边上，向很远很远的地方眺望"；"一只蝴蝶落在菊花上，它在晒太阳……"孩子们没有重复我的话，他们说的都是自己的话。思想在活动，在丰富，儿童正在养成思考能力，于是他们体验到一种无法比拟的思考的乐趣和认识的享受。他们感到自己变成了思想家。

你们是否观察到（或者从别的教师那里听说过），儿童有时候对教师的话抱着一种爱听不听的、无动于衷的态度？譬如，您给儿童讲述一件很有趣的事，可是他目光黯淡，木然地坐着，您的话并没有触动他的心。您完全有根据为此而感到不安：这种对于词的冷淡和不易接受性，是学习上的一大缺点，如果这个缺点扎根很深，一个人就会对学习越来越疏远。

这种缺点是从何产生的，它的根源何在呢？

如果词不是作为一种创造的手段而活跃在儿童的心灵里，如果儿童只是记诵别人的思想，而不创造自己的思想并用词把它们表达出来，那么他就会对词采取冷淡、漠不关心和不易接受的态度。

5. 第一次学习新教材

学生学业落后、成绩不及格的根源之一，就是第一次学习新教材没有学好。

我这里说的"第一次学习新教材"是什么意思呢，这个术语是否能够成立呢？我想，这个术语是可以成立的。大家知道，知识是在不停地发展的，对某段教材的学习将持续一个长时间，对知识的每一次运用，同时也就是知识的发展和深入。而第一次学习新教材，这是由不知到知，由不懂到理解事实、现象、性质、特征的实质而迈出的重要的第一步。

例如，学生在许多课上都要用到简便乘法的公式。经验证明，许多事情都取决于在学习该教材的第一次课上，学生对某一公式的理解是否深刻。首先就是，这一公式是否能够经常处于有准备的状态，可以随时用作获取新知识的手段，换句话说，就是以后再轮到每一次学习新的、后面的定理时，顺利与否也取决于此。这也是一条重要的规律性：在学生的意识中，不明确的、模糊的、肤浅的表象越少，压在他肩上的学业落后的负担就越轻，他的思想对于以后再第一次学习新教材的准备就越充分，他在课堂上的脑力劳动的效果就越好。第一次学习新教材的课应当有些特点，——这就是说，这里需要特别的明确性，学生的独立的脑力劳动的效果在这里具有特殊重要的意义。你要尽量设法做到，在第一次学习新教材时，你就能看出每一个学生的脑力劳动的效果如何。在第一次学习新教材时，极其重要的是要看出“学习困难的”学生的独立工作如何，因为这些学生思考和领悟比较缓慢，为了使他们理解教材的实质，必须给以较多的事实和较长的时间（有时候，提供他们思考的事实也要跟给一般学生的事实有所不同）。

有经验的教师们，在第一次教新教材的课上，总是力求看到：学生是怎样独立地完成作业的。在这种课上，一定要有学生的独立工作，使学生在独立工作过程中思考事实，得出概括性的结论（这里指的是自然学科的课和语法课）。

还有很重要的一点是，在思考过程中就已经包含着运用知识的因素。这里也应当对“学习困难的”学生进行工作。应当走到这些学生的每一个人跟前去，看看每一个人遇到什么困难，给每一个人提出专门为他准备好的作业题。有时候在课堂上就能看出，有必要给某一个学生布置一点家庭作业，那么有经验的教师通常就当堂布置给他。学习较差的学生的脑力劳动的效果如何，首先取决于他在第一次学习新教材时，即当堂能否正常地、有系统地工作；千万不要让他光是听别的学生的流利的回答，把黑板上的东西照抄下来。一定要设法让他独立思考，促使他（要做得耐心、机智）在每一节课上，在脑力劳动中取得哪怕一点点进步也好。

我在教语法的时候，总要设法做到，使学生在第一次学习新教材的课上和直接在课后，就不许在自己的书面练习中有错误。可能，这话听起来有些荒谬，但这是真理：只有要求学生在课堂上不犯任何一个错误，他才能够成为读写无误的人。如果能够做到在课堂上没有错误，才能做到在家庭作业中没有错误（或少犯错误）。语文教师工作困难的基本原因之一，就是学生在课堂上所做的书面作业里就有错误。而教师的缺点正在于，他并没有提出这个目标：一定要使课堂上没有错误。

然而实际上怎样达到使学生书写无错误，从而打下牢固的知识基础呢？这一点取决于许多因素。也许，首先取决于学生的阅读是否流利。要做到正确无误地书写，学生先要学会流利地阅读。也有其他方面的条件——即还取决于课的结构、课堂上的工作方法和方式等。我在备语法课的时候，尽量预先估计一下，在什么地方，在哪一个词上，学生可能犯错误，以及这个学生具体地可能是谁。对任何一个“可疑的”词，我都预先加以详细地解说。

我向你建议：在第一次学习新教材时，不要让任何一个学生对事实、现象、规律性做出肤浅的理解，不要使学生在第一次学习新教材时就在语法规则上犯错误，不要使学生在第一次学习数学规律性时就解错例题和应用题，等等。

6. 思考新教材是上课的一个阶段

大概每一位教师都遇到过这种现象：昨天上课时，大家都很好地理解了所学的规则（定义、定理、公式），回答得也很好，还举出了例子；可是今天上课时，你瞧，班上大半的学生对学过的东西就有些模糊了，个别的竟把教材全忘了。还发现，许多学生在完成家庭作业时遇到了很大的困难。而在昨天上课时，并没有察觉到这些困难呀。

懂得还不等于已知，理解还不等于知识。为了取得牢固的知识，还必须进行思考。

思考的意思是什么呢？就是学生对所感知的东西要想一想，检查一下他理解得是否正确，并且尝试把所获得的知识运用于实践。

举一个例子来说。在几何课上，学生第一次获得了关于三角函数的表象。教师讲了两种函数关系——正弦和余弦的概念。教材并没有多大困难，好像学生们马上就理解了。但是理解并不意味着已经牢固掌握。在讲解以后，教师留出时间让学生思考新讲的材料。学生们打开草稿本，画一些直角三角形，把教师所讲的东西都记录下来，复习正弦和余弦的定义，并且自己想出例子来表明函数关系。在这里，好像把知识的复习跟知识的初步运用结合起来了。原来，经过这样的自我检查，许多学生发现自己不能复现教师的讲解过程，不能把它重复一遍。学生在深信自己忘记了讲解中的某一个环节时，就去翻看教科书，但是在这样做以前，他还是竭力自己把一切都回想一下。

对学习最“差”的和学习有困难的学生来说，对新教材的这个专门思考的阶段尤其必需。有经验的教师都特别重视让学习有困难的学生集中注意教材中的一些“点”，这些“点”实质上就是因果联系，即知识的基础。多年的经验证明，学习困难的学生的知识不够巩固，其根源就在于他们没有看出、没有理解各种事实、现象、真理、规律性之间相互交接的那些“点”，正是在这些“点”上产生了各种因果的、机能的、时间的及其他的联系的。正是对这些“点”，应当引导学习困难的学生加以注意。

例如，教师给学生们讲解俄语的副动词短语。这里的难以捉摸的“点”，就在于副动词在有了谓语（动词）的情况下，好像又充当着第二个次要的谓语。我给学生留下思考的时间，并提醒学习困难的学生注意：在造带有副动词短语的句子时，应当设想有同一个主体在完成两种动作，其中一个动作是主导的、主要的，而另一个动作是从属的、次要的。学生一边思考着现实的动作一边造句。

不管课堂上所学的教材是怎样的纯理论性材料，总还是有可能提出一些实际作业，让学生更好地掌握它。在历史课和文学课上，对新教材的思考，多半是让学生寻找刚刚讲过的教材中的因果联系和意义联系。例如，教师讲解了1861年俄国农民摆脱农奴制束缚的情况。为了让学生思考（5至7分钟），教师提出下列问题：假如沙皇政府不解放农民，俄国的农业发展会走什么道路？在1861年以前，俄国农业和工业中资本主义的发展的相互联系如何？农民解放后这种相互关系的表现如何？1861年以后，是什么阻碍了俄国资本主义的发展？俄国农业中封建主义残余（甚至在1861年改革以后）依然存在的原因是什么？这些问题写在一大张纸上，讲完新课后立即挂在黑板上。我深信，课的一个最紧张、最有兴趣的阶段从这时开始了。学生们回想以前学过的各章节的材料，在教科书里“翻阅”资料（顺便指出，在人文学科的课上，教科书首先是为了思考新教材而使用的）。在我看来，这时候进行的是学习过程中最必要、最有益的事——不用通读全文而复习以前学过的教材。这种复习是最有效的，因为就实质而言，这种复习就是思考。

这么说来，请你毫不犹豫地在每一节课上尽量留出时间让学生掌握新教材吧！这些时间会得到百倍的补偿。思考知识时的脑力劳动越有效，学生完成家庭作业所需的时间就越少，下一节课上检查功课所花的时间就越少，因而可用来讲解新教材的时间就越多。如果你弄懂了这种依存关系的实质，你就能解开那个“连环套”：学习新教材的时间不够用，是因为时间花在检查家庭功课上了，而检查家庭功课占用很多时间，又是因为教材没有充分学透。

7. 怎样使检查家庭课业成为学生有效的脑力劳动

检查家庭课业的那种很不顺利的状况，使我苦恼了不止一年：在这一部分工作上，经常是把时间白白浪费了。我们每一个教师都很熟悉这种情景：当被提问到的学生刚刚开始回答问题的时候，所有其余的学生就各干各的事情了；对回答进行思考的，顶多也不过是少数几个有可能被提问的学生。一个疑问使我长期得不到安宁：怎样才能在检查功课的时候，使所有的学生都能对提出的问题进行思考，以便使教师对全班的工作都能检查到呢？

使用草稿本是一个挽救的办法。譬如上几何课。全班都准备好让老师检查家庭课业。教师向全班提出两道作业题：求出圆面积的公式，自编一道求圆面积的应用题并解答出来；扼要说明三角形相等的特征。全体学生都把题目抄到草稿本里。在这里，草稿本代替了黑板，教师并不喊任何人到黑板上来做题。教师注意地观察着每一个学生的工作情况。如果他想了解，某一个学生对求出的公式是否深刻理解，就让学生解释一下他是怎么做的，为什么这样做，等等。这时候没有必要把学生叫起来回答。每一个学生都在工作，就像他被叫到黑板跟前做题一样。教师随时（在完成作业的某一个阶段上）可以让全班或一部分学生停止作业。

这种工作形式的优点，首先在于检查知识时用不着把学生都懂得的知识高声地重复一遍。教师有可能好像以简便的形式取得关于学生知识情况的信息。同时，每一个学生都能做到完全独立地工作。这里有两个重要因素：第一，把检查知识变成了知识的积极运用；第二，教师有可能密切注视学习困难的学生的工作情况，考虑到他们的个人能力和特点。现在，我们学校在检查家庭课业时，三至十年级的所有学生都使用草稿本。我们感到不这样做就没法检查学生的功课。经验证明，这种检查法能训练学生压缩地、经济地表达思想，防止他们死记硬背。那种拼命死记硬背的学生，永远也不能学会简明扼要地回答问题，抓不住要点。我们的检查方法则能训练学生在阅读和记诵的同时进行思想。

如果用新的事实对各种概括进行新的思考，借这个办法来检查学生的知识（规则、公式、定理、结论），就可以大大提高学生在检查知识时的脑力劳动的效果。在小学各年级，我们一般地不在上课开始时专门留出一段时间用来检查知识。我们把检查知识跟加深、扩充和运用知识密切结合起来。例如，教师想要检查学生掌握下列定义的情况：句子的主要成分和次要成分；主语和谓语之间的语法关系、主要成分和次要成分之间的语法联系等。教师让学生把草稿本打开，给他们布置一道实际性的作业题：造六个句子，句子里要用上“道路”（～opora）这个词的第四格和其他各间接格，并确定句子主要成分和次要成分之间的语法联系。有的学生很快完成了这道作业，教师就给他再出一道作业：造 3 个句子，这些句子里各包含 1 个、2 个、3 个同等的谓语。学生通过完成这种作业，既运用了知识，又对这些知识有了更深一步的理解。千万不要把打个分数作为检查知识的唯一目的。应当尽量把知识的评定跟其他目的（首先是知识的重新思考、扩充和加深）结合起来。也不要走极端——对学生的每一次回答、每一份书面作业都评定分数，这样做会引起不良后果。至于其中的道理，有待加以专门解释。

8. 评分应当是有分量的

不应当把知识的评定作为某种孤立的东西从教育过程中分离出来。只有当教师和儿童之间的关系建立在互相信任和怀有好意的基础上时，评分才能成为促使学生进行积极的脑力劳动的刺激物。可以说，评分是教育上最精细的工具之一。根据学生对教师所给的评分所抱的态度，我们就可以准确无误地作出结论，断定学生对教师的态度如何，是否相信和尊重教师。我想就知识评定的问题向教师提几点建议。

第一，评分宁可少一些，但是每一个评分都要有分量、有意义。在我的漫长的教育生涯中，我教过中学教学计划里几乎所有的学科（制图除外），可是我从来没有凭学生在一节课上的回答（甚至所提的问题达 2、3 个甚至更多）就给学生打分数。我给的评分总要包括学生在某一时期内的劳动，并且包含着对好几种劳动的评定——包括学生的回答（也可能是好几次回答）、对同学的回答的补充、书面作业（不太长的作业）、课外阅读以及实际作业等。我用一段时间来研究学生的知识，学生也感到这一点。到了一定的时间，我就对他说："现在我要给你评分了。"于是又开始了研究他的知识的下一个阶段。这样学生也很明白：他的任何情况都逃不出我的注意。也许读者中会有人提出疑问：难道教师能把这一切都记在头脑里吗？也许，有些人会感到，要把有关学生脑力劳动的一切情况都记住有困难，但是我总觉得记住这些是一件最重要的事。难道把值得注意的事也忘记了，还能够对学生在教育中进行教学、在教学中进行教育吗？

第二，如果学生由于这样或那样的原因和情况而没有能力掌握知识，我是从来不打不及格分数的。如果学生感到没有努力的方向，觉得自己什么也不行，这对他的精神是最大的压抑。心情苦闷和精神抑郁，这种情绪会对学生的全部脑力劳动打下烙印，使他的大脑好像变得麻木起来。只有那种明朗的、乐观的心情才是滋养着思想的大河的生机蓬勃的溪流。郁郁不乐、情绪苦闷所造成的后果，就是使掌管情绪冲动和思维的情绪色彩的皮层下中心停止工作，不再激发智慧去从事劳动，而且还会束缚智慧的活动。我总是尽一切努力使学生相信自己的力量。如果学生愿意学习而不会学习，就应当帮助他哪怕前进很小的一步，而这一步将成为他的思维的情绪刺激（认识的欢乐）的源泉。

你在任何时候也不要急于给学生打不及格的分数。请记住：成功的欢乐是一种巨大的情绪力量。它可以促进儿童好好学习的愿望。请你注意无论如何不要使这种内在的力量消失。缺少这种力量，教育上的任何巧妙措施都是无济于事的。

第三，如果你看出，学生的知识还比较模糊，在他们关于所学的事物和现象的表象中还有些不明确的地方，那你就根本不要给予任何评分。在我所教的第一个班里，都有一个学生，我对他的精神生活进行过精细的研究，我从他的眼光里就能看出，他对于我所提问的东西是否理解。如果这个学生的眼光表明他还没有做好回答问题的准备，那么我就不评定他的知识——应当首先设法让学生学会知识。

第四，应当避免提这样的问题，这些问题要求学生准确无误地重复教师所讲的东西或者从书本里背诵的东西。在教育过程中有一样非常有趣的东西，——我想把它称之为"知识的转化现象"。这里指的是思维逐步地深入知识中去的情况，即当学生每一次回头来看已经学过的东西时，都能在各种事实、现象、规律性中看到某种新的东西，研究和分析这些事实、现象、规律性的某些新的方面和新的属性及特点。应当把知识的转化作为复习的基础。关于这一点，拟另外提出单独的建议。

9. 不要把学习之母变成后娘

民间教育学常说：复习是学习之母。可是，善良的母亲常常变成凶狠的后娘。当学生被迫在一天或几天之内做完曾经在几个星期和几个月里所做的事情，譬如说，一下子要复习完 10 节、20 节甚至更多节课所教过的教材时，就会发生这种情况。大量的事实和结论一下子压到学生肩上，在他的头脑里把一切都搅和在一起了。何况，要复习的不只是一门学科的教材，还有其他许多学科哪！正常的脑力劳动无法进行，学生的力量被使用得过了头。

怎样从教育学的观点来正确地组织复习呢？首先，我建议考虑到学科和具体材料的特点。譬如说，在九年级，复习几节物理教材跟复习几节历史教材，就远不是一码事。在布置学生复习诸如物理、化学、代数、几何这一类学科的规则、定律、公式和结论时，有经验的教师总是主要地让学生完成实际作业——练习、应用题、画图、制表等等。同时，教师特别注意：学生要想完成一道实际作业，他就得熟悉两条或更多的原理。在完成这种性质的作业时，就在进行着一种对智力发展来说非常重要的知识迁移的过程——即从相互联系和相互依存的关系中对概括性的真理进行重新思考的过程。学生应当从新的、以前对他来说是未知的角度来看各种事物和现象。例如，数学教师为了复习而给学生布置一些应用题，学生要解答这些应用题，就得在头脑中既复习几何形的体积，又复习三角函数。多年的经验使我深信，如果一条理论概括能跟另一条理论概括相接触、相联系、“挂起钩来”，那么就好像在知识的迁移上发生了飞跃：两条真理都被更深刻地理解了，学生在这些理论概括中看出了他以前没有看到的东西，似乎明白了其中的一条，也使另一条变得更加明白了。

就代数、几何、物理这一类学科来说，我建议采用我校优秀教师们在实际工作中使用的一种所谓综合复习。这种复习有许多变式。例如，让每个学生制作一个几何图形的模型，借助这个模型可以复习一系列重要的公式。或者教师指定学生们做出一些几何图形的示意教具，用它们可以直观地说明好几种定理。

历史、文学等人文学科的复习具有另一种性质。要把 7、8 节课所讲的教材复习一遍，那就等于要读 40 到 50 页书。在这里，当然不能用讲解新教材过程中所用的办法来进行复习。要复习分量很大的教材，就必须好像站得远一点来看它，以便使主要的东西看得更清楚，而次要的东西则不那么显眼。如果学生在复习的时候把所有的东西从头至尾地反复地读，那就不仅会出现负担过重现象，而且更重要的是材料的中心思想会被学生忽略过去，从而削弱了它们的教育作用。

应当教给儿童从教材中解脱出来——即放过细节，抓住要点。你可以花几节课的时间来复习历史、文学的某些章节，具体地做给学生看，怎样不用从头到尾地读材料而进行复习。学生的知识面越广，其中能跟课堂上（以及课外）所要复习的材料“挂上钩”的知识越多，对于教材的领会就越深刻。你要教给自己的学生（特别是高年级学生）能从次要的东西中抽象出来，而把注意力集中到主要的东西上。这种技能是形成世界观的基本功之一。

还有一种复习方式。我在教数学、物理、化学、生物的时候，始终遵循一种在我看来是很重要的要求：让学生在每门学科的听课笔记里画一条竖线，在页边上留下一条空白地方，把那些必须永远牢记的东西用红铅笔写下来。学生应当在翻阅听课笔记的时候，着重复习这些规则、公式、定理及其结论（数学和物理——每周复习一次，化学——每两周复习一次，生物——每三周复习一次）。

10. 怎样检查练习本

“检查练习本吞没了我所有的空闲时间。”这是一位女教师在来信里所说的话。在这封信的下面，大概有成千上万的教师都会签名同意的。只要把那一叠一叠的待批改的练习本看上一眼，没有一个教师不为之寒心的。这倒不单是因为要付出好多个小时的劳动，而令人烦恼的是这种劳动是那么单调乏味，没有创造性。

许多教师和教育工作者都迫切希望最大限度地压缩批改练习本的时间，但是，“毫无结果”。这是为什么呢？因为学生的练习本里有大量的错误。检查练习本的问题是学校的待解决的许多问题之一，这些问题的解决则取决于几百条条件和前提。这里不可能提出某种单一的建议：“如此这般就行了。”但是，如果在整个学校、全体教师的工作中能遵循几条固定的要求，那么毕竟还可以把花在批改练习本上的时间减少 2/3 左右。

首先，学校里应当有一种高度的言语素养，有一种对词的高度敏感的气氛：一个说错或者写错的词，不仅教师，而且学生听起来都会感到它不谐调，就好像一个具有高度音乐听觉的人，听到一个错误的音符时感到那么不入耳一样。应当向小学各年级的教师提个建议：你们要培养儿童对词的感情色彩的敏感性，你们要使学生像对待音乐那样对待词的音响！形象地说，学生应当成为“词的音乐家”，珍视词的正确、纯洁和优美。你可以把孩子们带领到大自然中去，把各种花朵、声音、动作的极其细微的色调指给他们看，把人们的劳动作为一种创造活动展示在他们面前，并且让这一切都通过词、通过色彩细腻的言语反映出来。

我们上一些专门的课来教这些词，如朝霞、傍晚、草原、田野、河流、潺潺、闪烁、隆隆……我们就每一个词跟儿童一起编写作文。词深入儿童的精神生活里去，他学习用词来表达最微妙的感情，用词来反映从周围世界得来的印象。这是学校里很不容易的，甚至可以说是最复杂的一门科学。

你要把自己的学生从书本和思考引导到活动，再由活动引导到思维和词。活动应当转变为学生自己的思想，而自己的思想则应当通过词表达出来。这在实践上可以归结为如下的做法：尽可能经常地把学生自己的活动变成他思考和判断的对象。应当让你的学生讲故事，发表议论，汇报他亲手做过的事情，讲述他所观察到的事物。往往学生用词混乱，是因为这些词没有跟他自己所做、所见、所观察和所想的东西联系起来。应当布置这样一些作业，这些作业要求学生一定要讲述、汇报和报告，要求他把现有的知识“投入周转”，也就是说，使词成为进行创作的手段。

为什么学生的作业里有许多错误，写得文理不通呢？我认为，毛病的根源就在于能力与知识之间的关系失调。在绝大多数的学科（特别是像语法、文学阅读、数学这类学科）的学习中，学生的能力落后于知识。当能力“软弱无力”，不能为知识“提供服务”的时候，知识就变成了一种沉重的、不能胜任的负担。

减轻批改练习本的工作，涉及教学的一系列根本问题。但是在某几项前提下，还是能有所减轻的。第一，在每一节语法课上，都分出一段时间，让学生把那些容易犯语法错误的词抄录下来，并加以识记。第二，让学生对于完成家庭作业先做好仔细、周密的准备，以预防错误。第三，可以说，凡是有经验的语言、文学、数学、物理教师，都有自己的一套检查练习本的方法。经验证明，最合理的一种方法是定期抽查：教师每隔一段时间收几个学生的练习本进行检查。只有测验作业才需要全部检查。

11. 阅读是对“学习困难的”学生进行智育的重要手段

这里指的是那些很艰难、很缓慢地感知、理解和识记所学的教材的学生：一样东西还没弄懂，另一样东西就该到要学了；刚刚学会这一样，另一样就已经忘记了。有些教师相信，要减轻这些学生的学习，只有把他们的脑力劳动的范围压缩到最低限度（有时候，教师对学习有困难的学生说：你只要读教科书就行了，不要去读其他的什么东西，以免分心）。这种意见是完全错误的。学生学习越感到困难，他在脑力劳动中遇到的困难越多，他就越需要多阅读：正像敏感度差的照相底片需要较长时间的曝光一样，学习成绩差的学生的头脑也需要科学知识之光给以更鲜明、更长久的照耀。不要靠补课，也不要靠没完没了的“拉一把”，而要靠阅读、阅读、再阅读——正是这一点在“学习困难的”学生的脑力劳动中起着决定性的作用。

有一位姓特卡琴柯的优秀数学教师，他教的中学生就没有不及格的。这位教师的创造性劳动的一个最突出的特点，就是他善于合理地组织这里所说的这种阅读，通过阅读来发展学生的智力才能。特卡琴柯从五年级教到十年级，他教的每一个年级都有一个绝妙的小图书馆，里面有不止100种书籍，这些书都是以鲜明的、引人入胜的形式来讲述他觉得是世界上最有趣的一门科学——数学的。如果没有这些图书，那么他的某些学生是永远也不会达到及格的。例如，在教方程以前，学生们就读了几十页关于方程的书，这种书首先是些引人入胜的故事，讲的是方程怎样作为“动脑筋习题”在民间的智慧中形成的。问题不仅在于阅读能挽救某些学生免于考试不及格，而且在于借助阅读发展了学生的智力。“学习困难的”学生读书越多，他的思考就越清晰，他的智慧力量就越活跃。

经过周密考虑地、有预见地、有组织地让学习较差的学生阅读一些科普读物，这是教师要关心的一件大事。实质上，在学校生活实践中称之为“对后进生个别施教”的工作，其要点正在于此。

12. 不要让能力和知识关系失调

所谓能力和知识之间的关系失调，表现为学生还没有具备作为掌握知识的工具的那些能力，可是教师已经把源源不断的新知识硬塞给他：快点掌握，别偷懒！这样的学生就好比没有牙齿的人：他被迫地把没有咀嚼的整块食物囫囵吞咽下去，开始时感到胃里不舒服，以后就生起病来，以至于无论什么也不能吃了……

我在前面已经详细谈到过，许多学生之所以不能掌握知识，乃是因为他们还没有学会流畅地、有理解地阅读，还没有学会在阅读的同时进行思考。这就是一种最可悲的关系失调的表现。流利地和有理解地阅读（包括有表情地朗读和默读）的技能，这不单单是个基本的文化基础问题，这是学生在课堂上和在独立读书时进行完善的逻辑思维的最重要的条件之一。

凡是没有学会流利地、有理解地阅读的人，他是不可能顺利地掌握知识的。所谓流利地、有理解地阅读，这就是一下子能用眼睛和思想把握住句子的一部分或整个的较短的句子，然后使眼光离开书本，念出所记住的东西，并且同时进行思考——不仅思考眼前所读的东西，而且思考到与所读材料有联系的某些画面、形象、表象、事实和现象。

在小学里，就应当使阅读达到这样的完善程度。否则，就谈不上让学生自觉地掌握知识。不仅如此，要想撇开流利地阅读的技能而要求学生掌握知识，那就只能使学生的智能变得迟钝，造成思维的混乱、没有联系、支离破碎和粗陋肤浅。大概你们也遇到过这样一些五、六年级的学生，他们（就像人们常说的那样）简直不会把两个词联系到一起。我曾经把这类学生的言语逐字地记录下来并进行了分析：这种言语好像是从上下文里脱落出来的个别的词，它们之间没有任何联系。学生一般地都不会用词句来表达自己的思想的某个部分，因此他的言语里就出现了坑坑洼洼，模糊不清。对这些可悲的事实进行的多年研究，使我得出一条结论：这种智力上的“口齿不清”（这是我给这种缺点起的名称），正是由于缺乏流利地、有理解地阅读以及边阅读边思考的技能而造成的。许多词没有被儿童透彻理解，只是由于一条很简单的原因：儿童没有来得及把词好好地读熟并且感知它们的发声，特别是不能在自己的意识里把词跟有关的表象联系起来。学生既然不会流利地、有理解地阅读，于是也就来不及思考。而不动脑筋、没有思考的阅读，只能使儿童的头脑变得迟钝。

怎样才能使儿童学会流利地、有理解地阅读，使他能够既用视力又用思想快速地感知一组在意思上连贯起来的词呢？要做到这一点，必须有一系列练习。我在教小学生的时候，是用下面的办法来检验学生会不会流利地、有理解地阅读的。我让学生朗读一篇童话或故事（新课文），譬如说一篇关于原始人的生活的故事。我在他们面前的黑板上挂一张色彩鲜明的图画，上面画着原始人的生活情景：是火堆，有准备食物的情景，有捕鱼的活动，有孩子们在嬉戏，还有做衣服的情景。如果学生（这里指的是三年级学生）在朗读这篇课文时，眼睛离不开书本，以致在朗读结束时他还来不及仔细地看看这幅图画，并且记住课文里根本没有写到的那些细节，这就说明他还不会阅读。眼睛一刻都离不开书本的阅读，这还不能算是真正的阅读。如果学生在阅读过程中不能感知任何东西，那么他实质上就是不会同时阅读和思考，正因为如此，这种阅读才不能称为有理解的阅读。

到了某一个教学阶段，学生还应当掌握迅速书写的技能，以便做到能一边书写一边思考。缺少这种技能，就又会造成另一种关系失调。要掌握这样的书写速度，也必须有足够数量的练习。应当使书写过程达到自动化的程度，这就是说，要使学生达到不必思考怎样把字母连接成词以及他在写什么字母的程度。应当是所写东西的内容占据着学生的注意的中心。通过足够数量的练习，可以在第四学年达到这一要求。但是，书写的自动化也有赖于阅读。书写不好的人，总是那些阅读也不好的人。

培养迅速而有理解的书写技能的练习，可以（在学生能很好地阅读的条件下）按下列方法进行。教师向儿童们讲述某一种自然现象、事件或劳动过程；在讲述中要能明确地区分出各个逻辑的组成部分，而每一部分中又有重点以及与重点有关的细节和详情。在教师讲述的时候，要求学生按照教师讲述材料的顺序，把要点记录下来。如果学生没有这种在听讲的同时就把故事（演讲、解说）的内容简要地记录下来的技能，那就根本谈不上掌握知识。在许多情况下，学生学业落后的原因，正好是由于他缺乏这种基本的但同时也是十分复杂的技能。

这样技能的作用还不仅限于实际应用。它还是发展智力才能的必要条件。没有这种同时听、写和思考的技能（也像同时阅读和书写的技能一样），知识的扩充就是不可能的。

挑选、系统整理和分析事实的技能，也是在很大程度上决定能否顺利地掌握知识的十分重要的技能之一。教自然科学类学科和语法的有经验的教师们，都很注意不要让学生的技能和知识之间出现关系失调的现象。这里所产生的关系失调，就是学生的思维仅仅局限在教师在讲课（讲演、解说）中所举的事实的圈子里。这种关系失调的后果，就是把学生头脑中的知识变成了一堆僵死的，不再发展的东西，因为这些知识不能迁移，不能被新的事实所丰富，不能用来解释新的事实。这里发生的这种情况，我想把它称之为知识的僵化。当知识处于这种状态时，就会遇到一些乍看起来令人觉得奇怪的现象。例如，学生背会了关于物质有 4 种状态的概念，但是他在实际生活中却不去注意大量的这类事实，不去利用这些事实来从新的、以前未知的角度去解释这一概念。于是，在检查知识时，学生遇到了物质由固态转变为气态的事实，而他在生活中随处可见的事实面前茫然失措，不能理解和解释它们的实质。

为了使学生学会自觉地把概括的东西运用于生活实践，必须让他们独立地搜集大量的事实，思考这些事实，并对它们进行系统整理、对比和分析。对事实的搜集和加工，这本身就是一种知识的状态，即能动的状态——从课堂上获得的知识体系中自觉地挑选出必要的规律性、特性和定义的状态。而使知识进入这种状态是多么重要啊！多年的教育劳动的经验告诉我，搜集和加工事实是一种特殊的技能，有了这种技能，就能使知识经常地处于发展之中，而这种发展又是具有深刻的特性的：学生不仅在分析他周围发生的事物，而且也在分析自己的思维。通过搜集和加工事实，学生就走上了自我进行智育的道路。

某一门学科体系中的事实具有什么特点，——在我看来，这是教学法的极为重要的问题之一，同时也是一个一般教育学的问题。形象地说，事实是支持思想展翅翱翔的空气，因此请你从这个角度来分析一下教学大纲。请你考虑一下，选用哪一部分事实放在课堂上讲，而把哪一部分事实留给学生自己去搜集和加工。还要请你对搜集事实的过程本身给学生提出一些方法上的指示，并且教给学生如何对事实进行思考。

13. 兴趣的秘密何在

每一个教师都希望在自己的课堂上学生对学习感兴趣。怎样才能把课上得有趣呢？是不是所有的课都能上得有趣呢？兴趣的源泉何在呢？

所谓课上得有趣，这就是说：学生带着一种高涨的、激动的情绪从事学习和思考，对面前展示的真理感到惊奇甚至震惊；学生在学习中意识和感觉到自己的智慧力量，体验到创造的欢乐，为人的智慧和意志的伟大而感到骄傲。

认识本身就是一个激发生动的、不可熄灭的兴趣的最令人赞叹、惊奇的奇异的过程。自然界的万物，它们的关系和相互联系，运动和变化，人的思想，以及人所创造的一切，——这些都是兴趣的取之不竭的源泉。但是，在一些情况下，这个源泉像潺潺的小溪，就在我们的眼前，你只要走近去看，在你面前就会展示一幅令人惊异的大自然的秘密的图画；而在另一些情况下，兴趣的源泉则藏在深处，你得去攀登、挖掘，才能发现它；而很常见的情况是，这个"攀登"、"挖掘"自然万物的实质及其因果联系的过程本身，这是兴趣的重要源泉。

如果你所追求的只是那种表面的、显而易见的刺激，以引起学生对学习和上课的兴趣，那你就永远不能培养起学生对脑力劳动的真正的热爱。你应当努力使学生自己去发现兴趣的源泉，让他们在这个发现过程中体验到自己的劳动和成就，——这件事本身就是兴趣的最重要的源泉之一。离开了脑力劳动，就既谈不上学生的兴趣，也谈不上他们的注意力。

对知识的兴趣的第一个源泉、第一颗火星，就在于教师对上课时要讲的教材和要分析的事实所抱的态度。真理的知识在学生意识中的产生，来源于学生认识到各种事实和现象之间的那些接合点，认识到把各种事实和现象串联起来的那些线索。我在备课的时候，总是努力思考和理解那些接合点和线索，因为只有抓住这些思想的交接点，才能在认识周围世界的真理和规律性中揭示出某种新颖的、出人意料的东西。例如，在下一节课中，将要讲到植物的根系及其在植物生命过程中的作用，学生已经成百上千次地见过植物的根，乍看起来，教材中未必找得出任何使学生感兴趣的东西。但是，兴趣并不在于认识一眼就能看见的东西，而在于认识深藏的奥秘。我对孩子们讲述说，那些很细很细的根须怎样在土壤里吸取植物所需要的物质。我把孩子们的注意力引到各种事实的这样一个接合点上来：在土壤里，有一种生命在时刻不停地进行着，无论冬夏，这种在土壤深处的生命都永不熄灭；亿万个微生物好像在为许多根须服务，如果没有这种复杂的生命，树木就不能活下去。我说："孩子们，让我们来仔细观察一下土壤的这种复杂的生命。想一想，它是怎样依赖于从周围环境中提供的物质的。那样，在你们面前就会展示出生物和无生物之间的相互作用。"无生物怎样变为构成生物的建筑材料，——这正是各种事实的结合点，我把这一点讲清楚，把学生的注意力集中到这一点上，就在学生面前揭示出一种新的东西，激发起他们在自然界奥秘面前的惊奇感。这种情感越能抓住少年们的心，他们就越加迫切地想要知道、思考和理解。

兴趣的源泉还在于把知识加以运用，使学生体验到一种理智高于事实和现象的“权力感”。在人的心灵深处，都有一种根深蒂固的需要，这就是希望感到自己是一个发现者、研究者、探索者。而在儿童的精神世界中，这种需要则特别强烈。但是如果不给它提供食物（与事实和现象进行生动的接触，体验到认识的欢乐），这种需要就会萎谢，而对知识的兴趣也就随之熄灭。我认为有一项十分重要的教育任务，这就是不断地扶植和巩固学生想要成为发现者的愿望，并借助一些专门的工作方法来实现他的愿望。我在课堂上激发了儿童对于土壤中发生的、然而无法直接观察到的隐秘的过程的兴趣，于是在下课后我们就到田里去，以便特地去看一看土壤的剖切面。孩子们怀着惊奇的心情察看了小小的禾本植物的长达两米多的根。这对他们来说是一种真正的发现。但是从实质上说，他们只是刚刚踏上了发现和探索的道路。我把草地上和荒地上的几种植物的根指给孩子们看。我们把一些草根（去掉它们的茎）种下去，其中许多草根初看起来已经完全干枯和死掉了，可是它们竟成活了，长出了嫩芽，变成了绿草。还有一棵葡萄的根也成活了，发了芽。

这件事鼓舞了孩子们，他们的思想变得非常好奇和活跃。他们体验到一种无可比拟的人类的自豪感：我们是事实和现象的驾驭者，在我们的手里，知识变成了力量。感到知识是一种使人变得崇高起来的力量，——这是比任何东西都更强有力的一种激发求知兴趣的刺激物。可见，不要使掌握知识的过程让学生感到厌烦，不要把他引入一种疲劳和对一切都漠不关心的状态，而要使他的整个身心都充满欢乐，这一点是何等重要！当然，如果学生亲自去研究和发现了某种东西，亲自去把握具体的事实和现象，那么这种驾驭知识的情感就会更加强烈。此外，还有一种纯粹思考（运用智慧进行概括、系统化的活动）带给学生的欢乐。

如果一个学生广泛地阅读，那么在课堂上所讲解的任何一个新概念、新现象，就会纳入他从各种书籍里汲取到的知识的体系里去。在这种情况下，课堂上所讲授的科学知识就具有特殊的吸引力：学生感到这些知识是帮助他把“头脑里已有的”东西弄得更加清楚所必不可少的。

14. 争取学生热爱你的学科

哪个学校里有一位优秀的数学教师，数学就会成为学生最喜爱、最感兴趣的学科，就会在许多学生身上发现杰出的数学才能。如果学校里新来一位有天才的生物教师，那么你等着瞧，两年之后就会出现10个禀赋高强的少年生物学家，他们爱上了植物，在学校园地上入迷地进行试验和研究。

哪个学校里的各科教师的教学，好像汇合成了一种各自都在争取学生的思想和心灵的善意的竞赛，那么这个学校的智力生活就会显得生机蓬勃。这种竞赛是全体教师进行创造性劳动的整整一个领域。这种竞赛表现为：每一个教师都在尽量唤起学生对自己所教学科的兴趣，使他们入迷地酷爱这门学科。可以设想，如果一个刚进入四年级的儿童，遇到这样一个教师集体，那里所有的教师都是很有天才的，至少也是热爱自己学科的人，他们都善于点燃起学生对自己的（各自都认为是最有趣的）学科的热爱的火花，那么在这样的环境中，一定会使每一个儿童的天赋素质得到发展，使他们的爱好、才能、志向、禀赋确立起来。

在这里，我们就进入到教育过程的一个最有意义的领域，——这个领域在许多学校的实际工作中至今还是一块没有探测过的处女地。我坚定地相信，学习的教育性方面首先表现为：用一种形象的说法来表达，就是在科学基础课程这个整齐的乐队里，要使每一个学生都找到自己喜爱的乐器和自己喜爱的旋律。如果一个学生没有爱上一门具体的学科、一个具体的科学知识的领域，那就没有个性的智力充满性和精神生活的丰富性。

让学生们把你所教的学科看做是最感兴趣的学科，让尽量多的少年像向往幸福一样幻想着在你所教的这门学科领域里有所创造，做到这一点是你应当引以为荣的事。我希望你去争取自己学生的思想和心灵，跟你的同事们——其他学科的教师来一番竞赛。譬如说，你在八至十年级给 200 个学生教物理，他们都是你的学生。但是你还应当有另外一个概念："我的学生"。你应当有 10 个或者更多的"自己的学生"（有时候，可能人数少些，只有 5、6 个，这倒丝毫没有什么可计较的地方）。这是一些全心全意献身于物理学的青年，他们下定决心把自己的一生同技术、科技思想领域里的劳动结成一体。此外，也许你还有另外的诚实的少年，他们对物理学的兴趣还只是刚刚"露头"，其中有些人将来会爱上你的学科，而另一些人则可能在别的什么知识领域里找到自己的"出路"，——是啊，在生活理想的发展中，再没有比志趣的形成更复杂的事了。你现在教着 200 个学生，要使他们所有的人都在学校的基础物理课程方面掌握牢固的知识，这是你的工作的一个方面。但是请你不要忘记，在你的良心上，还有教师的创造性工作的另一个方面，这就是还有一部分青年决心把物理学作为一门科学来攻读，而课堂上所学的东西对他们来说只是科学的入门知识，你就应当关心使他们对物理学（技术、机器、机械、科技知识）的志向确立起来。在学校里，你还应当有一个"自己的学校"——少年物理学家学校。

那么这一切又应当怎样去做呢？这里什么是最主要的，并且应当从何处入手呢？

你肯定有一个物理专业教室。你也一定每天要在那里工作一两个小时，——也许你在钻研书本，也许你在尝试给将要进行的实验作业“打草稿”，也许你正在为一张图纸或一个仪器模型动脑筋。我想对你说，如果这时候我处在你的地位，我会怎么做。我会把那些深深爱上物理学的青年——瓦尼亚和柯里亚、根卡和斯拉甫卡、彼得和萨沙都邀请到物理室里来。到这里来的还有八年级学生，甚至有七年级学生，——他们还没有最终地爱上我的学科，但是我看到，当我讲到反粒子和光子火箭的时候，他们的眼睛怎样闪闪发光，他们的手怎样伸向关于原子物理学的有趣的小册子。我的物理专业教室里有一个角落，我把它称为“思考之角”。在这里，墙上挂着法国雕刻家罗丹的木刻画《思想家》，有一个书橱，里面放着一些关于科学技术的最新问题的书籍和小册子。这是一种引诱青年们超越教学大纲的范围，向着未知的远方去探索的火光。我这里还设有另一个“难事之角”。这里有几个模型的图纸，它们都是根据很奥秘的、不同寻常的设计思想制成的。要把这种设计思想变成金属和塑料的实物，那是得克服很大的智力困难的。在这个“难事之角”里，不能容忍思想的懒惰，不许当瞠目结舌的旁观者，而必须进行创造。这里还有我自己的一个小小的教育创造实验室，也就是我备课的角落。我在这里用各种新的教具变魔术。跟我一起工作的还有我的“实验员”——几个高年级学生，他们帮助我备课。

就这样，我敞开大门，让那些已经爱上物理学的，还有那些尚未最终爱上物理学，但是带着热烈而喜悦的眼光的学生们，都能到所有这些角落里来。

我这里还有一个“幻想之角”，我认为它有特别重要的意义。在这里，从科学知识的大堆篝火里点燃起志向的火花。少年们在这里认识到：思考——这是一种艰巨的、不轻松的、异常复杂的、有时竟是一种痛苦的劳动，但是它向你预示着一种无可比拟的欢乐——认识的欢乐，以及意识到自己能够驾驭知识的智力的自豪感。从“思考之角”开始，训练学生接触科学知识。我这里有各种书籍，有些是供那些刚刚进入科学知识的海洋里学习游泳的学生阅读的，而有些是供那些已经坚决选定科学、技术、实验室工作或者到工业企业去操纵复杂的机床作为自己的专业的即将毕业的学生钻研的。我非常关心，一定要使那些在我讲课的时候眼睛里射出好奇的火花，和那些总要提出几十个“为什么”的头发蓬乱的小伙子进到我的“思考之角”来。我了解他们每一个人在幻想着什么，就专门在书架上给他摆几本有关的书。

有许多聪明的、天赋很好的儿童和少年，只有当他们的手和手指尖接触到创造性劳动的时候，他们对知识的兴趣才能觉醒起来。如果我看到，哪一个儿童和少年的手喜欢去摸弄机器和机械模型、各种仪器和设备，我就一定设法把他吸引到“难事之角”里来。

有一些学生，很长时间都没有对任何事情表现出特别的兴趣。如果学校里没有一种各科教师都来争取学生的思想和心灵的气氛，那么许多学生的兴趣就永远得不到开发。学校里这种对学习和知识无动于衷，没有为自己找到任何感兴趣的事情的学生越多，那么，教师们就越不可能有“自己的学生”，就很难把酷爱知识的火花从自己心里移植到学生的心里。在学生对待知识的态度上，最令人苦恼和感到担忧的，就是这种无动于衷的精神状态。学生在某一门学科上学业落后，考不及格，这倒并不可怕。而最可怕的是他那冷淡的态度。

请你努力去唤醒那些无动于衷的、态度冷淡的学生们的意识吧。一个人不可能对任何事物都不感兴趣。接近那种无动于衷的头脑的最可靠的途径就是思考。只有靠思考来唤醒思考。对于那些对知识和脑力劳动无动于衷、漠不关心的学生，每一位教师都应当把自己所有的“智力工具”拿出来试验一番。这里谈的已经不是竞赛，而是把一些人从智力的惰性里挽救出来的问题了。我们学校里有这样一条规矩：关于每一个对知识无动于衷、漠不关心的学生，我们都要在心理学研究会的会议上进行讨论。我们在思考，怎样才能找到人与自然界、人与知识相互作用的那个领域，以便在这个领域里用认识来鼓舞起他的精神。这里最主要的是，要使一个人终于有一天发现自己是知识的主宰者，使他体验到一种驾驭真理和规律性的心情。用认识来鼓舞起人的精神，——这就是说，要使思想跟人的自尊感融合起来。通向这样一种精神状态的途径，就是知识要有现实性和积极性。我们认为，要唤醒那种无动于衷的学生，把他从智力的惰性状态中挽救出来，就是要使这个学生在某一件事情上把自己的知识显示出来，在智力活动中表现出自己和自己的人格。

我在五至七年级教过几年数学。我有两个课外数学小组：一个小组是为那些最有能力、天赋最高的学生而设的，另一个小组里则是那些对知识漠不关心、态度冷淡的学生；如果要说明这些学生的意识是怎样觉醒过来的，那一定是一篇关于争取学生的思想和心灵的很有趣的故事。我力求使学生在小组里所学的知识触动集体中的人与人的关系——树立个人的自尊感。当一个人尚未体验到自己是个“思想家”以前，他还不可能具有那种他作为一个人的真正的自豪感。至于怎样才能做到把思考跟人的自豪感融合起来，这一点需要在另一条建议里专门讨论。

有经验的教师都在努力做到这样一点：在他的学生热爱的那门学科方面，教师知道的东西要比教学大纲要求的多十倍至二十倍。一个人体验到他能驾驭任何一门学科的知识，这是一般智力发展的最强有力的刺激之一。如果学生有了一门喜爱的学科，那么你不必为他没有在所有各科上取得“五分”而不安。应当使人更为担心的，倒是门门成绩优秀但却没有一门喜爱的学科的学生。多年的经验使我确信，这种学生是不懂得脑力劳动的欢乐的平庸之辈。

15. 谈谈学生的智力生活

这是一个和学校的全部工作都有联系的问题。如果教师只考虑怎样迫使学生用更多的间坐在那里抠教科书，怎样把他们的注意力从别的一切活动中都吸引过来，那么负担过重的现象就是不可避免的。有的学生除了上课、教科书、家庭作业和分数以外，对别的任何事情都不考虑，这种人的命运是不值得羡慕的。请你千万别让这种学究气把你的学生卷进去。除了平常的学校活动、观察和兴趣范围以外，学生还应当有一种丰富的、多方面的智力生活。我所说的智力生活，就是指学生的（课外）阅读，特别是在少年期。

如果你被指定担任五年级的班主任，那你一定要把培养学生的这种精神需要作为自己的主要任务之一。你要列出一张你的学生在中学时期应当阅读的书目，并且要设法使本班的小图书馆里有这些书。

如果少年、男女青年没有自己心爱的书和喜爱的作家，那么他们的完满的、全面的发展就是不可设想的。我要培养一个人，设计他的个性，我就始终努力使我的每一个学生早在小学起就建立自己的小藏书箱。中年级和高年级学生的藏书量已经相当可观——大约有 100 到 150 本书。就像音乐家不随时拿起自己心爱的乐器就不能生活一样，一个有思想的人如果不反复阅读自己心爱的书就无法生活。

把每一个学生都领进书籍的世界，培养起对书的酷爱，使书籍成为智力生活中的指路明星，——这些都取决于教师，取决于书籍在教师本人的精神生活中占有何种地位。如果你的学生感到你的思想在不断地丰富着，如果学生深信你今天所讲的不是重复昨天讲过的话，那么阅读就会成为你的学生的精神需要。

如果教师的智力生活就是停滞的、贫乏的，在他身上产生了一种可以称之为“不尊重思想”的征兆，那么这一切就会明显地在教学教育工作中反映出来。我认识一位教师，他“对一切都感到厌烦”，正像他所说的，他不愿意总是重复讲同样的东西。学生从他的话里感觉到他的思想是停滞的、僵化的。教师不尊重“思想”，学生也就不尊重教师。然而更加危险的是，学生也像教师一样地不愿意思考。

不应当把学生的智力生活理解成个人的狭窄的小天地。

一个人既在丰富集体的智力生活，同时又在享受集体的精神财富。在我们的学校里，我们力求建立许多过着丰富多彩的精神生活的集体。这首先是指成立了各种科学—学科小组：科学—数学小组、科学—技术小组、科学—化学小组、科学—生物学小组、科学—文学小组、哲学小组。可能，冠上“科学”这个词，会使人觉得有些夸张，不过它毕竟反映了一定的真理：青少年迈上了科学思维的道路。对于这些课外小组，无论如何不应把它们看成是学科的附属物，或者作为提高及格率的手段。它们是智力生活的策源地。小组里洋溢着钻研、好学的精神。在科学—学科小组的活动中，学生们照例要讲述他们所阅读的书籍（作报告、作综合报道），但是这里有一个特点，就是给思想增添了真正的创造性：当青少年给同学们讲述那些真理和规律性的时候，他们抱着珍视的态度，把它们看做是依靠自己的努力而得来的财富，而同这些财富联系在一起的，就是他们产生了对于劳动、创造和未来的思考。

学习困难的男女孩子也可以参加科学—学科小组的活动和晚会。对这些学生来说，负担过重是一种严重的威胁。在小组里，那种丰富的智力兴趣的气氛，激发他们去阅读，而对他们来说，阅读正是达到顺利学习的最重要的补救手段。

16. 想克服负担过重现象，就得使学生有自由支配的时间

这个提法初看起来有些荒谬：只有让学生不把全部时间都用在学习上，而留下许多自由支配的时间，他才能够顺利地学习。但是，这并不荒谬，而是教育过程的逻辑。学生的学习日被各种学校功课塞得越满，给他留下的供他思考与学习直接有关的东西的时间越少，那么他负担过重、学业落后的可能性就越大。

自由时间的问题，不仅是涉及教学，而且是涉及智育、全面发展的最重要的问题之一。正像空气对于健康一样，自由时间对于学生是必不可少的。之所以必不可少，乃是为了使学生能够顺利地学习，不让他经常感到有学业落后的威胁（大家知道，常有这样的事：一个学生只要生几天病，他就会落后一大截）。自由时间是丰富学生智力生活的首要条件。我们要使学生的生活中不单单只有学习，还要使学习富有成效，那就需要给学生自由时间。

学生的自由时间来自课堂：明智的、善于思考的教师能给学生赢得自由时间。学生本身也是赢得自由时间的重要助手。知识处于何种状态——是处于能动的、积极的状态，还是处于僵化的状态，这在很大程度上也取决于学生。此外，还有一个条件决定着有没有自由时间，这就是作息制度。

首先，根据多年的经验，我想指出在脑力劳动的制度中必须加以防止的做法。绝不允许在刚刚上完几节课以后，就让学生接连几小时地坐在那里读教科书和做练习。而在高年级，学生经常在下半天还是 3、4 个甚至 5、6 个小时地从事着和课堂上同样紧张的脑力劳动。每天 10 至 12 个小时坐在那里读书、听讲、思考、记忆、回想、再现，以便能回答教师的问题，——这真是一种无法胜任的、使人精疲力竭的劳动，它归根结底将会摧残学生的体力和智力，使学生对知识产生冷淡的和漠不关心的态度，使得一个人只有学习，却没有智力生活。

经验证明，可以这样来安排学生的脑力劳动，让他的下半天自由支配，

而不必坐在那里读书和做练习。下半天应当是学生自由活动的时间。在这些时间里，学生可以读课外书，参加科学—学科小组的活动，在野外劳动，观察自然界的现象和人们的劳动。

换句话说，下半天进行的脑力活动，应当是知识的扩充和转化。请注意，这并不是让学生无所事事，而是让他扩充知识。我们努力使学生在学习日的下半天所做的那些事，正是对他的完满发展和顺利学习所需要的。这种意图是否成功，则取决于整个教育过程是否文明。特别重要的是，在下半天要让学生阅读——出于爱好、出于求知愿望的阅读，而不是出于背诵和记忆的要求的阅读。

你可能要问：家庭作业放在什么时候来完成呢?

应当让学生早睡早起，把家庭作业放在早晨上学以前的时间里完成，——这是我们学校的绝大多数学生作息制度的一条基本原则。我们花了多年的时间向家长们解释：让孩子早睡早起，把紧张的脑力劳动安排在他起床后的前 8 个到 10 个小时的时间里，这种做法已被科学证明是有好处的。新的一代家长成长起来了，我们就在“家长学校”里给他们讲些教育学知识，其中首先就讲儿童脑力劳动的文明和卫生。经过努力，我们做到了使 90%的儿童、少年和青年能遵守下列的作息制度：低年级学生在晚上 9 点就寝，中、高年级学生在晚上 10 点就寝。低年级学生在早晨 6 点起床（睡眠 9 小时），少年和青年在早晨 5 点半起床（睡眠 7 个半小时）。在这些简短的建议里，不可能对这个作息制度的合理性作一番充分的科学的论证。但应当说明的是：在一昼夜的后一段时间里（夜里 12 点以前）的睡眠时间越长，这种睡眠就越有利于消除疲劳，人也越容易睡醒，从而更迅速地投入脑力劳动。学生在起床以后到上学的两个到两个半小时的时间里准备功课，这是我们的作息制度的核心。但是这个作息制度只是整个教育体系的一个组成部分。多年的经验使我们全体教师坚信，只要具备下面的条件，高年级学生完成全部家庭作业的时间并不需要超过两个到两个半小时（中、低年级则更少些）。这个条件就是：学习要在一种多方面的、丰富的精神生活的广阔背景下进行。在这种情况下，知识是在多种多样的智力活动中不断扩充的。掌握知识的过程（形象地说）是靠一整套“工具”（即技能）来加以保证的，而每个学生个人的力量、禀赋、才能都能在喜爱的科学里得到发挥，——这一切又都是相互联系的。缺少这个条件，那就根本无法借用我在这里所介绍的经验。如果不具备上述的条件，而要尝试照搬这种做法，迫使学生早些起床，在上学以前就把家庭作业完成，那是不会有任何效果的。（学校生活中的许多事实告诉我）即使是最宝贵的经验，也往往无法搬用，因为它被“移栽”到一种不利于生长的环境中去了。例如，孩子们还没有学会像样地阅读，教师却不顾这一点就教他们写作文，结果是毫无收获。

在完成家庭作业以后，学生到校上课。去学校的一路步行就是休息。然后开始上课，这是进行最紧张的脑力劳动的一段时间。应当尽量设法使那些要求智力高度紧张的课，跟变换活动性质的课（体育、图画、唱歌、劳动等）穿插进行，以便给学生一个小时（尽可能两个小时）的休息。

早晨进行两个到两个半小时的脑力劳动，其效果大大超过放学后一连坐在那里花四五个小时抠教科书和做练习。但是问题还不仅在于效果。应当考虑到儿童的健康，考虑到保持一昼夜间脑力劳动制度的“平衡”，要使一昼夜的一部分时间充满紧张的脑力劳动，就必须使一昼夜的另一部分时间解除紧张的脑力劳动。下半天是供学生自由支配的时间，在这个时间里安排的脑力劳动，一定要考虑到儿童时代的很有趣的特点。至于这些特点是些什么以及如何考虑到它们，将在以后的建议中提出。

17. 要教会儿童利用自由支配的时间

对儿童来说，时间是怎么度过的，这和成年人的情况完全不同，——我们永远不要忘记这一点。谁不考虑童年的这一特点，他就很难理解儿童的心情，经常会碰壁。在树林里度过一个充满阳光的夏季的日子，对儿童来说就像过了整整一年，而在少先队夏令营里度一个月，那就好像过了一辈子。不要用硬性规定的计划来束缚儿童，让他们去仔细地看看各种事，并且看个够。也许，你还可以把儿童放掉整整一个小时，让他们各自去干自己要干的事。这是儿童的天性使然，不如此就不可能有儿童的感知和思维。

请你记住，在每一步路上，儿童的面前都可能展现出某种新的、未知的东西，这东西使他入了迷，占据了他的全身心，他不仅顾不得想别的事，就连时间的流逝也感觉不到了。就这样，儿童浸沉在童年的这种平稳的、缓慢的但又不可阻挡的河流里，他会忘记（是的，完全忘记）了他今天的家庭作业还没有做，而这一点又是毫不足奇的事。请你不必惊奇，我亲爱的同事，当你问到儿童的作业时，他常常会直截了当地回答你：“我把做作业的事忘记了。”他说到这一点时，好像自己并没有过错，而忘了做作业倒好像是件奇怪的、不可理解的、使他惊奇的事。你还不必惊奇：在课堂上，儿童盯住了树影投在教室墙壁上的跳跃的光点，看得入了迷，所以对你所讲的东西一点也没听进去。是的，他没有听你讲课，这是真实情况，因为他浸沉在童年的河流里，他对于时间的感知跟成年人完全不一样。你不要大声斥责他，不要把他当着全班同学的面搞成不注意听讲、坐不安稳的坏典型，——你要做的完全不是这样的事。我劝你轻轻地走到他跟前，握住他的双手，把他从他那童年的美妙的独木舟上引渡到全班学生乘坐的认识的快艇上来。而更为重要的是：你也不妨有时候去乘一乘儿童的船，跟他们在一起待些时间，用儿童的眼光来看看世界。请你相信，如果你学会了这样做，那么在学校生活中就会避免许多由于互不谅解而产生的那些冲突：教师不理解儿童做些什么和为什么要这样做，而儿童也不理解教师到底要求他怎么做。

我，作为一个成年人，也会被某种有趣的东西所迷住，我也很难摆脱那件使我入迷的和使我得到满足的事。可是，在我的下意识的深处，却有一种思想使我不得安宁：我还有工作，谁也不会替我把它做掉的。这种来自下意识的信号，会帮助我们控制时间的利用。而儿童缺乏这种控制力。所以他会忘记时间。应当教给他怎样利用自由支配的时间。

怎样教法呢？硬性要求他进行思考，向他指出对一件事情着迷时不许忘记功课吗？把他跟吸引人的事物隔离开来，不许他接触吗？

不要这样做。不要违背儿童的天性，教给儿童利用自由支配的时间，这就意味着：尽量做到让有趣的、使儿童感到惊奇的东西，同时成为儿童的智慧、情感和全面发展所需要的、必不可少的东西。换句话说，应该使儿童的时间充满使他们入迷的事，而这些事又能发展他们的思维，丰富他们的知识和技能，同时又不致破坏童年的情趣。给儿童提供自由支配的时间，并不是说让他们有可能爱干什么就干什么。放任自流会养成无所事事、懒散疲沓的不良习气。教会儿童利用自由支配的时间，不是靠口头解释（年龄小的孩子还不懂这些解释），而是要靠组织活动，靠示范，靠集体劳动。

18. 让每一个学生都有最喜欢做的事

请认真考虑一下，你的每一个学生是怎样以及在哪里利用（不是“度过”，而是“利用”）他的自由支配的时间的，而且要利用得合理。

这里，我又要提到书籍了。阅读应当成为吸引学生爱好的最重要的发源地。学校应当成为书籍的王国。可能你是在很边远偏僻的地方工作的，可能你那个村庄和文化中心要相距数千公里，学校里也许会有许多欠缺，——但是如果你那里有一个书籍的王国，你就有可能把工作提高到这样的教育学素养的水平，并且取得这样的成果，使之不次于在文化中心地区的工作。你也不要担心，由于学生迷住了看书而使他们学不到知识。

在一至三年级，一定要在每个班级里单独建立一个“书籍之角”，在这里陈列一些内容较好的并且使儿童感兴趣的书籍。让每一个学生都来利用他生平第一次遇到的这个小图书馆吧。我倒不主张让一至三年级（起码是一、二年级）的学生到学校的总图书馆去借书：因为只有教师最了解自己的学生应该读什么书。可能，在某一个时候，某一个学生最需要读的只有唯一的、适合他的具体情况的那本书。这一点，谁都没有教师了解得那么清楚。

请你记住，无论哪一种爱好，如果它不能触动学生的思想和打动他的心，那就不会带来益处。我想强调指出，学生的第一件爱好就应当是喜爱读书。

这种爱好应当终生保持下去。不管你教的是哪一门学科（文学或历史、物理或制图、生物或化学），你都应当（只要你想成为学生的真正的教育者）使书籍成为学生的第一爱好。

书籍也是一种学校，应当教会每一个学生怎样在书籍的世界里旅游。正因为如此，我才建议先建立本班的小图书角，然后再逐步教给学生利用学校的图书馆。对这件事绝不可听其自流。你可以带领自己的小学生到学校图书馆去，向他们介绍那里有些什么书，并且推荐他们可以借阅哪些书。你也可以把推荐让学生阅读的书单交给图书管理员（当然，这些书应当是图书馆里现有的图书）。

第二个应当引导每个学生去接近的爱好的发源地，就是使他特别喜欢一门学科。一个人在求学时代最宝贵的财富就是自由支配的时间，只有具备这个条件，才可能特别喜欢一门学科，才可能发挥智力的积极性。学校的全体教师应当加以深刻思考，怎样才能使学校里在下半天“点燃起许许多多的火堆”，吸引学生去深入钻研各个科学领域。这不仅是指前面说过的成立各种科学—学科小组，这里还包括让学生从事一些积极的活动，在这些活动中，设法使理论知识成为学生进行创造、解决各种智力任务和劳动任务的主要刺激。在我们学校里，设有两个“难题室”，一个是物理和技术方面的，另一个是生物和农学技术方面的，它们就成了学生智力爱好的发源地。在这里，学生的工作都是独立进行的。两个室的管理人是高年级学生，但是它们对全体（从一年级到十年级）学生敞开大门。学生在这里解决着各种各样的工艺和生物学方面的任务。例如，我们建议学生设计制作一个活动的机械模型，要求在这个机械里用另一个工作部件来代替一个工作部件，并要求这个机械能用来完成好几种劳动操作。在生物学方面提出的课题是：在两年时间内把一块不毛之地变成肥沃的土壤，在上面栽培庄稼并取得收成，为有益的微生物的存活创造条件。

学生怎样利用自由支配时间是一件至关重要的事。你一定要使自己的学生形成合理的爱好。

【推荐阅读】

1. ［美］温鲍姆等．探究式教学实践指导［M］．郑丹丹译．北京：中国轻工业出版社，2006.

第三篇：教学技能

《如何成为高效能的教师》，作者是（美国）黄绍裘、黄露丝·玛丽，译者是美国伊仑奈克斯翻译公司。黄绍裘，美国杰出教育家，加利福尼亚大学、杨百威大学教育学博士。他因成功转变许多学校和改变了成千上万教师的生活而享誉全美乃至世界教育界。杰出的成就使黄博士获得贺拉斯·曼（教育家，美国历史上最有影响力的100人之一）杰出教育家荣誉等诸多殊荣。《指导员》杂志公布的读者票选出的教育界最受钦佩的人中，黄教授位居第20名，仅次于玛雅·安吉罗、劳拉·布什、比尔·考斯比、希拉里·克林顿、罗恩·克拉克、柯林斯、霍华德·加德纳、奥普拉·温弗瑞等超级明星之后。他是享誉教育界的“实践派”，他的理论、研究无不基于实践，他找到了成功管理课堂和提高学生水平的零成本方案，他的影响遍及加拿大、欧洲、亚洲、南美洲、非洲和南极洲。

黄露丝·玛丽，来自于美国路易斯安那州新奥尔良，因其成功的课堂教学能力被选为加利福尼亚州第一批专业指导教师，并多次获得硅谷商业奖和东南路易斯安那大学杰出校友奖。

内容简介：任何优秀教师和成功教师，首先必须是一名高效能教师。调查表明：如果学生在一个高效能学校遇到一位低效能教师，他的成绩会从前50%滑落到倒数37%。但是，如果学生在一个低效能学校遇到一位高效能教师，他的成绩会从前50%上升至前37%的水平。而如果学生在一个高效能学校遇到一位高效能教师，他的成绩会从前50%上升至前3%的水平。

高效能教师是塑造卓越学校文化的中坚力量，不仅善于培养兼具应试“高分”和终生学习能力的学生“精英”，更是一位杰出的课堂管理者和课程设计者。

这本畅销全球的教育书，汇集了30年来全美最前沿的教育研究成果、百位成功教师的教学智慧与真实案例，再现从“开学第一天”开始的高效能教师成长之路，从而构建起一套完整的高效能教师培训系统和教师素质与能力提升解决方案，让新教师迅速成熟，老教师突破极限。书中附有大量被实践证明、行之有效的教学资源和技术工具，更为教师的日常教学和管理实践提供丰富的行动指南。

黄绍裘、黄露丝·玛丽：《如何成为高效能的教师》

关于高效能教师

高效能教师的三大特质

1. 对学生的成功抱有积极的期待。
2. 是一位杰出的课堂管理者。
3. 知道如何为学生掌握知识而设计课程。

高效能教师有三大特质，而这三大特质也适用于所有教师。当你熟知了这些特质，就能很容易学习怎样做一名卓有成效的教师。

教学是一门很讲技巧性的艺术，人们可以通过学习来掌握这门艺术！把在幼儿园或高中课堂里行之有效的教学方法稍作修改，同样也适用于任何其他课堂。

当课堂效果不尽如人意时，教师会想尽办法不断地利用各种课堂活动来抓住学生的注意力。他们热衷于向学生灌输教材内容，做各种有趣的活动或与学生分享其渊博的知识。但是，这些方法有时不一定管用。只有当你具备了高效能教师的特质，这些方法才可能奏效。教学并不仅仅是照本宣科或进行课堂活动。

不是你向学生灌输了什么，而是你从学生那里获得了什么。

积极期望——积极期望，又叫高度期望，不能与高标准混淆。有积极的期望，简单地说就是教师相信学生能学得好，相信学生有这个能力学好。

这种对积极期望的深信来自于研究。研究表明，学习者能达到教师对她们的期望值。如果你认为这个学生水平较低，在中等偏下，很迟钝，那么他很可能会如你所想。因为无形中，你已经向他传达了这个消极的暗示。如果你坚信这个学生能力很强，超出常人，那么他往往会十分优秀，因为你向他传递了这个积极的暗示。

所以，教师对所有学生持有积极期望是十分重要的。

课堂管理——包括教师为实现课堂环境最优化而采取的各种实践和程序，目的是使教学和学习都能顺利进行。为此，教师必须创造一个秩序井然的课堂环境。

管教对课堂管理几乎不起任何作用。你无法管教一个商店，你只能经营它，对一个教室亦是如此。怎样管理一个课堂：始终需要遵循一个原则——秩序井然的环境是卓有成效的课堂必不可缺的。教师学习课堂管理技能的优劣程度直接影响该环境的好坏。

对课程的掌握——掌握课程是指一个学生对某概念的理解程度或对一个技能的熟练程度。这些都依靠教师的判断。

造房子的时候，承包商会从建筑师那里得到一系列的图纸。这些图纸指明了怎样的建造标准是可以接受的。检查员在定期检查施工时，总是会先以图纸做参照，再查看建筑质量，以确定工程是否符合图纸细化的建造标准。

教学无异，为了知识的掌握和能力的提升，一名高效能教师必须做到以下三点：

1. 教师应该懂得课程设计，使学生能够有目标或有标准地学习概念或技能。

2. 教师在教学时应该懂得怎样传授教学内容，才能够达到最终的目标或标准。

3. 教师应该明白如何评估学习并提供纠正行动，使学生能够熟悉概念或技能。

学生学业上的成功归功于教师如何设计课程和检验学生的掌握程度。

引导式教育

高效能教师有动力和能力邀请学生和同事一起学习，在任何一天，任何一个课堂。

高效能教师会和家长建立良好的关系，邀请父母成为帮助孩子释放潜能的伙伴。

你是善于引导还是不善于引导？

引导性的口头评论	非引导性的口头评论
“早上好。”	“这是行不通的。”
“恭喜。”	“我不在乎你怎么做。”
“感谢您的帮忙。”	“你不能这样做。”
“告诉我怎么回事。”	“因为我这么说，这就是为什么。”

引导性的个人行为	非引导性的个人行为
微笑	嘲笑
倾听	看手表
竖起大拇指或举手击掌	猛推
敞开大门	随手关门

引导性的物理环境	非引导性的物理环境
新鲜的油漆	黑暗的走廊
活的植物	没有植物
整洁的墙壁	不良气味
舒适的家具	破旧或不舒服的家具

引导性的思考（自我对话）	非引导性思考（自我对话）
“犯错是情有可原的。”	“为什么我会这么笨呢？”
“我将钥匙放错了地方。”	“我又丢失了我的钥匙。”
“我本来可以学会这样做的。”	“我从来没有能够做到这一点。”
“有时候我需要想一想	“我从来不知道该说些什么；我太

才知道该说些什么。”　　　　　　　　迟钝了，总是听不懂。”

引导式教育强调所有个人在他们的生活中都有对他们具有重要意义的人。这些具有重要意义的人包括教师、领导、导师、同事、上司、父母、亲戚、教练、管理人员、配偶，以及亲密的朋友。每个人都很特别。

对学生的影响，更多取决于你的信念有多坚定，而不是看你智力有多高。我们的目标不是将学生变成你思维的方式，而是变成你感受的方式。学生可以拒绝言语，但他们无法拒绝引导和邀请的态度。

高效能教师有力量和能力去引导学生和同事在每天的课堂中共同学习。专注、期望、态度、热情和评价都是决定一个教师是否具有引导性的主要因素。

引导式教育的四个层次：

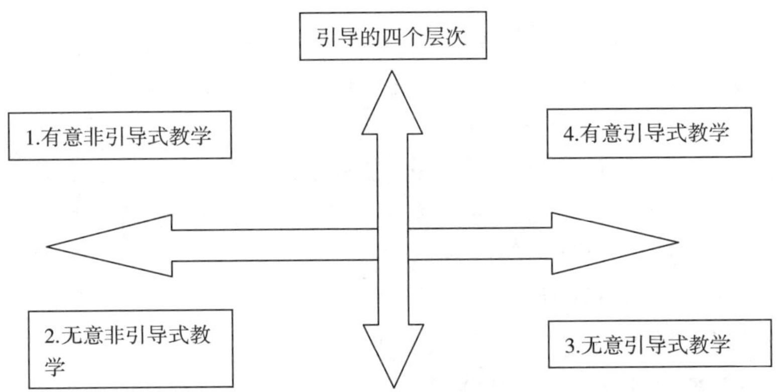

这是给予学生的四个层次的引导。这些层次可以判断出你作为一个老师的有效程度。

1. 有意非引导式教学。这是最低层次的引导，只有少数脾气古怪的教师这么做。他们故意贬低、挫伤、击败并劝阻学生。他们会用这样的表述：

“你为什么要费心来上学？”

“在我从事教学的十六年中，我只给了一个 A 级评分。”

“你永远都不会成才。”

他们从来没有笑容。

2. 无意非引导式教学。有些教师未能察觉出这样一个事实，即他们是消极的人群。他们自认为他们是善意的，但在其他人看来，他们是沙文主义者、种族主义者、性别歧视者，他们刻意表现出和蔼可亲，俨然以恩人态度自居没，是思想肤浅、不体贴别人的人。他们喜欢做出这样的评语：

“我只教想要学习的学生。”

“如果你不想学，那是你自己的问题。”

“这些人只是缺乏能力做到更好。”

“我被聘为教授历史的老师，不做其他的事情。”

当与学生互动时，他们保持抱臂的姿势。

3. 无意引导式教学。他们都是“天生的老师。”这些教师一般很受学生的欢迎，在教学上卓有成效，但不知道自己取得成效的原因何在。他们通常和蔼可亲，这一特点往往掩盖了他们的学生可能尚未被充分发挥出最大潜力来学习这一事实。这些教师是真诚的，他们非常努力，我们通常希望成为他们的朋友。他们会做出这样的评语。

“你真的是太棒了!”

“加油！向前进，伙计们!”

“好极了。”

“只要更加努力。”

他们会兴高采烈，充满喜悦。

4. 有意引导式教学。“有意引导式”教师具备专业的态度，工作勤奋、坚持不懈，具有精益求精的精神，并且力求成为更有成效的教师。他们有一个健全的教育理念，能够准确分析出学生的学习过程。最为重要的是，他们善于带有目的性并明确地进行引导式教学。他们知道引导意味着什么，而且坚持这么做。他们会讲出这样的话语：

“早上好。祝你拥有美好的一天。”

“如果你尝试这个，会多么令人感动。”

“我知道有一天你会是最好的……”

“你愿意帮我吗?”

他们还善于在适当的时候利用适当的情绪。

当你运用“积极的期望”和“引导式教育”的力量时，你就成了一位很杰出的高效能教师。

课堂管理

课堂管理涉及教师在组织学生、安排场地、分配时间和选择教材过程中所做的所有事情，目的在于使学生学习能顺利进行。

布罗菲和埃弗尔森说：“几乎所有有关教师有效程度的调查都显示，不管是从学生学习角度还是等级角度衡量，课堂管理技能在决定教学成败上起着至关重要的作用。”

因此，课堂管理技能是非常关键和基本的。假如一个教师在课堂管理技巧方面有所欠缺的话，是绝不会取得多大成就的。

教师的课堂管理技能包括以下两个方面：

1. 在所有课堂活动中带动学生积极参与、相互合作。

2. 建立富有成效的工作环境。

一个管理良好的课堂是由一整套程序和惯例来构建的。程序和惯例构建起了课堂，使得种种课堂活动能轻松有序地进行。这些活动包括：阅读、记笔记、参与团队合作、班级讨论和游戏以及生成课堂资源。一个高效能教师能使每位学生在所有的课堂活动中都积极参与、相互合作。

管理良好的课堂的特征：

1. 学生们专心致志地学习，尤其是在教师的指导下。

2. 学生知道对自己的期望是什么，且一般来说很成功。

3. 相对来说，时间浪费得少了，混乱和教学中断少了。

4. 课堂环境以学习为导向，并充满了轻松宜人的氛围。

在下面的表格中我们给出了管理良好的课堂特征的有效实现技巧：

特　征	高效能教师	低效能教师
1. 学生们高度配合	学生在学习	教师在教学
2. 明确的学生期望	学生们知道任务是基于目标的 学生知道测试是基于目标的	教师说："阅读第三章，了解其内容。" "我会给你一个涵盖第三章所有内容的测试。"
3. 被浪费的时间相对较少，很少混乱或者中断	教师有教学程序和惯例 教师立即开始上课 教师将学习任务公布出来	教师制定所有规章制度，随意惩罚学生 教师点名，马虎教学 学生一再要求布置作业
4. 以学习为导向，课堂氛围是轻松宜人的	教师花很多时间练习如何执行课堂程序，直到它们成为学生的习惯 教师懂得如何吸引学生的注意力 教师知道如何强化积极行为、鼓励学生	教师说了算，但不演示课堂程序 教师大声叫嚷，拨弄电灯开关 教师对学生粗略表扬一下，或者根本不表扬

第四篇　教学评价

沙·阿·阿莫纳什维利这个名字对中国教育界来说并不陌生，他是苏联著名合作教育学派的核心人物，也是继苏霍姆林斯基和赞科夫之后的又一位杰出的教育革新家，当代格鲁吉亚儿童心理学家，教育家，原苏联教育科学院院士，曾任全苏教师创造协会理事长，格鲁吉亚戈盖巴什维利教育所长。他于1964年创办了第比利斯第一实验学校，从取消传统教学中的分数、改变师生关系入手，开始了他的长达数十年的没有分数的教学体系的实验。由朱佩荣先生翻译，教育科学出版社出版的《孩子们，你们好！》《孩子们，你们生活得怎样？》《孩子们，祝你们一路平安！》（学校无分数教育三部曲）就是他在小学阶段进行教育实验的成果结晶，除此之外他的《教学·分数·评价》《6岁入学》《对学生的学习评价的教养和教育职能》，以及与他人合著的《我们今天的教育学》，它们不仅在苏联国内产生了巨大的影响，被苏联教育部列为推荐给教师阅读的教学法参考书，同时也被译为多种文字，在世界范围内广泛传播，长盛不衰。

阿莫纳什维利是合作教育学派的主要代表人物之一，是一位富于革新精神的学者，也是一位小学教师。他创造了一套以师生独特的交往方式为基础，并具有他本人鲜明个性特点的合作教学模式，被简单称做没有分数的教学体系。他提出了建立实事求是的师生关系的原则，认为在知识探索中，教师有时应当扮演与学生一样的求知者的角色，有时“健忘”，有时“犯错误”，提出与学生答案相反的论证，激起学生与教师辩论的愿望。在阿莫纳什维利的教学中，教师以这种方式为学生创造条件，让学生在与教师的交往中感到自己是与教师平等的伙伴，并从这种积极参与中获得认识的快乐，交往的快乐。

《孩子们，你们好！》是阿莫纳什维利作为一名教6岁儿童的教师自述。书中通过对5个学日的具体描述，结合作者自己的实践、自己的探索、自己的发现和挫折，生动具体地阐述了学校生活的人道主义和乐观主义的教育学原则。认真阅读本书，我们可以看到：它是这样一本书——书中作者所做的每一种教学探索，充满激情所描写的每一个学校和课堂生活的场景，甚至每一个字，都充满了一位教育家、一名小学教师对他的学生们，对所有孩子们的满腔的爱。

阿莫纳什维利：《孩子们，你们好！》

第一章

要想了解儿童心灵的秘密，想要揭示教育的技巧和教育学科的秘密，先要把每一个儿童认做是自己的老师和教育者。

谁爱儿童的叽叽喳喳声，谁就愿意从事教育工作，而谁爱儿童的叽叽喳喳声已经爱得入了迷，谁就能获得自己的职业的幸福。

用吓唬的办法教育儿童，这不过是年轻的爸爸妈妈们不懂得初步的教育知识罢了。

教育学正在变成人人都必须学的一门科学，因为教育儿童是社会每一个成员的公民义务。

一个热爱生活、专心致志于教育事业的人，总是在与时间搏斗。

处在与教育时间搏斗的情况下，我将常常迫使自己在有限的时间里完成决定儿童今后一生命运的极其复杂的教育任务。我要有条不紊地做到这一点，并牢牢记住，我对儿童的命运承担着个人的责任。

每一个教师，只要他能够将自己的心血倾注于受教育者身上，使他们具有善良、美好的心灵，以他人之忧而忧，以他人之乐而乐，富有同情心，就有可能和有权利成为一个永生的人。

第二章

如果我力图显示出自己对儿童的真正的爱，我就必须以最完美的形式去显示它。

没有必要指令 6 岁儿童，必须好好学习，因为他们本来就是喜欢学习的人。如果我们填鸭式地向他们灌输知识，并叮嘱他们说："这是必定要掌握的!"那他们就会不再喜欢学习了。

有哪一种加有"批示"的申请书，具有儿童以自己固有的童心的真诚和天真所凝结起来的申请书那样大的影响力，能直接扣动一个教师的心弦?

课间休息的教育学和儿童的顽皮。

大人们就会说，在他们的学校里，已经确立了良好的秩序，有严格的纪律。不过，他们不会说，这一切全是教育上的形式主义，只要没有戴着红袖章的值日教师，孩子们立即就会找到创造性地使用自己的精力的办法来。要知道，对于儿童来说，需要在课间休息的时候有事可做，而不只是呆头呆脑地在走廊里踱步。但是，如果周围没有任何有助于儿童饶有趣味地消耗自己的体力和满足他们的认识渴望的那种可能性呢？请恕我直言，在那样的情况下，孩子们就会巧妙地把自己的顽皮伪装起来，从表面上看，好像是规规矩矩的。

我们都爱说"自觉纪律"……这是什么意思？孩子们为什么要用充分理解社会要求来遏制自己的精力？他们为什么要靠我们的训条——什么是好，什么是坏——来强化这种理解？也许，应该使孩子们觉悟到，顽皮是要受处罚的，并惧怕这处罚？这些觉悟的"小桥"确实使儿童避免了许多难免会遭受到的损害。不用说，在某些场合，严格的禁令实在也是必要的。但是，如果儿童的需求强于觉悟，如果儿童不能，并且也不想安安静静，不能不顽皮，该怎么办呢?

没有儿童的顽皮，没有顽皮的儿童，就不能建立真正的教育学。儿童的顽皮和顽皮的儿童给我们提供了养料，可以使教育思想前进，使教育者始终不渝地必须创造性地思考，表现出革新精神和教育的敢作敢为的精神。对于一个教师来说，给具有成人般的觉悟和成人般的由饱经世故的生活经验所养成的行为举止的儿童上课，该多么没有意思！要是我，我首先要唆使这样的孩子去顽皮，去吵吵闹闹，然后着手探究个性的教育学。

最后，我们为什么要如此地反对儿童顽皮呢？为什么大人们都倾向于把儿童的顽皮看做是罪过的一类的东西，把它看作是违反自觉纪律的表现？我认为，这是由于我们还不懂得顽皮是怎么一回事，这些顽皮的孩子是怎样的人。我非常有兴趣读一些关于顽皮儿童心理学的著作，可是，哪里有这类书呢？

儿童的顽皮扰乱了我们的宁静，提出了我们有时无力解决的教育问题。

顽皮的儿童是乐观愉快的儿童，他们善于帮助别的儿童成为活泼好动的人，帮助他们善于保护自己……

顽皮的儿童是具有强烈的自我发展、自我运动倾向的儿童；他们善于给自己弥补教师在发展他们个人才能方面的失算和不足……

顽皮的儿童是有幽默感的孩子，他们往往把极其严肃的事看成很可笑的事，在某种特殊的场合，甚至可以杂乱无章地玩到精疲力竭的地步，并以此为乐事；他们喜欢取笑别人，不仅自己情绪激昂、笑声不绝，而且也把这种情绪和笑声感染给同样富有幽默感的旁人……

顽皮的儿童是乐意与人相处的人，因为他们是在与一切能够成为他们的顽皮的参加者的儿童的交往中实现自己的顽皮的……

顽皮的儿童可能会受处分，但他们更需要鼓励。

顽皮是儿童的可贵品质，需要的仅仅是加以引导。

儿童纪律的主要之点在于不是去压制顽皮，而是去改造它。不能要求儿童去做我们用自己的教育学不能开导他们的事。

为了理解改造儿童的顽皮的教育学，教师自己先得学会顽皮。

只有把自己当作儿童，才能帮助儿童成为成人；只有把儿童的生活看作是自己童年的重现，才能使自己日益完善起来；最后，应当全心全意地关怀儿童的生活，使自己成为一个人道的教师。

没有哪一种教学方法，没有哪一个教师，能够在学生人数任意增加的班级里获致同样的教育效果。

6 岁儿童的班级不是一个公式化地对儿童施行教育和教学的大规模生产车间。在这里应当精雕细刻地去塑造儿童心灵的每一个最微小的部位，使他们心中的每一个细胞都充溢着热爱人的激情。

每一个儿童都渴望在与其他儿童的交往中学习和生活，他必须在儿童中间占有他自己应有的地位。无论处在一个人的班级里还是处在儿童数过多的班级里，他都不能成为这样的人。在一个儿童数过多的班级里，儿童们像一群蠕动着的蚂蚁，各管各地忙于做自己的功课，他们没有共同的理想和志趣、快乐和悲伤。在只有一个儿童的班级里，他就会感到孤独，生活枯燥乏味，没有乐趣。如果他处在一个25名儿童的班级里，他就能像其他儿童一样，成为一个其他儿童所需要的人，同时，他有他自己的个性，在这样的班级里，生活对他来说是快乐的和有趣的。如果他处在一个45人的班级里，他充其量不过是很多儿童中间的一员，别人不很了解他，他自己也不了解别人，因此，他又成为孤独的，没有乐趣的了。为了使人了解他，为了使人尊重他，他就会尽自己的一切可能竭力用种种办法来突出自己。

孩子们在观察较年幼的儿童的行为，关怀他们的过程中，孩子们会感到年长者的义务。这种感觉愈深，孩子们就会更迅速地成长！

课堂处理小细节：当课堂出现哄乱的场面时——请孩子们赶紧低下头，闭上眼睛，回想你们生活中最令人可笑的事情！

儿童回答教师提问的精确性，主要取决于他自己的经验的逻辑性，而不在于事物本身的逻辑性。

教师向儿童发问的问题——这不仅是教学法的，而且也是整个教育学的细胞。如果能够把它放在显微镜下仔细观察一下，就可从中认清整个教学过程的方向、师生关系的性质；也可从中认清教师自己，因为问题——这是教师的教育技巧的风格。

家长会发言经典之处：儿童是易受冲动的人，他们的全部兴趣都在今天的快乐和满足上。可是我们却要使他们今天的生活服从于准备走向明天的需要，即服从于准备参加未来的多方面的、丰富的、内容充实的社会活动的需要，并且，我们深信，这种准备将给他们带来幸福和真正的快乐。用怎样的方法才能消除受教育者和教育者的意图之间的这种矛盾呢？

学习过程不是一个轻松的过程。为了促进儿童的才能和天赋的发展，学习也应该是困难的。儿童并不害怕认识的困难。然而，由于种种原因（我认为，首先是由于强制他们履行自己的学生的义务），他们的学习愿望渐渐地消失了。怎样才能激起和发展儿童旺盛的求知欲呢？

在我们面前有两条路可以走，一条是迫使、强制儿童服从自己的教育者的意志，另一条是指引他们走上自我教育和自我教养的道路。

对儿童的人道主义的态度要求我们：相信人道主义教育的改造力量，相信每一个儿童的无穷潜力，在对儿童的教育中要有极大的教育耐心和体谅，深刻理解儿童的内心活动。

人道主义的意义就在于：使儿童自觉自愿地、乐意地接受我们以他们的全面发展为宗旨的教育意图，使他们成为我们在对他们施行教育中的同盟者和战友；帮助他们养成对知识的酷爱和对独立的学习——认识活动的迷恋。

在一个人道主义的社会里，教育只能是人道主义的。使儿童对教育过程产生好感，使他们成为我们在教育他们中的自愿助手——这是人道主义教育的主要原则。

交往——是人们生活的主要之点。使儿童得到与我们交往的快乐：共同认知、共同劳动、游戏、休息的快乐——这是人道主义教育的主要方法。

成人的日常生活和相互关系的性质——这是未来的人的个性赖以形成的环境。因此，极为重要的是，要使我们的日常生活、我们的相互交往，尽可能在更大程度上符合我们力求使儿童树立的那种理想。20 世纪 80 年代的教育者应该是 21 世纪人的榜样。

人对人们的信赖，人对自己的生活的立场的信心——这是人与人之间富有人生乐趣的交往和使个性升华的本源。因此，我们必须爱护和发展儿童对我们——自己的教育者、对自己的同学、对人们的信任感和对自己的信心。

社会主义社会是一个平等的和互相关心着的人们的社会。我们的教育过程应该贯穿对每一个儿童个性的尊重，应该使儿童养成关心同学、亲人和一般的人们的感情。

只有在使人能感到自己是社会所需要的人，是自己人，只有在他既不人为地被抬高，也不人为地被贬低的社会里，人才能显示和发展自己的一切才能和天赋，并成为幸福的人。在对儿童的教育中，也应该使他们感到是所生活的社会中的这样的一员。

儿童是感情容易冲动的人，他们很难理解我们。但我们教育者有义务去理解儿童，应该在考虑到儿童内心活动的情况下拟订我们的教育计划。

教育是一个长期的潜移默化的过程，因此，我们在解决教育任务的一切具体场合，都应该表现出明智、有远见、合情合理和耐心。

对儿童富有同情心、体贴入微、心地善良、爱、温和、直爽、乐于帮助、休戚与共，这一切应该是我们教育者的行动指南。同时，还应该把这一切与对自己和儿童的严格要求，对年轻一代的责任感和关心祖国未来结合起来。

我们应该坚决摒弃与人道主义教育相对立的和抑制儿童个性发展的权力主义、强迫命令及其种种表现形式，如训斥、辱骂、伤害自尊心、讥笑、粗暴、恐吓、暴力等。

无论他们的知识水平有多高，他们毕竟是儿童，对他们来说，玩就是他们生活的主要内容。

知识是否会急剧地改变 4 岁、5 岁、6 岁的儿童，也许还有 7 岁、8 岁的儿童天真烂漫的天性，即夺去儿童的童年呢？虽然这一年龄的儿童能够掌握不少内容很像样的知识，并且也渴求获得更多的知识，但他们并不会因此而就会成为很严肃、认真的人。

但愿教师时时刻刻都急着要走到儿童们中间去，为与他们的每一次见面而感到喜悦。这样，儿童们就会每天急着要到学校里来，为与自己老师的每一次见面而感到由衷的喜悦。

你们都企求得到快乐，究竟什么东西能使你们得到快乐呢？是巧克力糖？是认识？不用说，两者都能使你们得到快乐。我认为使你们得到认识的快乐和得到在掌握知识的过程中克服困难的快乐，是我的天职。我所致力的目标，是要探索这样一种教学方法：不是把知识“填人”你们的脑袋，而是让你们自己设法向我“夺取”知识，从与我的智力“搏斗”中掌握知识，通过始终不渝的探索和对知识的孜孜不倦的渴求来获得知识。

对待老师提出的问题，儿童们往往并不考虑，但回答着，并争先恐后地回答着。其根本的原因就在于儿童的行为和举动易受冲动性。

无疑，一个人在理解了真理之后，总是想尽快把真理告诉别人的。况且，每一个人都有权利竭力使自己成为在人类认识的某一领域的开拓者，并为自己的领先地位而感到喜悦。但是，当在孩子们的头脑里刹那间产生了某种想法，当真理被他们“握住”了，或者马上要被发现了的时候，怎能迫使他们安安静静地举着手坐着，并等候我的从容不迫的指名呢？

由此可见，应该制止的不是叫喊本身，而是不假思索的回答。可是，这是需要耐心细致地去做的。号召孩子们：“想一想！再想一想！”这能帮助我吗？如果我不教会他们学会思考，不把我自己与他们的交流安排得达到使认识真理的过程比他们力求突出自己更重要的那种程度，那么，这种一般的号召是无济于事的。

我将怎样做到这一点呢？

——我本人将经常在众目睽睽下一边思考，一边自言自语地解题，以此把应该怎样思考和解题变成孩子们耳闻目睹的事；

——我将给他们布置一些不作紧张的思考就不能解答的特别的作业，并帮助他们拟订循序渐进的思维活动计划；

——我将创造使他们能够自由地议论、证明、反驳、怀疑的条件；

——我将引导他们对作业进行思考，在脑中想着解答作业，使他们必须经过思考后才能说出自己的意见；

——我将增强每一个儿童成为一个善于深思的、敏于思维而“不急于信口乱说”的人的渴望。

什么是课堂上的“话袋”呢?

这是教学和教育废话的形象说法，这是导致天生富有幻想的儿童的智慧和权利被“淹没”的教育智慧不足的表现。这是束缚儿童幻想的翅膀的黏性的蛛网，这是扑灭认识的星星之火的灭火机，这是制止学习的快乐的连锁反应的止动器。

怪罪一个并不认为自己有过错的儿童——这是一种教育的祸害。这并不能使他从未来的过错中解脱出来，反而会引起他对不信任他的大人和同学的敌意。因此，最好不要去追究犯有过错的儿童，而是当着他的面，并在他的参与下恢复秩序，认清所发生的事情的性质，从中吸取教训。

集体是在共同的和有目的的活动中孕育而成的。

对儿童的教育无所谓始，也无所谓终，教育的过程是没有间歇可言的。

学校教育和家庭教育的整体性，学校在确定家庭教育的方针中的主导作用，这全靠吸引家长参与拟定和实现学校的教育过程来保证。

越是觉得教育艺术比较容易的人，越是说明了他对教育理论或教育实践所知甚少。

儿童是活泼好动的人，对他们来说，如果没有形式多样的活动供他们选择，那么，自由和自由活动时间就毫无意义。

活动是发展和形成的条件，只有彼此有目的地互相结合起来的各种形式的活动才是全面与和谐发展的条件。

一个人在表达自己的思想感情的时候，本身也随着提高了。当他通过歌曲、舞蹈、面部表情来表达自己的感受时，他也能更好地认识自己。

为了使人从艺术中得到快乐，从艺术中受到教育，就要使人的心灵的所有大门都为感知艺术而敞开。

马克思说：“人的感觉，感觉的人性，都只是由于它的对象的存在，由于人化的自然界，才产生出来。”

如果我的教育法使儿童在学习过程中产生困难，使他们厌恶知识，使他们的生活没有快乐，使他们与亲人的关系变得紧张起来，那么，这种教育学还有什么人道可言?

必须把培养儿童的阅读技巧的过程纳入更加广泛的、内容丰富的、情绪洋溢的、生动有趣的认识活动中去，还必须使他们把阅读技能作为解决认识任务的手段牢固地掌握起来，而不是目的本身。

教学的目的在于促进儿童内在禀赋和潜能的显露和发展，教学方法的革新愈具有这一教学的目的性，它将变得愈人道、愈乐观和愈快乐。

教会儿童从别人的言行举止中认识自己，致力于自我教育、自我修养、自我觉悟，这是我在发展儿童用书面语言表达自己的思想和自我评论的技能的同时所要达到的主要目的。

在孩子们做书面作业的时候，我剥夺了自己在座位行间的走道上来回走动，大声地给某人指点和审阅未写完的作业的权利。此举用意何在？毋庸赘言：让孩子们懂得，他们正在致力于重要的、严肃的工作，谁也没有权利去扰乱他们的思维进程；让们懂得，不能去打扰正在思考、专心致力于脑力活动的人。当一个人在埋头思考，陷入沉思，做某种好事的时候，看上去是多么的美！

不能在课上独断专行，为所欲为，扰乱正在致力于解决学习——认识任务的儿童们的思维进程。要维护每一个儿童在安静的环境里学习的权利。

一个真正的当代教师，不是一个把自己的学生推向他本人已经告别的过去的人，而是一个从未来“跨越”过来的人，以便激励他们，率领他们奔向未来，教育他们树立远大的理想。

第五章

课的情感色彩和儿童在课上的认识渴望的强弱，取决于儿童在整个学日的生活组织得是否完美。

教师们，是这样一种人：一旦我们习惯于怎样工作，一旦我们的改造方法在实践中一次证明有效，我们就会认为自己是扪心无愧的，是精通了教育和教学的科学原理的人，并以“自己的方法”“自己的原则”“自己的教育学”自我陶醉起来！我们教师是多么天真啊！难道可以认为，一个教师，囿于自己有限实践，却能在某时某刻发现对像你们这样的儿童进行教育和教学的万能的方法吗？而你们——才是永远的、一秒也不停滞的生活本身！

不能让教师把自己的经验——哪怕是20年、40年的经验——看作是完美无缺的东西，不需要在与儿童的每一次见面之前重新加以思考。如果这种情况还是发生了，有人停留在原有经验的基础上毫无进展，孩子们，你们就要坚定不移地帮助他们对你们刮目相看！

如果课的教育环境能使儿童的课堂生活变得愈益生动有趣和愈益充满着激情，他们就会喜欢上课。

我发现，音乐理论能够以洁净、晶莹的仁爱和快乐的感觉丰富教育的理论和实践。为什么不能把学校生活设想成师生之间无休止的角逐和斗争，以便去开导后者，而要设想成雄伟壮丽的音乐乐曲，以便去塑造儿童的春节的心灵和富有同情感的心肠？这音乐的极大部分曲调都是快乐的，有时也有一点儿忧郁的曲调，没有和谐的曲调是不行的，但是，这音乐的曲调不应该是强迫命令的、强制服从的、神经过敏的、怒气冲冲的、粗暴无礼的。音乐不需要这种演奏的方法，教育的旋律也不应该用这种方法来演奏。

音乐——这是人的心灵华美和仁爱的基础之一。一个教师，当他带着这学日的总谱，来到儿童中间，手持教育的魔棍，站在学日指挥者的乐谱架前，在儿童们的叽叽喳喳声中听到这一总谱的乐曲时，他们不能不因选择了教师职业而感到无比的幸福。

一个教师，如果怀着凶狠的心肠，最好别走进学校里去，以免摧残儿童的心灵；如果没有明确的教育目的和意图，最好别走进学校里去，以免把使儿童莫名其妙和不知所措的仓促安排的教育强加给他们；如果没有摆脱昨天的束缚，没有经过自我更新，最好别走进学校里去，以免给儿童带来烦闷和单调；如果不相信教育学，最好别走到儿童们中间去，以免使他们丧失对自己和自己的老师的信心。其所以这样，是因为教师站在每一个儿童的个性发展的源头上，并正在用自己的双手和自己的活动为他们的未来奠定基础。没有灵感，没有信心，没有忠诚，是不能为他们的未来奠定基础的。

不言而喻，给儿童提出其答案我真正不知道的问题是不可能的。正因为这样，我就他们创造条件，让他们在与我的交往中感到自己是与我平等的伙伴，是我的战友。在这样的条件下，他们感到需要我，而我作为教师，也不能没有他们。随着我的教育经验的日益丰富，我越来越坚信在教育理论上争论不休的一条原理的正确性：教育学不仅是一门关于教育和教学的科学，而且也是一门关于教育和教学的艺术的科学。如果我要使坐在座位上目不转睛地瞧着我，期待着从我这儿获得某种重要信息的孩子们真正感受到每一个学日的快乐，乐意接受教育和教学，而又并不认为这是强加给他们的教育和教学，我就应该努力使我们之间实事求是关系的纽带成为连续不断的和牢不可破的，我就应该鼓足勇气，扮演一个演技巧妙多边的教师——演员的角色。扮演这一角色的实质在于：对儿童来说，我与他们之间的实事求是的关系不应该丧失其真实性，不应该剥夺他们的自由选择感、自己参加课上活动的独特感。当然，要做到这一点是很不容易的，但是，在我选择职业时向其请教过的人中间，谁也没有要我相信：教育儿童的工作——这是轻松的事业。

在课上应该突出儿童多方面的和丰富多彩的生活中的主要之点，并加以深化。不用说，这就是儿童的个性、他们的认识兴趣和激起他们的认识（当然还有生活）渴望的活动形式。

没有儿童的勤奋、细致耐心和不屈不挠的努力工作，要使他们掌握熟练技巧和发展能力是不可能的，但是，包含在整个认识活动体系中的这种学习劳动，儿童不可能是消极被动地接受的，在这中间，使儿童感受到成功的快乐的认识活动气氛起着有力的推动作用。这需要遵循以下原则：

1. 使儿童的生活在课上得到继续的原则

儿童不可能把自己的生活、自己的印象、自己的感受通通丢在校门外，怀着纯而又纯的学习愿望来到学校。让每一个儿童带着自己的全部生活来到学校吧！我要请他们告诉我——他们的老师，他们每个人今天有什么使自己激动、焦急和难以忘怀的事。如果不是在课上，不是在这精神的源头上，就开始培养他们对人的同情心、关切感，以他人的忧而忧的休戚与共感，能从哪里开始呢？如果是这样，那么，就应该让这一教育交响乐的变曲在儿童的日常生活中更加强烈、更有感染力地响起来，而课本身就会成为儿童的生活目的。

2. 确立与儿童实事求是关系的原则

如果老师想要问学生某种问题，最正确的办法莫过于问伴随着学生工作的那些条件，即问他们的困难、疑问、兴趣爱好等。

教育学不仅是一门关于教育和教学的科学，而且也是一门关于教育和教学的艺术的科学。如果我要使坐在座位上目不转睛地看着我，期待着从我这儿获得某种重要信息的孩子们真正感受到每一个学日的快乐，乐意接受教育和教学，而又并不认为这是强加给他们的教育和教学，我就应该努力使我们之间实事求是关系的纽带成为连续不断的和牢不可破的。既然有必要维护这种实事求是关系的连续不断性和牢不可破性，我就应该鼓足勇气，扮演一个演技巧妙多变的教师——演员的角色。扮演这一角色的实质在于：对儿童来说，我与他们之间的实事求是的关系不应该丧失其真实性，不应该剥夺他们的自由选择感、自己参加课上活动的独特感。

3. 按适当的速度上课的原则

我们应该考虑，我们的课应该以怎样的速度，怎样的表达手段，来组织这样或那样的教育过程，并把这过程称作为教育的旋律。

上课的速度，给儿童讲授教材的表情，对于培养他们对学习的喜爱，对于使他们充分地掌握知识，具有极其重要的意义。也正因为这样，确定（科学地！）在课上以怎样的速度和怎样的表情给学生讲授教材，以怎样的速度从一种作业转到另一种作业上去，就成了十分必要的事了。在这一工作中，不能有丝毫的自发性、任性，一句话，不能有丝毫的盲目性！

第六章

1. 个性孕育自我斗争，孕育于自我认识和自我觉悟的过程，因而教育和教学的目标应该指引儿童走上这一自我形成的道路，并帮助儿童在这一相当困难的搏斗中获取胜利。

2. 选择语文练习的思想内容的出发点是：不仅应该使儿童在今天掌握语言活动的某种方法，而且还应该使练习的思想内容成为在最近和将来形成儿童的个性的基础之一。

经典摘录：每次下课前都提醒——男孩子，记住，你们是男子汉！作为男子汉，今天我只给你们说两条规则。第一条：对每一个女孩子都要抱殷勤、同情、关心的态度！第二条：帮助女孩子脱去和穿上大衣！

3. 如果想要在人道原则的基础上完善我的教育方法，我就得牢记，我自己也曾做过学生，并且要努力做到：不使从前曾经折磨过我的那种感受同样去折磨我今天的学生。

事件：伊利科新理了发，可桑得罗却用难听的话骂他！

处理方法：（1）可以把桑得罗叫到我跟前来，提高喉咙严厉地对他说，他的行为很恶劣，并要求他向伊利科认错。（2）可以对奔到跟前来的女孩子们说，让她们去羞辱、谴责桑得罗的这种不友好的行为。（3）可以把伊利科叫到我跟前来，看一看，他的头发理得怎么样，并赞扬他："你更漂亮了，看上去真像一个真正的男子汉。我在小时候也喜欢这样的发型！"同时，并不提到是谁骂了他粗话。——最终选用了第三种方法，并在孩子们用悄悄话把答案告诉我的时候，我走到桑得罗跟前，悄悄地在耳边说："这道题目你做对了，但今天你对伊利科的行为可不漂亮。如果你想做一个真正的男子汉，那你就得在课间休息的时候去找伊利科，对他说：'请原谅，伊利科！我不想让你生气！'我将注视着，你怎样做到这一点！"过了一会儿，我又走到伊利科的身边，也悄悄地对他说："如果桑得罗前来向你道歉，请你原谅他，并对他说，你已经全给忘了。好吗？"

4. 列夫·托尔斯泰发现的三条规律：（1）教师总是不自觉地竭力要选择于自己最方便的教学方法（好吧，如果是不自觉的，这还情有可原。但是，如果教师故意地、有理性地竭力要使自己与儿童的交往变得轻松起来呢——这大概可以被称作对自己的职业的背叛）。（2）教学方法愈方便于教师，它就越不方便于学生（显而易见，应当千方百计地避免创造这样的教育过程，在这种教育过程中，由于教师的工作轻松而使儿童"备受折磨"）。（3）只有学生们满意的那种教学方式，才是正确的。

不需要分数的例证：现在我们假定发生了这样一件令人伤心的事。有一个儿童病了。无疑，为了医治他的疾病，我们应该去请医生，而不是教师。医生察看了他的喉咙、舌头，检查了他的肺、心脏，量了他的体温，然后写下了他对这个儿童的健康状况的诊断结论——"2"分，之后就一走了事。孩子的妈妈拿着这个"2"分该怎么办呢？孩子不能把它当作药丸吞下去，也不能把它当作芥末膏药贴在背上。这个"2"分只会大喊大叫："孩子的健康不佳！应该立即给他医治！"对孩子的健康状况的诊断结论"2"分能保证指引家长走上医治孩子疾病的正确道路吗？不言而喻，不存在这种保证。因此，把给病孩子家长的这个诊断结论“2”分作为治病良方孕育着极大的危险性。这是人所共知的常识，谁也不会糊涂到用数字去给孩子治病的程度。

有的教师喜欢去找数学得“2”分的孩子家长告状，一本正经地告诫他，家庭教育应该是如何如何的。如果这样，结果将怎样呢？结果家长就会被迫充当一个教育巫婆，世代相沿的严格禁止儿童玩乐的家教陋习将是他的教育手段。教育巫婆的教育手段对于儿童的智力发展和德育的危害，并不亚于巫医的药方对于人的健康的危害。当然，会有偶然性的事情——教育巫婆的教育方法证明是有效的，巫医的药方也证明对治病是有效的。似乎一切都很顺当，但这是偶然性的事例，并不是规律。

5. 要不失时机地从现在起就引导儿童去从事他们力所能及的引人入胜的事情；在从事这些事情的开始阶段就应该使他们得到初战告捷的快乐，不能使他们遭受出师不利的痛苦。

善言待人，亲如兄弟。好言好语，暖人胸怀。恶语伤人，使友变仇。脏言脏语，痛人心肺。

6. 根据儿童发展着的力量促进他的成长，这就意味着使他的童年成为快乐的、引人入胜的和充满激情的。反之，从所谓不能夺去儿童的童年这一臆造的逻辑出发，用给予儿童完全自由的办法来延缓这一成长的进程，就意味着剥夺了他真正感受到童年快乐的权利。

7. 要全心全意地爱儿童。为了这样地爱儿童，就需要向儿童学习应当如何表示这样的爱。教师应该把每一个学日、每一堂课都看作是献给儿童的礼物。教师与儿童的每一次交往都应该使双方感到喜悦和快乐。

罗森塔尔、雅各布森：《课堂中的皮格马利翁——教师期望与学生智力的发展》

作者：(美）罗森塔尔、雅各布森

出版日期：1998 年版，唐晓杰、崔允漷译，人民教育出版社

《课堂中的皮格马利翁》这本书的作者，经过大量的对比实验和研究，发现教师的期望、信任与学生智力发展有着正相关的关系。也就是说，教师给学生以深切的期望和充分的信任，学生智力发展的可能性就越大。在这里，教师就是课堂中的皮格马利翁，教师对学生的深切期望和充分信任收到了戏剧性的效果就是课堂中的“皮格马利翁效应”。

教学作为一种双边活动，能否做到“和谐有效”，在很大程度上取决于教师与学生之间是否形成积极的情感联系。目前，有关教学中的“愉快教学”“情境教学”等教学观点，其实都是要通过各种途径充分地调动学生的积极

性，开发学生的非智力因素，使学生以“乐学”的姿态投入学习中去。作为一名教师，你就是学生眼中的皮格马利翁，你要积极地运用“期望”与“赞美”去克服学生在学习中、考试中存在的心理障碍，让学生在提高成绩的同时，也得到一个健康的心灵。因此，我们不妨多给学生一个赞许的眼神、一句温馨的问候、一句期待的话语……不妨给学生贴上一条好“标签”，也许在我们的学生中间，真的有牛顿、爱迪生，真的有比尔·盖茨。让我们学会倾听、学会欣赏、学会赞美，将真正的感情投入教学工作中，运用皮格马利翁效应，达到令人满意的教学效果。

第一章　日常生活

这个故事罗伯特·默顿（Robert Merton，1948）说得好极了。1932 年一个星期三的早晨，卡特赖特·米林维尔（Cartwright Millingville）来上班。他供职于一家银行，并任该行行长。他注意到，这一天出纳员的窗口相当忙。存户在一周中（离发薪日还远着呢）排着长长的队伍是不常见的。米林维尔衷心地希望这些存户没有被解雇，然后开始他的行长事务。

这家银行资金雄厚而且具有偿付能力。它的行长知道这一点，它的股东知道这一点，我们也知道这一点。但是在出纳窗口排队的那些人不知道这一点。事实上，他们相信，这家银行将要倒闭，假如他们不迅速取出存款，就没有存款可取了，因此，他们现在就排起队来，等候取出存款。在那些人相信这家银行将要倒闭并按照自己的信念去做之前，他们可以说是错了。但是，一旦他们相信他们的信念并且按照它去做，他们就“知道”了米林维尔行长、那些股东以及我们所不知道的一个真相或事实。因为他们造成了这个真相或事实，所以他们懂得了这个真相或事实。他们的期望，亦即他们的预言，导致了这个期望本身的实现：这家银行倒闭了。

不仅经济机构的倒闭归因于自我实现预言的作用，默顿还指出了这样的期望通常在各种族间的关系以及少数民族群体的行为中的重要性。某个州的黑人学业成就较低，这可能确实已成为现实，该州花在黑人青年身上的教育经费不到花在白人青年身上的 1/5。罗斯（Rose，1956）在某种意义上更进了一步，他说，白人和黑人都期望黑人失败，这是一种“不让黑人尝试”的双重期望。

然而，使“自我实现的预言”这个概念仅局限在一个方面是没有什么意义的。这在种族关系的案例中，借助所谓的“斯威尼奇迹（Sweeney′s miracle)”这个特定的自我实现预言，就可以作出很精彩的阐述［《展望》(Look）编委会，1965］。

詹姆斯·斯威尼（James Sweeney）在图莱恩大学教授工业管理和精神病

学，并负责经营这个大学的生物医学计算机中心。斯威尼的期望是，他能够使受教育不足的黑人充当计算机操作人员。他选定的那位受教育不足的黑人名叫乔治·约翰逊，他以前是医院里的清洁工，后来成了该计算机中心的杂务工。早晨，他打扫卫生，下午，他学点计算机的知识。他学到了不少有关计算机的知识，可是，大家都说，要想当计算机操作人员，就必须在智力测验中获得一定的分数。约翰逊参加了智力测验，结果表明他甚至于没有学会打字的能力，更不必说操作计算机了。但是斯威尼不信。他去行政部门威胁说，没有约翰逊，就没有斯威尼。他们两人继续工作，斯威尼仍然主管计算机中心，而约翰逊现在管理主要计算机的机房，负责新职员的培训事务。

戈登·奥尔波特（Gordon Allport，1950）是采用“自我实现预言”这个概念的又一位重要的理论家。他把这个概念应用到国际紧张局势和战争领域之中。奥尔波特认为，期望参战的国家最有可能参与战争。发动战争的期望传递给未来的对手，未来的对手也会作出备战的反应，这种行动更加证实并强化了最先希望发动战争国的期望，导致更充分的备战，依此类推，形成了一个正向反馈循环的相互强化系统。那些不想参战的国家有时似乎设法避免卷入战争。

就人们对一个人的期望而论，分析他打高尔夫球或玩滚木球戏的方式，要比分析大规模的社会现象和经济现象更平淡无奇，但同样令人感兴趣。威廉·怀特（William Whgte，1943）是一位参与性观察研究人员，他研究了一组年轻人滚木球的行为。这组人都是怀特所描述的有名的街角帮（Street－corner gang）成员。这组人（尤其是他们的头儿）“知道”一个人应该滚得多么好。某个晚上，小组成员都“知道”某人会滚得好，他果然滚得不错。在另一个晚上，小组成员“知道”某人将滚不好，他真的就滚不好，尽管他在前一个晚上滚得很好。小组对成员成绩的期望似乎决定着成员的成绩。这种树立信心的挑战和给那些期望能滚好木球的人提供鼓励，也许凭借增强他的动机并减少他对干扰影响的焦虑，来帮助他滚好球。把小组的期望——他将滚不好球——传递给某个成员，可能会降低他的动机并增强他的焦虑，以致这种期望影响了他的成绩。

尽管没有具体地探讨一个人的期望对另一个人行为的影响，但贾斯特罗（Jastrow，1900）的一些观察是与之有关的。他写道，一个运动员因为非常担心自己会失败，以致自己的动作协调受到破坏而真的失败了。“……心里总是想着可能不能达标会削弱个人努力的强度，从而有碍于个人的最佳表现”（p. 301）。贾斯特罗在他的例子中没有明确地说明失败的期望出自他人。然而，怀特提供的例子确实表明，这样的期望通常来自他人。

学习理论家格思里（E. R. Guthrie，1938）进一步阐明了他人对一个人行为的期望对他的行为的影响。一位胆小而且又不善社交的年轻姑娘由于被故意当作社交的宠儿，而在社交场合成了自信、应付自如的人。一组热心相助的大学生事先调整了和她相会的那些人的期望，使得他们期望她的是善于社交的行为。这种对善于社交的期望及时引发了所期望的善于社交的行为。在受灾比较严重的地区，戈尔茨坦（Goldstein，1962）注意到德雷耶（Drayer，1956）对救援人员期望之重要性的观察。在民事和军事事故中，受害人似乎按照救援人员期望他们作出的反应而作出反应。美国陆军的精神病防治经验似乎告诉我们，越被明显地当作精神病患者治疗，就越不可能回到工作岗位（Bushard，1957）。在开车这种更日常的经验中，肖尔（Shor，1964）指出，一个驾驶员对他人驾驶汽车行为的期望可以充当自我实现的预言。

贾斯特罗（1900）详尽地叙述了工作领域中一个具有充分文献的自我实现预言的案例。那是 1890 年，霍勒里斯制表机（Hollerith tabulating machine）刚刚在美国人口普查局安装妥当。这种机器好像打字机，需要操作的人学会发明者霍勒里斯认为要求很高的一种新技能。霍勒里斯期望，一个受过培训的人每天能打印约 550 张卡片。两周之后，操作的人经过充分培训，开始每天打印大约 550 张卡片。过了几天，每人开始超出预期的成绩，只是在情绪上付出了很大的代价。操作人员紧张地试图打破预期的界限，以致美国内政部长下令禁止制定任何最低成绩指标。这一步骤被看作是保护该机构人员的心理健康所必需的。

为了扩充霍勒里斯制表机的工作人员，于是新招了 200 位职员。这些职员对这项工作一无所知，以前没有受过任何培训，甚至从未见过这种机器。没有人告诉过他们从事这项工作在情绪上所付出的代价，也没有人讲过可能达到的成绩最高限是多少。不了解这些情况反而是他们最大的财富。两天之后，这组新的操作人员的成绩达到了前一批人通过更合适的集中培训，7 周后才达到的成绩水平。前一组每人每天打印 700 张卡片后就精疲力竭，而新招的这组每人打印出 3 倍于上述数字的卡片，也没有任何不良效应。

在人口普查局采用霍勒里斯法并给我们提供了一个自我实现预言的工业方面的例子大约 75 年以后，巴维拉斯（Bavelas，1965）描述了工业情景中对这一命题更正式的检验。在一个大型的工业企业里，大量的女性求职者都要受到一番评价。每位求职者都要接受智力测验和手指灵巧性测验。管理这些雇员的领班被告知其中某些妇女在这两项测验中得分很高，而某些妇女得分很低。领班所得知的信息当然与这些求职者的实际成绩毫无关系。经过一段时间以后，领班对这些工人的评价和这些工人的实际成绩记录表明，领班的评价更偏向那些据说在上述测验中取得高分的人。这在很大程度上可以归因于一种简单的“光环”效应（“halo” effect），领班的理解力在这种效应下受到了他们自己期望的影响。如果领班期望工作人员取得好成绩，客观的成绩记录也就是好的，这种发现不能这样简单地加以解释。这种结果不能归因于一种简单的光环效应，而只能归因于人际间自我实现预言的又一案例。令人感兴趣的是，工作人员的实际测验分数与领班的随后评价或者与客观的生产记录毫无关系。

上面所述的自我实现预言的所有案例，只有助于阐明自我实现预言这个概念，而无助于确立这个概念的真实性、效用性或普遍性。除了巴维拉斯的研究之外，上述案例充其量只是提供了一种轶事性的证据。所以，尽管这些案例并非毫无价值，但还不能当作结论。姑且假定人们对未来事件作出预言或对未来事件抱有期望，我们可以考察存在于对事件的预言和随后发生的事件之间可能关系的类型。

第五章　处境不利的儿童

学校通常在 9 月份开学，成千上万来自各种家庭的年近 6 岁的儿童开始了一年级的学习。这是他们焦急不安的时刻，他们带着兴奋与不安的心情，还伴有期待的感情："这位老师会喜欢我吗？我什么时候学习阅读？她会喜欢我吗？"

跨进一年级的教室是儿童迈出的一大步。这可能是一种令人欣喜的或毁灭性的体验。教师对儿童笑脸相迎，看着他们想想这一年会有什么收获。打扮得干干净净的白人小孩可能会学得不错；黑皮肤和棕色皮肤的小孩属于下层社会，他们学习上将会有问题，除非他们看上去格外干净。凡是看上去不干净和需要手帕的白人小孩都会有麻烦。如果教师撇开肤色不论，只看下层社会儿童在数量上的优势，她就会知道她的工作将是困难的和不能令人满意的。教师希望她所教的儿童都能学好，但她知道下层社会的儿童在学校里学得并不好，就像她知道中产阶级儿童的确学得好一样。当她第一次面对全班微笑，欢迎他们大胆地加入一年级的学习，并依据中产阶级的尺度来测定他们的成败时，她就知道了所有这些情况。儿童也向她报以微笑，却没有意识到教师已对他们作过第一次测量了。当他们向教师讲话时，教师会听到儿童讲话吐字清晰，或者带有鼻音，或者结结巴巴，或者带有地方口音，教师再次使用中产阶级的尺度衡量他们一番。随后，他们的阅读准备情况或智力也将得到测量。在这第一学年里，儿童要受到多次检查，以了解他们的情况，了解他们入学时具备的条件。

在教学楼里，二年级的教师知道，她的大多数下层社会的学生不如中产阶级学生。无论在什么学校，在 9 月份开学的第一天，教师看看自己的班级就知道这一年里哪些儿童将学得好，哪些则学不好。正式和非正式的测量结果有时修正开学第一天的印象。一个邋遢的儿童可能很聪明，一个棕色皮肤的儿童可能学得很快，一个黑人儿童读起书来可能就像小天使，而一个穿着整洁的中产阶级儿童可能是十足的笨蛋。有时的确是这样。但如果教师预言中产阶级儿童一般在学校中取得成功而下层社会的儿童一般在学业上落后并终归失败，她通常是对的。

贫穷造成的处境不利

当前，注意力突出地集中在我们学校中教育处境不利的儿童身上。这些儿童学习规范语言的经验不足，对学校文化的无知，以及因而造成的学业成绩不佳是注意的中心。大量研究报告指出，处境不利儿童的智商低于中产阶级儿童的智商，他们的阅读低于标准水平，他们的态度是消极的，而且他们的行为使教师感到头痛（Becker，1952；B. Clark，1962；Davis and Dollard，1940；Sexton，1961）。

按照定义，处境不利儿童来自下层的社会经济群体，在这些群体中，低收入和与学校文化不相容的价值观紧密联系在一起。学校中处境不利儿童学业失败的人数大于中产阶级儿童学业失败的人数。哈维格斯特称这种儿童为社会处境不利者，他预言，美国学校将在今后的十年里“竭力扫除妨碍大约15%的儿童在学校中学习有用内容的社会不利情况……而且这意味着美国大城市低收入家庭大约30%的儿童”（Havighurst，1965，p. 3）。美国卫生、教育和福利部正在通过为低收入就学区的学校提供大量资金来鼓励这方面的努力。这种措施是根据《1965年初等和中等教育法案》第一编制定的，“这一新法案主要强调的是通过为这样一个任务而批准的最大的联邦拨款计划来满足被剥夺了教育机会的儿童的特殊需要”（U. S. Office Of Education，1965）。

由于教育和才能的发展有密切的关系，而才能在今天的市场又极为重要，下层社会儿童的教育成绩普遍低下便引起了联邦政府的惊愕。技术革新和国际政治危机需要受过教育的劳动力，这意味着那些没有从学校教育中受益的处境不利的儿童相当于是对国家未来熟练劳动力的一种浪费。

在过去的几年中，几乎绝大多数的文献都描述了教育上处境不利的学习者、他们的住宅、家庭情况、邻里、教师以及他们在中产阶级学校的气氛中学习时所碰到的挫折。处境不利的根源多种多样，归结起来有经济的、社会的、文化的和（或）语言方面的因素，这取决于作者的取向。我们在这里只能探讨其中一些因素。

收入与学业成功

塞克斯顿（Sexton，1961）关于收入与教育机会之间关系的研究发现，若家庭平均收入超过7000美元，儿童的成绩便在年级水平之上，若家庭平均收入低于7000美元，儿童的成绩便在年级水平之下。显然，成绩差是累积性的，也就是说，到了八年级来自收入最低家庭的学生的成绩至少比来自收入最高家庭的学生的成绩落后两年。这一事实证明了贝克尔（Becker，1952）认为差距拉大的观点，也符合卡尔（Kahl，1961）的研究结果："老百姓"的男孩到他们准备上九年级的时候，其成绩水平比智力相等但社会地位高的男孩低得多，即使这些男孩在早先的学年中取得了相似的成绩。

塞克斯顿发现了"大城市"天才儿童教育计划中各收入群体之间的进一步分化：在选人参加这一教育计划的436名学生中，没有一个来自5000美元以下的收入群体，其中却有148名学生来自9000美元以上的收入群体。

成就训练

成就动机领域的研究指出，在家庭的成就训练上有阶级与文化的差异（MeClell，1961）。当儿童进入强调中产阶级价值观的学校时，这些差异可能引起冲突。众所周知，中产阶级儿童的竞争性是很出名的，自婴儿时代起他们就一直被鼓励有所成就，因为美国中产阶级家庭培养儿童的做法散发着成就的概念。具有相似成就取向的亚文化群的儿童也发现学校文化是熟悉的，而且具有教养性（Rosen，1959；Strodtbeck，1961）。弗洛伦斯·克卢克洪（Florence Kluckhohn，1953）的价值观表明了主要美国人的典型形象，这种美国人在家中受到的训练所强调的是养成进取个性之价值观的能动性文化（activity culture）。"在家里和社区中没有获得这些特定价值观的儿童在与把这些价值观视为理所当然的年轻人竞争时不大可能取得成功"。（Cloward and Jones，1963，pp. 193～194）

贫民教育计划

大量研究结果表明了中产阶级儿童与下层社会儿童在学业成绩和所测能力上的差异。事实上，学业成功与社会阶级地位的关系已经得到了证实，可以认为是"经验的法则"（empirical law）（Charters，1963，pp. 739～740）。教育工作者当前力图使这种关系成为历史，迫于联邦机构施加的要求采取行动的压力，他们正在制订种种实验计划来增加下层社会儿童的教育机会。美国教育总署在过去几年中率先提出了面向教育处境不利者的教育计划。1965年4月约翰逊总统签发的《初等与中等教育法案》集中更大的注意力于美国处境不利的儿童，该法案第一编批准1966年为这些儿童拨款10亿多美元。

面临着由联邦出资提高贫穷儿童的成绩的机会，学校已在制订各种要由联邦机构批准的教育计划。其中许多教育计划在结构上是历时性的，因而种种研究结果暂时还不是定论。最终的目标看来是一致的，那就是通过提高自我形象、潜力和抱负来增加教育机会。这些教育计划最根本之处似乎在于努力依靠对儿童起作用的手段——矫正性阅读、咨询与指导、文化经验、父母参与以及卫生福利服务来克服学习障碍。这些教育计划旨在强调儿童与家庭内的不足之处，而且这些计划都是补偿方法（见 Wrightstone，McClell and Krugman，Hoffman，Tieman and Young，日期不明）。显然，各种不同研究结果都被解释成处境不利的儿童总是有点缺陷，因而教育工作者应当关注他们早期贫乏无力的训练以及关心他们在成就定向中由亚文化决定的差异。

这些耗费巨大的特殊教育计划的前提只是某种建议：学校本身可能有种种不足之处。这些前提极少认为教师的态度和行为可能是促使学生失败的因素。然而，教师对下层社会儿童的反应与这些儿童缺乏成功可能是难解难分的。

学生评价

当知道或者相信了某个学生的某些情况时，也就知道了他的其他真的或假的情况。这就是所谓光环效应，伦纳德·卡恩（Leonard Cahen，1966）最近的一项实验充分证明了这种效应。卡恩感兴趣的是确定学生能力倾向的虚假信息是否会影响教师对学生测验的评分。被试是 256 名进修教师，要求每个进修教师对“学习准备状态”（learning readiness）的一种新测验评分；并告诉每个进修教师，在阅读测验和智商测验中得分高的儿童在这种新测验中得分也高。在每份试卷上都标明学生的智商和阅读水平。这些虚构的分数有时高，有时则低。卡恩的研究结果清楚地表明，当进修教师对据说是比较聪明的儿童所做的测验进行评分时，他们对这些儿童的可疑处给予了更为善意的解释，而当他们对据说是迟钝的儿童的测验进行评分时，对儿童的可疑处则给予了不大有善意的解释。当“知道”一个儿童聪明时，这个儿童的行为就被评价为比被“知道”是迟钝的儿童所表现出来的同样行为具有更高的智力品质。在评定儿童对个别实施的标准化智力测验的反应中，也出现了这种光环效应（Sattier，Hillix，and Neher，1967）。

人们常常指出，来自少数民族群体，特别是来自黑肤色群体的儿童，尤其有可能是不利的光环效应的受害者（HARYOU，1964）。雅各布森（Jacobson，1966）最近的一项研究可作为例证。

要求两组教师根据带有美国人的外貌或墨西哥人的外貌对一批陌生儿童的照片作等级评定（“美国人”未作界定）。在评定的等级上，教师的意见高度一致。然后，要求这两组教师以同样的方式对墨西哥人血统的儿童的照片作等级评定，一组教师不认识这些儿童，另一组教师则执教于这些儿童所在的学校。结果两组意见极不一致。墨西哥人血统的儿童所在学校的教师把那些智商较高的儿童当作更像美国人。只有在可获得儿童智商分数的情况下，智商与外貌才有显著的相关。显然，教师在他们对“看似墨西哥人”的知觉上是一致的，只有到他们知道一个儿童是怎样接受测验时，知觉才发生了变化。

这项研究提供了课堂中处境不利儿童的进一步信息。一年级和二年级中（在阅读方面）成就最大的墨西哥人血统的儿童，都被两组教师当作明显地更像墨西哥人。这种相关在三四年级发生了逆转，到了五六年级逆转更大，也就是说，高年级中成就最大的学生在两组教师看来都更像美国人。这项研究表明了这种可能性：如果一个墨西哥人血统的儿童在教师看来更像美国人（即盎格鲁一撒克逊人），教师对他的学业期望就可能像对中产阶级儿童的期望一样，这是与更像墨西哥人或下层社会儿童因而有成绩差异的墨西哥人血统的儿童的期望相比较而言。

教师对学生的评价决定于许多变量。有时，教师认识到处境的种种不利，或许有时还创造许多处境不利。对儿童的评价（因光环效应而减低或提高）可能会传递给儿童一种特定的成绩期望，这个儿童则可能会实现教师的预言。

第五篇：班级管理与师生关系

一、《班主任工作漫谈》

魏书生，1950 年 5 月 4 日出生于河北省交河县，1956 年随父母迁居沈阳，1968 年在盘锦新建农场当知青，1971 年到盘锦市盘山县电机厂任政工干事。

1978 年，28 岁的魏书生到盘锦市盘山县三中做语文教师，半年之后被提为教导主任。

1983 年参加全国中语会，他的教学改革报告引起与会专家学者的一致好评，影响全国。从此，一发而不可收，被人们誉为基础教育的“常青树”。

1986 年 3 月，魏书生被任命为盘锦实验中学校长，1997 年任盘锦市教育局局长，是一个全国独一无二的，曾任班主任，又兼语文课的在职市级教育局长。

魏书生其貌不扬，却光芒四射。

他是“全国优秀班主任”“全国十大杰出青年”“中学特级教师”“全国劳动模范”“全国有突出贡献的专家”“五一劳动奖章获得者”，2007 年“辽宁道德模范”——以上是“官称”。在民间，魏书生被誉为“穿西装的孔子”。

魏书生到底是个什么样的一个人呢？有人这样概括：魏书生有哲学家的头脑；有改革家的胆量；有科学家的严谨；有释家的胸怀；有道家的超脱；有社会活动家的阅历；有演说家的口才。

在魏书生的身上，外在行为像儒家，内心世界像道家。魏书生少年习武，会气功。魏书生把气功叫“注意力体操”。他要求自己和他的学生每分钟都调整到“松、静、匀、乐”的境界。“松”即身体放松；“静”即心灵宁静；“匀”指呼吸匀称；“乐”即情绪乐观。

魏书生：《班主任工作漫谈》

第一章　班主任要努力改变自我

魏老师的报告感动人，吸引人，教育人。平时，我们无论哪级领导作报告，可以说没有超过两小时的，而魏老师的报告作了3天半，大家听得津津有味。

——孔繁森1991年7月23日日记
（《人民日报》1995年4月28日）

1. 多改变自己，少埋怨环境

1978年2月20日，我经过6年的努力，终于实现了自己教书的夙愿。

面对的环境，并不尽如人愿。两栋平房之间一个低洼的大操场，四周连围墙都没有，这便算是盘山县第三中学。

平房内部还没有顶棚。这样，一位教师讲课的声音便穿过了顶部的人字架，到达第二、第三乃至第四个教室，大家就这样互相干扰着上课。那时房顶还没有扣瓦，上课时抬头，透过木板缝可以看到白云蓝天，冬天下雪，有的雪花碰巧可以直接飘到室内来。除了教室，没有一个实验室。

刚到校，领导便分配我做班主任并教两个班的语文课。学生呢？也不尽如人愿，初二·六班还不错，初二·八班可就难了。56位同学全是男生，是从各个班级选拔出来的学习后进生。他们爱玩、怕上课，有几位同学填学生登记表，连父母的名字都写不对，问他，他却埋怨：“都怪我爸的名字太难写!”

面对这样的环境，我埋怨过，灰心过，也等待过，想等待环境好了，自己再好好教，自己再搞改革。

埋怨、灰心、等待的结果，是学生越来越难教，自己的脾气也变得更糟糕，一事当前，不是千方百计想办法战胜困难，而是先指责埋怨一番。用黄金般宝贵的光阴，换来一大堆无用的指责埋怨，这真是人生最悲哀的事情。

想等办学条件标准化了再改革；想等教师地位提高了，自己再安心教学；想等社会上厌学之风改变了之后，自己再认真教书；想等所有的人都努力工作之后，自己再努力。这样坐等空想的结果，不仅自己没有改变的希望，还可能因为自身的弱点使外界更不如意。

我体会到，比较有效、比较实际的做法，还是先从改变自己做起。用七分力量去埋怨、指责环境，可能一丝一毫也不见效果，有时甚至会适得其反，助长别人的愚昧和自己的野蛮。但只要省下七分力气中的一分，用来改变自己，就能使自己发生变化。

埋怨环境不好，常常是我们自己不好；埋怨别人太狭隘，常常是我们自己不豁达；埋怨天气太恶劣，常常是我们抵抗力太弱；埋怨学生难教育，常常是我们自己方法少。

人不能要求环境适应自己，只能让自己适应环境。只有先适应环境，才能改变环境。

从这样的认识出发，我面对现实，千方百计改变自己的教育教学方法。不长时间，我任班主任的班级，班风有了明显的变化，那个全是男同学组成的班级的学生们也和我成了朋友，他们也帮着我搞教学改革，帮我设计公开课，学生们的学习热情出人意料地高。

教书不到半年，组织上便要我做教导处副主任，推辞不掉，我只好改变自己教书当班主任的方法，研究边负责 1500 多名学生的思想教育，边兼班主任教语文课的方法。1986 年 3 月 14 日，市委组织部任命我做学校的校长兼党支部书记。学校被特殊批准为辽宁省重点中学，并更名为盘锦市实验中学。这几年，在国家教委及省市主管部门的支持下，学校办学条件有了明显的改变，新建了教学楼、实验楼和办公美育楼等三座楼房，不仅有了标准的理化生实验室，还有了体、音、美专用教室，设备先进的电子计算机操作室，语音实验室。有了打字饥、摄像机、复印机等设备。校园内还建了假山、喷泉、植物园……

昔日简陋的办学条件已成为历史的回忆，昔日不尽如人意的条件没有了，新的不尽如人意的事情又出现了：新上了许多设备，这些设备的保管、维修不精心；一些专用教室使用率不高；房子多、设备多，于是水费、电费、维修费也跟着成倍增长……

可见，人总要面对一个不尽如人意的环境，总要从改变自己做起，才能适应环境，进而使环境朝着如人意的方向改变一丝，改变一毫。

2. 选择积极角色进入生活

一天夜间，凉风习习，我到校园内跑步，又到东边的小花园内练了一会气功，然后返回教学楼，恰逢毕业班的同学晚自习休息，同学们三三两两地步出教学楼。我进了楼，想观察一下同学们晚自习课间活动情况。不料在面对我班的走廊处，听到两位同学正在吵架，吵得十分难听。我做气功时的愉悦心情，顿时被气恼所代替，立即让那两位学生到办公室。

一见到我。他们立即害怕起来，看他们起初那样子，我本想大发雷霆，见他们害怕，我的气又消了。于是我想，面对犯错误的学生，一位教师真可以扮演十几种乃至几十种不同的角色。

我可以扮演一个大发雷霆的莽撞的角色，使自己生一顿气，也使学生生一顿气。

我可以扮演一个不负责任、听之任之的角色，结果学生愈来愈淘气，我的威信也越来越低。

我可以扮演有极丰富的经验的教师角色，给学生分析吵架的弊端危害，活学生订出避免吵架的措施，使学生佩服得五体投地。

我也可以扮演对学生只会训斥、挖苦一通，别的方面一筹莫展的角色，使师生之间心理上有了隔膜。

我还可以扮演学生外祖母的角色，先施之以关心爱抚再进行教育指正。

我又可以扮演学生的严父、慈母、兄长、亲属的角色，使学生感到亲人般的温暖和爱护，在温暖中改正了错误。我可以扮演学生的好朋友的角色，扮演和学生一起淘气的伙伴的角色，再现学生淘气时的心理，然后使其心悦诚服地同我一起将他的错误思想捆绑起来。

我当然也可以扮演生理保健医生、心理诊疗医生的角色，分析学生犯错误的生理与心理原因，然后帮助其排除障碍。

……

总之，我面前虽是两位吵架的学生，我却不只有两种处理这个问题的选择。选择的角色不同，决定着教育效果的不同。

我选择了严父与心理诊疗医生的双重角色，先施之以爱，继而给予具体细致的心理分析。他们听着我的分析，既没有吓得胆战心惊。又对错误有深刻的认识，对自我进行了有效的解剖。他们心悦诚服地受到了教育，并学到了控制自己错误的方法。我也为自己角色选择的成功而涌起一股欢乐。

我经常觉得，日常生活中，我们无时无刻不面对各种角色的选择。对同一件事，我们可以扮演多种角色；在生活这个大舞台上，我们更扮演着多种角色，我们千万不能把自己封闭在一种角色里出不来。

选择积极的角色这个道理，我也经常给学生讲。

我问学生：“老师在大家面前是什么角色?”

“是我们的班主任，语文教师。”

“在全校师生面前呢?”“是校长。”

“在我校 32 位党员教工面前呢?”“是书记。”

“老师出了学校，走在大街上呢?”“是行路人。”“对了，这时我就不能把自己封闭在班主任的角色里。若走在大街上，对面来了人，我非要给人家当班主任，那不自找麻烦吗?”

“到了十字路口，红灯亮了，我没看到，还往前走，这时就扮演什么角色了?”“老师，那您就是违反交通规则者了。”既然是违反交通规则者，就不能想我和交警支队长、大队长都是好朋友，警察批评我，我不服。而应该扮演好违章者的角色，老老实实地挨批评，接受处罚，以后真心诚意地改毛病。

“老师到商店里呢?”“您的角色就是顾客了。”“在优秀售货员面前呢?”“老师是被热情接待的顾客。”“在刚和爱人打完仗，装了一肚子气的售货员面前呢?”“老师您完全可能成为出气筒。”

对了，把这些事部想通了，真的遇上那样的售货员，就不会想不通，就能想出当好出气筒需要多么宽阔的胸怀，需要多强的忍耐力，需要多丰富的心理学知识，这样把她的气给顺下来了，我们还增长了人生经验，丰富了知识，岂不一举两得? 倘不愿进入这个出气筒的角色，她出气，你不让，她骂，你也吵，双方都不痛快，每人弄一肚子气，胸怀还容易变得狭隘。

“对医生来说呢?”“您扮演患者的角色。”

“对邮递员来说呢?”“您扮演住户的角色。”

“对政治家来说呢?”“您扮演一张选票的角色。”

“对化学家来说呢?”“您扮演化合物的角色!”

我算是获得荣誉比较多的教师，多次和党和国家领导人合影，先后和党的三任总书记合影 7 次，多次出席在中南海怀仁堂、人民大会堂召开的会议。人民大会堂的会议不要说在下面坐着，主席台上面我已经坐过 5 次了。有几次正部长级干部安排在我后面坐。有一次，我一回头，国务院发言人袁木在我后面坐着呢。此时，我就不好说：“袁老，你这么高的地位，怎么能坐魏书生后面呀，咱俩换一换吧。”你要求也不可能换，这样安排自有这样安排的道理，无须惴惴不安，很坦然地演好教师代表这个角色就是了。

但日常生活中就绝不能总惦记这会啦。日常生活中，我想得最多的，就是我跟卖冰棍的老大娘，跟卖白菜的老大爷，在人这个意义上是完全画等号的；咱一点不比人家高多少。我总想，地球上不少麻烦事都是有人总想高人一头造成的。高人一头，还是人吗? 它想成为不是人的东西，在老百姓头上，老百姓就不让，于是便斗争起来。

总想着自己在人格上和最平凡的劳动者一致，这样便能演好自己“人”这个角色。如果非要说自己和卖冰棍的有什么不一样，那就是咱比人家公作条件好，咱比人家人生机遇好。既然这样，那就该更加勤奋地学习，更加努力地工作才对。

1991 年暑期，我去西藏讲学归来，要赶到哈尔滨参加全国中学学法研究会第二届年会。我请西藏给我买 7 月 26 日由成都飞哈尔滨的机票，拉萨说都已联系好了。不料，一到成都，说是没有这天赴哈尔滨的飞机。我非常着急，因为哈尔滨 2000 多人的大会，350 人的讲习班，146 人的代表都在等着我，因我是全国中学学法研究会的理事长。没办法，我只好 26 日改飞沈阳．到沈阳已是夜里 9 点多钟了，我赶到沈阳站买了一张站票，好不容易挤上了火车。

这时站在拥挤的车厢里，我便想，此时我的角色是"挤火车者"，怎样演好这个挤火车者呢？站在那里研究人们的表情，研究旅客们的动作、研究旅客语言和他们职业、性格的关系。这样研究着，使我忘记了疲劳，感觉兴味盎然。正在高兴时，左边来了一个人使劲撞了我一下。我觉得撞得有理，我站在过道中，人家要走过去，不撞我怎么办，我朝人家笑笑。又过了一会，右边又来了一位，照我脚面踩了一脚，我觉得踩得也没什么不对，便连说没关系，没关系，说得他也不好意思起来，只好来了一句："对不起。"

倘若不寻找积极的角色来扮演，明明是挤火车者，却不肯安心，总是牢骚满腹，一百个不平，一千个不忿，甚至埋怨："人民大会堂主席台还有我的座位，怎么坐火车反倒连个座都没有?"这不是自我折磨吗?

在火车上对乘客而言，我是挤火车者，在沈阳市内我只是五百万市民之一。对全人类而言，我只是五十亿分之一，微不足道的一粒沙子。换个角度，有什么不微小呢？地球在太阳系还算个东西，太阳像西瓜那样大，地球毕竟有豆粒那么大。到银河系呢？还有豆粒那么大吗？不也成了一粒尘埃了吗？

变换角度思考问题，选择积极的角色进入生活，容易成为一个成功者。

3. 选一位控制教师发怒的同学

在广阔天地种地的时候，在农村教书的时候，我基本上是个乐天派。现在分析起来，可能那时社会忧患太多了。

客观世界本已有这么多的忧患，倘主观世界再寻烦恼，那人间真是没意思透了。于是便千方百计保持自己心态的正常，少发火，少折磨自己，多干实实在在的事情，品尝做实事的乐趣，以求心理平衡。

到学校教书，有一种解放了的感觉。客观上，"文革"终结，政治解冻，自己又有了理想的工作，心情愉快，半年之后，做教导处副主任。教导处两位主任，一位主抓教学，我自然便分工抓学生政治思想教育工作。那时 4 个年级，26 个教学班，1558 名学生。"文革"刚刚结束，学生纪律不好，打架斗殴的事时有发生。那时学生打架很凶，枪刺、砍刀、匕首都会用上。有一次，一个班级为了备战，竟然拿了 20 多把铁锹铁铲。有一次，学生打起来，我跑去看时，失败者已躺在地上，腹部已被扎了5个窟窿，正流着血。还有一次，一个很霸道的学生，没有什么原因便往人家的头上砍了3刀。待我跑去，砍人者已逃，我只好领着受害者去医院缝合。面对这样混乱的局面，我的耐心受到了挑战，并且失去了抵抗力，于是发火发怒，变得脾气暴躁。

到了1979年3月，自己带实验班还兼负责学校学生管理工作时，这毛病仍没改。

一次，学生在教室里闹，每人拿条绳子，你抽我，我抽你，你捆我，我捆你，屋里弄得乌烟瘴气，桌椅东倒西歪，我看了，气不打一处来，破门而入，满脸怒气。学生一见，顿时惊呆，不知所措。我本应理智清醒地问清事情的来龙去脉，帮学生分析利弊得失和控制不再重犯的方法，但人在发怒时一般不会这样做，一般都会找发泄怒气的方法，发泄得越厉害，心里便越痛快。于是学生成了我发泄怒气的对象，我狠狠地训了这些同学一顿，又让他们在教室前面站成排，责令他们将打人的绳子高举过头，有的同学累得汗流满面，我还是不肯饶恕。当时自己也知道这样做不对，这样做增强了学生的逆反心理，但处在愤怒中的我，也像劣迹学生处在激愤状态时一样，不顾一切了，对抗就对抗下去，非把你压服不可。

这以后，再和这几位同学见面，心里总是疙疙瘩瘩的，他们躲避我，我也不自然。

每次发过脾气之后，都使学生的自尊心、自信心受到了伤害，我自己也陷入情绪陷阱之中，懊恼后悔。深深尝了发脾气的痛苦之后，我认识到：人在发脾气、愤怒时，是智能较低下的时候，往往做出愚蠢的判断和荒唐的决定。要做好工作，为了集体，为了国家，也是为了学生，更是为了自己，必须控制自己的情绪，少发或不发脾气。

发脾气的人大都尝过发脾气的苦头，大都有控制自己的愿望，平心静气时充满战胜自己的信心；一旦情绪的怒涛翻卷，薄弱的意志大坝便被冲垮。怎样在冲垮前便请人帮助堵住？我向学生讲了自己内心的冲突，请同学们帮忙控制自己的情绪。除了请大家帮忙外，还请一位同学具体负责，当他发现老师的脸色多云转阴时，便及时提醒、劝告。我表示决心说："只要这位同学一提出警告，老师一定听从，立即控制住自己的情绪。"

王迎同学自告奋勇，愿意负责控制老师发怒。这位同学的母亲是我在电机厂时的师傅，从小我便熟悉这位同学。在他的眼里，我不只是老师，更多的还是熟人、是朋友、是兄长，即使我当了他的班主任以后，他也常常和过去一样和我开玩笑，随随便便，想说啥就说啥。王迎为人又单纯、直爽、热情，心地善良，做什么事，说什么话，喜欢直截了当，不会转弯抹角。他负责控制我是再合适不过了。

有一天，校内两个班级发生斗殴，我把几位蛮横的学生找到办公室。批评他们时，还不太服气，双方又争吵起来，强者又向弱者出了手。一气之下，我采取了过分的措施，狠狠惩治了霸道的学生。风波压下去了，我同被惩治的学生谈了心，他理解了老师，我们成了朋友。但由过分措施而产生的内心不快却缠绕着我，我离开办公室，向自己班的教室走去，想排遣一下不良的情绪。

那时自己刚接班不久，学生还没有自治能力，学生们像是给老师守纪律，给老师当长工，给老师学习。教室南面的 4 个大窗户对着操场，北面的一个窗户对着 140 米长的走廊，我通常从走廊的窗户往里望，这个窗户便成了我和学生监视和反监视的前线。

我还没走到窗边，便听到屋内乱哄哄，刚到窗外，便见 4 位同学在教室打粉笔头，还有十几个人助威，搅得别人无法自习。我本想到自己的班级轻松一下，改变烦躁的情绪，不料自己的学生也是这么不争气，烦躁愈加烦躁，怒从心头起，冲进门去，想大发雷霆之怒，狠狠惩治那几个人。学生见我出现，立即惊呆了，正闹着的几个人见我怒容满面，一个个不知所措。我正要大吼一声，王迎同学站了起来，笑着看我——在这种气氛中，也只有他还敢笑。我一时竟忘了过去的许诺，问："你站起来干什么?"他又笑着，不自然地挠了挠头，说："老师过去让我帮助您控制发怒，不知道今天还算不算数?"

是啊，过去当着全班同学面说的请人家控制我发怒，今天又当着大家面提这个问题，我能说不算数吗?我咽了几口唾液，稳定了一下情绪，硬是压住了自己到嘴边的话。为了缓和一下紧张的空气，我请王迎同学到外面。我们在走廊里一块商量处理乱子的办法，在融洽的气氛中解决了问题，使几位违纪同学从内心产生了想战胜自己的愿望。

王迎同学多次有效地控制住我，使我不发脾气，渐渐地，我爱发怒的脑细胞利用率低了，能力也低了。每当回忆起这些，我便充满了对王迎同学深深的感激之情。

4. 服装与发型

班主任的服装与发型对学生们也有一点教育作用。说一点，意思是没有太大的教育作用，用不着大惊小怪，无限上纲。这一点作用可以忽视，但不忽视总比忽视要好一些。

对于班主任的服装与发型，我想两点要求即可：(1) 要整洁；(2) 要大致符合当时当地的大众服饰习惯。

见到有的青年教师穿不整洁的衣服，我总要建议他去洗、去换，道理很简单：我们要求学生做到衣着整洁。有的便举出藤野先生的例子，说："他的衣着那么脏，不照旧受到鲁迅的尊敬吗?"我说："此一时，彼一时也。也许那时日本教师生活困难，负担极重，不讲卫生的人多，学生便也见怪不怪。倘此时再在日本出现一个穿相同衣服的人，人们怕是普遍会怀疑为精神病人吧！学生也会为有这样脏的教师而感到羞惭吧！”

第二条要求便不好把握。原来我提出教师服装应俭朴。我的一件蓝平纹衣服，洗了一水又一水，式样是中山装，在工厂已穿了两年，到学校穿了4年，蓝色已退成灰色，领、袖、兜盖处还磨成了白色。有同学说：“老师，衣服这么旧了，您到各市去开会，该换一件了。”

“穿这样的衣服有什么不好？不是很俭朴吗？”

“反正我们觉得不太好，都80年代了，俭朴过分，就像给社会主义掉价似的。”

给社会主义掉价（北方话，大致指降低威信的意思），我还是第一次听人这么说。细一想，也有理，社会发展了，时代进步了，人们生活水平提高了，还总穿五六十年代的衣服，穿下乡劳动时的衣服，显然不合时宜，不仅给社会主义掉价，也给教师这个职业掉价。

我也感到自己在这个问题上想得太简单了。1982年8月1日，我结婚时穿的“礼服”，上衣是穿了两年多的白衬衣，裤子是一条以前花10元钱买的灰裤子。那时受“越穷越革命”的思想影响很深，宁肯花几百元买书送给学生，也不肯花几十元买件衣服。

学生一批评给社会主义掉价，我才慢慢转变观念，逐渐觉得，穿得太落伍，也是给自己掉价。于是开始穿质地好一点的衣服。

1987年，我外出考察前买了一套西服，并且第一次打了领带。已毕业的学生见了说：“老师这回更新换代，跟上形势了。”听了这话，再看看这身衣服，自我感觉确实比过去穿那褪色的衣服好一些。

写此稿时，我穿的是一套1991年5月去广州时花80元钱买的深蓝色西装套服。穿这套衣服，我走了十几个省、市、自治区，感觉良好。对服装很有研究的部老师认真看了这套衣服，说：“至少要在350元以上。”穿着这样的服装自然不掉价了。

但我对穿奇特服装的教师仍看不惯。当校长以来，我一直要求学生穿校服。既然不允许学生穿奇装异服，教师怎么可以呢。我批评衣服穿得过分花哨奇特的教师：“不能忘记我们从事的职业是教师，不是演员，不是服装模特，不是服装柜台的售货员。”目前我感觉自己批评得有理，不知过了十几年后，会不会像否定我提倡服装俭朴一样被否定。

我盼望，教师这个行业能够大致统一一下服装，或者统一由国家制装。不知道这一愿望能否实现。

我不让校内的男教师蓄长发、留胡须，也不让女教师把头弄得奇形怪状的，理由是因为我们不让学生这样做。我自己先做到及时理发。12 年前，我们班理发小组刘志军同学技术很高，那几年，由他给我理发。刘志军毕业后，新一届的学生怕自己技术不行，都不好意思给我理。我到理发店去了一段时间，觉得浪费时间。当校长后，我开始自己理发，每个月对着镜子理一次，十几分钟即可，这些年来再没去过一次理发店。许多人都不相信自己能给自己理发，有时我就表演给别人看，这确实是一件很简单的事，不仅节省理发费，最可宝贵的是节省了时间。

5. 发展自己的长处

1990 年，辽宁省中学历史教研会在我们盘锦市实验中学召开，会场内的横幅上写的是：学习魏书生教改经验，深化历史教学改革。

会议总结的那一天，领导找我说："魏校长，你给讲一讲吧！"我说："会议代表中很多人都是名牌大学毕业的前辈，我又是历史教学的外行，哪有资格讲。""会议中心议题就是历史教学怎样学习魏书生经验，你不讲怎么行？"

推辞不过，只好上台。这次发言，我只讲了发展长处的问题。

就课堂教学的形式而言，衷心希望大家千方百计发展自己的长处，千万不要都来模仿魏书生的"六步教学法"。有的老师擅长讲授，他讲历史课，好、中、差学生都非常愿听，兴趣浓，注意力好，边听边理解边记忆。老师讲的知识入耳入心，在大脑皮层上留下较深的痕迹，学生考试成绩好，那就证明这位老师的讲是成功的，他还应该讲下去，还应该发展讲的长处，讲得更生动、形象、科学、系统，讲得更有趣、更吸引人、更迷人。他不应该看了魏书生上课，很少自己讲授，于是也不讲授了，也去组织学生讨论。那样丢了自己的长处，再学一种方法，即使成功，也多用许多时间。

有的老师擅长写，字写得漂亮，还会绘画，板书设计极吸引人，学生像欣赏艺术品一样，欣赏研究他的板书。在欣赏研究的过程中，学生很容易便理解了历史事件复杂的起因，记住了历史人物、大事年表等知识。学生学历史兴趣浓、成绩好，显然老师写的长处起作用了。这样，老师当然应该继续发展写的长处，写得更科学、更艺术、更迷人，而无须看魏书生一堂课有时只有十几个字的板书，于是自己回去也很少板书了。

也有这样的老师，不善讲，有人听课就脸红；不善写，练了十几年字，字还是写得歪歪扭扭。但他不自卑，因为他有一个长处：善于个别辅导。无论教什么班级，好、中、差学生一经他辅导，都学有动力，学有目标，学有方法，学有兴趣。他教不长时间，各类学生都有明显进步，这就说明他的辅导功夫过得硬。他应努力发展辅导这方面的长处，写出论文，写出专著。那么，尽管他讲得不好，写得也不漂亮，但他完全可能成为辅导方面的专家，成为特级教师。

我接着说："能不能说擅长唱的老师就可以在课堂上唱起来呢？"

会场上一阵笑声，大概是觉得不可能吧。

这时省历史教研室崔主任站起来说："我就接触过这样一位老师，善于唱，把知识点编成唱词，一上课就唱给学生听。教学效果非常好。"我想学生上这样的课一定感觉是一种享受，课前盼望着老师快些来，课上听着老师讲，欣赏着老师的唱，思考着老师的唱词，下课了，不愿让老师离去，考试成绩高。这位老师能因为学魏书生的"六步法"，发现魏书生上课并不唱，于是他便也抑制了自己唱的长处，由一位有特长的老师重新变为平常的老师吗？这样学习显然是片面的，还不如不学。

我不是主张不向别人学习，而是主张坚持自己的长处。学习的目的是发展而不是抑制自己的长处。一个人有很多长处当然好，长处不多，只有一点儿，只要努力发展，同样能取得突出成绩。

一个人瞧不起另一个人的时候，喜欢把人家的长处说成是雕虫小技。且不说雕虫原指篆字书法这门艺术，单是引申义——微不足道的技能，真要努力发展也能有突出成绩。如在小器物上雕刻这些小技能：在桃核上刻舟，在枣核上刻人物，在牙签上刻山水，都给人以多方面的启示。一位中国微雕艺术家在国外表演，外国友人当场拔下一根头发，请求在上面刻字，艺术家顷刻之间，在头发上刻了"福如东海，寿比南山"8个字，外国友人在放大镜下看了这8个字，喜不自禁，当场拿出5万美元酬谢。

我18岁下乡，19岁当班主任时跟几位年龄大的学生只差一两岁。没经过师范训练，不会做班级工作，我承认自己的不足，但又不能自卑，便努力寻找自己的长处。

我发现自己的长处是善于商量。班级纪律不好，找班干部一商量，大家帮我想了许多办法。用这些办法维持纪律，班级秩序比以前好多了。我不会开主题班会，又和学生们一起商量，大家帮我想出了提高班会质量的好办法。个别学生学农劳动时不积极，我和学生们商量出了开展劳动竞赛的办法，极大地调动了学生的劳动积极性。

凭着商量的长处，我这个从没带过班的人，居然使班集体有了极强的凝聚力。后来，离开农村，到工厂，又回到学校教书，当班主任，我一直记着自己这一点长处，并努力发展这一点长处。

后来，当了书记、校长，我也是凭着商量这两个字，最大限度调动了全体教职员工的积极性。6年多来，大家齐心协力，使学校面貌发生了较大的变化。

不仅同自己的学生商量，给外省市的学生上课我也依靠"商量"这两个字，顺利地完成了教学任务。

8 年多来，我给中苏边界的黑河市的学生上过课，也给南宁、桂林、广州、深圳的学生上过课；给西部城市乌鲁木齐、拉萨、兰州、重庆的学生讲过课，也给东部济南、南京、上海、厦门的学生讲过课。

应该说，给学生上课，要比向老师汇报教改情况复杂得多，困难大得多。

有一次，教研部门的一位领导跟我说："魏老师，您把明天要讲的课文题目告诉我们，我们组织学生先预习一下，讲课成功的把握不是更大吗？"

"我从 1981 年 9 月起，讲公开课就从来没让学生预习过，这次也不破例为好。"

"那失败了怎么办？"

"失败了我也没负担，本来我就应该实实在在地向老师们袒露一个真诚的自我，露出缺点毛病，才能得到老师们的帮助。"

"您是没有负担，可是我们有压力呀。"

"为什么有压力？"

"明天听课的人很多，老师们从四面八方赶来，最远的山区老师，用了 3 天时间，换了 4 次车专程赶到这里，倘失败了，我们组织者要受责备。"

在洛阳，老师们告诉我："明天有 1600 人听课。"在武汉，是 1900 人听课，在哈尔滨，2000 人听课。到郑州，马正老师告诉我："明天在郑州大学礼堂的舞台上讲课，下面是 2000 个座位，票还不够分，在过道上又加了 200 个小方凳，听众 2200 人，刘副市长也来听课，不预习行吗？"

我心里比较踏实，原因在于我有"商量"的长处。

1989 年国庆节，我到北京参加全国劳模会。刚到京，北师大张鸿苓教授和北京教育学院刘全利主任便到住处找我。"你给我们讲公开课吧！"我说："事先不是说好到京后的第三天讲课吗？""第三天是给全市语文教师代表和教研员讲，上课的是普通中学的学生，今天下午重点中学的老师想听听你怎么给重点中学的学生上课。"

我说："讲就讲吧，我现在正讲第三册教材，从中找篇课文吧。"

"不，老师们想听听你怎样调动刚入学新生的自学积极性，就讲第一册教材。"

"那我没带教材怎么办？"

"不要紧，下午到会场就有了。"

下午 1：50，张教授给了我一本教材，我匆匆忙忙备了 8 分钟课，2：00 进会场。上课的学生是北京师范大学实验中学的学生。我便实话实说："同学们，我上午 10 点多赶到北京，10 分钟以前才拿到教材，没备好课就上课来了，怎么上，咱们商量着上吧！"同学们一听都笑了，学生愿意接触没有架子，和他们说心里话的老师。

“今天我们讲小说《最后一课》。大家说说学一篇小说，要完成几项任务？”同学们很热烈地发言。“好了，我们完成这样5项任务。”“大家首先做哪件事？”“60分钟完成5项任务行不行？”“分析人物形象这项任务，是老师讲好，还是学生干部讲好？是大家讨论好，还是分头查资料好？”

实验中学的学生非常聪明，尽管我课备得不好，但在同学们的帮助下，教学任务还是准时完成了。同学们都嫌时间过得太快，不愿下课，下课后团团围住我，问长问短，让我给签字……

在西藏，我给学生上完课，第二天，我要走时，学生们又赶来看我，送我。在乌鲁木齐，课讲完了，要下课时，学生一齐要求我压堂。在厦门上完课，学生喊：“老师，我们要求拖课。”我问：“什么叫拖课？”学生说：“拖课就是到下课时间也不下课。”“原来如此，我们北方学生管这叫压堂。”“咱们压堂多长时间呢？”“老师愿压多长时间就压多长时间。”于是我便用十几分钟讲一讲人脑潜力开发的方法。

也有时讲完课刚回到盘锦，便接到全国各地师生的来信。安徽和四川听课的学生寄来了问候信，兰州的学生寄来了祝福卡……

于是有的老师问我：课前你和学生素不相识，到了讲台上师生才第一次见面，才宣布这节课讲哪篇课文。你是凭什么秘密武器在这么短的时间内和学生沟通了感情，在这么短的时间内获得学生的理解与信任的？

其实，我真没有什么秘密武器，如果非要说有，那就是我这两个字的长处，多和学生商量。

一个当班主任的，如果凡事都和学生商量，一定容易成功。

商量，就不全是教师说了算，即使是我们的主张和办法都正确。如“我们应到客运站劳动”这件事，你用不容置辩的命令口吻，学生就不愿意接受。用商量的口吻呢，就好接受多了。再让大家商量商量劳动的好处，那么学生的劳动积极性就更高了。

第二章　学生应是自身的主人，是班集体、国家、社会的主人

用孩子心灵深处的能源，去照亮孩子的精神世界，显然是最节省能源的方法。我不会教书，是学生教会我教书；我不会改变后进学生，是后进学生帮我教会了怎样教后进学生。我们不能把学生当作没有思想、没有情感的被动的受管理者，而应该把他们当作有思想、有意志、有情感的主动发展的个体。成功管理的前提是尊重他们的意愿，尊重他们的人格，把他们当作实实在在的“人”。

1. 比天空更广阔的

班级大扫除，每人都奔向自己的目标。高个子柳铁楠见小不点王惠玲够

不着高处的窗户，便说："王惠玲，你够不着，我替你擦高处的玻璃吧！"

起先王惠玲不肯让，禁不住大家劝说、动员，只好退下来。"好啦，现在我退休了，柳铁楠是我的接班人了！"大家笑了，她在窗台弓着身，想跳下来，窗台前的人得腾出地方来，给她立足，柳铁楠身子往后一闪，张开的手臂碰倒了身后的暖瓶。嘭的一声瓶胆迸裂，周围女同学惊呼："哎呀！不好！暖瓶打了！"

柳铁楠说："暖瓶是我打的，我赔！"

可是，女同学还是斤斤计较，这个说："柳铁楠也不是故意的呀！"那个说："柳铁楠真冤枉，她是一片好心来帮忙！"还有的说："就她一个人的责任吗？"

柳铁楠打了暖瓶，心里本来没这么难受，可大家的七嘴八舌，好心人的喊冤叫屈，有的人过于狭隘的劝说安慰，把她原来镇定的情绪搞乱了，把她的思路导向了难过的一端，周围人的各种各样的说法搅得她心烦意乱，终于控制不住自己，趴在桌子上就呜呜地哭起来。

当时我正领着几名男同学拆班级的炉筒子，把里面积累的烟灰倒出来，见柳铁楠哭了一阵子还不停，几名女同学还在围着劝，有的还替她委屈，我就想放学后该认真讲讲这件事。

放学了，全班同学留下来，我严厉地批评了吵吵嚷嚷的女同学，也批评了还在哭的柳铁楠。"暖瓶碰坏了，是一点小事，赔偿就完了。因为这么点小事，而大家喊冤，大家七嘴八舌，搅得别人心里难受而哭而流泪，值得吗？"

心里连这么点小事都容不得，装不下，那么再大一点的事，不是更要斤斤计较，七嘴八舌，吵吵嚷嚷一番，哭一番，难过一番吗？

"把脑细胞用在这上面不是太可惜了吗？为什么装不下事容不得事，就是因为我们胸怀太小。"

法国大作家雨果说：世界上最广阔的是海洋，比海洋更广阔的是天空，比天空更广阔的是人的胸怀。有了比天空更广阔的胸怀，人才能装得下事，拿得起，放得下。不斤斤计较，不愤懑牢骚，不悲观忧伤，才能把自己的脑力用在有价值的大事上。

"一个人的胸怀，可以像天空、像大海，也可以像湖泊，像游泳池，像脸盆，甚至还可以像小马蹄坑。大家想想，生活中我们见过个别愚昧的人为了针尖大的小事，吵得面红耳赤，打得不可开交，那样活着不是很苦、很累、很可悲吗？"

"我们从这个年龄起，一定要树立一个观念，决不能让自己的胸怀像马蹄坑一样狭小，而要千方百计把自己的胸怀开拓成游泳池，开拓成湖泊，开拓成大海，甚至使胸怀比天空更广阔，这样我们才能明确人生的意义，才能把精力用在于国于民、于己于人都有利的大事上，才能活得开朗乐观有意义。”

这次批评进行了近两个小时，是我当教师至今批评学生最重的一次，时间最长的一次。因为我很激动，很为学生们斤斤计较于无谓小事担心。开头话说得重了些，于是我便讲了许多伟人虚怀若谷的事迹。

第二天，柳轶楠同学向我递交了一份3000字的说明书，述说自己如何经历了“山重水复疑无路”的心理过程，到达了“柳暗花明又一村”的境界。我捧着这份说明书，深深为柳轶楠心理承受能力之强所感动。

因为那天晚上批评完之后，我便有些后悔，批评这么重，时间又这么长，学生承受得了吗？宽阔的胸怀难道不是得一点点去开拓培养吗？柳轶楠如果承受不了，因委屈而生病怎么办？

当看到她第二天来上学时，我心头担忧的感觉顿然消失。下课后她交给我说明书，看了那充满自责的说明书，我不仅欣慰，而且心情确实很激动，直到今天13年过去了，我仍记得说明书中的许多句子，仍记得说明书用的雪白的信笺和柳轶楠那独特清秀的字迹。我自知批评时尽管过火，但我从心里流露出的是真诚地对学生们未来的关心，难得的是这种关心获得了学生的理解。

这以后至今的13年中，“勿做小马蹄坑”便成了我们班的一个专用名词。谁为一点小事斤斤计较了，谁和别人闹误会了，同学们便劝：“可别做小马蹄坑呀！”这样一说，大家心领神会，许多时候都有效。

有个同学爱为小事生气，便在自己的座右铭上写了“勿做小马蹄坑”。他说：“生气时看一看，念几遍，心情就好了，觉得生气不值得了。”

有的同学的座右铭上写着“胸怀宽似大海”，有的写着“胸怀广过天空”。

我同一届又一届的学生谈心，一个人可以考不上大学，可以不具备高深的科学知识，但不可以不具备宽阔的胸怀。没有宽阔的胸怀，难以有大的作为，即使侥幸当上了部长、省长、科学家，也会为个人的蝇头小利斤斤计较，争名于朝，争利于市，难以和同事和谐相处，活得紧张而劳累还耽误了国家与人民的事业。有了宽阔的胸怀，即使种田做工，也会成为优秀的农民工人，能在平凡的岗位上做出不平凡的业绩。

我在日记中写道：“古往今来，日月星辰，江河山川，太空长天，你是这样的开阔广大，可生活在你中间的人能有几多脑细胞来领略你的无限风光呢？那狭隘的人与人之间不正常的关系禁锢了他们的聪明才智，强占了他们的脑细胞，使太阳的光辉、大自然的胜状，照不进，映不进，使有的人带着昏暗的头脑，一天又一天，一年又一年，一辈又一辈地为了鸡毛蒜皮的权和利而争得青筋绽起，咬得头破血流，呜呼哀哉！”

培养学生具有比天空更广阔的胸怀，就能站在数万年人类悠长的历史与数万光年的星系空间角度来看地球，看人类，看社会，看人生，就能看清自己所处的位置，就能既顺其自然，又积极进取。

2. 两个自我

1988年暑期，我刚送走两班毕业生，又接来一届新学生入学。开学这天，来了不少客人和家长，我正忙着请副校长、主任分头接待，这时有学生跑来报告："魏校长，你们班学生打架了！"

教书这么些年，学生开学第一天便打架，这种事还是头一回遇上。

我把打架的两位同学请到办公室，一位李世国同学是出色的运动员，跑跳投成绩在全市是最突出的，同学威信高，在同年组男同学中说一不二。另一位梁强同学则膀大腰圆，为人坦率、直爽，学习成绩不好，为了进我班，设法跳级办了学籍。

我开头很生气，想狠狠批评他们一顿，但看他们站在我面前那憨厚、直率而又害怕的样子，我想，生气和过火的批评只能使他们头脑紧张地将身体各部位都凝聚成一个等待批评的整体，而这样的整体是不容易攻破，也不容易改变的。

我暗自嘱咐自己要心平气和，要挑动他们内心深处产生矛盾冲突，学会自己斗自己。

我便先出乎意料地说："你们别紧张。听说你们打架了，重点打哪几个部位呀？现在还疼不疼呀？需不需要上医院看看？"

这么一说，他们原来紧张的整体松弛下来了，准备挨训、准备对抗的戒备心理解除了。听我说要不要看病，立刻觉得不好意思了，连说："不用，不用，没事，没事。"

我放心地说："没大事就好了，大家就都轻松了，你们心里是不是也感觉轻松？倘若打伤了打残了，打胜的打败的是不是都有无穷的苦？""那自然。"他们不好意思地对视了一下。

"我知道你们本来不想打。"一听我说这话，他们顿时来了精神，感觉老师理解他们，便争先恐后地说："老师，我们真不想打架。"

我问："为什么不想打架？"他俩抢着你一句我一句地说。

"打架的时候提心吊胆，怕别人打伤了自己，又怕打别人打到要害处，把祸闯大了。"

"打得轻了，还怕吓唬不住对方。"

"打败了，被同年级的同学看不起，丢面子。"

"赢了呢，也害怕，走在路上，或半夜走黑道提心吊胆的，总怕对方再勾结别人突然报复，袭击。"

"打轻了不解决问题，打重了，伤了，残了，对人家对自己都不好。"

“打完架有时还不敢回家，怕爸爸打，在学校还怕老师批评，怕学校处分。”

他们说出了一系列不想打架的原因，我给以充分的肯定：“这确实是你们的心里话，但这只是你们自我的一个好的方面，如果脑子里是这个‘好我’当家的话，你们的架能打起来吗?”

“我们要总这么想就打不起来了。”

“这说明，你们脑子里还有一个坏的自我，想打的自我，是吧?”

“坏的自我是怎样想的呢?”

李世国说：“外校的同学过去和梁强不和，他说梁强背后说我的坏话，还说我不敢打梁强，我想逞能，下午就找梁强的麻烦。”

梁强说：“他找我的麻烦，我想自己也不是好惹的，决不能让着他，头脑一热，什么纪律不纪律的，全不顾了。”

他们又谈了自己内心深处一些不好的想法。

我请他们写一份心理活动说明书，题目便是《两个自我》。

李世国写《两个李世国》，即心灵深处在打架这个问题上，好李世国与坏李世国各自怎样想；在心灵深处，好坏两个李世国怎样辩论；今后，采取什么具体办法，使好李世国强大起来，压住自己不好的那一面。

这以后，直至毕业，这两位同学相处得很好。再也没打过架，并且都为班级做了大量的好事。

回过头来想一想，我当时如果发一通火，训斥他们一通，不是到他们的心里去寻找我的助手，可能也会制止住打架，可能也管得住他们，但没有这样平心静气地分析问题省力气。更重要的，我是经常外出开会的班主任，若不从内心深处找到学生上述的自我管理因素，那么班主任不在时，没人管了，学生就会失控。

近十年来，我在全国各地作报告，总是建议青年教师，一定要学会挑动学生自己斗自己。学生内心深处，好坏两种思想发生冲突，斗起来了，倘好思想赢了，我们便坐收渔人之利；倘好思想斗不过坏思想，我们则伸出手去帮助好思想压倒坏思想。这时学生还不会感觉我们是站在他的对面教育他们，而是觉得老师是站在他心里帮助了他。

要紧的是，必须坚信每位学生都至少有两个自我在内心深处并存。尽管有的学生很气人，似乎是铁板一块、顽石一块，那也仅仅是似乎。实质上，没有矛盾、没有对立的头脑是不存在的。当教师的一定要善于发现后进学生心灵深处藏着的那个先进的自我，发现打架学生脑子背后躲着的那个不想打架的自我，发现自私学生偶尔表现出的关心别人的自我。发现了把他请出来，研究他受压抑的原因，帮助他成长起来，健壮起来，这样做看起来费点脑筋，其实是最省力气的方法，是从根本上解决问题的方法。

用学生心灵深处的能源，照亮学生的精神世界，是最节省能源的方法。

3. 痛而后快

痛快，痛快，痛而后快。世界许多幸福、快乐都要先付出痛苦的代价才能换来，我经常和学生谈我的这一体会。

战胜自己的狭隘可能要经历痛苦的思想斗争。长跑5000米，速度要超过昨天的自己，要经历痛苦的困难期；在学习的跑道上奔向目标，攻克一道又一道的难题，也要经历较痛苦的过程。我想，要引导同学们认识痛而后快的道理，在战胜一个个困难的过程中，在经受痛苦的磨炼中看到快乐，看到幸福，看到胜利，用对快乐、幸福、胜利的期待鼓励自己战胜追求过程中的痛苦。

我想，不仅要引导学生在追求过程中期待快乐、幸福，还要在成功后，认真品尝咀嚼这快乐、幸福，使之成为下一次追求奋斗的动力，成为源泉。

这样，幸福、快乐，既是学生努力奋斗战胜困难所追求的目标，又是战胜困难所需要的动力，两者之间的痛苦就容易被冲淡了。久而久之，学生会成为内驱力充足、意志坚强、感情丰富的人。

1978年3月，我刚开始教中学，在好班上作文课时，同学生商定一个规矩：每篇作文当堂完成，交老师检查合格后才离校；不合格，撕掉重写，直至合格。这规矩，当时在我教的差班也实行了，不过合格的标准降低了一些。

后来，1981、1982届学生都愿实行这规矩。

一般说来，刚开始的时候大家不习惯，我讲痛而后快的道理，让大家品尝作文质量提高之后的幸福、快乐，渐渐地同学们都接受了。

有一次作文课后，我有别的事，便说：今天大家都是信得过的同学，写完之后，自己检查，问心无愧，便交到前面，老师先走了。

过了一会儿，杨松同学拿着作文本追到我的宿舍："老师，看我写的合不合格。"

他过去曾几次因字写得不好，而在我检查时被撕掉重写，刚开始他还想躲过我的检查。这次怎么了？我便问他："不是说不需检查，大家都信得过了吗？"

他很诚恳地说："老师还是看一看吧！"从他那自豪的表情，看得出他一定是写得比往常认真，自己感觉到了幸福和快乐，便追着让老师给检查，是请老师肯定一下他的成绩，抑或是愿和老师分享这幸福和快乐。

我拿过作文本，认真地看了，肯定了他的几点成绩，说："人多有趣，你过去写得乱的时候，老师要查，你躲着；现在写得认真了，老师不查，你还来。过去惭愧不安，现在快乐自豪，原因在于写的过程中认真了，吃苦了，今后总这么认真，不怕吃苦，就总有快乐自豪了。”他笑了，嘴角向上翘着。

张斌同学浓眉大眼，长得又高又壮，不拘小节，写起字来，也常常不拘小节，丢胳膊落腿的。

他毕业前的一年才到我们班，作文课不懂要检查合格才准离校的规矩。来到班级第一次上作文课，他匆匆忙忙，写完便交了。

我请他把作文本拿过来，讲了本班的规矩，他忙着回家的欲望似乎很强，我便用转移他兴奋中心的办法留住他。

我问：“你觉得自己的作文写得合不合格？”

他不回答。我又找了其他同学的作文，打开，放在他面前，和他的作文比较。

“且不说中心、选材、语言，单说卷面字迹，你觉得怎么样？”

他自知不如，但还想着回家，不愿承认不好。

我又说：“你脑子里有两个小人：一个知道自己写得不好，愿留下来；另一个呢，也知道自己不好，但想快点回家玩，毛病以后再改，对吧？”

他点了点头。

我说：“老师脑子里也有两种思想，一种想法是：张斌作文写得乱，都乱了 8 年了，不好改了，我才教你一年，乱跟我关系也不大，我不管你。”说到这，他脸上掠过一丝不快。落后的学生也不愿让老师嫌弃他抛弃他，一听说老师不愿管他，他当然不愉快。

我接着说：“老师另一种思想是，你已经乱了 8 年，再不严要求，还可能乱 8 年、16 年、32 年，将来咱们见面，看你写文章还这么乱，咱俩都会感觉惭愧。为了将来都问心无愧，今天即使费力，也要帮你写好。你说老师这两种想法，哪种想法正确，哪种想法你愿意接受？”

话说到这种程度，他诚恳地说：“当然是第二种想法好。”

“那你就得受点苦，受点累，再重写一遍了。”

他果然撕掉了 3 页近 1000 字的作文，回到座位，写起来。

6 点钟，别的同学都已走了，他交上了自己的作文。我将他撕掉的那 3 页展开和他新写的相比，果然有了很大进步。

我脑中突然闪出一个念头：试一试一位刚到我们班来的、过去比较淘气的学生能承受多大的心理压力，让他重写一遍作文的压力他承受了，立即让他再写一遍，能不能受得了。

我这样想，但不能这样说：“我想拿你做实验。”我换了别的角度去说，以他的两篇文章的比较开始。

“经过指导，你这篇文章明显比上一篇层次清楚，中心也集中了，特别是卷面和字迹，进步很大，你自己觉得呢？”

他看着经过努力写得工工整整的文章和上篇相比，充满了自豪感，笑眯眯地说："我头一次这么认真地写作文。"

"快乐吗?""快乐。""自豪吗?""自豪。"我说："你知道这快乐、自豪怎么产生的吗?""说不清。""你经历了战胜自己弱点的痛苦，刚开始重写时是不是挺痛苦?""是。""你战胜自己的痛苦越深，后来享受的快乐和自豪就越强烈。你愿意再享受更强烈的快乐和自豪吗?"

"愿意!"他脱口而出，还没认真想老师想让他做什么。

"愿意，那咱就试试，再重写一遍，比这次还认真，写完以后，体验体验。老师在这儿陪你。"

他犹豫了一下，但愿意二字已脱口而出，膀大腰圆的男子汉一般讲义气，更何况教室里只有我们俩，我又充满善意。

他走回座位，迟疑了一下，但还是撕掉了3页新写的作文，一笔一画地写起来。我不时看一看，鼓励他把字写得更加认真些。

8点30分，他写完了，浑身轻松，我将他的三篇作文展开，从心里感到学生的潜力是无尽的，三篇作文判若出自三人之手。

张斌说："老师，我念了8年书，从来没有这么轻松快乐过。"我说："你也从来没有这样苦过累过，是吧!"他笑了。

走在路上，我说："你今晚吃饭一定比哪一天都香，睡觉也一定最甜。"

第二天上学，我还逗他："昨晚吃睡怎么样?"

"真的特香特甜。"

"香甜的根源在于你付出了代价，痛而后快嘛！以后老师还要使你吃得更香，睡得更甜，那就得怎么办?"

"按老师的要求，多吃苦，多磨炼自己。"

学习是幸福，是享受，不仅学习的结果是甜的，学习过程也是甜的。这是对一部分达到较高境界的人说的。学习时，也确实可以施加轻松的、快乐的意念，这都要经过较多的磨炼才能达到这样的境界。对大部分还没有到这一境界的人来说，学习过程很难轻松、快乐，大部分过程便是痛苦的磨炼。这时引导学生体验痛苦的源头与归宿都是快乐、幸福就格外重要。

痛而后快，从这样的角度去体验奋斗的过程，便会产生持久的内驱力。

4. 能受委屈的人才是强者

学生们经过讨论，制定了一个规矩：每到星期天上午都到社会上做好事。有去火车站的，有去外宾招待所的，有去电业局的，有去客运站的。

去客运站的那个小组工作最稳定，连续去了半年多，和一些司乘人员建立了感情，受到人家热情接待和表扬。

但有一次例外了。

那一天，他们见到停车场停着一辆满是灰尘污垢的车，他们还像往常一样找司乘人员联系，但没见到。就想，以前也有没见到司乘人员就干活的时候，等人家回来，给他们一个惊喜，司乘人员更高兴。这回咱们也先干吧！

学生们端着盆，拎着桶，一趟一趟地打清水冲。冲了几遍后，开始擦车身，擦完外壳，擦车内部。学生们累得满头大汗，有的脏水溅了一身，有的脸上抹得东一道西一道，成了花脸。

正进入扫尾阶段时，一个浑身酒气的人趔趔趄趄地走来，一看学生在车里，就火了："哪来的小孩伢子？到车里捣什么乱？快滚开！"又过来一个穿着乘务员服装的人帮腔说："前几天，我们车里丢了钱，快说，是不是你们偷的？"孩子们一听，像兜头浇了一盆冷水，刚才的满腔热情顿时降至冰点，跟他们吵了一通。

他们带着沮丧的心情回到学校跟我讲这件事，诉说委屈，并七嘴八舌地吵着："我们去找他们的领导！""干脆给他们贴大字报（那个时候还允许贴大字报）！"学生们问我怎么办。

怎么办呢？我谈道，那司机和乘务员显然没道理，使大家受了委屈。怎样对待别人的攻击与坏话，可以有三种态度。

第一，你不对，我也不对，针尖对麦芒，和他对着干，你说我的坏话，我也说你的坏话；你不讲理，我也不讲理；你给我造谣，我也给你造谣。这样做，会使自己心灵的天空晴转多云，甚至下起雨来，为什么，气哭了嘛！

第二种态度是置之不理，走你的路，让他去说吧！我只要做得对，就坚持做下去，人的嗓子总有个疲劳承受系数，说累了，他也就不说了。再说，声音还有个传播限度，你沿着正确的路朝前走得远了，就听不到了，这叫做"两岸猿声啼不住，轻舟已过万重山"。这样做不耽误自己的路程。

第三种态度是用宽阔的胸怀去包容它，用善意的态度去感化他。能做到这一点很不容易，但真的这样做了，会使人有天高地阔之感，会使人心灵的天空多云转晴。

"老师说完了，愿采用哪种态度，大家自己选择吧！"

下一个星期一，同学们告诉我："老师，我们又去客运站了！""干什么去了？找人家吵架去啦？"我故意问。

同学们眉开眼笑地说："哪能去吵架呢，我们又去做好事啦。""这回人家对你们怎么样？""这回没看到那个挺横的司机。""客运站的领导还给咱端茶送水。""人家可热情啦，怕我们累着，干一会儿就让休息。"

我问："心灵的天空呢？"

"早就多云转晴啦！"

我说："其实，非难、委屈，几乎要伴随人的一生。周总理那么伟大，四人帮还要诬陷他，迫害他。上至国家领导，下至平民百姓，每个人一生中都要背一大口袋冷言冷语。伟人和庸人的区别不在于经没经受过委屈，而在于如何对待委屈。如果不能正确对待，比如你们到客运站去吵闹一通，就会白白耗费许多脑细胞，惹回一肚子烦恼，强化了大脑吵架的功能，增长了坏毛病，还耽误了学业，真是一举两失。你们若用宽阔的胸怀去包容委屈，用善意的态度去感化个别狭隘的人，时间久了，就会觉得周围的人对你充满善意，你爱人民，人民就会更爱你。一个人的幸福感，就是在这种不计较别人说什么，埋头做好事的胸怀之中产生的。能承受委屈的人才是生活的强者。”

一届又一届的学生，我都强调要增强自己承受委屈的能力，做生活的强者，不要总是哭丧着脸面对生活，似乎自己是世上最委屈、最不幸的人，于是生出无尽的牢骚与怨恨。

热爱生活吗？就别怨天尤人，无论身处怎样的委屈与不幸的环境，都让自己的精神处于强者的状态，然后以一个幸运者自居，那就能充满进取精神，就能尝到生活之水的甘甜。

有人误会吗？那总比受人打击强多了。

我们就生活在这样一个使人感觉幸运的时代。物质丰富，生活幸福，环境和平，文化繁荣，几千年前的人能比拟吗？即使今天告别人类又有何憾？有惭者，无以报先烈，无以利后人也。为什么还要稍遇不顺，便让自己跳进委屈的情绪里去受折磨呢？

5. 培养自信心从扬长开始

1992 年 5 月 6 日，我刚从深圳归来，校内来了六个省、市、自治区的老师听课。我连上了几天公开课，到 5 月 20 日轻松些了，一天只接待了四个市的客人，都是谈开会的事，我以为不会有人听课了，但是进班级时，教室的过道上又坐满了人，本该复习，听课老师一多，便改为讲课，我选了《扁鹊见蔡桓公》这一课。

同学们查资料，翻译，讨论，教学重点基本掌握了。我想，学习最差的同学能不能熟练地掌握了呢？便说："张军同学，请你翻译一下第一段。"

张军没有推辞，站起来，很有信心的样子，不料才译第一句话，便引起了哄堂大笑。原来他把蔡桓公念成了蔡恒公。在张军之前，已有五位同学读、译此文，没有语音错误，蔡桓公又是这课的主角，一篇短文里"桓侯""桓公"出现了 11 次。从上课到张军发言，大家读说"桓公""桓侯"不下 30 次，都是正确的，即使如此，张军也还是读错了，真是"春风不度玉门关"。同学们、听课老师们笑不奇怪，哪有人家说了 30 多遍以后，他还读错了呢？

错已成事实，课堂上，我显然不能停留在笑上，不能停留在张军不听课就批评他一顿了事上。张军就是挨批评太多，已经找不到自己的长处，没法扬长，自信心没有立足之地了。我应该帮他找到长处，帮助他的自信心建立根据地。

课堂上，大家笑过之后，我表扬了张军的长处："我发现，张军同学有了进步，他开始独立思考问题了。"同学们先是一怔，紧接着大家为张军鼓起掌来，大家理解了老师的意思：桓和恒是形近字，上课时张军没听课，这是他的错，但到他发音时，他能根据桓字的字形，想到恒字的读音，这说明他进行了一番独立思考，而不是遇到不认识的字就不读、不想。如果他经常这样独立思考问题，学习肯定会有大的进步。

这表扬使张军增强了自信心，别的同学也从中悟出了一些道理。

张军同学是 1992 年 3 月从六班分过来的。3 月分班，每个班的倒数第一名学生都分到了我们班，而张军在这几名学生中成绩又是最低的。要找他的缺点，批评他，毫不费力就能找到许多条，但这样做，只能打击他的自信心，强化他的自卑感。显然他在自己不长的人生路上，经受的批评打击是够多的，也可以说是过剩的。他不缺少批评，缺少的是鼓励，缺少的是肯定，缺少的是别人帮他找到长处，使他的自信心有个落脚的地方，有个根据地。

刚到班级时，我便请这几位后进同学给自己找长处。他们开头不好意思，觉得是低着头进魏老师这个班的。我说："找不到长处不行，你们肯定有长处，只是你们不肯告诉老师，那可不行！你们有缺点、有错误，不告诉我可以，我也不问；你们有长处、有优点不告诉我，我就狠狠地批评你们，天天批评你们，一直到你们告诉我为止。"

因为学生找不到自己的长处，老师狠狠批评他，批评得再严厉，学生也没有反感，相反还会密切师生感情。学生会想："看看，因为咱看不到自己的长处，把老师急成这个样子，快点找吧，别犹豫了。"

事实上，每位学生都有长处，而且都不止一条长处。最后进的学生，也会有三条五条的长处，有的长处还非常独特，一般人赶不上。问题不在于学生有没有长处，而在于老师和学生自己有没有发现长处的能力。有了这个能力，就能从缺点很多的学生身上，发现许多条长处；没有这个能力，明明有很多长处也会被自己和别人埋没掉。

刚到班时，别的同学不到一天都找到了自己的长处，唯独张军说："老师，我确实没有什么长处。""找不到不行，明天再找不到让你写 500 字的说明书，后天再找不到就写 1000 字的说明书，直到你找到了为止。"

第二天，他来找我，我问："长处找到了？什么长处？"他很紧张，脸涨得通红，极不好意思地说："我的心肠好，爱干活。"

"这就是了不起的长处。心肠好，爱帮助别人，到哪里都会受到别人的欢迎与帮助。爱干活，你说的是爱干体力活吧，现在各行各业需要的以体力劳动为主的工作岗位还非常多，你愿干，把这当成乐趣，那就能成为优秀的工人。”

他高兴了，以后心地更加善良，愿意帮助别人，也愿意为班级做好事。班级劳动时，平均每人运500斤土，他一个人挑着担子，来回飞跑，比三个人干的还多。

他学习也逐渐开始认真。过了三个月，他说：“我现在开始每天都能完成量化作业了。”又过了一段时间，他说：“我的作业已经有将近一半不抄别人的，凭自己的力量写了。”现在，他已学会独立写完日记，写完语文、政治、历史、生物作业。

他的自信心，植根于长处的土壤上，一点点地成长起来。

我体会到，在犯错误的学生面前，困难的不是批评，不是指责，更不是数落他的一系列错误，而是找出他的错误的对立面——长处。只有找到了长处，才算找到了错误的克星，才帮他找到了战胜错误的信心的根据地。

6. 放声高呼：我能成功

有的老师问我：“魏老师，我一上公开课，自己就紧张，学生也紧张，平时发言思维敏捷、语言流畅的学生也变得结结巴巴。您在全国各地上公开课，学生们在舞台上，下面一两千人看着，学生不紧张吗？”

“说不紧张不真实，但做老师的要设法帮他们消除紧张的情绪。”

“怎样消除呢？”

“消除紧张的办法，至少有100种，我在全国各地用过几十种，用的次数较多的是培养学生的自信心。”

“培养自信心？那是一朝一夕的事吗？那不是得经过长期努力吗？”

“长期有长期的效益，短期有短期的效益，让学生树立战胜人生道路重重困难的信心，当然要付出毕生的努力，而引导学生树立学会一首歌、上好一节课的信心，显然不必要也不可能付出太大的代价，不可能等待长期的努力。”

“那怎样在很短时间内使学生对做好一件小事建立必胜的信心呢？”

一般情况下，我喜欢这样做：

1991年暑期，我从西藏拉萨赶到四川成都开会，又赶到哈尔滨市，赶到吉林，从吉林赶到大连市参加全国中语会举办的首次全国中青年语文教师观摩课。

钱梦龙老师第一个讲课，我是最后一个。我讲课是上午最后一节，天热，学生累，观众也比较疲倦了。学生累再加上紧张，这堂课很容易失败。

走上舞台，我问学生：“大家愿学一种消除紧张，使自己充满必胜信心的办法吗？”

“愿意!”

“那好，咱们学一种简单有效的消除紧张、建立信心的办法。请同学们站直，目视前方黑板的中缝，面带笑容，好了。下面，请同学们深深地吸气，挺胸，气憋足了吗?”

“憋足了!”

“请大家大喊三遍‘我能成功’，要求一遍比一遍声音大。”

同学们听了都大喊起来，但喊得不齐。

我说：“这回老师说预备起，请大家齐声喊。好了，预备——起!”

同学们齐喊，但三遍基本一样，没有层次。

“这回请同学们想一想三次力量分配，不要平均使用力气，最后一遍用全身的力气高呼，好！再来一次!”

“我能成功！我能成功！我能成功!”

学生们一声比一声大，喊过之后，会场里充满了活力，学生紧张情绪一扫而光，对上好这堂课，充满了成功的信心。

我的学生一上课也经常这样高呼，特别是全班同学齐声高呼时，有一种群体效应，一种场效应，大家互相竞争，互相感染，互相鼓舞，在这“我能成功”的声浪中，怯懦、紧张、疲劳、懈怠、拖拉、自卑的情绪常常被驱赶得无影无踪，尽管这些情绪过了一段时间还可能回来，但经常这样驱赶，自卑紧张的情绪就少得多了。

也有时候，自习课比较累了，有的同学便建议：“老师，高呼几遍吧!”不用说呼什么，大家已心领神会，热烈赞成，一声令下，大家起身，昂首挺胸，吸足气，放声高呼：“我能成功!”

有的学生管这叫“精神充电”，也有的说“这是精神加油站”，“这是精神食粮”。

7. 学会驾驶大脑这部汽车

红旗剧场，全校师生正在参加开学典礼，我讲了本学期工作重点中的一点，便是每位师生都要提高驾驶自己大脑这部汽车的能力。

“咱们的大脑像不像汽车，可以开进知识的广阔原野，可以开向无限宽广、前途无量的人生大道，也可以开进游戏厅，可以开进同胞反目的械斗场。开得快时，每天能写上万字的作业，开得慢时，一个短短的公式、定理也要拖到明天去学，拖到明天去背。”

“细想起来，咱们每位同学的大脑真像一部汽车，咱们全校 1516 位同学便有 1516 辆大脑汽车。同学们想过没有，这些汽车的驾驶员是谁呀?”

“是校长!”同学们又用老办法，集体回答我的问话。

“不对!”

“是老师!”

“也不对。这汽车驾驶员，便是每位同学自己。每位同学有脑子、有汽车是一回事，能不能科学地使用自己的脑子，也就是会不会驾驶大脑这部汽车是另一回事。”

我们经常遇到这样的同学，脑子透精透灵，思维敏捷，猜个谜语、玩个花样什么的，非常快，邻居家长都夸他聪明，可是一参加考试，成绩就低，是在倒数第三名之内。为什么聪明的头脑没有好成绩?原因在于驾驶大脑这部汽车的能力低。像皇冠、像奔驰牌汽车那样，性能极好，但若由一个不会开车的人去驾驶，这么好的车也照样上树、下沟、追尾、顶牛，可能连10公里都出不去便出事故。

也有这样的同学，看起来不太聪明，反应不够敏捷，但每次考试，成绩都在年级前五名之列。如同一部性能较差的北京212吉普，由驾驶技术极高的司机开，便能安全地用10个小时从盘锦跑到北京。而那位不会开车的呢，尽管开皇冠、奔驰，不要说去北京，就连盘锦市郊区都开不出去。

我们要想取得优秀成绩，有聪明的头脑重要，有优良的驾驶大脑的技术，更重要。

全校同学都要努力提高驾驶大脑这部汽车的能力。

这种能力也可以叫做自我教育的能力。

每个人有汽车是一回事，会不会开汽车是另一回事。

每个人有头脑是一回事，能不能、会不会用自己的头脑，会不会驾驶自己的头脑汽车是另一回事。

人在少年时期，学会科学、理智地驾驶自己的头脑汽车，将能极大地发挥个人潜能，为他人为社会做出较大的贡献。

培养驾驶大脑这部汽车的能力从何入手呢?我觉得要从建立计划、监督、反馈三个系统入手。

首先，每位同学都要建立自己的计划系统。全校同学都要学会给大脑这部汽车制订计划，每年、每月、每周、每天，驶向哪个目的地，各有多少里程，平均时速达到多少，完成什么样的运载任务。计划要明确具体，特别是近期计划，可操作性必须强。计划系统也

包括自己的作息时间表、各科学习计划、行为规范、做什么、不做什么等对自我的具体要求。

其次，同学们还要建立对自我的监督检查系统。自己订了计划，便该忠实于自己，不能觉得完成计划是在为老师扛活，为老师当长工。完不成计划首先是不忠实于自己，对不起自己。为监督自己及时完成计划，就要想出具体可行的监督检查自己的办法，甚至想出惩罚自己的措施。古往今来，有作

为的人一个共同特点，便是及时检查自己的言行以及学习工作任务完成的情况，发现失误，立即采取有效措施补救。

第三，每位同学要学会建立反馈系统，看看为自己制订的那些计划、规矩，是否符合自己的实际。过高了达不到，失去了信心，干脆躺倒不干，还不如低一点的计划。过低了，毫不费力便完成，剩余大部分精力无处使用，以至去做无益有害的事情，显然更糟。过去，规矩曾经是符合实际的，现在情况变化了，环境改变了，还非要坚持原来的做法，就碰壁，就失去朋友，失去机会，那就得根据现在的情况，及时修改过去的规矩，使之适合于自己的需要。

驾驶大脑这部汽车是一件大事，是一个极大的题目，单是三个系统中的任何一个，细研究起来都可以各写成一本书。更具体地驾驶大脑的技术，我们以后还会更细致地讲。今天讲这些，就是希望同学们都能客观地看待自己，客观地看待自己的大脑。冷静地对待自己的感情，冷静地对待自己许多不成熟的冲动。

从这样的角度提出问题，容易使学生变得成熟，容易使学生跳出自我的圈子，站在第三者的角度，站在更高的立足点上，客观公正地看待自我，分析自我。

8. 愿学生超过老师

1985 年，我的母校——沈阳三十二中的石健校长，请我的班主任何老师通知我回母校一趟。

我立即遵命前往。自 1968 年下乡已有 16 年没有回母校了，踏进校门，百感交集，思绪万千。教学楼前的花坛依旧，两侧给了我大量课外知识的宣传栏里，诱人的新题目争先恐后地抢夺着我的眼睛。

我见到了久久思念的班主任何老师。豁达开朗的王云天老师是教我语文的，王兴华老师教我们美术，当年便那么幽默风趣，时隔 16 年，他们似乎一点也不老。笑一笑，十年少，这话说得对，乐观的人永远年轻……

石校长让我向全校老师汇报了我的工作后，当即决定，找一个星期日，全校教师牺牲休息时间到盘山来听我的课。

那是一个令人激动的星期天。头一天，我向同学们报告了这一消息，教室里沸腾起来，那时同学们便每天接待来自祖国四面八方的老师。有时一天 400 人、500 人，最多时达到 700 人。时间长了，同学们已经有点害怕来客人了，但一听说我的班主任要来，听说我母校的老师们要来，立即产生出前所未有的热情，忙碌着，准备着，盼着快些见到老师们。

这一天终于来了。学校领导、教师、学生们热烈地欢迎我的老师们来到学校。在一片掌声中，母校 50 多位任课教师在我们的大教室里落座。

全班同学都充满好奇，探头探脑，交头接耳，商量着，猜测着，询问着："究竟谁是咱们老师的班主任？"

赵德民等几个急性子，猜不出来，便悄悄来问我，我说："这点事都侦察不出来，你们自己去问嘛！"他们真的去打听去问了。

上课之前，唱完了课前一支歌，可离事先约定的上课时间还有几分钟，我很随便地像往常那样问："这几分钟咱们干点啥呀？"不料学生们竟异口同声地喊起来："请咱们老师的老师讲话！"

这真是一个突然袭击，我没想到，我的老师更没想到。我感到难为情，若想到学生这样回答我就不问了。我的何老师毕竟久在教坛耕耘，世面见得多了，她从容地站起来，不慌不忙地讲起我们小时候的事情，讲起我读中学时学习的特点。我真佩服她的记忆力，她的讲述把我带回了中学，她点到的几件事立即激起我一串串记忆的涟漪，我沉浸在回忆中，几乎忘了上课。

上课时，我请同学们口头作文："今天同学们袭击了我的老师，我替我们老师也袭击大家一次。请同学们谈一谈听了我的老师的讲话以后的感想和体会。"

同学们争先恐后地讲自己的感受，冯秀玲同学的最后一句话是："我要记住石校长、何老师的话，将来长大了，一定超过我们的魏老师。"在场的老师和同学们都被她说乐了，一时间，大教室里的三代师生心心相印，充满了欢乐的气氛。大家都希望我们的教育事业真的能够一代胜过一代。

有的学生，毕业以后，知识水平和专业技术超过了我，我替他们高兴。

有的学生，刚刚毕业参加工作，掌握的实权便超过了我，在社会上有很强的活动能力，我替他们高兴。

也有的学生，参加工作三四年，实际工资收入便超过了我，住房条件也超过了我，我更替他们高兴。

我盼望学生们不仅在知识上、学习上、工作上超过我，更希望他们不再过我们像他们那么大时连玉米面都吃不饱的生活，更希望他们在生活条件方面远远超过我。

第三章　科学管理班集体

全员参与，相互制衡。在我的班中，学生人人都是管理者，人人又都是被管理者，管理因时而动，权力彼此制约，而教师则处在一个驾驭、服务的位置上。如此管理，教师如何不轻松？格言警句，像一盏盏心灯，倘在学生心灵中点燃，会有利于学生选择正确的道路，朝着自己理想的高峰攀登。

1. 条条大路通罗马

初夏的盘锦，赶上艳阳高照的时候，已经很热。教室内我正讲课，班内的几个胖子，一边流汗，一边听课。

忽然，室外起风了，而且越刮越大。我们三年级七班的教室在教学楼外面，有 18 米长，专供听课用的，走出教室便是大走廊。走廊的门被风吹得关上又打开，关时撞在门框上，开时撞在墙壁上，发出咣当咣当的响声，搅得人心烦。

这时李威娜同学从座位上走出去，到走廊把门关住，用插销插上了。回到教室，我问她为什么插门，她说："老师，我是承包门的。"

"这么热的天，把门插上，室内不通风，胖子们热坏了怎么办？"

"门开着，风一刮就乱响，影响大家听课怎么办？""难道风大时，让门不出声音只有插上门一种办法吗？老师不是常说，不是自古华山一条路，而是条条大路通罗马吗？不是常说每件事都有 100 种做法吗？明天请你把这个问题解决了：刮大风时，门要开着，还不让门发出声音。一种办法还不行，还要写出 10 种办法。"

李威娜是一位思维敏捷、想象力丰富的同学，用不着指导，她就一定能想出好办法来。

果然，第二天，问题解决了。她用一根比门框的宽度略长的方木，方木的两端各开了一个槽，槽的宽度等于门的厚度，然后将两扇门打开，将方木横在门的上端，槽恰好卡住两扇门。这样一来，门被顶在两端的墙壁上，风大也不能再往墙上撞了。往内呢？因为有槽顶着也回不来。同学们看了，都称赞这个办法想得妙。

大家正欣赏着这项小发明，李威娜同学又递给我一份材料，我打开一看，材料的题目是《刮大风时开着门但没有碰撞声的 10 种办法》。

（1）如目前使用的方木顶门。

（2）可在门与地之间的缝隙处加两个楔子，使门稳定。

（3）可在门下方设两个顶门的墩子。

（4）可在门后贴墙壁处钉两个橛子，橛子上设挂钩，门上设羊眼圈，一挂即可。

（5）可在门的中部设弹簧，弹簧力向内拉，而门外再设小弹簧拉住，成为有弹性的固定。

（6）跟上一个办法大致相同，用橡胶皮条内外拉住亦可。

（7）在门的上部安上类似窗户扇下部挺钩那样的防风动装置。

（8）门上部内侧各钻一个不透的凹洞，然后制作一个可伸缩顶门闩，两端顶住凹洞。

（9）门下朝地面部位安上门插销，然后在水泥地面上打孔，门开后，将插销插入孔内固定。

（10）可安装像钢窗那样的构件，虽复杂一些，但却是防风动效果极好的挂钩。

我看着这份材料，认真一想，这些方法确实都行得通，都能达到刮大风时，开着门还没有碰撞声的目的。

教学活动中，我经常提出这样的问题：我们要做某件事，大家想想有多少种办法？

张军同学感冒了，大家想想，有多少种办法能治好？同学们七嘴八舌地议论开了："吃速效伤风胶囊"，"吃感冒片"，"吃银翘解毒丸"，"打退热针"，"打消炎针"，"针灸也能治好"，"按摩也能治好"，"轻微的感冒，洗洗热水澡，一出汗就能好"，"喝姜糖水治感冒"……

"吃速效伤风胶囊需白开水送下，请同学们想一想，烧开水有多少种方法？"就容器而言，大家说："用锅"、"用壶"、"用盆"、"用盘"、"用饭盒"、"用杯"都能烧开水。就容器的质地而言，金的、银的、铜的、铁的、铝的、陶的、瓷的都可以。就燃料而言，有天然气可以，没有天然气，用液化气，用煤，用木头，用稻草，用废纸，用酒精灯，用煤油炉，用电饭锅，用太阳灶。这样想来，人的思路开阔，做事时容易成功，不至于因缺少某一个条件，一种办法行不通了，就宣布此事没法办。

甚至同一句话都有100种说法，比如只有5个字的一句话："为人民服务"。就语速而言，可慢，可快，可先快后慢，先慢后快，就这5个字的距离至少可有100种不同的摆放方式。就音量而言，可悄悄地耳语，可小声说，可大声说，可高喊。就音调而言，可高音，可中音，可低音，ABCDEF等14个调值均可用来说这句相同的话。就语气而言，可陈述，可感叹，可疑问，可祈使。就说话时的感情而言，或喜，或怒，或哀，或乐，又有相当大的差异。不同性格、不同品质的人说这同一句话，别人听了感受不同。周总理、雷锋说这句话，人们觉得真诚、恳切、发自内心，听了以后使人感动，使人共鸣，使人受教育。11亿人同说这一句话，方式方法不就更多了吗？一句话既然有上百种说法，我们为什么不尽可能选择那种能鼓舞人、教育人、感染人、激励人的说法呢？

再往细说，一个字也有100种写法。比如学习的"学"字，甲骨文、金文、隶书、篆书、魏碑、行书、楷书、草书、仿宋等哪种写法写出来都读"学"。单就楷书而言，柳公权、颜真卿直至现代的启功、赵朴初这些大书法家又都风格各异。这样看来，仅仅一个"学"字，也不仅有100种写法，1000位书法家，或1000位学生同写"学"字，至少会有上百种区别吧！更值得思考的是，我们很难比较隶体的"学"字和篆体的"学"字孰优孰劣，也很难一致做出哪个书法家的"学"字能排在第一位的决定，而是觉得书法家的“学”字千姿百态，变化万千，各具特色，妙处无穷。

烧开水这样的小事，一句话、一个字这样的小事，尚且有这么多种不同的做法，最后殊途同归。为什么对当班主任、管理班级，任命班干部，讲课等许多教育教学过程中复杂得多的事情，却认为“自古华山一条路”，只有一种模式呢？

马克思在《评普鲁士最近的书报检查令》中说：“你们并不要求玫瑰花和紫罗兰散发出同样的芳香，但你们为什么却要求世界上最丰富的东西——精神，只能有一种存在形式呢？”

人的思想一旦从一种模式中解放出来，就会发现，教育教学改革的天地十分广阔，方法非常多。

一个班会可以由班主任主持，也可以由班长主持，普通同学主持亦可；大家轮流主持可以，几个人同时主持也可以。找到一种方法，再找到第二、第三……第十种方法，比一比，试一试，哪种方法大家感兴趣，效果好，就用哪一种。

有一天，天气闷热，似乎要下雨了，一位同学跟我说：“老师，天气一闷热，我就心烦意乱，上自习的时候心烦意乱就什么都做不下去，看书、写作业，都静不下心来。怎么办呢？”

我说你用原来的老办法，大概控制不了自己的心绪，但你必须有这样一个坚定的信念：这种不良心情我能控制，老办法控制不住，我还能想出新的几个、十几个、几十个控制办法。有这个坚定的信念，你的情绪稳定些了，接下来就想办法，如：这段时间回忆自己过去学习效率最高之时或回忆自己战胜逆境时的经过，胜利者的心态便容易恢复；你也可以闭目冥想，自己是一个神奇的圣斗士，眼前一些不利的气候根本不算什么；你还可以从所学的11个科目中挑选自己最愿意学的科目，再选最喜欢的科目中最愿学的章节，从最爱学的章节中选最喜欢做的习题，这样越挑选越高兴，越愉快，逐渐会忘了心烦意乱的情绪而开始做实事。“好了，好了，老师您先别说了，让我自己再想一些新办法吧！”

一旦把学生从“自古华山一条路”的思维定势中解放出来，他就有豁然开朗、柳暗花明又一村之感，老师点出一个办法，他就能想出一串符合自己实际的办法来。

自习课如此，战胜自己好动的毛病、语言不规范的毛病，以及听课、作业、参加社会活动和旅游参观等，莫不如此。

牢记“条条大路通罗马”，就能在做事一筹莫展时持积极的心态，想出几种、十几种，乃至几十种、上百种办法来。

我当班主任，绝大部分事请学生做。刚开始时，个别所谓理论家也持批判态度，觉得我和某位理论家的某个观点不一致。但由于这样管理班级效率高，我便一直坚持这样做，时间长了，便也成了一种办法。

我喜欢“条条大路通罗马”这种思维方式，这种思维方式，不至于使人钻牛角尖，容易使人变得开朗、乐观、豁达。

运用某种方法没做好，无须懊悔，无须烦恼，再换一种就是了。

运用某种方法挺好，也无须骄傲，无须故步自封，因为事物在发展，方法在更新，我们目前运用的方法绝不是最好的方法。我们应该不断研究、探索，再往前去寻求更好、更科学的方法。

【拓展阅读】魏书生：激发学生兴趣十三法

（一）组织教学

十几年来，我们班经常有外省市老师来听课，刚接新班时，学生不习惯，有时我和学生在舞台上，台下坐满了听众，学生难免精神紧张，注意力不集中，显然要上好课，先得组织教学消除学生紧张的心理。课前三分钟，我喜欢分别用六种方法组织教学：

1. 集体唱一支歌

要求唱歌的时候身体坐直，目视前方的黑板，看黑板中缝的中点，将中点看成彩电，唱哪首歌，就意想彩电里正放映那首歌曲的录像带，然后再感觉自己全身心溶进了歌词所描绘的境界。这样入静入境地全身心唱歌，课堂气氛立即就轻松了，同学们甚至会忘记了是在舞台上上公开课。

2. 集体朗诵

有时我问学生：“大家愿意朗诵吗？最喜欢朗诵哪篇文章？朗诵诗也行！”“朗诵陈毅的《梅岭三章》。”“可以。”“朗诵《生于忧患，死于安乐》吧！”“也行。”于是我说，“请全班同学起立，身子站直、头要正，请各自再调整一下表情，就像演员演出一样，好，预备，起！”全体同学铿锵有力地朗诵，显然容易振作士气。

3. 口头作文

正式讲课前，我喜欢请学生口头作文。我随意出一个题目，如《从二青会辽宁获72枚金牌想到的》《我国入关的利与弊》《租让土地的得与失》《第三次世界大战的打法》。听完题目，学生们稍加思索，便站在自己的位置，七嘴八舌他说自己的文章。有多大劲使多大劲，用不着担心打分少，也用不着怕别人批评，个性得到最充分的解放。

4. 气功冥想

也有时课前我用引导学生做气功冥想的方法组织教学。请同学们起立，两脚分开，与肩等宽，俩脚平行，背直、头正，微闭双目，以目视鼻，以鼻对口，以口向心。然后意想丹田之处有一朵莲花盛开着，浑身放松，若感觉深呼吸舒服，则深呼吸。这样一来，学生很容易排除与课堂无关的思绪。冥想则是引导学生闭双目，意想自己像一片云，飘向空中，然后变成一轮月，俯瞰地球这个直径比月亮大两倍的浅蓝色的星体，再想自己是一颗星在广阔的宇宙空间遨游，这时再看地球只是光亮极弱的一颗小星星，所谓“处天外遥望地球很小，居体内细察心域极宽”。这样个人的得失进退荣辱恩怨就很容易变小，自然就从紧张状态中解脱出来了。

5. 再现自己最辉煌的时刻

也有时课前三分钟，我请每位同学让时光倒流，意念上走回当年自己最成功、最辉煌、效率最高的时刻感受那时内心深处的愉快感、自豪感，使之扩大，使之迁移到今天的学习生活中来。

6. 扮演杰出人物的角色

有时课前我请每位同学扮演自己最崇敬的那位伟人或杰出的人物，意想自己的音容笑貌、举手投足、为人处世都和那位杰出的人物一样。许多学生这样想了两三分钟，就觉得自己浑身充满了上进的勇气和战胜困难的力量。我们管这种做法叫做“精神充电”。

经过课前组织教学，学生以轻松愉快的心境，迎来了即将开始的语文课。

（回到开头）

（二）设计导语

导语设计得好，也能激发学生的兴趣，使一堂课有个良好的开端。

如讲《周总理，你在哪里》这课时，我设计了这样的导语：“有这样一个人，全中国人民都觉得他是自己的亲人和朋友；他博学多才，对国防外交、教科文卫、工农商兵各个行业各个领域都给予及时具体的指导；他精力过人，在全国各地党委政府被夺权，公检法被砸烂，军队被严重冲击的情况下，他力撑危局，事无巨细都亲自处理；他廉洁一生，无儿无女无遗产，联合国破例为他的逝世降半旗致哀。”这样全班同学的情绪很快沉浸在对周总理的怀念中，学习这课的兴趣更浓了。

《论语六则》这课书的导语我这样说：“火之光，电之光，能照亮世间的道路，思想之光，能照亮人的精神世界。谁是世界上最伟大的思想家呢？联合国教科文组织确定了全世界最伟大的十位思想家，例如牛顿、哥白尼……谁知道这十位思想家谁排在第一位？他就是我们中国的孔夫子。”这么一说，学生们学《论语六则》的兴趣便浓了一些。

好的导语像磁石，能把人们分散的注意力一下子聚拢过来。

好的导语又是思想的电光石火，能给学生以启迪，催人奋进。

（回到开头）

（三）设计板书

我平时讲课板书少。板书是为了吸引学生注意力、激发学习兴趣，加深理解教材。以下五种板书形式、容易激发学生兴趣。

1. 字体变化

如讲议论文我喜欢用仿宋体或黑体美术字写课题；讲说明文则喜欢用楷书或魏碑体写课题；讲记叙文用行书；文言文则大多用隶书写课题。我写得认真仔细，学生便也极认真地看，有的还边看边模仿，同学们感觉汉字千变万化、奥妙无穷，激发了听课兴趣，也激发了学生练书法的兴趣。

2. 故意写错字

板书时故意写错一两个字，既提高了学生发现错误的能力，又使爱写错别字的同学引以为戒。比如：我写《爱莲说》板书时，故意将作者周敦颐的名字写成周孰颐，一时间下面议论纷纷，爱溜号的同学也仔细观察这两个字。趁此机会，我请同学们给改错，收到了较好的教学效果。

也有时，写板书时，我便将难写的字、易错的字，干脆空着不写，然后请爱写错别字的同学到前面去填空，激发了学生改错别字的兴趣。

3. 变换表述形式

提炼教材内容时，尽可能不只用横行续写这一种形式，而应经常变换形式，或用表格式，或用网络式，或用金字塔式，或用树式。如：表述语文知识结构，我爱用树式；进行单元教材总结，就大多采用表格式；总结汉语知识，就用网络式。

4. 图表、图画式

如讲《第比利斯地下印刷所》《人民英雄纪念碑》《雄伟的人民大会堂》等文章时，我尽可能用画图表的方式，激发同学们的学习兴趣，对文章理解得更透彻。也有的文章、诗词，为了使学生明白，我随手画一幅简笔画。讲古代以山之阳、水之阴为南，山之阴、水之阳为北时，学生不好理解。我便随手画一座高山，山下有一条大河。山河的南面画一轮红日。学生一看，马上理解了，能见到阳光的是山的南面和水的北岸坡，所以山南水北为阳，反之亦然，学生觉得很有趣。

5. 请学生写板书

请学生写板书，或归纳课文内容，或写段意，比老师一个人一堂课独占黑板，更能激发学生的兴趣。

板书是一门艺术，一门学问，钻进去，我觉得教书多了一分乐趣，学生也感觉上课多了一分乐趣。

（回到开头）

（四）注意教态

教师的表情、姿态、手势都直接影响着学生的兴趣。倘教师没精打采，昏昏欲睡，怎么要求学生兴致勃勃呢？这些年来，校内校外的工作压力较大，也有一些麻烦事，不管这些麻烦事多么多，我也告诫自己不能把这些不愉快的情绪带入课堂。课堂应该是乐园，教者应该是愉快、乐观、积极、进取、热情、真挚、满怀信心的。我经常告诫自己：今天要比昨天教得更好，这样便在极累的时候也能振作精神，精力充沛。

虽然课堂有时也要有紧张的竞争，甚至需要教师严厉，但那必须是基于对学生真诚爱护而产生的严厉，决不允许教师把在别处带来的不愉快的感情拿到课堂上宣泄。

我总想，教师的教态不仅影响到学生的学习兴趣，也影响到教者本身的讲课兴趣。那些喜欢研究表情、姿态、手势的教师，大多对上课抱有浓厚的兴趣，觉得上课本身就是一种享受。

（回到开头）

（五）说话语音变化

一句话有一百种说法，同一句话，会说的人让人听了笑起来；不会说的，让人听了跳起来。富于变化的语音显然容易激发学生的学习兴趣，语音变化可以从五方面入手。

1. 调整音量

大音量容易引起学生注意，有时在大音量讲几句之后，再用小音量，学生反倒更感兴趣。有时我讲课，讲到精要之处时，便问学生："老师是小声讲好，还是大声讲好呢?"学生纷纷要求小声讲。于是我便用极小的音量讲，学生纷纷伸颈，侧目，全神贯注地听，我便用较小的力气，获得了较好的教学效果。

2. 调整音调

同一句话可以用 A、B、C、D、E、F、G 等不同音调说出来。有的教师讲课调值较高，但音量不大，很好听，叫做高音教学。有的教师说话调值尽管低，但音量大，听起来浑厚有力，叫做低音教学。如果调值高，音量再大，听久了容易使人疲劳。反过来，调值低、音量再小，同样使人感觉有气无力。我讲课时，经常根据教材内容、学生实际，甚至自己的身体状况变换语调。

3. 调整语速

说话速度的变化也影响到学生的兴趣。有时我讲话速度极慢，以引起学生对所讲内容的重视，也有时一连串排比句子说得极快，同样也是引起学生的注意。《陋室铭》这篇课文，在快而不乱的前提下，可以用 12 秒钟读下来，在慢而不断的前提下，可以用 92 秒读下来，两者相差八倍之多，但都具有不同的激发学生兴趣的作用。学生也好，老师也好，其实都喜欢听别人抑扬顿挫的讲话，喜欢听别人疏密相间的发音。

4. 以情感人

音量、音调、语速的变化能影响人的兴趣，但这些都是声音的形，而不是声音的神，声音的神的变化才具有更大的感染人的力量。什么是声音的神呢？就是说话的感情。比如："要与人为善。"这句话，就可以用喜怒哀乐、热情、冷漠、挚爱、厌恶等几十种不同的感情说出来，感情不同，产生的效果当然不同。我经常要求自己用不同的感情去读同一段文章，经过比较，选择那种符合文章实际的感情，去感染学生，激发学生的兴趣。

5. 进入角色

同一句话，不同身份职业，不同文化层次，不同性格品质的人说起来，会千差万别。我读课文，读课外读物时，尽力使自己进入角色，这样做，自然激发了学生听的兴趣。

说话也是一门艺术，一门学问。谁都能说话，但说得好却不容易。说好了，别人高兴，自己愉快，说得不好，别人心烦，自己也别扭。要说好话，就得研究音量、音调、语速、音情，并进入适当的角色，这样便能激发学生的兴趣。

（回到开头）

（六）引导想象

课要上得有趣，引导学生想象课文内容也是一种办法。即：力求把单调的文字符号变成生动形象的画面，在大脑的荧光屏上放映出来。

一般情况下，我引导学生将文字变成图画有这样四步要求。勾勒出形态，染上色彩，使画面动起来，让画面更鲜艳、更逼真。以张志和《渔歌子》的前两句"西塞山前白鸳飞，桃花流水蹶鱼肥"为例。教这首词的时候，我说："这是一首景物描写极成功的词，我们应该认真品味，在大脑的荧光屏上放映。"有的同学闭上了眼睛，一般情况下，闭眼的效果要好得多。

1. 勾勒形态

请同学们先在脑子里放映西塞山、白鸳、桃花、流水、蹶鱼的轮廓。

2. 染上色彩

请把黑白电视变成彩电，看谁脑子里画面更鲜艳美丽。学生们说脑子里出现了青色的山，粉红色的桃花，碧清的流水。

3. 使画面动起来

白鹭在山前自由自在地飞来飞去，水在小溪中叮咚流淌，欢快跳跃的蹶鱼则不时跃出溪流汇积而成的深潭……

4. 使画面更细致、更逼真

同学们还可以在大脑中放几个特写镜头：白鹭身上洁白细密的羽毛；鲜艳的桃花上带着花粉的花蕊……

不只写景的文章、诗词能变成图像放出来，状物的、写人的都可以引导学生这样做。用特写镜头再现少年闰土那明亮、聪明的眼睛，红润的脸膛；中年闰土那黯淡无光的眼神，那布满皱纹的脸。形态色彩越逼真，学生受到的教育就越深刻。同时还培养了学生的想象力，激发了学生的学习兴趣。

（回到开头）

（七）引导学生进入情境之中

一般讲课时我不精雕细刻，从不逐句逐段地分析，但决不意味着好的段落不引导学生去仔细品味。讲到文章的妙处，我不仅让学生把文字变成画面，而且力求将学生导入情境之中。

如讲《菜园小记》，我说："咱们学这课书都要体验劳动乐趣，品尝田园乐趣。""怎么体验呀？"先请同学们看书，看书之后，先在大脑中放映菜园的图像。这图像越来越鲜艳，越来越逼真，好像不是平面的，而是立体的，不是在我们的脑子里，而是在我们的周围。一行行果树下面是一片片的菜园，我们就站在菜园里，站在畦垄上，前后左右是嫩绿的菜苗，空气中飘来泥土的芳香，花的芳香，香菜的芳香。我问："踩上畦垄了吗？"学生们闭着眼睛，笑眯眯他说："踩上了！""闻到土香、花香、菜香了吗？"悟性好的同学可以回忆起土香、花香、菜香的味道。于是便答："闻到了！""那么我们开始间苗吧！"于是同学们弯下身子去间苗。一时间课堂充满了欢乐的气氛。同学们在这种身临其境的想象感知过程中，品尝到了田园乐趣，深深理解了文章的中心。

还有一种进入情境的方式是操作。例如：我讲《活板》一文时，问大家能不能准备一套工具，假设是活字印刷的铁板、铁范、字模。学生们犹豫了一下，回答说："能！""那么就请大家每人准备一套模拟教具。"于是同学们有的将课本夹子当铁板，用纸条折叠成铁范；有的用橡皮、有的用瓶盖、有的用铅笔刀做印模。教具准备好了，我们就照教材所写的印刷过程，假设自己是印刷工人，一步一步地照着操作，既增强了学习兴趣，又加深了对教材的理解。引导学生进入情境，激发了学习兴趣，加深了对课文内容的理解和记忆，还有利于培养学生设身处地为别人着想的品质。

（回到开头）

（八）请学生猜测教师

请学生猜测老师容易增强学生的参与意识。我想，一位教师要教给学生一些常规性的学法，帮学生制订一些语文学习规矩、计划、制度，在大的方面使学生有法可依，有章可循，有老规矩可遵守，在大的方面让学生猜得透。但在具体教法的运用上，在一些小的技术、技巧问题上，又应该让学生猜不透，越猜得半透不透的，学生越愿猜，越猜学习兴趣越浓，与老师感情越近，对老师理解得越深。

有一次，十几座城市的300多位老师到我们班听课，我讲的是《核舟记》。遵照学生意见，翻译时先易后难。最后剩下船头一段，因这段人物位置关系不太好理解，翻译效率可能不高。我就说："老师想了一个好办法，用这个办法，大家很容易理解课文。谁能猜一猜，老师想的是什么办法?"我刚说完，一位同学就举手抢答："老师一定是想找三名同学，分别扮演苏东坡、鲁直、佛印，让他们照课文内容去表演自己的角色，他们边做、老师边指导，大家看书纠正，难点就解决了!"我一听很高兴，问："你猜得太对了，你怎么知道老师这样想?"他说："我上课时经常猜老师今天又能用什么好办法讲，猜得多了，猜的能力就强了。"

请学生猜猜老师，能激发学习兴趣，能拉近师生心与心的距离，还能有利于增强学生理解他人的能力。

（回到开头）

（九）适当用一点班级用语

我们班有一些班级用语，什么"小马蹄坑"啦，"边角余料"啦，什么"一百年"、"后三节"、"三角"等等。一说这些话，只有我们班同学明白。还有一些同学带有褒义的绰号，我在上课时，都适当地用一点，调节一下课堂气氛。

有时，我发现一些同学又沉闷了，便出两道题，说："这两道题，不许积极发言的同学答，大家说谁回答呢?"同学们推荐说："一百年回答!"谁是"一百年"呢，就是那几位不爱发言的同学，大家管他们叫"昏睡百年"。经常出点题，专门请这些同学回答，时间久了，他也就不"昏睡百年"了。

有的同学长得聪明伶俐，很像聪明的一休，同学们给他起个绰号叫"一休"。我在语文课堂上也便这样称呼："请一休同学到前面来做题。"

还有一些班级用语，使用之后，容易引起学生兴趣，并且增进师生的感情，增强班集体的凝聚力和同学们的上进心。

（回到开头）

（十）请学生说、读、写

学生上语文课要进行四种实践活动：听、说、读、写。这样才能增长四种能力，如果教师把课堂变成讲堂，只是一讲到底，最终效果一般不大好。因为学生失去了说、读、写的实践机会。广大"第三世界"学校的学生，许多人有意注意力持续不了45分钟，特别是中下等学生，听得大多，失去了练习、消化理解的机会，时间长了，债越欠越多，上课就会越来越没兴趣。

我常想，上课时，只解放学生的耳朵，却堵住他们的嘴，捆住他们的手，由教师唱独角戏，实在是费力不讨好。尽可能让学生说，让学生读，让学生写，这样做学生的学习兴趣浓。

比如板书学习重点，一般是我写，偶尔有几次请学生写，同学们关注学习重点的兴趣就浓一些。如果请几名同学同时写，学生的兴趣就更浓一些。

读课文，教师范读是一种形式，学生朗读、范读、齐读、分组读、分角色读同样是激发学生兴趣的学习形式。考虑到学生有意注意持续的时间，不断变换讲课形式，学生就能从上课到下课始终有较浓的学习兴趣。

我讲课有个习惯：教师不替学生讲学生自己能讲清楚的问题，不替学生做学生自己能做的事。

（回到开头）

（十一）组织学习竞争

课堂上适当组织竞赛也是激发学生兴趣的有效方法。竞赛可以定时间而不定任务，也可定任务而不限时间。

如讲《岳阳楼记》，我们搞竞赛看谁默写得快，就限定一分钟时间，从第二段开始默写，看谁写得多，我刚说完“开始”，大家就全身心投入竞赛之中，比赛结果，除三名同学外，大部分人一分钟都写了 40 多字，还有 15 名同学超过了 50 字。

讲《面人郎》，有的段落，大家感觉很好，尽管教材没要求背诵，但同学们愿背一背，那好，就来个一分钟背诵比赛，能背多少算多少，结果一分钟时间，同学们都背了 60 字以上，最快的同学背下来 120 多字的一段话。

也有时候，竞赛定量不定时，本篇课文四个解词，看谁背得最快，45 秒钟时，第一位同学举手表示背完了，90 秒钟最后一位同学也会背了。

即使在盛夏高温的日子里，并且正值疲劳的下午 3 点钟上课，一听说开展学习竞赛，学生们的精神也为之一振，忘记了炎热，忘记了疲劳，全心身地投入竞赛之中。

一节课有一两次乃至三四次短时间的竞赛，使课堂波澜起伏，使学生的思维有张有弛，激发了学生上课的兴趣，提高了学习效率，还增强了学生的竞争意识。

（回到开头）

（十二）多和学生商量

语文课怎么上更符合学生的实际，这就要多和学生商量，商量商量，符合学生实际了，学生上语文课的兴趣就浓。

我经过和学生商量，确定了语文课的六个步骤“定向、自学、讨论、答疑、自测、自结。”

具体到某一个步骤我也经常和学生商量，听取学生的意见。如：《出师表》这篇课文，定向时，是确定四项任务，还是三项、五项或更多，先进同学完成几项任务，后进同学完成几项，三言两语，七嘴八舌，一两分钟时间，使我由拿不准主意变得了解了学生的需要，学生们也明确了自己要完成的任务。学生自学、讨论时，我也参加某个讨论组，商量哪些问题是难点，有没有必要答疑。这样到课堂第四个步骤时，我就做到了心中有数，第五步自测哪几道重点题，我也常和学生商量，有时干脆请几名同学各出一道自测题。自结也不是每次都八股式地非找一名同学总结不可，有时征求学生意见看有无总结的必要，大部分同学认为某节课没必要总结时则不总结。

我学会了教语文课，最主要不是从书本上，而是在和学生共同商量中学会的。学生们教给我许多书本上没写的知识，学生们告诉我许多行之有效的教学方法。

在师生商量的过程中，不仅激发了学生的兴趣，也增强了学生的参与意识，增强了学生做课堂主人的责任感，义务感。

(回到开头)

(十三) 施加喜欢上课的意念

我引导学生练气功，面对学习、锻炼、劳动各项任务，都施加一个喜欢的意念、快乐的意念，时间长了，人的潜意识就会发生变化，厌恶劳动，害怕锻炼，躲避学习的个别学生也常常变得喜欢劳动，愿意锻炼，热爱学习了。

每天课前，课中，课后都要引导学生施加一个我喜欢上课，上课很快乐的意念，时间久了，意识与潜意识之间就能配合协调，潜意识就会编制出喜欢上课，上课很快乐的程序，从而使学生的观念发生深刻的变化，学生上语文课的兴趣当然会越来越浓。

课堂虽小，钻研进去，便会发现，这里面有着广阔的天地，有无穷无尽的学问，当然也就有无穷无尽的研究乐趣。课堂教学激发学生兴趣的方法当然不只上述十三种，我只是刚入激发学生兴趣的科研之门，前面还有更广阔、更迷人、更深奥的天地在吸引着我，我得加快脚步往前探索。

二、《爱心与教育》

李镇西，男，四川乐山人，1958 年 8 月生，苏州大学教育哲学博士，语文特级教师，曾荣获四川省成都市优秀专家、2000 年“全国十杰中小学中青年教师”提名奖。现任成都市武侯实验中学校长。自 1982 年从教以来曾获“四川省中学语文特级教师”“全国优秀语文教师”“成都市有突出贡献的优秀专家”“成都市十大优秀青年”“成都市十大教育明星”等称号，享受成都市人民政府专家特殊津贴，2000 年被提名为“全国十杰教师”。被誉为“中国苏霍姆林斯基式的教师”。

先后在全国20多个省市自治区作教育学术报告数百场，在数十家报刊上发表各类教育文章数百篇，出版著作十多部，其著作多次获得国家级图书大奖。还曾荣获四川省成都市优秀专家、2000年“全国十杰中小学中青年教师”提名奖，2003年获得四川省获成都市中小学教育专家的荣誉称号。1998年12月，在北京举行的“纪念苏霍姆林斯基80诞辰国际学术研讨会”上，著名教育家苏霍姆林斯基的女儿、乌克兰教育科学院院士苏霍姆林基卡娅赞誉他是“中国的苏霍姆林斯基式的教师”。

代表作品：《青春期悄悄话》《爱心与教育》《从批判走向建设》。他的教育感悟读来令人舒适、安心，文字间透露着一股柔软而温暖的力量。

李镇西：《爱心与教育》

手记一：爱心和童心

——我和学生的感情故事

⊙ 关于爱心和童心的随想

常常有人问我：“当一个好老师最基本的条件是什么?”我总是不假思索地这样回答：“拥有一颗爱学生的心!”

已有不少有识之士指出，素质教育的关键在于高素质的教师队伍。不过，按我的理解，这“高素质”的第一条应该是乐于像苏霍姆林斯基那样“把整个心灵献给孩子”。

这当然早已不是什么“新潮观点”：从孔子的“爱之，能勿劳乎？忠之，能勿诲呼?”到夏丏尊的“没有爱就没有教育”，从罗素“凡是教师缺乏爱的地方，无论品格还是智慧都不能充分地或者自由地得到发展”到苏霍姆林斯基的“我把整个心灵献给孩子”……古今中外的教育家们教育思想有所不同，教育风格各有千秋，但有一点是共同的，那就是“爱的教育”。

一个真诚的教育者同时必定又是一位真诚的人道主义者。素质教育，首先是充满感情的教育。一个受孩子衷心爱戴的老师，一定是一位最富有人情味的人。只有童心能够唤醒爱心，只有爱心能够滋润童心。

离开了情感，一切教育都无从谈起。但这种情感，不是装模作样的“平易近人”，也不是教师对学生居高临下的“感情恩赐”，甚至不是为了达到某种教育目的而采取的“感情投资”（我对这种充满商业气息的说法向来十分反感），而是朋友般平等而真诚的感情。

感情当然不能取代教育，但教育必须充满感情；然而，有时候师生之间相互的感情并不一定有着明显的直接的“教育功利”目的。因为如果师生间建立起了感情的良性循环——教师经常想："这么好的学生，我怎么能不想方设法地把他们教好呢?"学生经常想："这么好的老师，我怎么能不好好听从他的教育呢?"——那么，我们的教育已经现出成功的曙光！

爱学生，就必须善于走进学生的情感世界。而要走进学生的情感世界，首先就必须把自己当作学生的朋友，去感受他们的喜怒哀乐。"每个孩子都引起我的兴趣，总想知道，他的主要精力倾注在什么上面，他最关心和最感兴趣的是什么，他有哪些快乐和痛苦等。我的小朋友圈子一天天扩大，并且像我以后才意识到的那样，连我不曾教过课的那些孩子也成了我的朋友和受我教育的了。"——当我第一次读到苏霍姆林斯基这段真诚的话时，我竟感动得眼睛都湿润了：一个享誉全球的大教育家竟然有这样一颗爱孩子的童心！还是这位我敬重的教育家，曾在一个春天，和他的学生们共同买了一条小木船，然后划到一个荒无人烟的小岛上去探险。教育家写道："可能有人会想，作者想借这些事例来炫耀自己特别关心孩子。不对，买船是出于我想给孩子们带来快乐，而孩子们的快乐，对于我就是最大的幸福。"（苏霍姆林斯基：《巴甫雷什中学》）

教师对学生真挚的爱，这是我们感染学生的情感魅力。有些教师总喜欢在学生面前表现出"高深莫测"、"凛然不可侵犯"的"派头"，从中体验着自己的"尊严"。其实，这不是尊严，只是威严。真正的尊严是敬重而非敬畏。师生在人格上应是绝对平等的，教师不应自视比学生"高人一等"。因此，我们对学生的爱，不应是居高临下的"平易近人"，而是发自肺腑的对朋友的爱。这种爱的表达既是无微不至，又是不由自主的：上课时，面对学生的问候，我们不是礼节性地点点头而是充满真诚感激之情地深深鞠躬；气温骤降，我们感到寒冷时，也自然急切地提醒学生"多穿一件衣服"；学生生日到了，班主任笑眯眯地送上一张贺卡；节假日，我们邀约学生（或被学生邀约）去远足郊游、去登山探险；在课余，与学生一起评论甚至争论一下北约东扩的影响、中东和平的前景或马拉多纳或郝海东……当我们把爱心自然而然地献给学生时，学生会不只把我们当作老师。这时我们获得的尊严，就不仅仅是教师的尊严，更有朋友的尊严、同志的尊严、兄长的尊严、父亲的尊严。

教师真正的尊严，从某种意义上讲，并不是我们个人的主观感受，而是学生对我们的道德肯定、知识折服和感情依恋。当我们故作尊严，甚至以牺牲学生的尊严来换取自己的尊严时，学生根本不会买我们的账，只会向我们投来冷漠的眼光；当我们"无视"自己的尊严，而努力追求高尚的品德、出色的教育、真诚的感情，并随时注意维护、尊重学生的尊严时，学生会把他们全部的爱心和敬意奉献给我们。这样，我们便把自己尊严的丰碑建在了学生的心中！由此，我们可以得到一个朴素的真理——

教育者的尊严是学生给的！

本来，从某种角度看，我其实是很不适宜于当老师的，因为我性子太急躁，常常忍不住就发火甚至对学生粗暴；但是从另外一个角度看，我当老师又有着自己的可能是独特的优势，这就是我很爱孩子，或者说我的性格里面本身就有许多“孩子气”。就教育技巧或者说教育艺术而言，我有许多致命的弱点，因而在我的教育历程中，我有过至今想起来有不少令我脸红的失误。但是，只有一点我可以毫无愧色地说：我有一颗童心！

这颗童心，使我深深地爱着我每一届学生、每一位学生；这颗童心，使我的学生原谅了我对他们有时抑制不住的暴怒；这颗童心，不止一次使我和学生一起欢笑，一起流泪；这颗童心，使我自然而然地走进了学生的情感世界，也让我的学生常常不知不觉地拨动了我的情弦……

爱心和童心，是我教育事业永不言败的最后一道防线。

⊙ 情洒童心

刚参加工作那几年，出于爱孩子的天性，我几乎整天都和比我小不了多少的学生泡在一起，因此，学生们喜欢我，他们的家长也很感动。

我首先得到的关怀，是来自学生们的家长。

汪斌同学的父亲来学校看我，见我单身宿舍除了一个书桌、一个书架和一张床，便是一个煤油炉子，他便对我说：“李老师，您可要注意身体啊！要学会照顾自己，尤其是要加强营养。”他第二次来的时候，给我提来一筐鸡蛋，让我补补身子。可我怎么能收学生家长的东西呢？我推让了很久，但他硬要我收下，我只好收下了。

这位家长走后，我老觉得不安，便想了个处理这一筐蛋的办法。

第二天课间操时，我用煤油炉子煮一个鸡蛋，然后，叫来汪斌，把热鸡蛋塞给他：“这是你爸爸托我给你煮的，快趁热吃了！”

于是，我开始每天都定时给汪斌煮一个鸡蛋，一直持续了整整一个月。后来，有老师知道了这件事，都说我“太爱学生了”，我却不好意思地说：“他是我表弟！”

是的，我没有把握我对学生的赤诚能够被所有人理解，相反，那时年青幼稚的我生怕别人说我“假得很”……

1983年，是我参加工作的第二年。这年春天，我因劳累过度，患上了严重的神经衰弱症，常常连续几夜不能入睡，最后，医生不得不决定我住院治疗修养。

我本不打算告诉学生，想悄悄离开学校，以免学生们感情受到震动。可临时代我班主任的冯老师却在她上体育课时告诉了学生们，于是，在离校那天下午我为学生上最后一堂课的时候，教室里哭成了一片！

放学后，许多学生又含泪来到我的宿舍，韩军、李松、张红霞等几个孩子天真地问我联系好医院没有，如果没有的话他们愿意帮我找“最好的医院”。

一批学生走了，又一批学生来了，就像我永远不会再教他们似的。

天色已晚，我的头也有些昏沉沉的，便准备回我母亲家了。可又来了几位女同学：许艳、毛利、黄慧萍、杨红、耿梅。她们一进屋，就“呜呜”地哭了起来，我一时真不知该怎么劝她们，但又不能让她们这么老哭下去，便用开玩笑的口吻对她们说：“谢谢你们来参加李老师的追悼会！”但她们并没有被我逗笑，不过哭声渐渐小些了。过了很久，几位同学抽泣着说：“李老师，以前我们惹您生气了，做了对不起您的事。请您原谅！”

我说：“哪儿的话？你们从来没有对不起我，别哭了！你们都是非常非常可爱的孩子，是我最喜欢的学生！”

谁知听了我的这句话，她们竟又哭得厉害了：“呜呜……是我们把您……气病的……呜呜……”

于是，我装出真的很生气的样子，说：“你们怎么不听李老师的话呢？叫你们别哭，可你们老哭！这才是真对不起李老师！”

她们终于控制住了自己，只有许艳和黄慧萍还在抽抽搭搭的。我便给她们提希望，鼓励她们在我走后要听冯老师的话，要努力学习……

天已经完全黑了，我便劝她们：“你们该回去了，不然会让爸爸妈妈在家里等得着急！”“李老师，让我们给您唱支歌吧！”许艳擦擦眼泪说道。另外几个女生也说：“对！李老师，让我们为您唱支歌吧！”

“好！”我同意了，“不过等等，我把录音机打开，把你们的歌声录下来。”唱什么呢？她们讨论了好一会儿，决定唱“李老师最喜欢听的”《少年，少年，祖国的春天》。于是，在我的口琴伴奏下，简陋狭小的房间里飘出了世界上最美的歌声：

我们欢乐的笑脸，
比那春天的花朵还要鲜艳；
我们清脆的歌声，
比那百灵鸟还要婉转！
……

我在住院的整整一个月里，每天都在想念学生；学生们也随时在想念我，来看我的学生络绎不绝，使其他病友羡慕不已。4 月 1 日那天早晨，我偷偷地从医院溜了出来，和冯老师一起带着学生去峨眉山玩了整整一天！虽然，晚上回病房时被护士长狠狠批评了一顿：“还是当老师的，这么不听话！”但那天晚上却是我住院以来睡得最好的一夜……

于是，我经常在想：怎样才能报答学生对我的厚爱？

1987 年 8 月 31 日，是高 90 级一班的新生进校第一天报到的日子。

当天夜里，我刚上床准备入睡，忽听有人敲门。披衣开门一看，是上午报到时才认识的宁玮。她神情紧张而急促地对我说："李老师，周慧病了!"周慧？我脑子里闪出一张清秀但苍白的脸，忙问："什么病?"

"不知道。她肚子疼得厉害"我一看表：已近 12 点。但我没有犹豫，马上便跟宁玮来到女生宿舍楼下，几个女生已把周慧扶了出来。看她弯着腰捂着肚子，显现出十分难受的样子，我决定立即送她到医院。但医院离学校非常远，现在公共汽车早已停开，只有用自行车送她去医院了。

我估计她要住院，决定让宁玮和我一起去，以便照顾周慧方便些，但宁玮不会骑车。这时，与周慧同寝室的朱建英说她会骑车，要求一起去。我同意了。

于是，我便用自行车搭着周慧来到了医院。医生一检查，怀疑是阑尾炎，但又还没有到动手术的时候，需要住院观察。住院部在门诊部后面的山顶上，自行车根本没法上去，而此刻的周慧好像更加疼痛难忍了，小声地呻吟着，几乎走不动路了。怎么办？我一蹲，弯下腰，让朱建英把周慧扶在我的背上。周慧过意不去，想自己走，但我已憋足劲一步一步向山上走去了。

开始还不觉得累，我一边走还一边说些话来安慰周慧。可越往上走，山坡越陡，我的腿有些发颤了，大口大口地喘粗气，说话也很吃力了。但这时，也许是疼得太厉害了，周慧在我背上又呻吟起来。于是，我便和她开玩笑以分散她的注意力："周慧啊……你，好会……享受哟！……骑在人民……的头上……作威作福……"走在旁边的朱建英"咯咯"笑了起来，周慧却一言不发，依然趴在我背上，但呻吟已几乎没有了。走了一路，我又继续引用了臧克家纪念鲁迅的一句诗来逗周慧："骑在人民……头上的，人民……把他……摔垮！……"

走了大约十分钟，我们终于来到住院部。当天夜里，我就和朱建英在病房里守候着她。到后半夜，周慧昏沉沉地睡过去了，朱建英也趴在床沿打着盹，而我，却望着输液瓶里的点滴，一直到天明……

一周以后，在周慧出院那天，她在彭山农村的父亲赶来了。这位朴实的汉子给我提了一只肥鸡来，流着泪硬要我收下："李老师，您就我女儿的亲生父亲啊！……"

后来，周慧考上北京外国语学院德语系。高中毕业前，她回忆起进高中第一天就生病住院的情景，写了一篇作文《在我生病的日子里》：

…………

李老师背着我慢慢走着，头埋得很低，腰也给压弯了；他不停地喘着粗气，可还给我开玩笑：“骑在人民头上的，人民把他摔垮!”我一句话也说不出来，却在心里默默地接着诗句念着：“给人民作牛马的，人民永远记住他!”

…………

其实，历届学生对我的爱才真正值得我“永远记住”。

更使我感动的是，是我的学生不止一次“爱屋及乌”——因为爱我，进而爱我的家人。比如，1987 年底，我爱人生了孩子后，当时的高 90 级一班学生竟背着我每人从家里拿了一些鸡蛋来，然后趁我到外出开会的时候，送到我爱人的床前!

而且，学生类似的“秘密行动”已不止一次。这里，让我再全文引用一篇学生的作文，作者潘芳奕从读初一到高三毕业整整六年，我都任她的班主任，这篇文章是 1986 年她读初二时写的，记叙的是那年秋天的事——

【推荐阅读】

1. ［美］坎波伊．课堂问题分析与解决——成为反思型教师［M］．赵清梅等译．北京：中国轻工业出版社，2007.

2. 毛蓓蕾．小学生心理辅导札记［M］．上海：上海教育出版社，2000.

3. ［美］艾斯奎斯．第五十六号教室的奇迹［M］．北京：中国城市出版社，2009.

第六篇：教师心理素养

叶澜，女，1941 年 12 月生于上海，1962 年毕业于华东师范大学教育系本科，并留校工作至今，1990 年被评为教授。现为华东师范大学教授、教育学原理专业博士生导师。担任教育部人文社科重点基地华东师范大学基础教育改革与发展研究所所长、《华东师范大学学报》（教育科学版）主编、华东师范大学校学术委员会副主任。兼任上海市人民政府参事、中国教育学会副会长、全国教育科学规划领导小组成员兼教育学原理学科组组长、国务院学位委员会教育学学科评议组召集人等职，并被聘为清华大学等 10 所高校的兼职教授、中央教科所兼职研究员。曾任华东师范大学教育系系主任，教育科学与技术学院院长，华东师范大学副校长。

主要研究领域为教育学原理、教育研究方法论及当代中国基础教育、师范教育改革。自 1984 年以来，先后出版由个人独立撰写或与他人合作编写的著作、译著及研究报告共 14 本，发表论文及研究报告等 58 篇。近八年来进行的“面向21世纪新基础教育探索性研究”课题在全国基础教育领域产生了广泛、深入的影响。先后获得过国家教委颁发的全国优秀教材一等奖、国家级优秀教学成果二等奖、首届曾宪梓优秀教学奖二等奖、上海市哲学社会科学优秀论文、优秀著作一等奖等奖项。1992年获政府特殊津贴，1997年获“全国有突出贡献中青年专家”称号。

《教师角色与教师发展新探》全书共分五部分：“导论”包括对教师职业内在价值的认识和新世纪专业形象的总体概述；“教师德性论”从追问“教师德性是什么”入手，论述了教师德性的核心构成以及养成；“教师审美论”由教师职业美的产生、表现和价值三部分构成；“教师发展论”则通过对教师专业发展研究的历史梳理，对“自我更新”取向教师专业发展的基本特征、发展过程和机制进行了探讨；“结语”以“面向21世纪新基础教育探索性研究”课题所提供的经验为依托，对教师如何实现发展进行了深入的阐述。

【导读】书中最令人兴奋的是作者指出了教师发展研究的三个重要转向，表明了未来的研究趋势：

一、对于教师职业由强调其工具价值转向内在价值

从古至今，教师职业的工具价值是人人认同的，即教师只是政治工具，不必要也不可能拥有职业自我意识。及至现代，虽然教师的社会地位有了显著提高，但人们对于教师的职业价值和劳动性质的认识仍存有很大的局限，所以长期以来，教师形象是由“蜡烛”“春蚕”“园丁”等比喻来表征的，外在的社会价值是其主要方面。

该书作者清醒地认识到：教师职业的工具化和将其劳动性质定位于传递性是制约教师发展的最主要障碍之一，是以在开篇即通过历史的反思和现实的透析提出教师职业有其独特的内在生命价值，而“创造”是教师从工作中获得“外在”和“内在”相统一的尊严和欢乐的源泉。由此，教师的职业使命与作为人的真实生活及其生命质量有机结合在一起，教师不再是没有职业自我意识的政治工具或为他人作嫁衣的“殉道者”，而成为积极发展的创造者。这是对教师职业丰富性的深入挖掘，教师的职业形象从而由单薄变为丰满。

二、对于教师发展由强调外部动力转向重视内部动机

由于传统中对教师职业的社会功能的强调，所以教师常常背负着沉重的社会使命而前行。同时社会也总是以外部力量约束、导引教师的发展，却忽视了教师作为独立个体的主观能动性。其结果是，教师或将自己的职业仅仅视为谋生的手段而“无奈的苦捱”，或默默牺牲将吃苦视为享受，相应地，教

师的发展表现出缓慢而沉重的特征。

对此，该书作者则提出了一个完全不同的视角。首先，作者明确指出，对教师而言，“育人”和“育己”同样重要，甚至在某种意义上，“育己”应先于“育人”。因为一方面教师的发展是教育成功和学生发展的前提，另一方面，自我发展不仅是教师的义务，而且是教师的权利，是丰富教师生命内涵的重要途径。其次，作者站在教师的立场，相信每位教师都具有自我发展的能力，自我专业发展意识是教师发展的最主要动力。因而在教师德性的养成中，强调的是反思和自我修养，在教师的专业发展中，则提出了“自我更新”的取向。

三、对于教师工作由关注结果转向关注过程

人们通常认为学生的成长是教师最大的收获，所以很多老教师对自己从教几十年来学生的每一次获奖、自己得到的每一项荣誉都奉为生活中的大事和引以为豪的家珍，但感受不到日常工作中所蕴含的快乐。同样，以往的研究者也将教师发展的重要阶段定位于特定场所的集中学习或培训，忽视了日常工作过程对教师发展的重要意义。

该书的作者却敏锐地发现，教师的工作是充满创造的过程，教育过程中对知识的活化，对学生心理变化的敏锐感受，对教育时机的及时把握，对教育矛盾和冲突的巧妙化解，都是教师的创造力的表现，教师也可在这个过程中体会到职业内在的尊严和欢乐。因此，在作者看来，教师在工作过程中的体悟重于他们对工作结果的关注。与此相应，作者指出，教师发展研究应深入学校的日常教育、教学生活中，使教师在自己所熟悉的领域中慢慢地体验自己的成长与发展。

另外，需要说明的是，新基础教育研究经过八年的探索，已取得骄人的成绩，而《教师角色与教师发展新探》一书作为中国基础教育改革研究的重要成果之一，从中汲取了大量的实践养料，使其学术特色更加鲜明，理论成果更为丰硕。也正是因为这一点，该书无论对教育研究工作者，还是工作在第一线的教师，抑或是正在成长的未来教师而言，都具有很强的可读性，书中所提的问题值得每一位教育工作者深思。我们坚信：教育研究会继续，教师将不断成长，教育事业的明天必定充满希望！

叶澜：《教师角色与教师发展新探》

1. 具有教育智慧是未来教师专业素养达到成熟水平的标志

教师的教育智慧集中表现在教育、教学实践中：

具有敏锐感受、准确判断生成和变动过程中可能出现的新情势和新问题

的能力；

具有把握教育时机、转化教育矛盾和冲突的机智；

具有根据对象实际和面临的情境及时作出决策和选择、调节教育行为的魄力；

具有使学生积极投入学校生活，热爱学习和创造，愿意与他人进行心灵对话的魅力。

2. 教育智慧的作用

使工作进入科学和艺术结合的境界，充分展现出个性的独特风格。教育对于他而言，不仅是一种工作，也是一种享受。

3. 未来教师的理想风采

对人类的热爱和博大的胸怀，对学生成长的关怀和敬业奉献的崇高精神，良好的文化素养，复合的知识结构，在富有时代精神和科学性的教育理念指导下的教育能力和研究能力，在实践中凝聚生成的教育智慧，这就是我们期望的未来教师的理想风采。

4. 审视教师的清贫

从比较公正的立足点看，其实教师从事的教育工作是一项物质待遇比较清贫的事业。但教师会遇到什么样的贫乏？“什么样的贫乏？是没有钱而造成的生活的贫乏？灵魂的贫乏？精神的贫乏？潜力的贫乏？生命的、希望的、梦想的、期望的贫乏？如果在这些方面有所欠缺的话，再多的钱也无法改变这种贫乏的状态。”作为教师……如果您总被前途无望、一筹莫展的情绪所困扰而停滞不前，那么您的职业生活也就很难充满欢乐、趣味、承诺和认可。难怪有人说：“最艰巨的胜利就是对付消极观念所取得的胜利”；是拥有坚定不移的信念所取得的成功，因为信念是一个充满完整人性的性格品质，是人所具有的肯定性和必然性。由此看来，教师的人格不能清贫，教师的精神不能清贫，教师的教育爱不能吝啬！虽然有的教师为了生活的无可奈何而从教；有的为了有个工作、有事可做而从教；还有的则为了理想而在教育战线上不辞劳苦、奋力拼搏。教师要能达到，任凭窗外繁花似锦，向其迷惑，仍心如古井清澈见底，稳坐教室，不为所动的精神境界。

5. 教师责任感

如何使学生感到在学校安然自在、不受拘束，而且觉得学校充满创造的活力，是教师义不容辞的责任；帮助学生发展学习的一般动机，使每种学习活动切合学生，唤起对各种学习材料和生活问题相互联系的意识，以及创造有利于学习的情境，也是教师必须承担的责任；关注每一个学生的发展，努力开发每个学生的潜能，同样也是教师的责任。诸如此类，无须多言。每一个真正有责任感的教师，会用自己对教师和教育的理解，明确自己的责任，并在特定的教育情境中尽心、尽力、尽责。

6. 教师和学生的人际交往

合理的、理想的师生之间的人际交往表现为师生心灵上、情感上的融洽，并不存在谁为谁的利益关系，也没有谁主谁次的权利不均衡。这种心灵的交往可促使师生产生相互感知、相互理解、相互信任和相互吸引的互动效应。师生关系的升华——由师生之间的事际关系上升到人际关系，主要取决于教师的工作作风和他的人格品质，取决于师生彼此之间的信赖。……这种关系的质的飞跃可以使教师和学生都保持积极的情绪；教师由此对其职业生活充满热情，并对学生富有同情心和宽容、谅解的情怀；而学生则变得思路灵活、思维敏捷，从而提高了创造性和增强了智力效应。

7. 人师的境界

拥有教师德性的教师堪称名副其实的人师。而人师本身就是一部非常生动、丰富、深刻的活生生的教科书。人师达到了高于并超越教材的境界，能够给学生远比教材多得多的东西。人师对学生的心理了如指掌，能够想学生所想，想学生所疑，想学生所难，想学生所错，想学生所忘，想学生所会，想学生所乐，以高度娴熟的教学技巧和机智，灵活自如、出神入化地带领学生在知识的海洋里遨游，用自己的思路引到学生的思路，用自己的知识丰富学生的知识，更为重要的是，人师能在教学实践中用自己的高尚思想品德熏陶感染学生的思想品德，用自己的智慧启迪学生的智慧，用自己的情感激发学生的情感，用自己的意志调节学生的意志，用自己的个性影响学生的个性，用自己的心灵呼应学生的心灵，用自己的灵魂塑造学生的灵魂，用自己的人格塑造学生的人格。人师的教学境界会达到不教而教，即教的不是书本里现存的事实知识，而是无法物化在书本中的一种人生智慧。人生智慧是一种心灵的彻悟，是一种有美感体验的豁然洞开。学生一旦形成了教师和自己用全部身心滋养出来的人生智慧，其对于学问和人生就会有一种全新的感受和深层的把握，生存境界就会更加崇高。

8. 教师的发展极为重要

没有教师的生命质量的提示，就很难有高的教育质量；没有教师的精神解放，就很难有学生精神的解放；没有教师的主动发展，就很难有学生的主动发展；没有教师的教育创造，就很难有学生的创造精神。

9. 教师职业存在的三种状态：

即以此谋生和养家糊口的生存状态、体验人生和品味幸福的享受状态、服务社会和完善自我的发展状态。

之一，“生存型”的教师——无奈的苦捱：

（1）把教师看成是知识的搬运工；

（2）把教师的工作看成是无可奈何的选择；

（3）把教师职业当做寻找“更好”职业之前的跳板。

之二，“享受型”的教师——吃苦也是享受：

（1）把学生的成长当成教师最大的快乐；

（2）对平凡的工作充满热爱；

（3）在付出和给予中获得内心满足。

之三，“发展型”的教师——创造的幸福：

（1）把教师看成是教育活动的反思者和研究者；

（2）以终身自我教育作为教师生涯的推动力；

（3）视教师职业为不仅给予也在收获的有意义的活动。

10. 教师崇高的精神人格

教师职业的崇高主要是一种精神人格的崇高。教师的职业活动中表现出来的博大的胸怀、高尚的品格、坚强的意志、进取的锐气等，都具有精神超越性。这是人性之美、力量之美，是教师职业生命的流淌，是教师内在精神的显现。它既反映了教师教书育人的职业特性，又体现了教师自我完善的崇高追求。

11. 教师的神圣的职业使命

教师以自己的青春谱写着辉煌的教育诗篇，以自己的忠诚和执著维系着绵长的文化繁衍，以自己的希冀和神往描绘着斑斓的成长手记，以自己的理念和憧憬铸造着坚强的未来人杰。……教师职业之美不在于教师什么都会、什么都行，而在于教师对自己所负担使命的意义的认识，进而激起的庄严之感和责任意识，并自觉地在职业活动中所进行的创造性工作。

12. 教师职业的平凡与伟大

教师职业的“平凡”会带给教师均衡、秩序、稳定而又平和、静谧、舒心的感受，激起教师对职业的亲近和怡和，沉浸在“完整的、单纯的、静穆的、欢喜的”光辉之中，于是，“他得到滋润，得到温暖，痛苦全消，觉得非常快乐”。

教师职业的“伟大”则带给教师肃穆、震撼、感奋、惊喜的感受，激起教师对职业的神往和进取，于是，他得到鞭策，得到发展，一切劳累都是为学生成长和自我提升而自找的，他非但不觉得辛苦反觉得甜蜜。

由职业所赋予的“平凡”与“伟大”的特质无疑对教师提出了这样的要求：“谁如果想成为一名出色的教育者，谁如果愿意把自己的生命献给这一伟大而崇高的事业，那么，谁就应该努力使自己成为富有历史感和时代感的人，成为热爱人、理解人、善于研究人的人，成为深刻地了解社会与教育相关的一切，并对人类社会未来充满信心的人。只有这样的人，才能在为使人类与社会变得更美好的教育事业贡献自己智慧、力量和生命的同时，使自己也变得更美好。”这种要求一旦转化为教师自身的信念，就会激励着教师不断锤炼自己的人格、升华自己的精神，于是，教师个体就成为教师职业美的一部分，教师本人也从平凡而伟大的职业活动中获得了新生。

13. 要树立教师职业的信念

教师职业信念是使教师摆脱纯粹物质功利的诱惑、教书匠的困惑、漂浮无根的惶惑，使平凡工作得以升华，变得更有意义的关键所在。其实，教师职业的内涵非常广阔，生存与生计当然是教师的第一需要，但仅是低层次的需要；它是教师职业生活的基础，但却不是教师职业生活的全部。从某种意义上说，生存与生计需要的满足为教师提供了职业生活必不可少的手段，使教师得以摆脱“半饥半饱”的寒酸窘境。但是，这一切只是教师更好地从事职业生活的手段。如果错把手段当成了目的，以为生存与生计就是教师职业的全部，那就大错特错了。

教师还有从职业中获得快乐、充实人生、实现自我、感受自由的需要。当教师超越了纯粹物质欲望的追求，而把自己所做的平凡工作与新的一代的成长、人类生命的延续联系在一起，与个人收获的快乐、自我价值的实现联系在一起，他就获得了精神上的自由。一旦教师从职业中体验到了自由，他就把原本是陌生于人的外在的世界转换成了属我的生活的世界，他与职业之间就建立起活泼、丰富的联系，他就会感受到生活的完满和意义的充盈，激情在他胸中澎湃，诗意在他心底流淌，在不经意间，他成为校园优美环境的欣赏者、学生良好举止的赞赏者、教师职业神圣的吟诵者、课堂生命活力的激发者。

14. 教师是特殊形式的艺术家

由于教师所面临的教育对象千差万别，教师所面临的教育情境千姿百态、教师所面向的教育内容千变万化，因而教师成为特殊形式的艺术家。他必根据具体的教育对象、教育情境和教育内容因人而异、因地而异、因时而异，创造出适宜的教育方法。因材施教是创造，教育机智是创造，推陈出新也是创造。它表明，教师在教育中没有现成的模式可以套用，没有一成不变的方法可以照搬，它需要每一位教师用自己的聪明才智去工作。在教学活动中，无论是教师形象生动、深入浅出的教学形式，还是教师把握教学情境、把握学生心理的教育能力；无论是教师驾驭自如、出神入化的教学艺术，还是教师自成一体、独具特色的教育风格，都体现出教师创造性的劳动和不断创新的追求。

15. 教师的意义

教师绝不是照亮别人却毁灭自己的“蜡烛”，而是在照亮别人的过程中也照亮自己前进道路的“火炬”——教师从职业中体验创造性的工作所带来的充实与幸福，获取人生价值的永存和人格的升华。

教师也不是“苦行僧”，而是安贫乐道的积极进取者，是美好生活的创造者——教师从职业活动中创造出知道怎样生活和怎样享受人生的年轻一代。教师就在创造精神生命的工作中用自己的生命点燃了年轻一代的生命，在塑造心灵的劳动中用自己的心灵造就了年轻一代的心灵。教师职业为人们创造了美，也贡献了美。

16. 审美感知是教师职业活动的门户

教师具有了敏锐的审美感知，善于从最不显眼最细微的小事中感受美的魅力，才能进入美的殿堂。这种敏锐的审美感知首先表现为教师对教育对象美的感知。教育对象构成了教师职业活动的一个重要因素，他们身上流露出的对未知领域的好奇、对探索世界的热望、对教师由衷的信赖、对同学交往的渴求等，都是童稚之美、成长之美。甚至讲台上学生细心擦抹过的洁净台面，孩子们凝神听课的明媚笑脸，都在感性的状貌中有着灵动的美。

其次，表现为教师对学科教学美的感知。学科教学是教师职业的落脚点，其中所蕴含的真善美和各个不同学科所呈现的五彩缤纷的美，是人类智慧的美、思想的美。

再者，表现为教师对教育过程美的感知。教育过程是教师职业生命经历的展开，教育过程对知识的活化、教育过程中师生经验的分享以及在这一过程中教师的逐渐成熟、学生的日益进步，都显现出一种生成的美、动态的美。

审美感知一方面帮助教师从杂多纷乱的事务中辨识出美的因素，唤起教师的愉悦感和清新感，使教师在职业生活中时时都可能有美的发现，从而这一职业对教师有着不可抗拒的吸引力。这不仅向教师敞开了美的视界，也为教师审美活动的进行打开可门户。另一方面使教师将众多美的现象归结到教师职业美的总体当中，激荡起教师的职业热情，使教师在职业生活中充满创造的活力，而教师职业则由于教师的创造焕发异彩。这不仅为教师的审美活动开辟了广阔的领域，也为教师职业的审美实践拓展了创造的空间。

17. 最可怕的是教师的冷漠、毫无情趣

最可怕的是教师的冷漠、麻木、僵化、教条。毫无情趣的教师不仅令学生乏味，也会导致自身的倦怠乃至生命之火的黯淡。而在教育中，美丑不分、是非不辨、好坏不明、良莠不清的教师甚至可能成为学生情感发育的“毒化器”、品行成长的“刽子手”。

18. 以心意贯通创造悦心悦意的教育效果

对于教师来说，心意贯通不是可有可无的奢侈品，也不是机械的、牟利的工具，而是教师创造职业美的途径。

当教师在心意贯通的自由状态下展现自己独特的个性和风格并从中体会悦心悦意的愉悦时，他就会感受到教师这一职业无与伦比的美好；

当教师以敞亮的心境反观自身并吸纳一切有益于生命成长的养料时，他就会体验到教育如同阳光空气和水给予人的润泽；

当教师以虔诚的态度使自己的生命的本质全面融入自己所喜爱的给予事业时，他就会领悟到自己所做的平凡工作对于完满生活的意义。

也只有在这时，教师职业才由于教师心意贯通而绽放出美的花朵，焕发出醉人的芳香。在这里，教师终于摆脱了惯性思维的桎梏，开启了幽禁的思绪，以孩童般的灿烂扑向神秘诱人的天地。而教师职业也由于教师心意贯通的自由更显其美。

19. 教师职业的“品”和“悟”

“品”即辨识、体察、鉴别、评定。教师职业的“品”主要是品教育，若无“品”的介入，就可能使得教育中良莠不分、美丑难辨，导致教师职业行为的低品位及庸俗化。“悟”即觉醒、心解、了达、有得。教师职业活动的“悟”主要是悟教育，若少了“悟”的参与，就可能使教师停留于现象、终止于形式，于是，教师职业活动便缺了深度，少了力量。

教师正是在“品悟”中施展其才华，表现其智慧，进而创造职业之美的，教师自身也在“品悟”中提升自我。因而，品悟浑然成为教师创造职业美的路径。

会“品”的教师总是能从司空见惯的现象中品出教育的意蕴，从习以为常的过程中品出教育的道理。会“悟”的教师总能从凡人琐事中悟出人生哲学，从习焉不察中悟出生活真谛。于是，看似平平常常的教育就富有了更深的含义。

教师职业活动因为有了“品”而咀嚼出一种韵味、一种芬芳、一种醇美、一种清香；因为有了“悟”而体验出一种理趣、一种意蕴、一种超然、一种向往，于是，教师就获得了悦志悦神的快乐。透过日常的教育活动，教师品悟课堂的本质、学生的特征、教育的内蕴、职业的要求，品悟生活的内涵、生命的意义、存在的价值、人生的使命，从而使自己明白更多教育的道理，并成为职业美的新起点。尤为值得一提的是，由于教师职业负载着育人的使命，因而教师职业活动中的“品悟”更多地关涉成长、发展、人生、宇宙等具有人文关怀的活动，更多地指向日常教育工作中的思考。20. 教师创造职业美的“尚方宝剑”

正是有了教师对整个社会与人生的关注，才会有教师宽广的视野和宽阔的胸襟，也才会有教师洒脱的生活态度和对教育的深刻理解。因此，教师职业的美，还取决于教师对人生睿智的品悟。教师在品悟浑然中获得人生智慧宝库的钥匙，获得漫长人生最具价值的睿智，于是，教师就有了创造职业美的“尚方宝剑”。

21. 教师职业美的关键在于审美态度

如果教师把自己的职业与一个更明朗、更充实、更美好的精神生活世界合为一体的话，他就能够伸展萎缩的躯壳、唤醒沉睡的灵魂而真正成为他自己。一旦教师能够以审美态度来对待自己的职业，同时又有敏锐的审美感受力来体验和领悟那些看似平常的活动，审美主体就真正出现了，也只有当具有自我意识的主体确立以后，才可能有审美的即主体自由的表现。这就是教师生命活力的激发。“用生命点燃生命”就是教师职业美的生成根源。

22. 教师职业的审美愉悦包含着丰富的情感

教师职业的审美愉悦同样是包含着丰富情感在内的精神愉悦。尤其是教育本身便涉及了人类种种复杂的情感：有欢乐、有悲伤、有喜悦、有痛苦，正是这些复杂的情感构成了整个教育乃至人生。因而，教师不仅自身在体验着人类丰富情感的撞击，也有责任使学生感受人类丰富情感的魔力，这是教师职业活动的组成部分。如果教师只讲欢乐不讲悲伤；只讲安宁不讲恐惧；只给予学生廉价的笑声，而不让学生体会高贵的眼泪中所蕴含的同情与善良之美；只为学生描绘一幅光明的图景使学生盲目的乐观，却不让学生接触那些丑恶与阴暗的角落而多一些防御与抵抗的能力；这样的教育怎能培养出适应与改造社会的新人呢？这样的教师又怎能算是合格称职的“人类灵魂工程师”呢？

23. 教师职业生命的价值

教师的职业生命为何而存在？教师的职业生命有什么价值？如果我们站在审美的角度去解答这些问题，我们就会发现，当教师在职业活动中体验着美、感受着美，为美所陶醉、为美所激动时，他就会领悟到教师职业生命的真谛。这是一种灵魂的融合、精神的相遇、生命的敞亮、存在的澄明。……正是在教师手中，一个新的富有思想和智慧的生命又一次诞生，这个世界便因此而增添了一份美丽。

教师职业的美会促使教师去品味这一职业对于自己的生命意义。“美是顶峰，你从顶峰上可以看到那些没有理解和感受到的东西的美，可以看到那些从来没有看到的喜悦和崇高精神的东西。美是照耀世界的明亮之光。借助这种光，你能看得见真相、真理和善良；在这种光照之下，你会体验到一种献身精神和毫不妥协的精神。”（苏霍姆林斯基）于是，教师的职业生命因此而变得更有意义。

24. 在愉悦中领悟教师职业生命的创造

教师职业的美只发生在那种钟情于这一事业的教师身上，唯有他们才会从职业中体验到心醉神迷、物我同一的强烈感受，也唯有他们才会在这种心旷神怡的愉悦中领悟教师职业生命的创造。

愉悦可能来自许多渠道。其中，对自然美、社会美、艺术美的鉴赏与观照有助于教师在广阔的审美世界里陶冶情怀、感悟人生，进而确立自己的职业理想和人生坐标，以自己的创造为教师职业增添光彩。如对自然美的鉴赏而生发的愉悦。自然美是无处不在、无时不有的。它们或是时间上的流动，如旭日东升、星移斗转、风云变幻、四季更迭；或是空间上的展开，如参天柏树、浩瀚大海、险峻山峰、辽阔草原；或是世界的斑驳绚丽，如水草春绿夏碧、秋青冬黑，天色春晃夏苍、秋净冬黯，树木春英夏荫、秋毛冬骨；或是事物的品格象征……或是音响的轰鸣流转，如淙淙的小溪、吟唱的黄鹂、滚滚的松涛、狂劲的风啸……这许许多多美好的事物都会给人以无尽的遐思，在观赏自然美的过程中养心怡情。教师对自然美的鉴赏不仅对教师的职业生活意义重大，而且有助于教师个人情操的陶冶和生活品质的改善。教师会从自然美的鉴赏中体验情感的升华。教师一旦把自己融入大自然的美景之中，就会感到生活的丰富多彩，感悟到生命的可贵启迪，进而体验到一种植入心底的对自然深情的眷恋和对人生执著的追求。这正是自然美的鉴赏所产生的积极效应。

25. 通过净化而使教师的人性得到升华

教师在审美中所体味的净化心灵、陶冶情操的感受会进一步激发教师对一种更加振奋人心的生活；更富于智慧的工作与更具有价值的人生的渴望，进而努力地超越自我、提升自我、完善自我。……审美中的净化使教师灵魂中最细微的震颤得以显现，最隐秘的波动归于平静，最难于启齿的经历化为宝贵的人生财富。最迷惑不解的疑难顷刻变得明朗清澈。当教师能够以审美的态度观审自己的职业活动时，他就向这个世界敞开了自己；同时，他摆脱了各种欲望对他的束缚，抛弃了做什么视野的狭隘性和片面性，在与自己职业对话中完善自己，而他也从中获得了丰厚的礼遇。

读《教师角色与教师发展新探》有感

“教师”是幸福的职业，这是我在工作中所感悟到的。

新世纪，新教育需要有新型的教师，同样也孕育出新一代的教师。谁越早意识到这一点，谁就会把握职业生活中发展的主动权，谁就会在职业生活中创造和享受到教师这一特殊职业内含的欢乐和尊严。为了跟上时代的脚步，为了不断地提升自我，我会经常阅读一些教育学、心理学等方面的书。最近我就看了一本由叶澜老师主编的《教师角色与教师发展新探》一书，感受颇多。

此书从道德、专业发展和美学的角度，对教师这个古老的职业作了时代的诠释。这是一本与未来探讨关于教师职业的生命价值的著作。全书由导论、教师道德论、教师审美论、教师发展论和结语五部分构成。研究的重点放在教师如何“育己”这一通常被人忽视，然而却是对教育质量、教师的生命质量具有决定性意义的问题上。书中始终坚持一条主线，没有教师的生命质量提升，就很难有高的教育质量；没有教师精神的解放，就很难有学生精神的解放；没有教师的主动发展，就很难有学生的主动发展；没有教师的教育创造，就很难有学生的创造精神。总之，教育是一个使教育者和受教育者都变得更完善的职业，而且，只有当教育者自觉地完善自己时，才能更有利学生的完善与发展。

全书给我感触最深的是第四章：教师之“魅”在何处？——工作着是美丽的。在这一章节中，叶澜老师从三个方面阐述了教师“魅”之所在。

文中依据马克思、恩格斯对不同社会状态下人的自由程度的不同而经历的生存、享受、发展三个层次的划分，将教师的职业存在状态也分为三种，即以谋生和养家糊口的“生存型”、体验人生和品味幸福的“享受型”、服务社会和完善自我的“发展型”。

文中说道“生存型”的教师是无奈的苦捱。那些仅以生存为目的状态下的教师把自己所从事的职业看成是进入生活或者获取地位的一种基本手段，以此获得一份固定的收入，用以维持生计。事实上，教师这一职业并不是他们的所爱和首选，他们是不得已而为之。以这样的心态来从教，就可能出现对教师职业如下的认识以及相应的表现。即把教师看成是知识的搬运工；或是把教师看成是无可奈何的选择；或将教师职业当做寻找“更好”职业之前的跳板。叶澜先生说道：这样的教师充其量只能算是一个毫无思想、毫无创造性的“教书匠”；他不是以学校主人的身份出现在校园里，也不是以学生朋友的形象出现在课堂中，更像一个以一种短期的姿态在学校工作的“临时工”。像这样的教师，我们的队伍里也存在不少。他们主要是从生计出发，站在功利的角度，以被动和消极的眼光看待自己的职业是出于无奈，因而感到困惑和痛苦。不仅别人而且他自己都不可能从职业中得到美的享受，更何谈从工作中体会到幸福呢？

对于“享受型”的教师，他们认为吃苦也是享受。

处在享受状态下的教师，他们会让教师的职业成为他们参与生活、体验人生的重要途径。他们并不否认作为人的基本生存需要，但是，他们不安于此，不愿意在浑浑噩噩中枉度一生，而有着更高的人生追求。因而，他们怀着满腔的热情投入工作，并在教师这一平凡的职业中找到了自己的位置。他们快乐地与学生交往，欣慰地享受着自己教学中的成就，学生的每一次获奖，自己得到的每一项荣誉都成为他们生活中的大事和引以为自豪的家珍。带着这样的心态从事教师职业，他们会把学生的成长当成教师最大的快乐、对平凡的工作充满热爱、在付出和给予中获得内心满足。这些教师已经把“教师”这一职业看成了自己的全部生命，并把生命全部灌注到“教师”这一职业中。他们是从兴趣出发，站在非功利的角度，以对教育事业和学生的热爱来对待自己的职业，他从事这一职业是因为自己喜欢，因而感到快乐和幸福。

第三类是“发展型”的教师，他们会创造幸福。

在发展状态下，这些教师怀着崇高的服务社会的理想走进教师职业中。他们不是把这一职业当成满足物质需要的功利手段，也不仅仅把这一职业看成是给予和付出之后的心灵满足。他们相信，教师职业就应该以培养出社会所需要的栋梁为己任，以学生主动积极的发展为最高目标，并围绕着这一目标而孜孜不倦地勤奋工作。同时，教师本人也会通过自由而富于创造性的劳动实现自我的发展与完善。他们会把教师看成是教育活动的反思者和研究者、会以终生自我教育作为教师生涯的推动力、会视教师职业为不仅给予也在收获的有意义的活动。他们主要从自身和社会需要出发，站在超功利的角度，以完善自我、为社会做贡献的立场看待自己的职业，他们从事这一职业是为了过一份有意义的人生，因而感到崇高而有价值。这样的教师是以生气唤醒生气，以激情感动激情，以理想鼓舞理想，以人格塑造人格。他们已经不仅仅是“经师”，更是“人师”。

在看这本书时，感觉就像是在回顾自己的心路历程。在六年前，我浑浑噩噩被送到了“第一师范”学习怎样成为一名人民教师。毕业后，我又迷迷糊糊地踏进了教师这一职业。当时我是抱着“生存型”教师的态度进入这个职业的。我最开始进入的是诺贝尔教育集团，原因是那里管吃管住，在开学前的很长一段时间是进行员工集体培训。虽然在诺贝尔人口中听到的最多的一句话是“今天工作不努力，明天努力找工作”。但是，在培训的过程中我发现，在这个集团里没有一个人是抱着“生存型”的态度在工作的，因此他们的每一天都过得很快乐。他们会用放大镜去发现孩子身上的闪光点，会用欣赏的眼光去发现孩子的每一点进步，还会将自己的奉献都当作一种幸福在享受。他们时常用这句话来鞭策自己要认真工作，不断地充实自己。

【推荐阅读】

1. [英] 霍姆斯．教师的幸福感：关注教师的身心健康及职业发展[M]．北京：中国轻工业出版社，2006.

2. 薛瑞萍．心平气和的一年级[M]．长春：长春出版社，2005.

图书在版编目(CIP)数据

教育名著选读/高长丰,彭娟主编.—合肥:合肥工业大学出版社,2018.2
ISBN 978-7-5650-3839-6

Ⅰ.①教… Ⅱ.①高…②彭… Ⅲ.①教育学—名著—介绍—世界 Ⅳ.①G40

中国版本图书馆CIP数据核字(2018)第029109号

教育名著选读

高长丰 彭 娟 主编 责任编辑 王 磊

出 版	合肥工业大学出版社	版 次	2018年2月第1版
地 址	合肥市屯溪路193号	印 次	2018年2月第1次印刷
邮 编	230009	开 本	710毫米×1010毫米 1/16
电 话	艺术编辑部:0551-62903120	印 张	17.5
	市场营销部:0551-62903198	字 数	320千字
网 址	www.hfutpress.com.cn	印 刷	合肥市广源印务有限公司
E-mail	hfutpress@163.com	发 行	全国新华书店

ISBN 978-7-5650-3839-6 定价:38.00元

如果有影响阅读的印装质量问题,请与出版社市场营销部联系调换。